接受美学与中小学文学教育

近代文学与语文教育互动

张心科 ◎ 著

华东师范大学出版社

丛书总序

2007年，心科来到北京师范大学攻读博士学位。其实，早在2005年，他就已经出版学术专著《接受美学与中学文学教育》，其中的很多篇章在那以前就以单篇论文的形式面世，受到了一些学者和一线教师的重视。到北师大后，心科一头扎进了师大图书馆的书库，因为这里有全国首屈一指的历代教科书馆藏，清末民国的部分尤其蔚为大观。如今回想起来，心科在读博的这些年里，和这些教科书打交道的时间恐怕要远多于和我这个导师打交道的时间。

心科的勤奋很快得到了回报。2011年，心科的博士论文经过打磨后以《清末民国儿童文学教育发展史论》为名在北京师范大学出版社出版。甫一出版，便得到诸多儿童文学和教育学专家的好评。更多的读者知道心科，多半也有赖于这本书。事实上，当初在审定他的博士论文原稿时，很多专家都已经预见到了，这份博士论文材料翔实、考辨精审、视野开阔，出版之后势必成为后来人绕不开的一部作品。如果读者朋友尚未读到心科的那本书，我倒是很建议您找来翻一翻，看看一篇优秀的博士论文能将史料挖掘到何种程度。

不过，勤奋是学者的本分，但一个好的学者从来不能够只骄傲于自己的勤奋。史料好比砖块，即便贪婪地占有了满地的砖，但如果不经过独具匠心的层层拼搭，依然造就不出宏伟的建筑。博士论文完成之后，心科最迫切的问题，就是要从他极为熟稔的大量史料之中，抽绎出一些更具学术旨趣的线索，进行一些更有学术深度的反思。

毕业之后,心科来到华东师范大学任教。相隔京沪两地之后,除了一些学术会议的机缘之外,我和心科见面的次数并不算多。但是,心科写成的论文越来越多地出现在各类颇具影响力的学术刊物上。我基本上都会在第一时间读完心科的论文,关注他在更多领域进行的各类研究。我明显感觉到,心科在深入爬梳史料的同时,还在进行一些更艰难的探索性学术工作。

今天,他将自己这些年来的部分成果汇为这套五卷本的"接受美学与中小学语文教育"丛书,使更多的读者可以借此综览他这些年来他在这一领域付出的努力和结出的果实。对此,我感到由衷的高兴。

首先值得一提的是这本再版的《接受美学与中学文学教育》。如前所述,这本书初版于十多年前,但今天读来并无陈旧的感觉。在某种程度上,这本书也是这套丛书的灵魂所在。接受美学是德国人开创出来的文学理论流派,如同心科在书里所言,这套理论极大地扭转了我们关注的重心。过去是"知人论世",想要把握作家在创作时的"原意";后来变为了"以意逆志",要从文本细读中挖掘出深刻的意味;而到了接受美学这里,关注的目光投向了"读者"。确实如德国学者所注意到的那样,任何一部作品,倘若不经过读者的阅读,就无异于沉默在纸张上的油墨符号。不过,不同的读者是带着不同的审美眼光和阅读期待在阅读一部作品的,这就给文学作品的阐释留出了巨大的空间和难以准确估量的多样性。在某种意义上,可以说,我们过去的阅读教学,很像是"作家论"和"文本论"强扭在一起的结合,而要让"接受美学"顺利地被语文教学界"接受",似乎还有很长的路要走。正如心科当时就认识到的那样,接受美学的背后,要牵动教学目标的设定、教材的编写、教学过程模式的调整以及考评方式的变化,可谓错综复杂。近些年来的语文课程改革实践在一定程度上和心科当初的设想是一致的,读者朋友如果仔细读读心科这本书,会对这些年的语文课程改革工作背后的学术理念有更多的理解。

《经典课文多重阐释》则是一部典型的、贯彻了"史论结合"这一原则的著作。以接受美学为理论基础,心科用丰富的教科书史料呈现了一些经典课文在不同时代教材编选者眼中呈现出的不同面貌。一个很简单但又常常被人们所忽视的道理是,即便是同一篇作品,也会因为时代的流转变迁而在读者那里呈现出不同的面貌,甚至对它的褒贬都可能会发生剧烈的变化。譬如,这本书里谈及白居易《卖炭翁》的一章就颇给人以启发。在今天,《卖炭翁》固然被视作白居易"新乐府"中的名篇,但在晚清民初,这首诗却一直未能被选入教材。晚清颁定的《奏定学堂章程》偏重"经"和"文","诗"的部分明显不受重视。及至民国初年,"诗"在教材中的比重稍有抬头，但白居易却是以"嘲风月，弄花草"的《画竹歌》等诗作入选。心科敏锐地发现，这背后有一个俗雅的转换问题。在当时人看来，教材诗文的选择务求"清真雅正"，这四个字的背后其实还是所谓文言与白话、雅与俗的理念对峙。白居易是大诗人，教材里不选说不过去，那么对当时人而言，要选也应当选择其文辞雅驯之作。在心科看来，要到1917年，胡适的《文学改良刍议》和陈独秀的《文学革命论》分别发表后，教材编选的标准才发生了根本性的变化：俗文学，又或者说，白话文学，开始登上了大雅之堂。尤其在推翻文言文的绝对正统地位之后，为了创造新文学，胡适等人创造性地利用传统资源，将《新乐府》理解作"很好的短篇小说"搬了出来。1919年，戴季陶将白居易的文学评价为"平民的、写实的、现代的"，这几乎就像是在说，《卖炭翁》是唐人白居易比照着近人胡适《文学改良刍议》的标准写出来的。随着这种雅俗认识的变化，1920年，《卖炭翁》的篇名才开始出现在了教科书中，并且逐渐和我们今天对白居易的普遍认知靠拢了。对《卖炭翁》命运的这一认识，是不可能完全从陈旧的教科书里窥得的，心科还需要对当时整体社会氛围和学术思潮的变迁有敏锐的洞察才能够捕捉到。我认为，这些地方就是心科的创见所在。

任何一个读者在阅读《经典课文多重阐释》一书时都会感觉到，为了阐明教材编写者在选编《卖炭翁》等知名选文时的考量，心科需要综合考察整套教材的"序言""编辑大意"、选文所在单元的结构安排、课后的"指点、发问"等，并且时时和课堂外的社会氛围、历史发展进程、学术史上的一些公案进行对话。我几乎可以想象，心科一定是一边在图书馆里反复琢磨着整套教材，玩味其中旨趣，一边写下这些论文的。扎实的史料功夫和敏锐的思考合于一处，才能推动心科的研究。

《近代文学与语文教育互动》与前一本书当属姊妹篇，但似乎又要更精巧一些。心科在这本书里只选取了九篇（部）大家耳熟能详的作品，考察它们在清末民国教科书中的呈现，但是每篇（部）其实都指向了某一类特定的文体、语体、题材抑或主题，讨论一个甚至两三个语文教育的重大问题，乃是一种以小窥大、见微知著的写法。心科自己最看重这一本。

其实我更希望读者朋友们关注的，是心科为这本书所写的前言。这篇前言比心科别处的文字都多了一些"夫子自道"的意味。心科想要追求的不是一些故弄玄虚的"上位"，而是一种更扎实，但同时又更精巧的"方法"："绣女绣了一幅织锦，木匠造了一个小亭，除了要绣得美、造得巧可供人观赏、歇息外，如果再告诉别人这么做的目的，并示人以自己所用的'金针'和'规矩'，也许更有价值。"这种宗旨其实贯穿在《近代文学与语文教育互动》的整个写作过程之中，盼望读者朋友能够仔细体察。

在这方面，我倒是很愿意提及一本对我们语文教育圈子刺激不小的日本学者的著述，那就是东京大学藤井省三教授的《鲁迅〈故乡〉阅读史》。这本书的日文版是1997年出版的，2002年就被译为了中文出版，2013年又再版了，可见来自读者的反馈是不错的。藤井省三的书开创了一种研究"范式"，用一篇课文，以及围绕在这篇课文周边的讲解、习题、问答等阅读史材料，来窥视"近代中国的文学空间"。应当承认，这一范式是成功的，带动了日后众多的模仿者，也多多少少形成了一种"影响的焦虑"。心科自己也坦承，藤井省三"别开生面的立体视角，扎实的文献功夫，让人顿生敬意"。但心科更坚定地认识到，照搬藤井省三的阅读史研究方法，不可能给研究带来任何真正的突破。因此，虽然心科可以在某些方面搜集到比藤井省三更多的材料，但他并没有简单地在"量"上和藤井省三的研究进行碰撞，而是力图在"质"上有所超越。如果说藤井省三着眼的是"文学空间"，那么心科所着眼的明显是"教育空间"。我现在尚不能决然判断心科的这种尝试是否完全成功，但是他这种研究姿态是我所欣赏的。

《经典翻译文学与中小学语文教育》是这套丛书里读来很有趣的一本。很多我们从小听到大的域外故事，往往因为我们太过熟悉，而不会留意到它们传播到中国来的具体过程。心科以教科书为渠道，将这条原本若隐若现的"文化丝绸之路"展现了出来。我们可以籍借心科的研究增进很多具体的认识。譬如说，教科书编纂者对《皇帝的新衣》的认识就有一个渐进的过程。最早向中国介绍安徒生的孙毓修，就认为这篇童话的主旨乃是"赞新装之奇异"，而且明显是对照着中国传统的《聊斋志异》去理解它的；之后的《新学制国语教授书》则认为这篇童话"旨趣在做国王容易受人蒙蔽，不如做平民的好"，和"五四"之后文化界盛行的反对封建统治、追求平民教育、宣传劳工神圣等思潮形成了有趣的呼应；再往后，叶圣陶通过续写这个故事来"批皇帝之虚荣"；到了1937年的《高小国语读本》，对这个童话的阐释就相对比较完整了，并且突出了赞颂孩子率真的一面。

相较于用本民族母语写成的作品，翻译文学要经由更复杂的甄选、翻译、剪裁、诠释的过程，换言之，教材编选者在其中发挥的直接影响会更为突出，这其实可以给我们的研究工作带来更多的、亟待发掘的亮点。心科写《最后一课》《项链》等经典篇目在教科书中的呈现，其实是找准了很多近代教育史上的亮点，这就使得整本书变得有趣起来。

《〈红楼梦〉与百年中国语文教育》与前几本书又稍有些不同,不是对几篇不同文本的分述,而是将笔墨集中于一部分量足够的大书,考察其在百年语文教育史中的呈现面貌。我相信,这本书的出版会带动不少同类型研究的相继出现。

众所周知,曹雪芹的《红楼梦》是一部尚在创作过程中就被人们竞相传抄的文学经典。然而,或许出乎很多人意料的是,这么一部妇孺皆知的小说要经历一个非常曲折的过程,一直到1924年才进入中小学教科书之中。这当中涉及到实用文言散文一度的统治地位、白话文的崛起、统一国语的进程等多个方面。即便进入了教科书,不同的时代对《红楼梦》的解读也是有很大差异的。心科将这个过程细致梳理了出来,我认为这加深了我们对文学和语文教育的关系的认识。这就是心科所总结的"一篇文学文本只是自然文本,一旦进入教科书就变成了教学文本。作为自然文本,可能仅是供获取信息的文本或作文学研究的对象,作为教学文本又因为不同学段的教学目的不同、不同编者对其认识不同,所以编者所呈现出来的解读结果不同;又因为经典文本本身是一个充满着空白点和未定性的空框结构,而文本所承担的教学功能以及编者的知识水平、解读角度的不同,所以解读结果也不同"。

心科这套书是高度成熟的作品,但也绝非十全十美。因为很多章节过去都是以单篇论文的形式出现,诸如介绍《奏定学堂章程》、新文化运动的部分往往需要作为背景资料出现。现如今集结成书,这些部分反复出现的次数较多,整套书读下来会觉得稍欠整饬。我想,心科也一定对此有过顾虑,但全书的体例似乎又决定了倘若不如此处理,很多问题不容易解释清楚,这实属无奈。

不过,从没有哪项研究会是十全十美的。心科还这么年轻,未来还有着更多的可能性。我希望他能沿着自己开辟出来的这条道路,继续走得更远,走得更深。目送着自己的学生在学术道路上不断地往前走,是作为一个老师最幸福的事情。

郑国民
2018.06.01

目 录

前　　言　1

第一章　《孔雀东南飞》与古典诗歌在语文教育中的地位及
　　　　编者选诗的立场 ／ 1
　　　　孔雀东南飞(剧本) ／ 29

第二章　《木兰诗》与民族主义、女子教育思想 ／ 43
　　　　木兰从军(剧本) ／ 95

第三章　《项脊轩志》与文言散文的教学功能和
　　　　选择标准 ／ 100
　　　　归有光的印象主义 ／ 124

第四章　《背影》与白话散文的教学功能 ／ 128
　　　　忏悔 ／ 147

第五章　《桃花源记》与一文多选现象及多种文体特征和多
　　　　重主旨的作品的解读方式 ／ 149
　　　　选文一　桃源行 ／ 174
　　　　选文二　桃源行 ／ 175

第六章　《水浒传》与语文教育对古典小说的接受 ／ 176
　　　　选文一　武松打虎 ／ 196
　　　　选文二　武松打虎 ／ 197

第七章 《愚公移山》与寓言地位、神话功能、思想教育和文白之争 / 199

　　愚公移山（剧本）/ 237

第八章 《故乡》与评论界对教育界接受经典的影响 / 239

　　《故乡》读书笔记 / 257

第九章 《孔乙己》与作者和编者的不同解读 / 261

　　《孔乙己》教案 / 274

参考文献　277

后　　记　291

前 言

2002年，我在撰写《接受美学与中学文学教育》一书时认为，研究文学教育应从考察其在清末民国及此后的发展史开始，开展语文研究性学习可从考察单篇文本的接受史入手。但是，因见不到这期间出版的文学教育论著和语文教科书，最后只得凌空蹈虚地写完了其中的"中学文学教育的历史回顾"和"从接受美学看中学文学类作品的研究性学习"两章[①]，至今心里仍感不安和惭愧。2007年，我到北师大读博之后，终于可以读到清末民国期间出版的相关论著和教科书了。在阅读的过程中我发现，今天语文教科书中的许多经典篇目在清末民国的中小学国文、国语教科书中曾多次出现或仅出现几次，而且一些评论家、教科书编者和广大师生曾对这些篇目作过不同的阐释。所以，在完成"清末民国小学儿童文学教育发展"和"清末民国中学文学教育发展"两个专题研究后，我便思考如何研究单篇文本的接受史。

最初的想法很简单：因为同一时代及不同时代的众多读者往往会对同一个经典文本作出不同的阐释，所以，如果能梳理出这些不同的"共时性"和"历时性"的阐释，那么在呈现这些不同的阐释结果的同时，还可借此了解过去众多读者的不同阐释方式。

后来，在阅读一些论著的过程中受到诸多触发，于是我又改变了思考路径。

---

① 张心科著.《接受美学与中学文学教育》，合肥：合肥工业大学出版社2005年版，第34—41、103—110页。

如法国社会学家布尔迪厄在《艺术的法则：文学场的生成和结构》中分析经典的标准及其形成过程时曾说："艺术品价值的生产者不是艺术家，而是作为信仰的空间的生产场，信仰的空间通过生产对艺术家创造能力的信仰，来生产作为偶像的艺术品的价值。"① 如果真是如此，那么在不同的"信仰空间"（场域）的转换中一个原生的文学文本是怎样转变成一个经典的教学文本的呢？在空间转换和性质转变的过程中，到底是些什么人表达了对作者的哪些"信仰"以逐步赋予这个原生文本何种"价值"而最终使其拥有"经典"的称号的呢？

在进一步阅读历史文献的过程中，我注意到了我国语文教育家阮真在《中学国文各学程教学研究》中讨论确定教科书选材标准和方式的一段话，他说：作品"如欲选为中学国文教材，或课外读物，必须做一番鉴别整理审择的工夫。第一，当以文学的观点来审定比较有价值的作品；第二，当再以教育的观点来审定那几种合于中学国文教学的目的，学生的程度。然后再从这些审定的书中来选择教材，方才不致有偏颇挂漏，选择不精当的毛病。"② 于是，我又想，能否进一步考察一下一个文本进入中小学教科书所应具备的基本条件：因为不同时代的人们的文学的观点在变化，那么其是否具有文学价值的判断标准也在变化；不同时代的人们的教育的观点也在变化，那么其是否具有教育价值的判断标准自然也在变化；即便是在同一时代，在文学界与教育界之间以及文学界和教育界的内部，对于某个文本是否具有文学价值或教育价值的判断标准也并不一致。如果能研究单个文本的接受史，那么除可呈现这些变化之外，还可考察文学和教育这两个场域（field）之间的角力及其各自发展的历程。

当然，此前国内已有论著涉及这期间的文学与教育的互动关系问题③，这些研究的主要成绩是开拓了语文教育研究的领域，提供了新的研究方法，从宏观上梳理了文学与教育的互动关系。不过其不足也很明显，主要有两大点：第一，研究时段的限定。因为这些研究虽然几乎都以"现代"为名，但所论主要集中在"五四"前后至抗战爆发前，对"五四"之前涉及相对较少，对抗战爆发后几乎不涉及。第二，研究思路的选择和方法的运用。这些研究不少是根据现代文学、语言学著作中所提到的

---

① 布尔迪厄著，刘晖译.《艺术的法则：文学场的生成和结构》，北京：中央编译出版社2001年版，第276页。
② 阮真著.《中学国文各学程教学研究》，上海：民智书局1930年版，第149—150页。
③ 如较早的有罗岗的《现代"文学"在中国的确立——以文学教育为线索的考察》(《中国现代文学研究丛刊》，2001年第1期)，后续出现的有王林的《论现代文学与晚清民国语文教育的互动关系》(北京师范大学博士论文，2003年)、张伟忠的《现代中国文学话语变迁与中学语文教育》(山东师范大学博士论文，2005年)、蔡可的《现代中学语文课程与文学教育的演变》(北京大学博士论文，2005年)、李宗刚的《新式教育与五四文学的发生》(山东大学博士论文，2005年)、刘进才的《语言运动与中国现代文学》(中华书局2007年版；北京大学博士后出站报告，2006年)及其《1920—1937：中学国文教育中的新文学》(中国社会科学出版社2015年版)等。

关于现代语言学或文学发展与中小学语文教学存在一定关系而入手的,多根据陈子展的《中国近代文学之变迁》、黎锦熙的《国语运动史纲》和钱理群的《五四新文化运动与中小学国文教育改革》等论著中的观点,采用的是自上而下的思路。这些论著采用了宏观概述的方式将其复杂的互动过程作简单化处理,如认为二者的关系是国语改革者与文学革命者希望借助他们所确立及创造的国语、文学在语文教育中的普及来推动国语与文学革命的发展[①],而教育者则希望将国语、文学引入语文教育而借此置换基本的语言表达工具并开发出新的课程资源等。反过来说,就是这种研究缺乏对单个文本的接受作微观、深入地分析,忽视了文学与教育互动在不同维度上的表现形式不完全相同或完全不相同的历史事实,如不同语体、文体、题材、主题的作品在不同时代的或同一时代不同教科书中的接受命运往往差异就很大。所以,选择单个文本来考察某类文本的接受情形,往往能以小见大,见微知著,能更真实地反映出文学与教育这两个领域极为复杂的互动关系。本研究试图弥补已有研究的不足并有所超越,所以在书名中将研究时段确定为1897—1949年,突出了"文学与教育互动的多维微观研究"方式,强调以教科书中经典课文的接受为考察中心。

另外,本书所重点分析的文学和教育这两个场域也不是封闭的,而是和政治、经济、文化等场域息息相关的,所以在具体研究时又会继续向这些场域进行拓展,进而考察这两个场域与其他相关场域之间的关系。

在正式研究前,我又阅读了日本学者藤井省三著的《鲁迅〈故乡〉阅读史》。该书梳理、辨析了文学、评论、出版和教育四个不同领域的学者对《故乡》所作的阐释,考察了这个经典文本从1921年至1980年代的阅读史[②]。不过,其主要目的正如其中译本副标题所标示的,是为了考察"近代中国的文学空间",而非"教育的空间"。然而,其别开生面的立体视角、扎实的文献功夫,让人顿生敬意。正因为如此,该书在国内受到文学和教育研究界学者的推崇,而国内的一些研究者在折服之余干脆因袭其做法,如照搬其研究方法来研究《孔乙己》和《背影》等文本的阅读史。结果,这些所谓的"研究"在认知上没有一点突破,所得结论与藤井省三著作中的观点几乎相同,其做法只不过是将《鲁迅〈故乡〉阅读史》中有关《故乡》的材料替换成了有关《孔乙己》和《背影》的材料而已。所以,国内一些学者所从事的这种依样"研究"(从观点到方法的全盘照搬)除了让我的民族自尊心大受伤害外,

---

[①] 1918年,胡适在《建设的文学革命论》中就说过:"真正有功效有势力的国语教科书,便是国语的文学:便是国语的小说,诗文,戏本。国语的小说,诗文,戏本通行之日,便是中国国语成立之时。"胡适.《建设的文学革命论》,《新青年》1918年第四卷第四号,第293—294页。

[②] 藤井省三著,董炳月译.《鲁迅〈故乡〉阅读史——近代中国的文学空间》,北京:新世界出版社2002年版。

还很让我怀疑其存在的价值。

怎样研究才有价值？"上位"和"方法"是我在北师大读书期间听到的有关研究的最多的两个词。我不太喜欢前者而特别喜欢后者。因为一些追求所谓的"上位"的人，往往写些故弄玄虚的所谓"有深度"的文章，其结果是你不说我倒明白，说了我反而糊涂。或者写些字字是真理而句句是废话的高头讲章，其结果是你不说我也明白，你说了倒让我厌烦。更何况，更多的人是既上不去又下不来，结果写了一些上不挨天又下不着地的文章。所以，我觉得研究教育时还是得脚踩大地，因为这样心里才觉得踏实。不过，不能脚踩大地却眼盯脚尖，而是要向上看，向前看。如果要看出和别人不太一样的结果，视角就显得特别重要。所以，我很喜欢包含了视角选择的"方法"一词。绣女绣了一幅织锦，木匠造了一个小亭，除了要绣得美、造得巧可供人观赏、歇息外，如果再告诉别人这么做的目的，并示人以自己所用的"金针"和"规矩"，也许更有价值。所以，我又试图用一些自己所认定的"金针"和"规矩"来考察不同文本的接受史。

正是基于以上的种种考虑，最终我并没有单纯地梳理、呈现那些不同时代、不同读者对我最初选择的20余篇(部)文学文本所作的阐释，而只选择了其中9篇(部)作为研究对象。除了呈现出针对这些文本所作的不同阐释之外，更主要的是，希望能以此为凭借，立足于语文学科，采用不同的视角，考察出不同文本的接受方式，探寻出影响其接受的内外因素，揭示出隐含在接受过程中的基本规律等等，从而使这本小书成为一本带有方法论意义的"具体而微"的文学接受(教育)史。

研究《孔雀东南飞》的接受史，主要是考察古典民歌在清末民国语文教育中的地位及编者选诗立场的变化。研究《木兰诗》的接受史，主要是考察清末民国民族主义与女子教育思想的发展对该诗在清末民国语文教育中接受的影响，或者说是借其接受史的研究来展现清末民国民族主义、女子教育的发展。研究《项脊轩志》的接受史，主要是考察文言散文在清末民国国文、国语教科书中的教学功能和选择标准的变化。研究《背影》的接受史，主要是考察白话散文在民国国文、国语教科书中的不同教学功能及其渐变的过程。研究《桃花源记》的接受史，主要是考察清末民国出现的一文多选的现象以及教科书编者对一些兼有多种文体特征和多重主旨的文本的阐释方式。研究《水浒传》的接受史，主要是考察古典小说在清末民国语文教育中的接受过程、解读方式，进而分析政治、文化、文学和教育等思潮对语文教育的影响。研究《愚公移山》的接受史，主要是考察在清末民国教科书中寓言地位、神话功能、思想教育和文白之争等的变化轨迹。研究《故乡》的接受史，主要是考察民国文学批评界对教育界接受经典所产生的影响及二者之间的解读差异。研究《孔乙己》的接受史,主要是考察作者与编者在解读同一文本时所存在的差异。通过对这些单个文本的考察会发现,不同文体、语体、题材、主题的文学文本在教育中的接受境遇各不相同,并非如前文所说的那种简单地互动。

如果再从更高层次上来观照这一时期的文学与教育,又会发现二者与现代民族国家的形成密不可分,或者说,民族国家这个"想象的共同体"的建构正是借助于文学和教育这两种启蒙工具而得以推进的。柄谷行人在《日本现代文学的起源》的德文版后记中写道:"安德森说作为'想像的共同体'的民族(nation)唯通过本国固有语言之形成才得以确立起来,而对此发挥了重要作用的是报纸小说等。因为报纸小说提供了把从前相互无关的事件、众人、对象并列在一起的空间。正是在这种意义上,应该说'小说'在民族形成过程中起到了核心作用,而非边缘的存在。'现代文学'造就了国家机构、血缘、地缘性的纽带绝对无法提供的'想像的共同体'。在现代民族国家的形成比较滞后的德国其对民族同一性的确认是由德国文学来完成的,这一情况足以证实上述的说法。"[①] 如果把这段话中的"报纸""小说"和"文学"等词替换成"教科书中的文学文本",把"德国"替换成"中国",那么这种论断也是完全恰当的。因为在教科书中哪种古代文学或现代文学文本会被收入或抛弃、拒绝,及不同主体对这些文本所作的何种形式的阐释,都与教科书编者及包括其在内的各种阐释者心中的现代民族国家的形态存在着某种关联。教科书作为国民接受教育的基本凭借,其典范性使其承担着现代国民心理建构的最重要的任务,而它作为一种重要的现代传媒,发行数量又特别大,传播范围极其广,又使其易于承担这样的任务。所以,甚至可以说,近代的以教科书为基本教材的中小学文学教育是中国现代民族国家形成的最重要的途径(之一)。

当然,想法和结果往往并不一致,眼高往往手低,手低就表明功力不够。所以,这里所写的并不能令自己满意。写得最不满意的是《故乡》的接受史,因为藤井省三已对此作过深入地研究,以至于我都不愿意重新查找有关文学批评界对此所作的阐释方面的资料了;虽然我所掌握的其在教育界中接受的资料要比藤井省三掌握的多得多,但重新换一个角度来研究太不容易,李白纵然有生花的妙笔,但见到崔颢的《黄鹤楼》,也只是写了几句如"眼前有景道不得,崔颢题诗在前头"的毫无诗意的白话,更何况不才如我?这又好比跳高,如果看到前面的人越过了横杆,你

[①] 柄谷行人著,赵京华译.《日本现代文学的起源》,北京:生活·读书·新知三联书店2003年版,第220—221页。

再跳的时候总会自然而然地想到他跳的姿势,结果自己反而跳不过去。当然,可聊以自慰的是,虽然我跳的姿势有点不自如,甚至失败了,但总好于那些完全照着别人姿势而轻易地跳过去的人。写得最难受的是《桃花源记》的接受史,我最初想考察一下教科书编者们是怎样通过助读文字来处理一个文本在不同学段的难易问题,但研究的结果完全超出了我最初的设想,因为在研究过程中我发现这篇特殊的文本更适合讨论甚至在当下语文教科书中仍存在着的"一文多选"的现象、一个文本的文体复杂、主旨多重及其形成的原因等问题。当然还有许多遗憾。首先是研究的难度很大,而自己的能力有限。因为研究教科书中的单篇选文,就像研究一片树叶。如果你只是单独观察、记录这篇树叶四季不同的颜色、形状变化,而不去研究同在这棵树上的其他树叶,不去研究这棵树生长的土壤,不去研究这片树林里的其他树,不去研究这些树周围的空气、阳光等,其结果是只见树叶不见树木,更不要说见树林了。所以,研究单篇选文,要联系其前后的课文,联系编辑大意,联系编者的教育思想尤其是其教材编写思想,联系其他教材,联系不同教材编者所处的时代的政治、经济、文化和教育等思潮,联系不同的作家、评论家、编者和师生等读者对其所作的阐释,等等。不过,要做到这一点却十分困难。其次,放弃了一些篇目。并不是说遗憾只写出了这9篇(部),因为虽然我原来所选的《荷塘月色》和《卖火柴的小女孩》(又名《卖火柴的女儿》《可怜的女儿》)等文本曾出现在多套教科书中,但如果没有新的角度,即便写出来也只是在做无谓的重复,所以放弃这些文本并不可惜。又如《一件小事》和《皇帝的新装》(又名《波斯国帝王的服装》《国王的新衣》)等文本,虽然它们在1949年之后的语文教科书中是常选篇目,但在这之前的教科书中出现不多,如果将时限延伸到1949年之后,则更有考察的价值,所以放弃这些因受研究时段的限制的文本也不可惜。本来,用以考察议论文体在写作教学中地位变化的《六国论》和《过秦论》等是应该会写出来的,不过因为现在研究的兴趣已渐退,也就放弃了。以后想起来,可能会是一个遗憾[①]。

我做事、为学,一向是乘兴而来,兴尽而返。我的导师郑国民先生经常戏称我的研究是在"挖坑",我笑答:每次我都会"得水"而不会空手而归[②]!或者就像许

[①] 这篇前言的初稿写于2010年2月,后又不断地修改。其实,2010年10—11月我又写出了另外12篇经典课文的接受史,2012年4月又写出《鲁宾逊漂流记》的接受史,包括上文提及的当时未写出的篇目,已结集为《经典课文多重阐释》一书。《阐释》的重点在梳理、呈现相同和不同时代的不同读者对同一单篇课文所作的多重阐释,所以与本书的目的和写法均不相同。

[②] 1983年的高考全国语文卷的作文题目是道漫画题——《这下面没有水,再换个地方挖!》。画中一人提锹挖了许多坑,但每次尚未等到水流出就因失去耐心而放弃。屡次的"浅尝辄止",使他最终没有在任何地方挖出水来!在我的家乡安徽宣城溪口的方言中,"得水"为有意外收获的意思。

多人说的那样,要力争每刨一个坑都要挖出一口井吧。其实,我并没有离开自己的研究领域太远,这项研究只是在我这几年进行的有关接受美学和清末民国文学教育史的研究并融合在这两项研究中获得的点滴心得后的重新出发而已,目的是拓展研究领域的边界并增加发掘的深度。

我的研究出发点往往是"为己",希望在研究的过程中获得一点发现的快乐。虽然出发点不是"为人",但也并非没有一点"读者意识"。我也希望其他文学教育研究者能从中了解清末民国中小学文学教育发展史的某些侧面,当然,如果你们能认同我的某些研究方法,那我就更应该感谢了。我更希望这本小书能成为中小学语文教师备课所用的参考书,您也许可以看到这些教科书、教学参考书的编者们针对某篇文本的处理方式、解读结果等和您正在使用的不一样。我甚至希望这本小书能被中小学生们阅读,不是希望您去了解什么教育历史或掌握什么教育理论,而是希望您能知道,针对某篇文本的解读,可能还存在着与自己及老师均不相同的结果,或者能为您将要进行的研究性阅读提供一些参考,或者能为您希望做到的创造性阅读提供一个起点。为此,拙著除呈现这些不同的阐释观点外,还呈现了内容与课文相关的单篇阐释文章。这样,教师就可不以教材(教科书、教学参考书)为中心,学生就可不以教师为中心了。其实,80多年前,有位学者就曾针对这个问题说了一段在今天看来仍极具启发意义的话,他说[①]:

教学上最要紧的关键,在能发挥学生的思想,使之对于功课,有一种独立研究的态度。旧式的教学法,都是使学生读死书,对于教材的著作人,都是视同偶像,只准崇拜,不准致疑;又视教师为万能,其腹中便是万有文库和无穷宝藏,学者的学识,全赖教师灌输陶铸,事实上倘有不满,未有不发生缺望或反感的:这实在是一种大大的流弊。要知道著作家的作品,既是选作教材,当然是要效法摹仿;然究不能为学生终身的止境。教师的学识,固然比学生高深,然亦只能辅导学生,不能使学生处处都仿效他,同印板印字的一样。

可见,只有不盲目崇拜,不一味仿效,阅读才有创新,自己才能成长!

作者未必然,读者未必不然。我所写的未必是对的,我所希望的也未必是您所需要的。这也正是接受美学所阐发的真义!常读常新,才是经典的魅力所在!

[①] 权伯华著.《初中国文实验教学法》,上海:中华书局1932年版,第34页。

第一章

《孔雀东南飞》与古典诗歌在语文教育中的
地位及编者选诗的立场

乐府诗歌《孔雀东南飞》,最早被南朝徐陵收入《玉台新咏》,题为《古诗为焦仲卿妻作》;宋代郭茂倩将其收入《乐府诗集》中的"杂曲歌辞",题为《焦仲卿妻》;清代沈德潜将其收入《古诗源》,题为《庐江小吏妻》。明代王世贞誉其为"长篇之圣",清代沈德潜称其为"古今第一长篇"。有人从宏观的角度初步考察完其在评论界所经历的1 800年的接受史后感叹道:"自作品诞生至王世贞之前的1 300年间,此作几300年默默无闻,500年曲解误读,500年毁誉不一。"[1] 虽然现代语文从1902—1904年就独立设科,但《孔雀东南飞》第一次以作品的形式完整地出现在语文教科书中则迟至1920年,随后它被收入了多套国文教科书,并被编者作过多种解读。不过,1937年之后,随着形势的变化,它又被逐出了中学国文教科书。其在清末民国语文教育中的接受命运真可谓坎坷多舛。

1936年,胡怀琛在谈中学国文教科书的选文标准问题时指出,当时有关教科书选文标准的意见不一,很难一致;之所以产生这些不同的意见,是因为选者们持有不同的立场。选者们的立场又可分为"考据""思想""欣赏"和"实用"四种。他指出,即便是针对"同是一篇选文(绝对地属于某一类的为例外)因为选者立场不同,也好像能使一篇文章发生变化(其实文并没有变动,只是选者的一种错

---

[1] 陈文忠.《"长篇之圣"的经典化过程——〈孔雀东南飞〉1800接受史考察》,童庆炳、陶东风主编《文学经典的建构、解构和重构》,北京:北京大学出版社2007年版,第293页。

觉)"。接着，他以《孔雀东南飞》为例来说明这四种选者因立场的不同而做出的不同选择①：

譬如《孔雀东南飞》这一首诗罢。第一种选读者一定侧重于"龙子幡"，"青庐"，为南北朝时风俗等等。第二种选读者一定侧重于婚姻问题。第三种选读者只知道这是一首朴质而富于情感的民歌，是一首可歌可泣的长诗，其他一切不管。第四种选读者对于这首诗以为没有选读的必要。

此前，胡怀琛曾在《文学鉴赏法》一文中专门以《孔雀东南飞》为例分析过鉴赏文学作品时不能运用科学考据的眼光，即不能持前述第一种立场。他说②：

诗歌中所叙的事，只不过逞着自己的意思说，并不必和实在的事一些不差……诗歌中这样的例子很多很多，举不胜举。但是在那科学观念较深的人，对于这样的说法，就不免怀疑。古来有许多人评论《孔雀东南飞》的诗，对于"新妇初来时，小姑始扶床。今日被驱遣，小姑如我长"以为这都是后人加添的。他的理由，是在那几年中间，小姑长成得没有这样快。这样说法，固然是考据者极精锐的眼光。但是赏鉴文学，却不能如此看法。倘然如此看法，那么古人诗中讲不通的地方就很多了。我以为赏鉴文学，不宜用这种方法的。

在清末民国语文教育的发展中，教科书的编者们除没有持考证词句、名物的"科学"立场而将《孔雀东南飞》选作课文外，就曾坚持过"思想""欣赏"和"实用"中的一种或几种立场而将其选作课文。这些编者所持的立场不同且时有变化，因而使《孔雀东南飞》经历了一段颇曲折的接受过程。其接受过程也清晰地反映出古典诗歌在清末民国的国文、国语教科书中的地位及教科书编者的诗歌选择标准的变化轨迹，甚至也折射出这期间文学、政治思潮的变化过程等。

---

① 胡怀琛著.《中学国文教学问题》，上海：商务印书馆1936年版，第7—8页。
② 张弓编著，蔡元培、江恒源校订.《初中国文教本》，上海：大东书局1933年2月再版第6册，第37—38页。曹聚仁在介绍他的老师即暨南大学的张凤时，提到过一种针对《孔雀东南飞》的"考证"读法，他说："张氏原是巴黎大学的文学博士，他的博士论文，除了甲骨文字考古专题以外，还有《孔雀东南飞》的法译。应试的时候，教授问他：'究竟是一只雄，还是一双雌雄雀呢！'他却被难住了。那诗中的孔雀，究竟是否一？？这的确是有趣的问题。不过他对于这类的考证，并不十分热心；还是潜心考古，或率性作诗。"(曹聚仁著.《我与我的世界》，北京：人民文学出版社1983年版，第212页。)这种过度阅读者不乏其人，如汪天裸在《孔雀东南飞底检讨》一文中对第一句话就提出了几个疑问："1. 为什么要用'孔雀'，不用'喜鹊''麻雀'；以及其他一切禽类。2. 为什么要用'东南飞'不用'东北飞'或'西北飞'……3. 为什么要用'五里一徘徊'，不用'十里一徘徊'，'二十里一徘徊'……"并对此进行了分析，如用孔雀而不用其他禽类是因为焦仲卿的性格处处和孔雀的习性相符——"爱美""忌妒""胆小"和"急躁"。汪天裸.《孔雀东南飞底检讨》，《新垒》1935年第5卷第4—5期，第5—6页。

一、清末民初(1904—1919):绕树三匝

——合"思想"与"欣赏"的标准而不合"实用"与篇幅的标准

(一) 清末(1904—1911):合"思想"与"欣赏"的标准而不合"实用"的标准

1904年,《奏定学堂章程》颁行。其中与现代"语文"科相对应的学科有"读经讲经""中国文学"和"中小学读古诗歌法"等。"读经讲经"开设的主要目的是让学生接受圣贤思想的教化,其所用的教材与传统蒙学所用的"四书""五经"差别不大;"中国文学"开设的主要目的是让学生学习实用文章的写作,其所用的教材主要是古代散文。在这两门学科的教材中,《孔雀东南飞》根本就不可能被选作课文。例如清末商务印书馆出版的两套依据"中国文学"科的课程内容而编写的教材《中学国文读本》(1908,林纾) 和《中学国文教科书》(1908,吴曾祺) 简直是古文汇编,类似于姚鼐所编的《古文辞类纂》。如在《中学国文教科书》所确定的选文标准中就有"不选美术之词赋,而存应用之韵文,不拘拘于文以载道之说,扩充采辑之范围,颇注重于经世文字"等条目[①]。所以,这样的教科书,除了选大量的古体散文以及一些富有感情且用韵的小赋、箴铭、颂赞和哀祭等韵文作为课文外,根本就不会选古近体诗。

最有可能出现《孔雀东南飞》的是《章程》所设置的"中小学读古诗歌法"。其开设的主要目的是"养其性情"和"有益风化",所读诗歌的体裁为歌谣民谚、乐府民歌——"小学中学所读之诗歌,可相学生之年齿,选取通行之《古诗源》《古谣谚》二书,并郭茂倩《乐府诗集》中之雅正铿锵者(其轻佻不庄者勿读)"[②]。其中的《古诗源》和《乐府诗集》都收录了《孔雀东南飞》。《章程》又根据学段的不同而对这些诗歌的篇幅作了不同的规定:初等小学读"古歌谣及古人五言绝句",高等小学读"五七言均可","仍宜短篇"[③]。这就意味着不可能让初小和高小学生去诵读这首共有1 798字 (正文1 745字、序53字) 的《孔雀东南飞》。那么,是否可能推荐中学生去诵读呢?《章程》规定,"中学堂篇幅长短不拘;亦须择其词旨雅正而音节谐和者"[④]。可见,让中学生诵读《孔雀东南飞》,其篇幅的长短应该没有问题,其"音节谐和"也没问题,那么是否合"词旨雅正"的标准呢?该诗写

[①] 《教育杂志》,1909年第一卷第二期"绍介批评"栏第5页对《中学国文教科书》的评价。

[②] 课程教材研究所编.《20世纪中国中小学课程标准·教学大纲汇编·课程(教学)计划卷》,北京:人民教育出版社2001年,第26页。

[③] 课程教材研究所编.《20世纪中国中小学课程标准·教学大纲汇编·课程(教学)计划卷》,北京:人民教育出版社2001年,第26页。

[④] 课程教材研究所编.《20世纪中国中小学课程标准·教学大纲汇编·课程(教学)计划卷》,北京:人民教育出版社2001年,第26页。

刘兰芝遭恶婆焦母驱遣,回家后又遭娘兄逼婚,最后"自誓不嫁"的她"举身赴清池";其夫焦仲卿践行"黄泉下相见"的誓约而"自挂东南枝"。如果说其题旨是揭露婆母的专横、娘兄的无情,就可能不大符合"词旨雅正"的标准;读过之后,也可能不会起到"养其性情"和"有益风化"的作用。如果说题旨是歌颂青年男女对爱情的忠贞①,那就很符合《章程》所规定的标准,达到其所希望的目的。当时清末"中学国文"科所用多为前述两套古文教科书,因为考试所写为实用文章而非诗词曲赋,所以在"中学国文"科中学习《孔雀东南飞》的可能性几乎没有。"中小学读古诗歌法"科虽被"列入功课",但清学部并没有编出相应的教科书②,该科实施的时间又是在"闲暇放学"时,所以虽然所定的"词旨雅正"、所反对的"轻佻不庄"等也都只是一个主观的标准,但一些教师将此诗从《古诗源》或《乐府诗集》挑选出来让学生诵读的可能性也很小。

(二) 民初 (1912—1919): 合"思想"与"欣赏"的标准而不合篇幅的标准

民初废止读经,中学国文教科书按照曾国藩选编的《古今文史百家杂钞》的选材标准而将一些原属于"四书""五经"和诸子百家的作品纳入了古文的范畴。所以,民初有代表性的新编中学国文教科书,如中华书局出版的《中华中学国文教科书》(1912,刘法曾、姚汉章)、《新制国文教本》(1914—1915,谢蒙)和商务印书馆出版的《共和国教科书国文读本》(1913,许国英)等都对选文的标准作了调整。不过,正如黎锦熙所说的,"民国初年(一九一二以后)中学学制无甚更张,所出国文选本,惟内容稍稍扩大:高年级略选经籍,似至此始知由姚选进而取法乎曾选之《经史百家杂钞》也者;又稍稍羼入诗歌。"③ 和清末的中学国文教科书相比,这些教科书选入了少许诗歌已算是有了很大的进步。不过,《孔雀东南飞》依然没有被选入,其原因何在?下面,我们从这几套教科书编者的选诗标准等来分析其中可能的原因。

---

① 清光绪年间,李元度编启蒙读物《小学弦歌》时将《孔雀东南飞》归入"教夫妇之伦"之门,就是取其歌颂青年男女对爱情忠贞之意。不过,张志公先生认为"他的归类有些牵强"。张志公著.《传统语文教育初探(附蒙学书目稿件)》,上海:上海教育出版社1962年版,第97页。

② 1904年,负责国编教科书的京师大学堂编书处颁布了《大学堂编书处章程》,《章程》开列了编书处编订的拟着手编写的中小学教科书目录7种,其中提到了"诗学"教科书:"诗学课本。拟断代选择。自汉魏以迄国朝,取其导扬忠孝,激发性情,及寄托讽谕,有政俗人心之关系者,撰为定本,以资扬扢。本兴观群怨之宗风,寓敦厚温柔之德育,亦古人诗教之遗也。"(京师大学堂编书处.《政书通辑卷四(光绪二十八年):大学堂谨拟编书处章程》,《政艺通报》1902年第九期,第9页。)拟编"诗学课本"所设定的"导扬忠孝""寄托讽喻"和"政俗人心"的标准以及"本兴观群怨之宗风,寓敦厚温柔之德育"的课程目的,与《奏定中学堂章程》之"中小学堂读古诗歌法"相比,多了教化而少了怡情的色彩,重蹈了传统"诗教"的故辙。如果按此标准来编写课本,几乎是不可能选择《孔雀东南飞》作为课文的。

③ 黎锦熙.《三十年来中等学校国文选本书目提要》,国立北平师范大学《师大月刊》1933年第二期,第4页。

首先,我们看《孔雀东南飞》的产生年代。对此,学术界一直有"汉末建安说"和"六朝说"(两晋及宋、齐、梁、陈)两种观点。关于"六朝"也有两种说法,一是按王朝分类而将西晋、东晋、宋、齐、梁和陈六个政权总称为"六朝",二是按时代分类而将始自三国终至陈朝的整个魏晋南北朝时期总称为"六朝"。学术界关于《孔雀东南飞》产生于"六朝"的说法中的"六朝"指的是前一种"六朝"。

《中华中学国文教科书》(1912)所录诗歌较多,其编辑大意称:"诗歌者,古人所以涵养性情,宣导血气,不仅作文字美术品。故兹编所辑,略择著名之诗歌附焉。大率先近体而后古风,取声律和顺,易学易解。其在三代以下六朝以前之古诗,有篇幅而词义浅,足以起学人之情兴者,又多先录于编,不拘成例。"此处的"三代"指夏、商、周,"六朝"显然是指两晋及宋、齐、梁、陈。可见,编者针对秦和两汉的诗歌所用选择标准是"有篇幅而词义浅"。假如《孔雀东南飞》产生于"汉末",那么即使其篇幅过长,也因其声律和顺、词义较浅而入选。但是,其并没有入选。如该教科书中所收的汉诗有《乌鹊歌》(韩凭妻何氏)、《大风歌》(汉高帝)、《垓下歌》(项羽)、《诗四首》(苏武)、《与苏武诗三首》(李陵)和《淮南民歌》(无名氏)等,都是篇幅短小的作品。之所以选同样出自《乐府诗集》的《淮南民歌》而不选《孔雀东南飞》可能就是因为前者的篇幅短小而后者的篇幅过长。假如《孔雀东南飞》产生于两晋及宋、齐、梁、陈,那么同样会因为篇幅过长而不被选入。如该教科书所收录的这一时期的诗歌有《丁令威歌》(无名氏)、《休洗江二章》(无名氏)、《城上草歌》(刘俣)、《玉阶怨》(谢朓)、《金谷聚》(谢朓)、《同王主簿有所思》(谢朓)、《王孙游》(谢朓)、《琅琊王歌辞》(无名氏)、《李波小妹歌》(无名氏)和《敕勒歌》(斛律金)等[①],也都是些篇幅短小的作品。

《共和国教科书国文读本》(1913)也兼顾了诗歌的欣赏功能而选入一些诗歌。其编辑大意称:"从前选本,多不及诗歌。窃以箴铭颂赞哀祭等韵文,既一概列入,诗亦韵文之一,可以助美术供吟讽。古人所谓涵养性情宣导血气,端在乎诗。其裨益良非浅鲜。兹编略师其意,取古风之声律和顺情韵并佳者,每册列入一二,不拘拘时代派别,择相当者采录,各次于文辞之后,俾读者知有此体,并非强以学步,亦节宣堙郁之意云尔。"如果按这样的条件可选入,那么《孔雀东南飞》是完全符合的,但其实际仍并未被选入。该书在第3、4册中收录了汉至陈的诗歌,在第3册中依次有《古诗十九首录四首》(无名氏)、《饮马长城窟行》(蔡邕)、《白马篇》(曹

---

① 书中另选有汉武帝的《秋风辞》、陶潜的《归去来辞》,不过从编辑大意所说的诗歌只包括"近体""古风"和"古诗"来看,编者可能将其当成了"辞赋"。

植)、《咏贫士》(陶潜)和《咏史录五首》(左思),在第4册中有《与苏武诗三首》(李陵)和《杂诗录三首》(曹植)。其中《古诗十九首录四首》中的《行行重行行》《回车驾言迈》以及《饮马长城窟行》均和《孔雀东南飞》一样出自于《乐府诗集》。《孔雀东南飞》并未入选的原因,应该与其未入选于《中华中学国文教科书》中的原因一样,即篇幅过长。

《新制国文教本》(1914—1915)所确立的选文标准看起来颇为例外,因为在其第4册中竟然出现了"诗赋之属"。此"属"所选,赋有《赤壁赋》(苏轼)、《大言赋》(宋玉)、《小言赋》(宋玉)、《讽赋》(宋玉)、《钓赋》(宋玉)、《风赋》(宋玉)和《赋篇》(荀子)7篇。诗为取自《诗经》中的《七月》和《正月》。编者其目录所列9篇选文后只对选赋作了说明:"赋者诗之流。宋玉荀卿,尚为正体,录之以觇厥源。至于其变,则不可胜详也。苏轼赤壁赋,略是规宋玉者,并录一篇。"不难推测,在编者眼里,只有《诗经》中的诗歌才是正宗的诗歌,才可作为诗歌的代表。

以上所说均为民编教科书。北洋政府为了加强对教科书的控制,于1915年1月22日颁发了袁世凯特定的《教育纲要》。《纲要》规定中小学教科书将在一定期限内编定颁发,国定制与审定制并行[1]。为了编写国定教科书,教育部还特设了教科书编纂处,聘请国文和修身科的编纂员[2]。编纂处还制订出内容详实的《初等小学校国文教科书编纂纲要草案》和《高等小学校国文教科书编纂纲要草案》。关于中学国文,虽然并没有教科书的编纂纲要,但在其颁布的一份关于教学的《中学国文教授要目草案》中有相关的规定。《草案》的"讲读文章"中出现了选材标准的内容,这可视之为未来所编国定教科书的选文标准。其规定的选文体裁包括"记叙之文""议论书牍文"和"诗词歌赋"三类。其中"诗词歌赋"的选择标准如下[3]:

词赋诗歌,宜选雅而不艳、质而不俚者(词赋,如《登楼赋》《酒德颂》《归去来辞》可读,《别赋》《恨赋》不应选;诗歌,如古时《十九首》《大风歌》《雁门太守行》《庐江府史妻作》及陶潜诗,皆可读。齐梁新体,不应选。唐宋以来近体诗,佳者律细意隐,难于讲明,亦不必选。)

可见,草案的制定者认为《孔雀东南飞》"雅而不艳、质而不俚",并将其纳入"可读"的范畴。然而,随着袁世凯的垮台,小学国文教科书没有出版,中学国文教科书更没了下文。《孔雀东南飞》由此失去了第一次正式进入国文教科书的机会。

---

[1] 专件《国务卿公函请按照大总统特定教育纲要宗旨妥订细目呈明次第办理》,《教育公报》1915年第9册,第7页。
[2] 《呈具报纂初等小学教科书开办情形请训示文并批令》,《教育公报》1915年6月第二卷第一期,第2页。
[3] 《中学国文教授要目草案》,《教育研究》1915年第二十四期,第42页。

而前述商务印书馆、中华书局所出版并经修正的清末中学国文教科书和民初新编的中学国文教科书一直沿用到1920年"国文"改"国语"之后。所以，1920年之前，《孔雀东南飞》一直在中学国文教科书之外徘徊。

虽然站在"思想"和"欣赏"的立场来看，《孔雀东南飞》所具有的思想性和艺术性，都使之有可能进入中学国文教科书，而且政府颁布的课程文件中或暗示或明确地提出可将其选作教材，但在清末民初的民编教科书编者看来，国文主要应学习"实用"文章来应付升学考试；虽然编者们也认为国文应兼顾诗歌的欣赏，且收录《孔雀东南飞》的《乐府诗集》也曾进入过他们的视野，但终因《孔雀东南飞》的篇幅过长而未选。《孔雀东南飞》在清末民初语文教育中的命运，如同一只美丽的孔雀"绕树三匝、有树难栖"！

二、国语学科初设期（1920—1922）：乌树初歇
——尽合"思想"（妇女问题）与通俗（白话文学）标准

（一）《孔雀东南飞》进入中小学国文、国语教材中的时机成熟

1. 白话文学革命运动兴起

1917年初，胡适的《文学改良刍议》和陈独秀的《文学革命论》在《新青年》上发表，二位作者均主张建设新文学，反对旧文学。胡适主要从文学形式方面提出了"八不"主张——"言之有物""不摹仿古人""须讲求文法""不作无病之呻吟""务去滥调套语""不用典""不讲对仗"和"不避俗字俗语"[①]。陈独秀主要从文学内容方面提出了"三大主义"——反对"贵族文学"、建设"国民文学"，反对"古典文学"、建设"写实文学"，反对"山林文学"、建设"社会文学"[②]。他们认为，真正的文学，其内容应该是平民的，语言应该是白话的。一场继清末黄遵宪、梁启超所提出的"诗界革命"和"小说界革命"之后的新文学革命运动就此开始。这场文学革命运动使我国固有的文学观念遭遇了巨大的"破坏"，而接下来的任务是如何"建设"这种新文学。为此，1918年5月，胡适又发表了《建设的文学革命论》一文。他在文中称，桐城文选派所提倡的古文、江西派所创作的诗，都是"假文学"和"死文学"，所以必须创造一种"真文学"和"活文学"以取而代之，要争取在"三五十年内替中国创造出一派新中国的活文学"，而要创造这种"新中国的活文学"必须经历三个步骤：第一步，应阅读古代白话文，以掌握白话表达的"工具"；

---

① 胡适.《文学改良刍议》，《新青年》1917年第二卷第五号，第1—11页。
② 陈独秀.《文学革命论》，《新青年》1917年第二卷第六号，第1—4页。

第二步，应学习古代的白话文和翻译的西洋文学，以掌握艺术表达的"方法"；有了前两个步骤作"预备"，最后才能说得上第三步"创造"。在谈古白话文学的价值时，他说："我们为什么爱读《木兰辞》和《孔雀东南飞》呢？因为这两首诗是用白话做的。"① 就在此前不久的1918年3月15日，胡适在北京大学国文研究所小说科发表了一次演讲。傅斯年将其演讲整理成文发表在《北京大学日刊》上，后来胡适又据此而写成《论短篇小说》一文。在《论短篇小说》中，胡适在回顾中国短篇小说史时却认为《孔雀东南飞》是"短篇小说"，他说："韵文中《孔雀东南飞》一篇是狠（很）好的短篇小说，记事言情，面面都到。"② 可见，在胡适看来，《孔雀东南飞》是古代用白话作的活文学的代表，也是短篇小说的代表，而在当时，如果要创造国语新文学，就应该从其中学习基本的表达工具、学会其构筑情节等方法。

如果按今天的眼光来看，《孔雀东南飞》虽然是一首民歌，但不能算是严格的白话诗，因为其中仍然有大量的文言词汇③。胡适认为《孔雀东南飞》是用白话写成的，首先是因为当时并没有很明确的白话标准（"国语"），其次是为了替他所下的活文学都是用白话写成的论断提供依据。1918年1月15日，他在《论小说及白话韵文》一文中认为，"白话"一词应有三层含义④：

（一）白话的"白"，是戏台上"说白"的白，是俗语"土白"的白。故白话即是俗话。

（二）白话的"白"，是"清白"的白，是"明白"的白。白话但须要"明白如话"，不妨夹几个文言的字眼。

（三）白话的"白"，是"黑白"的白。白话便是干干净净没有堆砌涂饰的话，也不妨夹入几个明白易晓的文言字眼。

---

① 胡适.《建设的文学革命论》，《新青年》1918年第四卷第四号，第289、297—306、291页。
② 胡适.《论短篇小说》，《新青年》1918年第四卷第五号，第401页。1921年，胡适在教育部第三届国语讲习所讲授白话文学史，该讲义由黎锦熙于1927年先斩后奏地交由黎的几个学生所建立的北平文化学社出版，因此引来了胡适的不快。胡适之所以在此之前没有将其正式出版，是因为他自己觉得思考还不成熟，如讲义第一编为"汉魏六朝的平民文学"，说明他当时认为这一时期的民歌是白话文学的源头。正因为该讲义被黎锦熙等人先行出版，所以促使了胡适开始撰写《白话文学史》，并将其源头延伸至古代的歌谣（见黎锦熙为《国语文学史》所写的"代序"和胡适所写的《白话文学史》自序。另外，从二者所定的书名不同也可以看出胡适和黎锦熙的分歧，因为此时的胡适更强调"白话文学"的建设，而非黎锦熙所期望的"国语文学"的建设）。该书全文照录了《孔雀东南飞》，并称"汉朝民间文学的最大杰作自然是《孔雀东南飞》一篇"。胡适说，虽然这首诗出自《古诗源》，但和《郊祀歌》这种"地道"的庙堂文学相比，便"自然会承认《孤儿行》、《孔雀东南飞》一类的诗是白话的平民文学了"。胡适著.《国语文学史》，北平：文化学社1927年版，第18、27页。
③ 周于干在《初中国文教学杂谈》（周于干.《初中国文教学杂谈》，《江苏教育》1936年第3卷第5—6期，第139页）中曾以《孔雀东南飞》为例说文言白话的边界不易确定："至如语录旧体小说及词曲等，更难以文白固定之。《木兰词》《孔雀东南飞》，近人认为白话者也，然以入文言，有何不可？文白固无绝对区界也。"
④ 胡适.《论小说与白话韵文》，《新青年》1918年第四卷第一号，第77页。1928年，胡适在《白话文学史》中对将乐府民歌纳入白话范畴的做法作了进一步说明，称其将白话文学史范围放得很宽，其中古乐府歌辞大部分属于白话文学。胡适著.《白话文学史》，北京：团结出版社2006年版，第8页。

如果按胡适所界定的白话标准来看,那么《孔雀东南飞》确实是一首夹入了一些文言字眼的白话诗。

如果按今天的眼光来看,《孔雀东南飞》只能是一首叙事诗,而不是小说。胡适之所以将其归入短篇小说,大概是因为其情节完整,且略为曲折,而具备了小说的基本元素[①]。

当时,无论是文学革命者,还是国语运动者,都曾试图在中小学国语教育中推行其改革设想,在中小学实行白话文教学、文学教学自然是改革者们努力的方向。在他们看来,《孔雀东南飞》作为白话小说的代表,从语体和文体等角度来看,已具备了进入中小学语文教育的基本条件。

2. 思想解放运动兴起

伴随着文学革命和语言改革运动的,是一种思想解放运动。当时,各种思想和主义被青年们讨论着、传播着,以前一些不成问题的问题现在都成了问题,必须重新加以审视和思考。对于一个青年学生来说,如果"不懂国语文提倡的理由,不懂女子解放问题、贞操问题、婚姻问题、礼教问题、劳动问题等,却是要做一时代的落伍者"[②]。所以,各种主义、问题又被认为是中小学生应该首先要接触、思考、讨论的。新文学革命者纷纷主张创作为人生的文学,而《孔雀东南飞》也被认为是古代白话文学中以人生问题为题材的杰出代表了,如1919年傅斯年在《白话文学与心理的改革》一文中说:"我们为什么爱读《孔雀东南飞》呢?因为他对于人生做了个可怕的描写。"[③]《孔雀东南飞》的内容涉及了妇女、婚姻和礼教等诸多"人生"问题。所以,从其主旨、题材等角度来看,也均已具备了进入中小学语文教育的基本条件。

3. "国文"改为"国语"成功

1919年,刘半农、周作人、胡适等人在国语统一筹备会第一次大会上提出了《国语统一进行方法的议案》,其中提道[④]:

统一国语既然要从小学校入手,就应当把小学校所用的各种课本看作传布国语的大本营;其中国文一项,尤为重要。如今打算把"国文读本"改作"国语读本",国民学校全用国语,不杂文言;高等小学酌加文言,仍以国语为主体,"国语

[①] 江苏省立第一师范学生周培均在《我的初学诗小说戏剧的经验谈》(周培均.《我的初学诗小说戏剧的经验谈》,《学生文艺丛刊汇编》1920年第一卷第二期,第23页)中曾以《孔雀东南飞》为例来说明诗歌、小说、戏剧三种文体之间的界限常常很模糊:"《孔雀东南飞》这一篇,和杜甫的《石壕吏》这一篇,都是词句整齐,有音节可诵的五古诗;然而称它短篇小说,也不能说不是。如此看来诗和小说的界限已模糊了。"
[②] 沈仲九.《中学国文教授的一个问题》,《教育杂志》1924年第十六卷第五号,第10页。
[③] 傅斯年.《白话文学与心理的改革》,《新潮》1919年第一卷第五号,第916页。
[④] 黎泽渝、马啸风、李乐毅编.《黎锦熙语文教育论著选》,北京:人民教育出版社1996年版,第27页。

科"以外，别种科目的课本，也该一致改用国语编辑。

这份提案在大会上被通过，并函请教育部批准。1920年1月12日，教育部接受此项建议，并训令全国国民学校（初等小学）一二年级先改国文教科书中的文言文为语体文，这样前已审定的小学一、二年级文言教科书作废，三、四年级的逐年废止①。教育部在修正的《国民学校令》和《国民学校令实施细则》中将"国文"都改成了"国语"。教育部接受了这项建议并要求迅速推行，出乎胡适的意料之外，其欣喜之情也溢于言表，所以他说："民国十一年以后，国民学校一律都要改用国语了。依这例推下去，到了民国十四年，高等小学的教科书也都已改成国语了。这个命令是几十年来第一件大事。他的影响和结果，我们现在狠（很）难预先计算。但我们可以说：这一道命令，把中国教育的革新至少提早了二十年。"② 至此，《孔雀东南飞》再次完全具备了进入中小学国文、国语教科书的条件。

（二）《孔雀东南飞》正式进入中学白话文教材

1. 以问题的形式出现

1920年4月，即"国文"改为"国语"的三个月后，中华书局出版了朱文叔编写的4册《国语文类选》。该书编辑大意称："自从《新青年》提倡文学革命以来，出版界大为刷新：《新思潮》、《每周评论》、《时事新报》、《建设》、《解放与改造》等，大都变为'国语文'了。这'国语文'底发达，和'新思潮'底澎涨，恰好做个正比例。真是国民自觉底表现，群制改善底先声。"可见，编写此书是借让读者了解"国语文"和"新思潮"而达到启发国民、改善社会的目的。选文按主题分为文学、思潮、妇女、哲理、伦理、社会、教育、

《白话文范》（1920）

---

① 《教育杂志》1920年第十二卷第二号"记事"栏，第1页。
② 胡适.《国语标准与国语》,《新教育》1920年第三卷第一期，第1—2页。

政法、经济和科学等10类,均为论文,而无作品。与《孔雀东南飞》相关的主题有"文学"和"妇女"两类论文。"文学"类中的第二篇文章是其中提到了《孔雀东南飞》的《建设的文学革命论》,而"妇女"类中的文章有《现代女子问题的意义》《妇女解放》《儿童公育》《女子解放当从那里做起》《女子解放与家庭改组》《第四阶级的妇人运动》《妇女问题杂评》《中国女子的地位》《美国的妇人》和《女子教育的急务》等10篇。作为课文,从语体上看,《孔雀东南飞》涉及的是"文学"(语体)问题;从题材来看,涉及的是以上"妇女"问题。所以,当读者读到《建设的文学革命论》和这10篇有关"妇女"问题的文章时,必然会将《孔雀东南飞》作为"国语文学"建设的一个典范和讨论"妇女解放"问题的一个话题。这可以说是《孔雀东南飞》在中学教材中的初步亮相,只不过是以其所涉及的"问题"的形式而非以整篇作品的形式出现罢了。

2. 以作品的形式出现

1920年初,南开大学教员何仲英受胡适的《建设的文学革命论》的影响而竭力提倡白话文教学,而且他像胡适一样将《孔雀东南飞》和《石壕吏》等当成白话作品,如他在《国语文底教材与小说》中说[①]:

古诗如《上山采蘼芜》、《孔雀东南飞》、《木兰歌》,以及杜甫底《石壕吏》、《兵车行》,白香山底《折臂翁》、《卖炭翁》等篇,记事写情,面面都到,何尝不是白话韵文;然而古色古香,究与今语有别,而且内容上完全有短篇小说底意味,不过体裁上名为乐府罢了。

可见,他不仅认为《孔雀东南飞》是一篇值得学习的白话诗歌,而且认为这篇诗歌类似小说。

1920年8月,何仲英和洪北平合作编纂的4册《白话文范》由商务印书馆出版。1920年,商务印书馆在该馆出版的《新法国语教科书》封三上为《白话文范》所做的广告中称:《白话文范》"好算一种破天荒的教科书了!"黎锦熙认为,《国语文类选》的编排"非教科书体例",而《白话文范》"是为专选语体文作中学课本之最早者"[②]。该书的第4册第21课《诗》由《为焦仲卿妻作》《木兰歌》《石壕吏》和《兵车行》4首被编者视为兼有白话诗歌和小说两重性质的作品组成。该书的编辑大意称:"我们编辑这一本书,是供研究白话文的人做范本用的,所以名为《白话文

[①] 何仲英.《国语文底教材与小说》,《教育杂志》1920年第十二卷第十一号,第3页。同年,周作人在《儿童的文学》一文中认为,少年期(中学阶段)应读浅近的文言诗歌,不过他又说:"中国缺少叙事的民歌(Ballad),只有《孔雀东南飞》等几篇可以算得佳作,《木兰歌》便不大适用。"(周作人.《儿童的文学》,《新青年》1920年第八卷第四号,第6页)可见,在他看来,《孔雀东南飞》是古代民歌的代表而且应被选入中学课本。

[②] 黎锦熙.《三十年来中等学校国文选本书目提要》,国立北平师范大学《师大月刊》1933年第二期,第7页。

范》","所选的文合于中等学校的程度,中等学校教授白话文,可以用做教本"。可见,其编写的基本目的在于让读者研究白话文、学生学习白话文。不过,正如上述广告中所称的,该书中的选文"不但形式上可得白话文的模范,就是实质上也都是有关新道德新智识新思想的文字"。所以,书中的《孔雀东南飞》既可作为白话文研究、写作的模范,也可作为讨论新道德、新知识、新思想等的凭借,尤其是可能作为讨论上述的"妇女"问题的凭借。如在该书中,《为焦仲卿妻作》之前一课为莎尊彝的《〈孟子〉齐人有一妻一妾章讲义》,之后一课为《木兰歌》。其中的《讲义》将《孟子》中的一个片段敷演成一篇白话短篇小说,而且内容则涉及夫妇问题,如文中有"他老婆回到家告诉小老婆道:'我们嫁个丈夫原望终身倚靠啊!如今这样,没廉耻的冤家,还倚靠什么呢'"等语。至此,《孔雀东南飞》第一次正式以完整的作品形式出现在中学教科书中。

《孔雀东南飞》除了以上述两种形式出现在中学国文教科书中外,可能因为其内容涉及诸多人生问题,而且其情节颇为曲折,所以还被一些大学生改编成话剧进行公演。1922年3月,北京女高师国文部大四学生就曾将其改编搬上舞台,还引发了观看的热潮,也引起了媒体的热评,如《晨报副刊》就在1922年3月3日刊登了朔水的剧评《看了二十五晚〈孔雀东南飞〉以后》,3月5日又登载了许地山的《我对于〈孔雀东南飞〉底提议》,剧评讨论改编及演出的得失。许地山认为改编水平尚可,但演出还有欠缺,如"没有尽量地把诗中'阿母得闻之,槌床便大怒……'那般狠泼的性地形容出来,烘托不出刘氏底苦凄。这样,多少总会减些感人底力量。"[1] 公演也引发了进一步改编的热潮,如《晨报副刊》的编者在《看了二十五晚〈孔雀东南飞〉以后》后的"附白"中称自己正在修改为《戏剧》杂志而创作的《孔雀东南飞》。

三、国语文学建设期(1923—1936):翔集自如
——尽合"欣赏"(艺术作品)"思想"(家庭、妇女)的标准

1922年实行新学制,1923年各科课程纲要颁布。叶圣陶起草的《初级中学国语课程纲要》在课程目的中要求,应"引起学生研究中国文学的兴趣",并在"教材"的规定中提到要精读诗歌,只不过"取材不拘时代"[2]。胡适起草的《高级中学

---

[1] 许地山.《我对于〈孔雀东南飞〉底提议》,《晨报副刊》1922年第3期第1版。
[2] 课程教材研究所编.《20世纪中国中小学课程标准·教学大纲汇编·语文卷》,北京:人民教育出版社2001年版,第274、275页。

公共必修的国语课程纲要》在课程目的中要求"培养欣赏中国文学名著的能力"，在其所提示阅读的文学名著中有"唐以前的诗（选本，注重古乐府）"的规定[①]。胡适为文科草拟的《高级中学第一组必修的特设国文课程纲要（二）中国文学史引论》的三条课程目的都是针对中国文学的学习而设的："1.使学生略知中国文学变迁沿革的历史。2.使学生了解古文学与国语文学在历史上的相当位置。3.引起学生研究文学的趣味。"在其课程内容的规定中还明确提到了"平民文学。（南北乐府）"[②]。虽然上述课程纲要都没有明确提到《孔雀东南飞》，但其作为乐府文学的代表可以也应该作为教材则是不言而喻的。于是，1923年之后《孔雀东南飞》便多次被中学国文、国语教科书选作课文。我们先看教科书收录此诗的情况。

编者	教科书名称	篇名	册次	出版社	时间、版次
叶绍钧、顾颉刚	初级中学用《新学制国语教科书》	古诗为焦仲卿妻作（注释附序）	第6册	商务印书馆	1924年4月再版（1923年8月初版）
吴遁生、郑次川	新学制高级中学国语读本《古白话文选》	孔雀东南飞（注释附序）	上册	商务印书馆	1927年出版
陈彬龢	初级中学用《新时代国语教科书》	孔雀东南飞（无序）	第3册	商务印书馆	1929年4月10版
朱剑芒	《高中国文》	孔雀东南飞（并序）	第3册	世界书局	1930年1月再版
孙俍工	高级中学用《国文教科书》	孔雀东南飞（无序）	第5册	神州国光社	1932年5月出版
穆济波	高级中学用《新中学古文读本》	孔雀东南飞（注释附序）	第3册	中华书局	1932年6月17版
徐公美等	《新学制中学国文教科书高中国文》	古诗为焦仲卿妻作（题解附序）	第2册	南京书店	1932年8月初版
王伯祥	初级中学学生用《开明国文读本》	孔雀东南飞（无序）	第4册	开明书店	1932年11月初版
傅东华、陈望道	初级中学用《基本教科书国文》	孔雀东南飞（注释附序）	第3册	商务印书馆	1932年12月初版
戴叔清	《初级中学国语教科书》	孔雀东南飞（无序）	第4册	文艺书局	1933年1月出版

---

① 课程教材研究所编．《20世纪中国中小学课程标准·教学大纲汇编·语文卷》，北京：人民教育出版社2001年版，第274、277、278页。
② 课程教材研究所编．《20世纪中国中小学课程标准·教学大纲汇编·语文卷》，北京：人民教育出版社2001年版，第274、281页。

(续表)

编者	教科书名称	篇名	册次	出版社	时间、版次
张弓	《初中国文教本》	孔雀东南飞(为焦仲卿妻作)(无序)	第4册	大东书局	1933年1月4版
史本直	中学适用《国文研究读本》	孔雀东南飞(注释附序)	第1册	大众书局	1933年6月初版
罗根泽、高远公	《初中国文选本》	孔雀东南飞(无序)	第6册	立达书局	1933年8月初版
姜亮夫	《高中国文选》	孔雀东南飞(注释附序)	第3册	北新书局	1934年5月初版
薛无兢等	《高中当代国文》	孔雀东南飞(注释附序)	第3册	中学生书局	1934年8月初版
沈荣龄等	《试验初中国文读本》	孔雀东南飞(无序)	第5册	大华书局	1935年出版
蒋伯潜	《蒋氏高中新国文》	孔雀东南飞(注释附序)	第2册	世界书局	1937年4月初版

以上17套中学国文、国语教科书都收录了此文，其中初、高中均为8套，还有1套没有明确是在初中还是在高中使用。可见，一般编者可能从篇幅的角度考虑认为其不太适合小学生学习而适合中学生学习，不过对其是放在初中还是在高中学段来学习，认为不必做严格地区分。14套教科书选入此文时所设题名为《孔雀东南飞》，2套为《古诗为焦仲卿妻作》，1套为《孔雀东南飞(为焦仲卿妻作)》。可见，20世纪20年代以后，人们已习惯称之为"孔雀东南飞"了[①]。《玉台新咏》收录此诗时在诗前加了一个"序"——"汉末建安中，庐江府小吏焦仲卿妻刘氏为仲卿母所遣，自誓不嫁。其家逼之，乃投水而死。仲卿闻之，亦自缢于庭树。时人伤之，为诗云尔。"这个序中所吐露出的信息，更多的是赞扬刘、焦对爱情忠贞，当然也显露了家长的无情等。在以上17套教科书中，有9套在文前和文后注释中呈现了诗序，8套未呈现。未呈现的原因，可能是因为有些编者认为"序"中的"解读"并不正确，无须提供给学生参考。如果再从时间上来看，1929年之后收入此文的教科书明显增多，考察这两个阶段教科书编者的解读结果，发现也不太一致，所以我们以1929年为界将其接受史分成两个阶段来考察。

(一) 1923—1928：白话文学的典范

《孔雀东南飞》在上述出版于1923年之前的两套教科书中以不同的形式出

[①] "今日通俗都称为《孔雀东南飞》。"陈彬龢等编辑，蔡元培等校订.初级中学用《新时代国语教科书》，上海：商务印书馆1929年第3册，第74页。

现。虽然师生在实际教学或阅读时往往会将其与妇女、家庭等问题联系起来，但是在编者看来这都是与"国语文学"问题相关的，也是很正常的做法。这种编写思路在新学制实行初期一直延续着。根据新课程纲要编写的《新学制国语教科书》(1923)，最初由范祥善、吴研因和周予同编辑，后来顾颉刚和叶绍钧也参与其中，并由王岫庐、胡适和朱经农校订。前文提到，新学制初、高中国语课程纲要的起草者分别是叶绍钧和胡适，那么在这套教科书中必然会体现他们所确定的选材标准，所以《孔雀东南飞》入选该书的第6册就显得十分自然。该书的编辑大意称，其选文"以具有真见解、真感情、真艺术，不违反现代精神，而又适合于学生的领受为标准"。《孔雀东南飞》完全符合这个标准。更重要的是，在国语文学建设及国语教育推行的初期，《孔雀东南飞》被视为古代白话"活文学"和"真文学"的代表。如其课后注释就称其为"古今第一首长诗"。另一收录该诗的《古白话文选》(1927)主要是将其作为阅读参考之用，该书的广告称：本书所选起自周汉，含诗经文选和唐宋以来的白话诗文、宋明先哲的白话文、元以下的词曲小说，"搜罗丰富，饶有趣味"。可见，该书的选文标准突出的是选文的典型性和趣味性。在该书中，《孔雀东南飞》一课之前的诗有《上山采蘼芜》《从军行》《饮马长城窟行》和《白头吟》，之后的诗有《子夜歌》和《华山畿》，均为能代表这一时期文学成就的名篇。

（二）1929—1936：白话文学和讨论家庭、妇女、爱情等问题的典范

受前述公演引发的改编热潮的影响，1923年冯沅君又将其改编成多幕剧《孔雀东南飞》。1925年，凤汉将其改编成四幕剧《孔雀东南飞》(《清华文艺》1925年第1卷第2期)。熊佛西后来也将其改编成独幕剧《兰芝与仲卿》。此后，该诗仍持续被改编和上演，如由陈墨香编剧、王瑶卿和程砚秋导演的《孔雀东南飞》于1932年上演(1932年第2期《剧学月刊》刊发了该剧的说明书和剧本)。它还被拍成电影，如1926年由程树人导演、孔雀公司摄制的《孔雀东南飞》。一些教师认为应鼓励学生观看演出、阅读剧本，如称："戏剧从前也是和小说一样的不准与学生亲近，教师指导学生看剧本，也是近来事。而戏剧感人的势力比较小说，恐怕是有过无不及的。所以也不能不注意选择如《易卜生集》，候曜的《山河泪》，袁昌英的《孔雀东南飞》，叶绍钧的《恳亲会》……"[①] 这里的《孔雀东南飞》指的是戏剧。

---

① 易正伦.《初中国文教学法之商榷》，《江西教育行政旬刊》1932年第2卷第1期，第7页。

13　良友

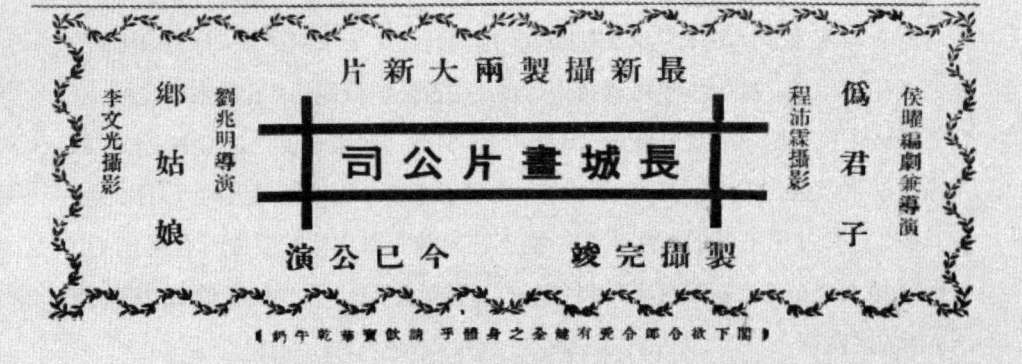

◀鄭蕊李最素貞▶　之「孔雀東南飛」片新司公影電雀孔▶　◀孔雀公司
　　　　　　　　　　　　　　　　　　　　　　　　程樹仁君
　　　　　　　　　　　　　　　　　　　　　　　　　　　　導演之「
　　　　　　　　　　　　　　　　　　　　　　　　孔雀東南
　　　　　　　　　　　　　　　　　　　　　　　　　　　　飛」
　　　　　　　　　　　　　　　　　　　　　　　　▼周曉疲
　　　　　　　　　　　　　　　　　　　　　　　　　　　　魏一翁▼
　　　　　　　　　　　　　　　　　　　　　　　　（東家有賢
　　　　　　　　　　　　　　　　　　　　　　　　　女。自名秦
　　　　　　　　　　　　　　　　　　　　　　　　羅敷。可憐
　　　　　　　　　　　　　　　　　　　　　　　　　體無比。阿
　　　　　　　　　　　　　　　　　　　　　　　　母為你求。）

◀孔公司「孔雀東南飛」幕中之最素貞▶

　　　　　　　　　　　　　　　　　◀李蕊鄭古裝麗影▶　◀孔公司新片「孔雀東南飛」▶
君託為府
吏。守節
情不移。
暫姜留空
房。相見
常日稀。

最新攝製兩大新片
長城畫片公司

侯曜編劇兼導演
程沛霖攝影
偽君子
製攝完竣

劉兆明導演
李文光攝影
鄭姑娘
今已公演

《孔雀東南飛》劇照，《良友画报》，1926年第5期随着《孔雀东南飞》被演艺界、教育界接受，学术界也开始对其进行深入地研究。1923年，西谛（郑振铎）在《小说月报》（第14卷第1期）发表了"读书杂记"《孔雀东南飞》，重点考论其中"新妇初来时，小姑始扶床。今日被驱遣，小姑如我长"所写小姑在两三年身高增长的速度问题，其中还提及"《孔雀东南飞》一诗，为中国最长的叙事诗"。1924年，钱玄同在《晨报副刊》（第114期）发表了《不完全的〈苏武古诗第三首〉和〈孔雀东南飞〉》。不久，一场围绕《孔雀东南飞》创作年代的论争爆发了。

以前评注《孔雀东南飞》的学者一般都根据其小序而认为其作于汉末，但是1924年学术界因梁启超在一次题为《印度与中国文化之亲属关系》演讲中称其受佛典《佛本行赞》的影响而作于六朝，于是掀起了一场围绕其创作年代的论争，刘大白、胡适、陆侃如、唐弢等众多学者都加入了其中。如1926年刘大白、马彦祥在《黎明》（第1卷第15期）发表了《〈孔雀东南飞〉的时代问题》，刘大白又独自在其第1卷第16期上发表了《〈孔雀东南飞〉的时代问题（二）》。1927年张为骐在《国学月刊》（第2卷第11期）上发表了《〈孔雀东南飞〉年代祛疑》，当年第12期《国学月刊》又发表了胡适的《跋张为骐论〈孔雀东南飞〉》和张为骐的《论〈孔雀东南飞〉，答胡适之先生》。1928年第1期《国学月报汇刊》刊发了黄节和陆侃如的《孔雀东南飞之讨论》（黄致陆书信与陆所作考证文字）。陆侃如根据诗中出现的"华山""青庐"和"龙子幡"等词语判断其出于"齐梁之间"。胡适在《孔雀东南飞的年代》（《现代评论》，1928年第6卷第149期）中认为，该诗创作年代离建安不远，而诗中出现后世的名词是因为后人对其改作而致，故出现六朝的色彩。1928年6月，曾主张将其作教材的胡适在《白话文学史》中对《孔雀东南飞》创作的年代及其叙事体例作了进一步的考证和分析[①]。其间，该诗甚至还被法国人翻译成法文出版[②]。

学术界围绕《孔雀东南飞》的论争和演艺界对其进行改编而使其成为一个热点，这自然又反过来引发了教育界对该诗探究的兴趣。如1929年出版的《新时代国语教科书》的编者曾就该诗产生的年代问题，参考了胡适等人的论述并发表了自己的看法，他写道："作者，旧传是东汉末年人作，但近人疑他是南北朝人作的，因为他中间有许多字不是汉末所通用的。其实，这是一首民歌，照民歌的惯例说，往往是前人本有这首歌，后人替他修改增删，就有后来人的话夹入了。这首诗，恐怕

---

① 胡适著.《白话文学史》，北京：团结出版社2006年版，第76—82页。
② 《九月二十日得天方自巴黎书并惠近著法文孔雀东南飞 ZE Paon 及中国诗坛近况 LE'volution Po'EtioueEN chine 合集万里怀人郁陶弗极略答以四律》，《大分湖》1925年第9期，第3页。

也是如此。"① 1932年出版的高级中学用《国文教科书》的编者在该诗之后所附的参考书中就有对《孔雀东南飞》作过分析的刘大白写的《白屋说诗》和胡适写的《白话文学史》等。1933出版的《国文研究读本》的编者也开列了学习此文所要阅读的众多涉及《孔雀东南飞》研究的著作,如《国学月报汇刊第一集》、胡适的《白话文学史》(上卷)、郑宾如《中国文学流变史》(上卷)、刘大白《白屋说诗》和胡云翼《中国文学概论》(上卷)。而且各教科书中的注释常引用胡适、刘大白关于"孔雀东南飞,五里一徘徊"的出处、卢江及华山等地名的真假等考证成果,还附录有熊佛西编写的剧本《兰芝与仲卿》。

更重要的是,1929年国民政府教育部颁布了初、高中《国文暂行课程标准》,《标准》对教材的选材标准作了新的规定,除明确要求不违背党义外,还规定其应为"含有改进社会现状的意味的"②。此后,反映民族、民主和民生等问题的作品成为教科书编者关注的重点。

因为文艺界、学术界对其的推崇以及课程标准关注选文的问题意识这两个主要原因,所以,1929年之后,《孔雀东南飞》便集中出现在初高中国文、国语教科书中。进入教科书后,编者对其艺术成就和思想主旨进行了多种阐释。

1. 文学成就

(1) 文学地位

编者在注释等辅助文字中常对其文学成就进行评价,不过多数只指出其文学地位。或者借鉴古人对其所作的评价,如称:"这是中国古代一首著名的长篇纪事诗"(《新时代国语教科书》)、"古今叙事诗中第一首巨制……洵为中国旧诗中不可多得之作"(《新中学古文读本》)、"古今第一首长诗"(初级中学用《新学制国语教科书》)、"中国叙事诗中第一长诗"(《新学制中学国文教科书高中国文》)和"古代长篇白话乐府中之最著名者"(《国文研究读本》),等等。或者将其与西方作品进行比较。在比较时还出现过两种不同的看法:有人认为其不重布局,不算史诗。如在《基本教科书国文》(1932)中,此诗的注释就将其和西洋史诗进行了比较:"这诗一千七百四十五字,是中国最长的故事诗。故事诗和西洋的史诗不同,最重要的地方就在一个重布局一个不重布局。故事诗大都按照事情的时间次序叙来,故事的本身也都不甚复杂。史诗则往往叙述数十年乃至数千百年的事,

---

① 陈彬龢等编辑、蔡元培等校订.初级中学用《新时代国语教科书》,上海:商务印书馆1929年第3册,第74页。
② 课程教材研究所编.《20世纪中国中小学课程标准·教学大纲汇编·语文卷》,北京:人民教育出版社2001年版,第274、283页。

如果不重布局，那末，必至长到无限而使人厌倦了。"即《孔雀东南飞》因为不太注重布局，所以不是史诗。不过，有人持相反的看法，如1936年另一本教科书的编者在《太戈尔的印度国歌》一课的注释中写道："史诗，亦称叙事诗。歌咏一段故事，描写当时之状况，感情奋发，尤注意于英雄战士之事迹。如西腊《荷马》之诗，中国《大雅·生民》及《孔雀东南飞》亦史诗也。"[1]之所以作如此解读，与此时我国的民族主义思潮高涨有关。因为中国一直被认为没有和西方《荷马史诗》等相匹敌的史诗，所以虽然《孔雀东南飞》不是史诗，也没写英雄战士，但是编者为了激发学生的民族自豪感就将其称为"史诗"了。《太戈尔的印度国歌》是赞扬泰戈尔的国家主义思想的，作者在注释其中的"国家主义"时，特意引用了孙中山的话："总理说：'自然力便是王道，用王道造成的团体，便是民族。武力就是霸道，用霸道造成的团体，便是国家。"编者将其与《荷马史诗》进行比附式地解读，有点在武力上不如人转而在精神寻求胜利的味道。

(2) 艺术特色

第一、笔法自然。如在《新中学古文读本》(1932)中该诗的题解称：其"事实既缠绵宛转，哀感动人，抒词于平易切至的叙述中，尤多凄丽古艳，自是汉诗本色……信笔写成，不必有意，已自深刻动人。"第二、描写传神。如在《新学制中学国文教科书高中国文》(1932)中该诗的题解认为，其"能将许多人之谈话，一一写出，声情毕肖"。这些评论多从古人评点转化而来。第三、兼具多种特色。如在《国文研究读本》(1932)中编者在该诗后附的"前人对于《孔雀东南飞》之评论"一节辑录了《四溟诗话》对其艺术特色的赞扬以及《诗镜总论》对其所作的攻击等，而且根据前述胡适等人的著作来分析该诗的特色，指出其具有"对话的活跃"（虽是叙事诗，但对话多叙事少，类似戏剧）、"描写的经济"（共1 700多字写了12个人，其中5个人的个性鲜明）、"作风的朴实"（描写质朴率直、用字不避重复）、"篇中的穿插"（将"鸡鸣天欲曙……精妙世无双""交语速装来……鬱鬱登郡门"等几段"描写繁华的句子"穿插在"寂苦的对话"里，衬托出兰芝的哀伤、可怜）和"篇幅的比例"处理恰当（对话篇幅长短与人物主次成正比）等五大特色。

另外，《高中国文》(1930)的第3册每单元由"论"文和"范作"两部分构成，《孔雀东南飞》《长恨歌》和《秦妇吟》被选为"叙事诗"单元中的范作。其他如《开明国文读本》(1932)、《初中国文选本》(1933)、《高中当代国文》(1934)和《蒋

---

[1] 张鸿来、卢怀琦、汪震、王述达编.《初级中学国文读本》，北平：师大附中国文丛刊社，第6册第160页。

氏高中新国文》(1937)等也都认为这是一首典范的叙事诗。

2. 思想主旨

在《新学制中学国文教科书高中国文》(1932)中,该诗的题解称:"其内容叙述一曲家庭大悲剧"[①]。是什么悲剧呢?这个悲剧是谁造成的?写这个悲剧的目的是什么?该书的编者对此都未作出说明。不过,收入此诗的其他教科书的编者对此常有阐述。

(1) 批评焦母、刘兄,揭露他们所代表的封建家长的专横及其所操控的婚姻制度的罪孽

在《新中学古文读本》(1932)中,该诗的题解认为,该诗是"描写家庭专制之谬误、狠毒,残贼子女"。显然其所指是焦母、刘兄等封建家长对刘兰芝的专制和迫害。

在《初级中学国语教科书》(1933)中,该诗课后设置了三个问题:"1. 这篇故事所展开的悲剧,是那一种社会里的悲剧? 2. 从这一首诗里理解到的当时的婚制,及女性在社会里的地位。3. 如何才能使这样的悲剧永久不发生。"编者认为,是封建社会的家长制度、婚姻制度以及妇女的地位造成了刘兰芝的悲剧。不过,编者在这里只是引而不发。

《国文研究读本》(1933)的编者认为,家长焦母"用了母亲的威权"来驱遣她回家,是一个"恶姑";家长刘兄"只知贪图财利,毫无人性",简直是"一个市井无赖的恶汉"。"在这种宗法家庭威权的汉代,兰芝一弱女子,那能积极起来反抗呢?""虽无反抗之力,终然发生消极的反抗,以至于死。""因为家庭制度的权威,白白牺牲了一个无辜多情的女子,谁不为之心痛?"

《孔雀东南飞》出现在《初中国文教本》(1933)的第4册中,即到了初二下学期才学习。其编辑大意称:"初二年级分明提起'自我''家庭''社会'等等问题,并略示具体解决办法。"其第4册分为妇女解放组和家庭改善组,其中妇女解放组共有《中国妇女的地位》(戴季陶)、《孔雀东南飞》(胡适)、《姑恶》(胡适)、《李超传》(胡适)、《娜拉》(易卜生)、《女子解放当从那里做起》(戴季陶)、《男子解放就是女子解放》(朱执信)、《妇女三大解放》(冯飞)、《女子教育的急务》(陆费逵)和《日本人的两性生活》(戴季陶)等10篇文章。其"组序"对选文及编排次序作了说明:《中国妇女的地位》"开首释明妇女问题,就是妇女个人和环境的解放及改造

[①] 1928年,胡适在分析《孔雀东南飞》时称其"写的是一件生离死别的大悲剧"。胡适著.《白话文学史》,北京:团结出版社2006年版,第78页。

问题；接着分论妇女问题，就是恢复人权问题，就是建设新文化问题，也就是最重要的社会问题。"《孔雀东南飞》和《姑恶》《李超传》和《娜拉》可作为"中国妇女受压迫，遭虐待，被凌辱的例证"。《男子解放就是女子解放》"申说妇女解放，就是'男女同由社会解放'，男子解放和女子解放并非属于两事。"《妇女三大解放》《女子教育的急务》和《日本人的两性生活》"指出妇女解放的三条大道：一是职业，一是道德，一是教育。并依次提述职业解决的门径，道德解放的要件，以及教育解放的方法，勖勉学人一一熟察而力行之。"可见，在编者看来，《孔雀东南飞》揭露了封建社会妇女受压迫、遭虐待、被凌辱而没有人权的现实。所以，要通过各种方法来解放妇女。这一组之后所附的"习题"中就有6道题涉及了《孔雀东南飞》："《孔雀东南飞》所显示的家长问题。《孔雀东南飞》所表现的婚姻问题（定婚，离婚）。《孔雀东南飞》的'情死问题'的提示。《孔雀东南飞》的悲剧的结构。《孔雀东南飞》中人物的个性……《娜拉》与《孔雀东南飞》所代表的意义之比较观。"

(2) 同情仲卿、兰芝，歌颂他们对爱情的忠贞不渝的品格

综上可见，这一时期教科书的编者，多数认为这首诗是在批判，不过也有少数认为是歌颂。以下几套教科书的编者则对仲卿、兰芝的不幸表示了同情，同时认为该诗歌颂了他们对爱情的忠贞。

在《基本教科书国文》（1932）中，该诗的"注释与说明"认为，开头"孔雀东南飞，五里一徘徊"是全诗的引子。当时流传的一首民歌里面有"孔雀东南飞，五里一徘徊。吾欲衔汝去，口噤不能开。吾欲负汝去，毛羽何摧颓"数句，这"本是譬喻男子不能庇护他心爱妇人的意思。这诗作者取作引子，却只用头两句，因为这是流行的民歌，有了这个起头，人家也就明白了"。可见，编者认为该诗写的是一个男人无法庇护自己心爱的女人的悲剧。《国文研究读本》（1933）的编者也认为，焦仲卿的殉情也是一种反抗，不过他的反抗只是处于"半觉悟状态"罢了。

在《高中国文选》（1934）中，该诗之后的课文是曹植的《弃妇篇》，如此处理是为了暗示《孔雀东南飞》是写刘兰芝对爱情的忠贞。在《试验初中国文读本》（1935）中，该诗之后安排的4篇课文是《刺血诗》（李芳树）、《中国妇女生活史后序》（陈东原）、《贞女论》（归有光）和《氓》（《诗经》）。其"第五册编选说明"将这几课归为"特殊"问题中的"妇女"问题。将这几篇课文归入妇女问题类，大概是认为这几篇作品都歌颂了女性对爱情的忠贞不渝。如其中的《刺血诗》：

去去复去去，凄恻门前路。行行重行行，辗转犹含情。含情一回首，见我窗前柳；柳北是高楼，珠帘半上钩。昨为楼上女，帘下调鹦鹉；今为墙外人，红泪沾

罗衣。墙外与楼上,相去无十丈;云何咫尺间,如隔千重山?悲哉两决绝,从此终天别。别鹤空徘徊,谁念鸣声哀!徘徊日欲晚,决意投身返。手裂湘裙裾,泣寄稿砧书。可怜帛一尺,字字血痕赤。一字一酸吟,旧爱牵人心。君如收覆水,妾罪甘鞭捶。不然死君前,终胜生弃捐。死亦无别语,愿葬君家土。傥化断肠花,犹得生君家。

诗中被弃的女子不忍与丈夫离别,边走边回首,看窗前的柳、柳边的楼和楼上的珠帘。往日美好的记忆,一起涌上心头。如今遭遇别离,将永隔难见。想到这些,她返身回家,手裂湘裙,沾血写书。希望能破镜重圆,哪怕是遭受鞭捶也心甘情愿。即便是死,也可以葬在君家地里;即便是化作一枝断肠花,也可以生在君家。女子对丈夫的痴情,让人哀叹不已。纪昀在《阅微草堂笔记》中称,自己在校勘《四库全书》时偶尔发现此诗,该诗"不著朝代,亦不详芳树始末。不知为所自作,如窦元妻诗?为时人代作,如焦仲卿妻诗也?"他之所以在谈《刺血诗》时而提到"焦仲卿妻诗",大概是因为其主旨和《孔雀东南飞》一样,都是表现了女子对爱情的忠贞。纪昀接着写道:"爱其缠绵悱恻,无一毫怨怒之意,殆可泣鬼神,令馆吏录出一纸,久而失去。今之役滦阳,检点旧帙,忽于小箧内得之。沉湮数百年,终见于世。岂非贞魂怨魄,精贯三光,有不可磨灭者乎?"[①]将这些评语用在《孔雀东南飞》上,也很恰当!

除了上述学者、作家、编者通过撰写学术论著、创作剧本、编写教科书等手段来阐释《孔雀东南飞》外,也有中小学生在阅读《孔雀东南飞》之后作出了自己的阐释。有些以现代诗歌的形式表现自己的感想,如赵华留在1930年第70期《暨南校刊》(第31—33页)上发表了诗歌《人间:寂寞的黄昏——从〈孔雀东南飞〉》:

爱神戏弄在大千,演出血泪幕幕的悲剧!礼教杀人的利害,使我想到古代专制的人间;更使我想到古代女子被蹂躏的背景!

可怜的兰芝!你是爱河的精灵!你是情天的杜鹃!

专制家庭下压迫的兰芝!你是怎样地怜惜着自己的身世——怎样地舍不得你温柔多情的爱人,府吏?

静悄悄地日月星辰,你许要问道它们:我为什么遭了人们这样残忍的待遇,我为什么受了人们这样无情的驱遣?

对着清池的柔波,照见你美丽的粉颊!你可知道造化,忌妒着你的青春;尘世,留不住你的芳颜?

[①] 孙文光主编.《中国历代笔记选粹》,上海:华东师范大学出版社1998年版,第936—937页。

双双地幽灵！你俩苦尝了世间幕幕地惨剧！但你俩终于拥抱的在着一起！在天愿为比翼鸟,在地愿为连理枝！双双地幽灵！你俩总算得着最后的团圆,胜利！

死后的合葬,换不回生前的参商;哀惋的鸳鸯,歌不尽缠绵的悔恨！

礼教的坟场！你们葬过多少青春爱恋的伴侣。颓废的骸骨！你们害过多少聪明伶俐的儿女？

打倒积层式的压迫婚姻,救起专制领土的青年,撤去假礼教的重重罗网,进到自由意志的乐园。

精神警醒了人生,愿你俩双双猩红的泪影,永远地依偎着:天涯,长在的灵魂;人间,寂寞的黄昏。

翻稿于临时宿舍三〇号。一九三〇

有些是将其改编成戏曲,如约1933年北京女子师范学生将《孔雀东南飞》改编成六幕话剧并将其排演,1934年有人在谈"表演式"教学时称:"情节复杂的,如《父归》,《孔雀东南飞》,《鸿门之宴》等,更可进一步而为化装的表演了"[1]。更多的情况是用读后感的形式对该诗进行阐发。如月生在1932年第5期《五中学生》上发表的《〈孔雀东南飞〉书后》。1934年,天津的中学生李玉璞在《读了孔雀东南飞以后》(《期刊》,1934年第3期)中认为本诗是在揭示不良社会使妇女失去了自由这个问题,所以要"提高女权","人们要一律平等"。1937年,心谛在《稽中学生》第6期上发表《读过〈孔雀东南飞〉以后》中称自己第一次读该诗是在小学四年级(1931),当时这首诗被用作音乐教材。他在文中还提到读了女作家袁昌英编的同名剧本觉得不好,看过这首诗的英译本完全不懂,而"这次从国文课中读到了这诗后,不无所感",于是探究该诗的本事、年代、作者,最后写道:"总之,每一个人读过了这首圣诗以后,我能断定所引起的每个人的反应,一定是'愤恨'和'悲悯'。愤恨焦母的暴虐和残酷;悲悯仲卿兰芝的遭遇。封建势力是魔王！它能吮尽了生活在封建社会中弱小生命者的血！"董振华、孙爱琴于1936年8月编成、后于1938年11月出版的《高级小学补充读物模范作文》中就收录了一篇由宝山刘行第六小学六年级生王庆珪写的《〈孔雀东南飞〉书后》[2]。因为小学教科书中没有选入《孔雀

---

[1] 薛无竞.《高中国文教学中几个问题》,《江苏教育》,1934年第三卷第五、六期合刊第91页。
[2] 彭英在《一篇中学生的作文》(彭英.《一篇中学生的作文》,《芒种》1935年第九、十期合刊,第349—350页)中抄录了一篇学生作文,作文中写道:其作文簿上第一篇作文是《鸦片与中国之复兴》,"下面是《读〈孔雀东南飞〉后》,《孔雀东南飞》自从胡适博士考证确是东南飞后,我关于这点就没有感想,于是爱情与婚姻制度就满可以论一通发一发感慨,这点还胜任"。戏谑之中,流露出普通中学生对胡适等人的考据的冷淡并转向于热衷讨论诗中的"问题与主义"的倾向。

东南飞》,所以这篇作文大概是这位小学生在课外阅读时接触到此文有感而发写成的感想。照录如下[①]:

《孔雀东南飞》这篇古诗,已经查不到是什么人创作的;只有相传说是汉末时候的作品。

这篇作品的扼要点,就是描写我们中国旧家庭中的黑暗,深刻到极点,作者对于被压迫的女子,真有"目不忍睹耳不忍闻"的悲痛,才有这含泪咽哭的悲声。

我不料汉朝的时候,已有人替这些可怜得无可吐气的女子,失声一哭。

咳!焦仲卿的妻子兰芝,她"十三能织素,十四学裁衣,十五弹箜篌,十六诵诗书,十七为人妇……"这是女子中绝少的有能力的人,尚受恶姑的压迫,终陷于穷途。

莫怪现在的一般无能女子,受家庭中的压迫,住着奴隶圈里。

咳!我们中国现在的家庭,已腐败到极点,蹈焦仲卿妻子兰芝的覆辙者,不知凡几。愿国人起来吧!起来把我国现在的家庭改革吧!

很显然,这位小学生在其感性的言说中认为,《孔雀东南飞》主要是写恶姑焦母的压迫把贤妇兰芝逼上了绝路!

甚至一些可能已是大学生的人也发文对此进行重新阐释,如1933年武昌中华大学梅毓乾就在《学生文艺丛刊》第7卷第7期上发表了《〈孔雀东南飞〉书后》。该文讨论的内容涉及该诗的创作年代、基本内容、主旨等。他在文中指出兰芝并非因为意志薄弱而故意自杀以博取后世的同情,导致其悲剧的原因并非人们常说的家庭制度而在于封建礼教:"兰芝之死,本不死于旧式家庭中君姑之压迫,及其母家兄长之敦促,而实死于当时一般伪讬礼教,创为女子无才便是德一语",所以她根本就不会积极起来反抗以争取权利。然而自兰芝之后,多少女性完全是因为受杀人礼教的熏陶而相继自杀的?文章的结尾写道:"吾愿今时之秉国者,本天下为公之主旨,以男女平等为原则,鉴国势之陵夷,知畸形为可耻,务使如兰英之际遇,不再见于现代吾国之女界。是余所祷祝者也!"[②]

四、革命语文兴盛期(1937—1949):别枝而去
——不合"思想"(民族主义)的标准

1937年之后,文艺界继续演出前述陈墨香编剧、王瑶卿和程砚秋导演的《孔雀东南飞》,中国戏曲音乐院及北平的戏曲学校据此排练公演。后有剧评《谈〈孔

---

① 董振华、孙爱琴编著.《高级小学补充读物模范作文》,上海:春明书店1938年版,第6—7页。
② 梅毓乾.《〈孔雀东南飞〉书后》,《学生文艺丛刊》1934年第七卷第七期,第17、18页。

雀东南飞〉》("龛勋",《北洋画报》,1937年第32卷第1561期)、《由汉代诗歌谈到孔雀东南飞》("花木兰将军",《十日戏剧》,1937年第10期)、《观〈孔雀东南飞〉有感于女性》("一指",《新东方杂志》,1940年第1卷第9期),等等。这些剧评多评论剧本的内容,如《观〈孔雀东南飞〉有感于女性》就认为刘兰芝的悲剧反映出汉代礼教吃人的现实,父母之命、夫为妇纲束缚了兰芝的自由。1942年,燕京影片公司拍摄的《孔雀东南飞》,当年第2卷第9期《国民杂志》刊发了影评汇集"孔雀东南飞检讨特辑",其中包括《感于〈孔雀东南飞〉》(张祥)、《评〈孔雀东南飞〉》(余也伶、侯少君)等影评。1949年,文菁将《孔雀东南飞》改写成同名小说在第9卷第6期《文坛》上发表。在"作者附言"中他说,改写此诗的目的就是要揭示诗中所含的"奋斗才是出路,软弱只有灭亡"的真理,让自己摒除"不关心社会,不关心现实,甘心做鸵鸟"的心理,让千古悲剧不再重演,"避免无辜的青年遭遇不必要的牺牲"!

随着时势的转变,学术界对《孔雀东南飞》的研究已由前期争论其产生年代而转向探讨其思想内容问题。如1939年蔡遐龄在《孔雀东南飞与中国家庭问题》中讨论了"兰芝既贤何不容于姑"和"妻不容于母仲卿应如何处置"两大问题。在分析第一个问题时,他认为兰芝不被婆婆接受除由旧式恶姑压迫而导致外,还与兰芝不育这个"特殊的原因"有关:"文中所记述兰芝是一个勤俭,能干,孝顺,贤德兼全的女子,丝毫没有缺点。那末焦母何以一定要将她驱逐,要想为儿子另娶呢?兰芝本人和母家又何以愿意默默无言的听任驱逐呢?原文没有直接说出什么原因。据作者猜测,照原文中所述,似乎兰芝到焦家多年全未生育(因为文中的人物只有焦母、仲卿、焦妹、兰芝四人,兰芝临别时,只和焦母、仲卿、焦妹作别,绝无关于子女一字,当然是没有子女),这大约就是主要的原因。"因为旧式婚姻的主要目的就是传宗接代,"古时的七出律,无子竟是其中之一;圣人的名言中也有'不孝有三无后为大',婚姻的主要目的,既是传种接代",所以做父母的并不考虑婚姻双方当事人的个性是否相合而是考虑女方的生理是否有缺点。"仲卿兰芝虽是十分相爱,因为多年没有生育,不合婚姻的条件,焦母抱孙心切,眼见着兰芝久不生育,觉得这架生育机器既没有希望,不如另换一架。在兰芝和她的母家也觉得到焦门多年没有尽最重要的职务,依据当时的法律观念和伦理观念,只得含泪饮泣默默无言的听任驱逐。"[①]除此之外,研究论文还有1940年拙存发表的《读古诗〈孔雀东南飞〉感书》

[①] 蔡遐龄.《孔雀东南飞与中国家庭问题》,《杂志半月刊》1939年第五卷第五期,第55—56页。

(《文学研究》,1940年第1卷第4期),等等。

不过,这段时间内《孔雀东南飞》在教育界却遭受了冷落。这与教科书的编写旨趣转变直接相关。国文、国语教科书中的课文应反映民族主义,这种编写旨趣在1928年就开始出现,尤其是1931年"九·一八"和1932年"一·二八"事变爆发后,变得相对明显。如1935年有人称:"中国自'九一八''一二八'给日人用飞机炸弹轰炸以后,似乎一切政治、经济、教育都呈着非常的转变。究竟这三年来教育转变的方向如何,却不能不加以总检阅。"[①] 同年,署名"霁光"的作者在《由三年来的政治局势谈到我国教育新动向》一文中预言,"中国教育的政治意义必归于民族化的前途"[②]:

中国自"九一八"以后,民族有了更深的觉醒,这是无可疑义的。因为整个的中国出路,只有待于全中国民族的解放,而中国民族的解放,必有待于民族意识之养成,而民族意识之养成,又非教育不为功。所以民族问题在教育上,已成为异常严重的问题。不过教育的民族化,还不是专在"航空""军训"上做工夫,而尤其重要的,则在使一般青年儿童,对政治有深刻的认识与瞭解,必如此,才可以达到民族化前途成功之保障。

为了强化民族意识的教育,1932年颁布的《初级中学国文课程标准》的课程目标中就有"培养其民族精神"的规定,《高级中学国文课程标准》的课程目标中也有"以期达到民族振兴之目的"的要求。1936年颁布的《初级中学国文课程标准》的课程目标明确要求"使学生从代表民族人物之传记及其作品中,唤起民族意识并发扬民族精神",《高级中学国文课程标准》的课程目标也要求"增强其民族意识"[③]。但是,1937年之前,中小学国语、国文教科书中反映民族主义的作品并不多,一般每册只有三五篇。面对这样的情形,负责国定教科书编写的国立编译馆只得请孙俍工编写供初高中共用的"完全立于民族主义之立场"于"国难后专编之民族主义读本"[④]——《中学国文特种读本》(2册),并于1933年9月由商务印书馆发行。在这本教科书中,大量诸如岳飞、文天祥的反映民族精神的诗作以及歌颂他们的民族气

[①] 编者.《最后一页》,《江苏教育(苏州1932)》1935年第四卷第一、二期合刊,第388页。
[②] 霁光.《由三年来的政治局势谈到我国教育新动向》,《江苏教育(苏州1932)》1935年第四卷第一、二期合刊,第14页。
[③] 课程教材研究所编.《20世纪中国中小学课程标准·教学大纲汇编·语文卷》,北京:人民教育出版社2001年版,第274、289、293、296、301页。
[④] 王恩华.《国难后中等学校国文选本书目提要》,国立北平师范大学《师大月刊》1934年三十二周年纪念专号,第16页。

节的诗作被选入①。1937年,为了加强思想控制,国民政府准备实行教科书国定制。当年7月7日,日本又发动了全面侵华战争。中华民族处在生死存亡的关头,全民族奋起反抗,语文教育自然也不例外。国民政府除组织编写中小学抗敌救国国语补充教材之外,还积极编写正式的国定本教科书,以宣传民族主义。1942年,兼任教育部长的陈立夫发表了《我对于编辑中小学教科书的意见》。他说:"现在全国的人民,大家都已接受三民主义为建国的信仰,'管''教''养''卫'为建国的工作,则我们当然应该以三民主义为教科书的中心思想,以'自治治事','自信信道','自育育人','自卫卫国'为教科书,所以教学生终身努力的共同目标,以发挥三民主义及管教养卫的真义为各科教科书一贯的系统。能够这样,则大体已备,只要再对于材料的分配,叙述的方法,稍加讲求,自成为很完整,很有意义,很有益于中小学学生进德修业的教科书。"② 在文中,他还专门阐述了中学国文的选材标准③:

四、国文 我们在前面已说过,历史是民族主义的,地理是民生主义的,公民是民权主义的。如果承认我所说的不错,则国文一科就要贯通这历史、地理、公民三方面的知识,也可说它应当根据整个三民主义为选择教材的标准的。古人说:"文以载道",三民主义正是我们今日全国人民共信共行的大道,则国文教科书应选择有关三民主义的文学是无问题了。古人又说:"诗以言志",实现三民主义正是我们今日全民族共同的大志,则国文教科书选择教材必须不违反三民主义又是无问题了。所以编辑国文教科书时,对于文学作品;价值的估计,凡内容与技术都好的,是上等作品;技术虽差,内容尚好者次之;只有文学技术而没有内容的则是下等作品了。至于选择国文教材时,自然是应从多方面去选上等作品;万一遇着内容甚好,确有益于青年求学做人之道与直接或间接阐扬三民主义者,就是技术稍差一点,也可录入;如果内容不佳,或含有毒质,就是文字的技术如何高明,我们也不应当选入教科书内,以免贻误青年,流毒社会,万不可用过去编古文观止那种无完整思想无一贯系统地,顺着时代先后,兼容并包,但讲作法的办法。

显然,《孔雀东南飞》纵然文学技巧很高超,但是因为其内容与三民主义无关,所以,在官方看来,在抗战救国的关口,这种关注小我的儿女情长必然带有"内容

---

① 1936年《江苏教育》第5卷第10期可算是民族英雄专号,该期由《岳飞之精神生活》《文天祥之精神生活》《陆秀夫之精神生活》《张居正之精神生活》《戚继光之精神生活》《王守仁之精神生活》《史可法之精神生活》《顾亭林之精神生活》《颜元之精神生活》《曾国藩之精神生活》《廖仲恺之精神生活》《陈英士之精神生活》和《秋瑾之精神生活》13篇文章组成。
② 陈立夫.《我对于编辑中小学教科书的意见》,《学生之友》1940年第一卷第四期,第2—3页。
③ 陈立夫.《我对于编辑中小学教科书的意见》,《学生之友》1940年第一卷第四期,第5页。

不佳,或含有毒质"的嫌疑,如果让青年学生来读,结果自然难免就会"贻误青年,流毒社会"了!

真正的国定教科书即由国立编译馆主编的6册《初级中学国文甲编》迟至1947年才由七家联合处出版。其第1册对编辑经过作了交代:"二十七年(1938年——引者)中央颁布《抗战建国纲领》,又有改编教材之规定;本部复于同年奉总裁手谕,令即改编中小学语文、史、地、常识诸教科书,因即选聘编辑人员,改组本会组织,另订计划,赓续工作。"可见,这套教科书是在蒋介石的命令之下,根据《抗战建国纲领》的精神编写的。1938年底,蒋介石在一次演讲中称,以前种种所谓"新教育"是没有目的的糊涂教育,是亡国灭种的教育,因为其根本就没有培养真正的国民,今后教育目的就是教出一般能担当建设国家复兴民族建设的健全国民,而以前教科书所教出来的学生,身上很难看到中国人的气质[1]。所以,我们不难判断在蒋介石直接干预下的国定本教科书中课文的选材标准了。这6册国文教科书中的课文,多是古代民族英雄创作的文学作品和当时党政要员写的文章。《初级中学国文甲编》的编辑要旨称:"本书所选诸文文体,限于记叙文、说明文、抒情文、议论文四大类。每学年择一种或二种文体为中心,加重其分量,以便学习。此外并选取与文情有关或具有代表性质之诗词附列于各文之后,以作补充,稍养成学者欣赏文艺趣味,但非为必读之资料。"可见,所选诗词以帮助理解其前之"文情"为主要目的,以养成欣赏文学趣味为次要目的;而且特意强调其"非为必读之资料",即并非用作精读材料。总之,这种旨趣说明了这套教科书的编者对文学的轻视。因为在战争面前,所需要的不是个人的情趣而是斗争的意志。例如其第1册共附录了4首诗歌,分别是在罗贯中的《火烧赤壁》后附杜牧的七绝《赤壁》、在魏禧的《大铁椎传》后附令狐楚的歌行《少年行》、在刘正训译的《威尼斯的小艇》后附艾青的新诗《太阳的话》和刘半农的新诗《一个小农家的暮》。这些诗歌的篇幅短小,并非长篇巨制;所表达的并非个人的闲情逸致,而多是对历史、人生追问,或反映进取精神,或哀叹民生疾苦。就像1936年时有人所说的,撇开迫在眉睫的战争不说,单从实际生活来看,"现代生存竞争既如此剧烈,经济崩溃的危机又逼在眼前,人们那能还有闲情逸致去干白居易所谓'嘲风雪,弄花草'的文人雅事。我们应着意于具有真实感而富于创造性的文艺,一扫虚伪因袭旧时封建社会中底恶劣空气。"例如《古诗十九首》,自古以来,文人莫不尊为杰构,无有异辞的,然而试

---

[1] 蒋中正.《革命的教育》,《教育通讯》1938年11月26日第三十六期,第19页。

检点它底内容，不过是些消极悲观牢骚颓废等情绪的抒发，在国防教育底观点上，无疑地应加摒斥的。"① 既然《古诗十九首》都遭到摒弃，那么具有同样涉及男女私情性质的《孔雀东南飞》的命运自不必说了。

《初级中学国文甲编》对诗歌等文学作品不重视而将诗歌作为附录，而且在要求诗歌主旨积极而力避出现个人闲情的选文标准下，《孔雀东南飞》自然没有入选的资格，因为其篇幅较长，题材又涉及男女爱情，男女主人公的反抗行为又过于消极！就这样，1937—1949年，《孔雀东南飞》就从中学国文、国语教材消失了②。只是1948年第1期《新学生》刊登了许文雨写的《孔雀东南飞赏析》一文，对其时代、体裁及前述小姑身高等问题作了简要的分析，显然该文是给学生在课外阅读时提供指导用的。总之，在正式的国文教学中，《孔雀东南飞》这只美丽的孔雀，暂去不返，音影杳无！

孔雀东南飞（剧本）

北京女子师范国文部四年级学生合编

【人物】 焦仲卿——府吏　仲卿妻兰芝　仲卿母　仲卿妹季香　兰芝母　兰芝兄兰芳　李夫人　送信人

第一幕　虐　媳

【布景】 中产家庭的中屋

仲卿母倚桌坐，季香旁坐刺绣，仲卿母咳嗽甚烈，季香走到母亲背后捶背。母因嗽致怒，频频摇手。

---

① 胡伦清.《国防教育与国文教学》,《教与学》1936年第一卷第七期，第239、241页。
② 1942年，萧涤非在《谈中学读诗》(萧涤非.《谈中学读诗》,《国文月刊》1942年第十七期，第17—18页) 中称，自己曾问妻子还记得所读中学课本中哪些诗，妻子回忆起《孔雀东南飞》《陌上桑》《新丰折臂翁》和《卖炭翁》等，虽然此前中学课本常选古诗十九首中的诗作，但妻子已记不起来了，于是他感慨道："所谓'惊心动魄，一字千金'的古诗十九首所给与一个初学者的印象尚远不及《孔雀东南飞》一类作品来得深刻，其他更可知了。"从萧涤非的记述中可以看出，他若干年后能回忆起来中学时代学习的诗作竟然首先是这一首《孔雀东南飞》，这说明其曾给当年的中学生留下了极为深刻的印象。

仲卿母　季香你去看那贱东西,今天的布织得怎么样了?怎么到这个时候,还没织好?唉!像这样没有用的东西,真气死我啦!(季香正要出去,李太太入)

季　香　啊,李婶娘来了,妈妈!李婶娘来了。

仲卿母　嗳哟!婶娘今天是什么风把你吹到我们家里来的,请坐请坐!

李太太　不要客气,我常常想到这里来给伯母请安,可是因为家里忙,直到今天才能来。

仲卿母　你说的话很是,家里一忙,就离不开了。像婶娘这样年纪轻的人,又能做,又能走,我呢!已经是这样老了,家里的事情还要靠着我。我那小……

李太太　伯母说那里的话,嫂嫂又好大哥又在外做官。像伯母这样的福气,不知道是几世修来的!

仲卿母　别提了,唉!他三天只织了五匹布,还是和纱一样粗。做的饭,简直不能吃。整天到晚,光是给我气受。看不知道是那一世造来的孽呢?季香!你嫂子刚才做的点心,叫他拿来。(季香下)

李太太　伯母不要客气,我已吃了饭了。

(兰芝持点心入,向李太太一鞠躬,季香随。)

仲卿母　婶娘吃一点吧,可是做得不好,很不好吃。

李太太　做得很好,很好吃。我看大嫂子真是又俊,又能干。听说还会作诗呢。不愧人家都称嫂子是个全人。(面向兰芝)嫂子有空,可以到我那边去坐坐。现在天不早了,我要和伯母告辞了。

仲卿母　兰芝,季香!你们送送婶娘,婶娘!我也不留你了,我知道你家里很忙,有空多到我这边来谈谈。(李太太下)

仲卿母　兰芝!你看看这种东西能吃得吗?还敢拿出来请客。真不要脸,你不要脸,我还要脸呢!唉!唉!我家养一个猪,养一只狗,比你还有用。猪杀了还可卖几个钱,狗还会看家,你有什么用处呢?你看!你看!这是你做的好东西!(拿盘掷在地上,乒乓作声,兰芝作惊状,一面拾盘。)

兰　芝　妈妈!东西不好,我再做就是了,请妈不要生气。刚在因为婶娘来,太忙了,所以做得不好。以后媳妇小心侍奉你老人家,再不敢这样疏忽了!(音缓而悲,慢慢下跪。)

仲卿母　贱东西,给我滚开!我怕忙,拿碗凉水来岂不更省事吗?像你这种丢人的贱东西,留在这里有什么用?专给我丢脸,趁早给我滚出去。我从此以后,也不要见你的面了。唉!唉!不知道我那一辈子作的孽,遇见这个贱东西,来给我气受。季香,你扶我进去!我看不得这贱东西,看见他,我心里就要发火!

季 香 妈不要生气,嫂嫂哭了。他这次做得不好,下次定可以做好的,妈到屋里歇歇去罢。

(季香扶母入房后,又出扶兰芝起来。)

季 香 嫂嫂!不要哭了,妈一时生了气,等两天就好了。你不要生气了。哥哥明天就要回家来住一天。我们三个又能同在一处玩玩,何等快乐呢?

兰 芝 妹妹!你不要再做小孩子脾气,妈妈已经逼我回去,我们还讲得到什么快乐呢?(说时忍不住哭)

季 香 他骂他的,我们还是玩我们的。我还不是常常挨他的骂?骂过了,就完了。听惯了骂,谁还记得他骂些甚么。

兰 芝 妹妹!你不知道,我比不得你,你是他亲生的女儿,和我们是两样的。他骂得你再凶些,他不能叫你滚去出。母女终究是一家的人。我呢?像我们这样……(悲不成声)

季 香 (拿手巾拭泪)你是我的嫂嫂,我的亲嫂嫂,你不要哭了。你再给我一个灯谜猜猜,我要是猜得着,你就不许哭了。

兰 芝 妹妹!你如今岁数还小。等到长大成人,嫁了出去之后,才知道做儿媳的苦呵!

季 香 哈哈!你不要哭了吧!(摇手作静听状)不要响,这不是哥哥声音吗?哥哥回来了!(指门)

第二幕 对 泣

【布景】 寝室式夜景(兰芝伏案作泣状,仲卿由外入)

仲 卿 兰芝!我回来了,你怎样不理我,你困了吗?(兰芝不应)到底这样?……到底怎样?……你真要把我急死了。你想,我因为当府吏,每月只能回得一次家。我们俩一月只得见一次面,你还不和我谈谈心吗?(兰芝起立行礼!仲卿答一揖)嗳哟!兰芝!怎么你眼睛都红了。为什么?为什么!……到底为什么事?快快告诉我,是不是妹妹把你气坏了。你的岁数比他大,你应该让他一步才是,对不对?(兰芝仍不答)不是吗?兰芝你告诉我罢!(说时倚兰芝坐下)我们俩既是这样好,还有什么话不能商量商量,是不是妈又生气了?(兰芝大哭)这回我准猜着了。你现在还是小孩脾气,不用生气,起来起来,咱们来谈谈家常话,说说笑笑罢！你想我每月只能回一次家,可是没有一次回家的时候,不觉得我是一个很快活的人,你到底为什么呀？好兰芝！你告诉我罢！(央求态)

兰　芝　唉！……这件事真是一言难尽。仲卿！你想我自从十三岁学了织布；十四岁就能成衣；十五岁去学弹琴；十六岁能背诵诗书；十七岁嫁到你家来,没有一天过着快活的日子。你在外边做事,那里知道我在家的苦处！(说时哭,说完大哭,而不敢出声。)

仲　卿　你的苦处,我是全部知道的,或者有你我将来的快乐,现在也只可以忍耐一些。

兰　芝　仲卿！难道我不能为你忍受吗？我要是不为你,我早就……走了。可怜我一个人在家里,每天听见鸡叫就要起来织布,三天织了五匹布,妈还嫌织得太慢,织的不好。你想,什么快才合妈的意呀！仲卿！唉！虽然有你我的情分,你说叫我要怎样的忍受？像今天这样事罢,你也应该知道,李婶娘来了,我做了两碗点心,妈说我做得不好,连盘子都打碎了,说我比猪狗还不如,催我立刻滚回家去,永远不要见我的面,就说我能够忍受吧,妈也未必能相容,也未必能容我住在这里,也未必容我和你在一块儿了！(带泣带说说完大哭。)

仲　卿　(作惊状)真的吗？那么妈从前为什么要我娶你？

兰　芝　你不信吗？难道我还能哄骗你吗？仲卿！从此我们就要分离了！下次回来的时候,再要想见我的面,恐怕……恐怕……(泣不成声。)

仲　卿　(低头踌躇半晌)(以巾拭泪)这事诚然难处,但是——我想母亲也无非一时生气。你也不要记在心上。你要知道做人家的媳妇,是很不容易的。"贤德"两个字的美名里面,不知含了多少辛酸的伤心事呢！

兰　芝　难道说——天下做女子的都不是人吧？天下做媳妇的人,都受过我这样的痛苦吗？唉！妈叫我立刻就走,我现在就要回家去了！(哭)天不早了,我就要收拾东西和你离别了！

仲　卿　(惊诧频频摇头)兰芝！我……(两手搭在兰芝肩上,四目对注。)我和你几年相处,难道你就肯(呜咽)你就能离去我吗？(哭出声)你就不能够多等一刻功(工)夫吗？(徐徐摇头作探问状。)

兰　芝　唉！你不愿意离开我,难倒说我还愿意离开你吗？我若是不肯离开你,反要连累你到忤逆不孝的罪名。我宁可让你受一点别离的苦痛,不愿意人家骂你宠妻逆母,你还不能原谅我的苦衷吗？

仲　卿　兰芝,你真傻极了！妈生了气,我还可以去劝劝他,我现在尽我的力量去说,你暂且歇歇罢。不要哭了,我替你擦眼泪,我去和妈说去,你等着我看我说得成说不成?

兰　芝　妈妈脾气你那里知道呵?

仲　卿　我怎么不知道!难道我做儿子的,还不知道妈的脾气吗?兰芝!你暂且不要着急,我一刻就来。

兰　芝　你那里知道,你要去就去罢!

(仲卿下。兰芝仍哭,随即听见焦母拍案怒骂,遂作坚决态,起立检物,一刻仲卿入,呆坐于旁拭泪。)

兰　芝　你说了没有?到底怎样?……怎么不说话呀?……我早就给你说这是不成功的,你偏不相信。现在你也不必着急,我们将来或者还有见面的一天。

仲　卿　唉!我是……我是……不过妈不容你,说要我另……我这时真不如死去还痛快些。现在你只好先回去几天,以后再设法接你回来。(两人对泣)

兰　芝　一切事不要再提了,我是被出的妻,那有重见的一天?(说时开箱取出绣腰带及香囊给仲卿)仲卿!我们后会的日子,还不知道在那一天。这条绣腰带是我亲手绣的,绵绵情意都在这里边。这香囊是我亲手做的,盼望你永远挂在身上没有一天忘记了。我那绣腰带,虽然做得不好,不值你将来那位新夫人的一笑!(大哭)但是他能够表白我的一点情意,表示你我的情和带那么长,和绣那么密,请你收着罢!

仲　卿　(呜咽不能成声半晌)你这样意思,叫我怎么能离你!人还不能相见,我还要这东西做什么?(大哭)我现在就把他挂在身上。我挂……

兰　芝　仲卿!这帐子和几个花篮,都是我亲手做的。你看见这些东西,就和看见我在你面前一样,只要你没有忘记我的一天,我们又何必长住在一处才算是要好?唉!就是我愿意和你长住在一处,现在也做不到了!(忽闻鸡鸣声)嗳哟!天气不早了,鸡都啼起来了!

仲　卿　鸡叫了吗?可恨的鸡!你能催我们夫妇分……分别吗?兰芝!我们当真要从此分别了吗?我的兰……芝呀!兰芝!

兰　芝　仲卿!你不要只管哭,天快亮了。我现在要换衣服了,等一刻妈又要骂起来了。(换衣服)

仲　卿　你不要换吧?等一刻好不好?你知道换完了衣服,我们就要分别了呀!

兰　芝　我那里愿意和你分别的呢?唉!我换衣服也是出于不得已呵!

仲　卿　兰芝,我替你换,怎么换法?(代兰芝换衣服)唉!我以后再想要替你换衣服,只怕就不能够了!我要好好的代你换这一次!

　　兰　芝　我现在就去见妈去,你不要伤心!(说时忍不住又哭倒在仲卿胸间)

　　仲　卿　我们就从此分别了吗?(两人对泣)天呀!天!我们究竟有没有后会的日子呀?

　　兰　芝　嗳哟!仲卿呀,我的心……碎……了!(幕落)

第三幕　辞　别

【布景】　与第一幕同

(仲卿母坐,季香侍立,兰芝自外入向母跪拜)

　　仲卿母　我有什么错待你的地方,值得你整夜挑唆我的儿子;叫我的儿子,来和我找麻烦,你还有脸面来见我吗?不要脸的东西,我不愿意看见你,你还不快快给我滚开!快滚开去!滚开去!

　　兰　芝　媳妇——是不能侍奉的,妈,媳妇——现在要回去了!

　　仲卿母　你要回去吗?好极了!快点给我滚,也少吃我两碗饭。你自己想想,你到我家里,给我做了些什么事?岂但没有做事,反倒做出丢脸的事来。我看见你就生气,气得我肺都炸了!季香,扶我到房里去,不要理这贱东西,由他滚出去就是了。(季香扶仲卿母入,季香才出,兰芝起立掩泣,季香向前施礼。)

　　季　香　嫂嫂不要伤心,妈就是这脾气,过几天就好了,到那时嫂嫂再……

　　兰　芝　姑姑!我是不贤德的人,不能侍奉妈的。盼望你好好的侍奉他老人家,我现在和你分别了。(说着以手抚姑肩对哭)姑姑!我刚来的时候,你才这样高,(说时以手作势)现在你差不多和我一样高了,盼望你不要忘记初七和下九的那一天,我们游戏的快乐,不要忘记了。姑姑!我们还要相见不知在那一天呢。(对哭)(仲卿上)

　　仲　卿　你现在就回去吗?

　　兰　芝　就回去。又怎样呢?咳!(以巾掩面哭)

　　仲　卿　回去吗?真回去吗?事已如此,请你不要伤心,以后我总要设法接你回来,请你安心罢。你伤了心,我怎样好受呢!

　　兰　芝　你虽然有这样一番心意,但是!但是!我心总感激不忘!

　　仲　卿　你还是不信我吗?青天在上,若是不能接你回来,我就……

兰　芝　你这一番心，实在叫我感激你得狠(很)！但是你家里有妈，你要知道纵然他后来会心回意转；我家里还有个哥哥呢，被出的媳妇，还不知他们待我怎样的呢？唉！这是我最烦恼的一件事，所以自慰的，就是望你心如磐石那样坚固；我心如蒲草那样缠绵。嗳！仲卿！想不到你我从此就要别离了！(并肩对哭)

仲　卿　我们当真要从此分别吗？我不知道我应当送你甚么？

兰　芝　我盼望你拿你的心来送给我！

仲　卿　兰芝，我就把我这血淋淋的一颗心送给你罢！(互握大哭跪倒在地)(仲卿母突上见状大怒)

仲卿母　哼！

(仲卿急忙爬起，伸手欲扶兰芝，见母目瞪，只得将手缩回，拍膝间尘土，并作惶悚状，仲卿母坐下。)

仲卿母　你看，你这狐狸精，又在这里用这不要脸的手段，想迷住我的儿子。儿子是我的，是我把他扶养大的，与你甚么相干！我和你在那一世结下的冤仇，你到今天还要害我的好儿子，仲卿，走过来。(以手抚仲卿臂)儿子你还想得到你是你母亲的儿子吗？可怜我把你的哥哥死了，单单指望你这一个孩子长大成人，(呜咽)那里知道自从他(指兰芝)进门之后，你心里就没有你母亲了。嗳呀！我的苦命呀！(大哭)

仲　卿　(急忙为母捶背)妈不要气坏了身子，儿子不敢了。儿子还是你老人家的儿子。(兰芝此时已起立)仲卿在母背后尖出嘴唇，示意欲其速行。(兰芝欲行)

仲卿母　站住！你还不打算快滚吗？(回头向仲卿，仲卿正向兰芝摇头示意时)好好！你的心只在他的身上，嘴里倒妈长，妈短的，欺哄我。也罢，我把这孤苦的老寡妇，活在世上也没有什么好处，还不如趁早跟了你父亲去罢。(站起作向壁欲撞状)

(仲卿急抱母)妈！我不敢了！

仲卿母　死了我这讨厌的老东西，也好让你们去多少快活快活。你放手，还是让我死了的好。

仲　卿　(跪哭)妈呀！儿子不敢了呀！

仲卿母　你要我不死，除非你亲自替我撵他出去，你能不能从此再不和他说话？古人说得好："天下多美妇人。"像这样的丑女子你要多少，你的娘死了之后，你就没有第二个了。孩子你自己要放明白些。

仲　卿　(拭泪)儿子明白了！

仲卿母　你既明白了,你就可以称为"孝子"。孝子就是这个样子的。你替我撵他出去。

仲　卿　(走至兰芝前)兰芝!你还不给我赶快滚出去!(挤眼表示不得已)你不能孝顺我的母亲,还不给我……(哽咽)快快滚!

仲卿母　(走至兰芝前)丈夫都叫你滚了,看你还好意思不走。(季香出来)

兰　芝　姑姑!我去了!再会罢?

仲卿母　谁和你再会,他是我的女儿,我一天口眼不闭,他就一天不准与你"再会"。季香,你把这贱东西的庚帖拿出来。

(季香泣)妈!求你饶了嫂嫂这一次罢!

仲卿母　你都不听我的话吗?(怒目)嘿!

(季香下)(移时持红绸包上,仲卿母取包掷兰芝身旁)

仲卿母　这是你的庚帖,你带了回去,就可以安心改嫁。你去迷住别人家的儿子罢!趁早给我滚!

兰　芝　(拾红绸包目对仲卿如醉如狂泪簌簌落)仲卿!我……

仲卿母　甚么仲卿不仲卿的,你还想迷人吗?不准你开口,给我滚!(兰芝隐忍不言,漫步至门前,回头看仲卿,仲卿忍不住哭出声)

仲卿母　吓!

(仲卿战栗,兰芝出门。)

仲　卿　我……我的……

仲卿母　唔!(鼻音)

仲　卿　我……的妈呀!(落幕)

第四幕　逼　嫁

【布景】　另立一中产家庭——与第一幕不同

兰芝母上坐,兰芳旁立。

兰芝母　你妹妹回来了这许多日子,究竟怎么办呢?

兰　芳　是呀,从妹妹回来以后,来说媒的也不知有多少,都被妈谢绝了。今天又有人来说东府府尹的第五个儿子,漂亮极了,还没有完婚。想要……望妈不要固执罢!

兰芝母　唉!我那里是固执,我上次所以谢绝的缘故,是因为你妹妹同仲卿有约,我那里敢做他的主。现在既然有这门好亲事,自然没有什么说的了,你自己去同他商量罢!

兰　芳　(向内叫) 妹妹,妈有话和你说,你到这儿来呀! (兰芝出)

兰　芝　妈叫我干什么?

兰芝母　你哥哥叫你,问你……

兰　芳　我叫你不是为别的,就是东城府尹府上第五个公子,生得相貌又漂亮,性情又和气。他的父亲又是太守,有钱,有势……

兰　芳　哥哥! 他有他的钱,有他的势! 与妹妹什么相干?

兰　芳　咳! 妹妹你还不明白吗?

兰　芝　哥哥的话,我倒明白的。本府太守的富豪,我也知道的。但是妹妹和仲卿有约,怎么忍心背他啊! (哭)

兰　芳　妹妹真傻! 男子的心,还有一定的么? 你不要过于相信他,恐怕他现在已经把你忘在耳朵后头去了。纵然他不忘你,他的母亲脾气那样坏,庚帖既经退还,有甚么话说。何况仲卿不过是个府衙中一个小小的书吏,若和这一家比较起来,真是——妹妹不要固执罢,你想,将来做个少夫人,多么阔呀! 就是你哥的脸,也沾一点光呀!

兰芝母　我的好女儿! 哥哥的话,一点也不错。现在的男子,都是不可靠的,你不要太傻了。

兰　芝　妈和哥哥的话,自然没有错的。仲卿的心,我虽然不能知道,但是我绝不敢做负心的人,请母亲哥哥原谅我这一片苦心!

兰　芳　(含怒) 妹妹怎么不近人情! 你晓得你怎样回来的,你自己还不明白吗? 哥哥一年累死累活赚几个钱,还要养妈和你的嫂子,侄儿侄女,一大群。你若长住在家里,你倒好意思,我可受不了。

兰　芝　(含泪) 哥哥,事已如此,还有什么话说。妹妹真是傻得很! 哥哥,既然不能赏一口饭给妹妹吃,妹妹又怎么敢连累哥哥呢? 且妹妹又是被出的女子,自然一切事要受哥哥的处分了!

兰　芳　(狂喜抚掌) 这才是我的妹妹,(以手加兰芝肩) 这多么痛快! 将来做一品夫人,够多么阔呀! 连哥哥脸上都有光彩! 我现在就去回答那王媒人,明后天就可以下定了。妈妈,妹妹,这是多么快活! 哈哈! 妹妹你现在也不用哭了!

兰　芝　(哭不可仰) 哥哥当真要逼着妹妹……

兰　芳　难道说——妹妹——你还不愿意吗?

兰　芝　（忍气吞声）妹妹敢不愿吗？妹妹能够不愿吗？

兰　芳　哦？这像句话呢？

兰　芝　哥哥，在妹妹再嫁之前，还许妹妹再见仲卿一面吗？

兰　芳　（掉转脸去）嘿！人家把庚帖都还了你，你还好意思去见他的面。你愿见他，只怕他还未必愿意见你呢。

兰芝母　其实见见也不妨。

兰　芳　好好。你们去见去。我都不管了。

兰　芝　啊呀！哥哥你千万不要和妹妹生气，苦命的妹妹，几乎害得丈夫不能成全一个"孝"字。现在还忍心再害哥哥不能全孝吗？哥哥你请放心，妹妹一定改嫁就是。见仲卿的面，或是不见，都不相干，听凭哥哥作主罢。

兰芝母　孩子，你当真愿意嫁了吗？

兰　芝　（跪母前伏膝旁哭）可怜妈白养女儿一场，女儿没有尽得一天的孝道，反累得妈天天为女儿受气，为女儿操心。我如果为妈妈的儿子……唉！不孝的女儿，不知道还有几天能依傍在妈的膝下。做女儿的苦呀！（起立作坚决状）哥哥！请你不必多心，妹妹一定听凭哥哥作主，听凭哥哥把我这个身子送到那里去就是了。（愤愤欲下，走到门前，回头看母一眼。）妈，女儿去了！（饮痛猝出）

兰芝母　你和他好好的商量，不要气苦了他。

兰　芳　谁欺负了他，你老人家只知道偏护他，不知道儿子的苦处。

兰芝母　唉！我待儿待女，都是一样，那有偏护他的意思。

兰　芳　我们这一个门户，将来是荣，是辱，是飞黄腾达，或是——唉！——全凭着这一个紧急关头。妈你想他——妹妹——如果会到焦仲卿，仲卿如果没有忘情于妹妹，这件事还能成功吗？所以，依儿子的意思，（与母附耳低声语，母连连点头）……你看好不好？

兰芝母　好，好！去办罢！

兰　芳　可千万不要告诉妹妹！（出门）（幕落）

第五幕　投　河

【布景】　空野（背景为河）

（兰芝自左上，掩面而泣，或举目四瞩，叹息有声。）

兰　芝　唉！世界这样的大，竟不能容我兰芝立足吗？什么地方不是我的葬身之处呢？(说罢大哭,如醉如狂,行路时亦倾欹欲跌。)(仲卿自右上,忽睹兰芝,面呈惊色,欲进又退。)

(兰芝见仲卿来,驰前以手搭仲卿肩上哭诉。)

兰　芝　仲卿！现在的事情,你知道吗？事到如今,仲卿！叫我这(怎)样的办法呢？我们从前相约的事恐怕今生是万万做不到的了！

仲　卿　你现在也不必假惺惺,恭喜你做了少夫人了！我焦仲卿还敢存什么妄想吗？唉！

兰　芝　仲卿,你现在还不明白我的意思吗？唉！你看(以手指水)那庐江河畔就是我葬身之地了！(哭)但是那庐江旁边吊我的又是谁呢？(泣不可仰)

仲　卿　得了吗,什么庐江河畔？你的话我全都听见了；你的意志我也全明白了。你下次也不必这样的花言巧语哄骗我了！(说时即下)(兰芝扑地哭失声,半晌起立,以巾掩面哭。)

兰　芝　你竟忍心到这个样子吗？唉！这也难怪你不信。但是我总不负你的。仲卿！我们今生见面机会恐怕没有了！(内衣袋取出已成之信一封,带看带哭。)

兰　芝　仲卿,这一封信,就是最后一次的说话了！(作踌躇状) 我想一个什么方法,可以将这封信送到仲卿那里呢？

(牧童上)

兰　芝　牧童,请你将我这封书信,送到焦仲卿那里可以吗？

牧　童　可以！可以！(接书下)

兰　芝　仲卿,你看见这封信的时候,你也可以明白我的意思了。但是当你看信的时候,恐怕兰芝已经是……葬身鱼腹了！(哭作投河势)(幕落)

　　　　　　　　第六幕　长　　恨

【**布景**】　书房

(仲卿自外入,将桌上的书纸笔墨一齐掷地。)

仲　卿　好！好！好兰芝你真负我吗？(哭伏桌上) 兰芝,吓！

(季香人惊异)

季　香　哥哥,你怎么回来了？怎样了？

仲　卿　(持妹手)妹妹,我心里痛得狠！你——你——那嫂子被人娶了去了！

季　香　哥哥——你怎么会知道的？

仲　卿　我怎么会不知道,我亲眼见了他穿了新衣衫,预备做新人去了。

季　香　你见了他,他怎样对你说的呢?

仲　卿　他的话——妹妹,——他的话——如今是不可信的了,他既穿了新衣衫预备做夫人了,还有真心的话吗?

季　香　你问他为什么要负心吗?

仲　卿　我为什么要问他,他哥哥已经把他的真情,一五一十的告诉我了。我那里有这样傻,那里还有这脸(指脸)去问他!

季　香　你不问怎么能知道他心里是怎样呢?

仲　卿　唉!他现在要作夫人了,还肯说心里的话?妹妹——你知道这东西(指口)长着做什么用的。

季　香　自然是说话用的。

仲　卿　不对,这张嘴(指口)是专为说谎用的。有嘴之人,没有一个不说谎的。真正不说谎的人,就是哑巴。妹妹——我今生再也不相信嘴里面能说出心的话来了。我做了半世的糊涂人,到今天才明白过来!唉!可惜我明白得已经迟了,已经受了人家的欺骗了!

季　香　哥哥,你今天究竟见了嫂嫂没有!

仲　卿　我怎么没有见他,没有见他,我怎么会知道穿新衣衫?

季　香　嫂嫂怎样说的呢?

仲　卿　好妹妹!别再称他嫂嫂了,他如今是夫人了,你是一个小小府吏的妹妹配称他嫂嫂!

季　香　那么他怎样和你说的呢?

仲　卿　他吗,还不是那一套哄人的话?还是仲卿长,仲卿短的叫得怪亲热,甚么"庐江河畔就是我葬身之地"啰!甚么"庐江旁边弔我的是谁"啰!妹妹!——你想——到今日之下,还能受他的欺骗吗?妹妹——千万记好了,这张嘴是专为说谎用的,但愿将来你永不受人家的欺骗。

季　香　我告诉妈去。(入)

兰　芝　你真负了我吗?你的心好狠呀!兰……

焦　母　(自内入)仲卿——你怎样……你还说那贱东西做什么?好天好地的哭什么?(抚其背)

仲　卿　(起立让母坐)妈妈,怎样又惊动你老人家。

焦　母　孩子呀!你为什么伤心,这样的伤心,告诉妈,到底为了甚么事?

仲　卿　(拭泪)儿子——儿子没有伤心,(不禁落泪)你竟负了我吗?

焦　母　什么话,谁负你,快说!

仲　卿　没有人负我。儿子说——说错了。今天因为做错了事体,府尹责备我,所以儿子心里有点难受。

焦　母　傻孩子……你骗妈妈吗?府尹是最爱你的,决不会——决不会骂你。好儿子告诉妈,真的是为了甚么事?

仲　卿　(强微笑)妈妈不信儿子吗?(泪下,背面拭泪)唉!你真负,你真负了我吗?兰——兰——你真负了我吗?妈妈,儿子不说谎,不伤心,儿子笑了。(冷笑)

焦　母　(惊怒)什么"兰"。你说什么?兰芝那贱东西吗?

仲　卿　不……不对,儿子说他干什么?(泪如雨下)

焦　母　不是吗?那种贱东西想他做什么?那贱东西那里还记得我的好儿子……况且他现在已配给——东城太守,已经娶她做儿妇,你还念着他吗?傻孩子……他早不和你一心了,你现在才知道他负你吗?

仲　卿　妈呀,没有——你真忍心——可怜我一人……

焦　母　空房的苦,我也知道,(拭泪)像我们这等人家,还怕没有媳妇吗?东家的罗敷,生得多么好。不像那贱货——现在已经托人去说,不久就可以娶去了。好孩子,不要再想贱货了。妈妈心里难受呀!你不要为那贱东西呕坏了身体——你的妈妈如今就只有你一个孩子。别来扎妈的心呀!

仲　卿　妈妈不要伤心,——儿子错了。(跪下)请妈妈饶了儿子吧!唉!兰——我一世不忘的——不再——您真负我——

焦　母　(拉仲卿起)

(送信人送书上即下)

季　香　(接信)"焦仲卿"。哥哥,嫂嫂来了信了。

仲　卿　(抢信)让我,妹妹(焦母夺去)让我——我的兰芝——让我——妈妈——(看信)兰芝,你竟死了吗?原来是我负了兰芝了!(晕倒)

焦　母　(大哭)我的儿子,你快醒吧!妈妈在这里。你为什么这样啊,快醒过来呀!快回来呀!季香,快倒茶来!

季　香　(端茶)哥哥喝茶……哥哥怎么不答应呀!(看看)妈妈——死了,嫂嫂死了,哥哥——快回来罢!(哭)

焦　母　我的儿子呀,我害了你,我害死了兰芝!你快回来吧!好孩子你不要妈妈了吗?

仲　卿　哎哟！(微音)哎哟(大声)兰芝……兰芝您等一刻儿,我就来了。我们相见的时候不远了。我们自由的时候到了！(晕倒,焦母季香大哭)幕渐渐落。

焦　母　我的好儿子呀,你竟然舍却你的母亲吗？嗳呀！我亲手杀了我的好儿子！我亲手杀了我的好媳妇了！(落幕)

选自中学适用《国文研究读本》1933年版第1册。

(原刊于《戏剧》,1922年第2卷第2期)

第二章

《木兰诗》与民族主义、女子教育思想

《木兰诗》是我国的一首北朝民歌。这首故事诗写了一个名叫木兰的女孩,因为父亲年老体弱无法服兵役,而家中又无长兄可以顶替,所以面对国家的需要和家庭的现实,她女扮男装,代父从军。经过十年沙场的征战,木兰获得了赫赫战功。但是,她并没有接受天子的赐官,而是自愿还乡侍奉父母。到家以后,她脱去武妆,换上红妆,送她回家的战友们这才知道木兰是女郎。《木兰诗》历经千年,传唱不衰;木兰忠孝不渝的精神,并未因时间的流逝而褪色,正如韦元甫在《木兰诗续篇》所赞颂的,"世有臣子心,能如木兰节?忠孝两不渝,千古之名焉可灭!"

1904年颁行的《奏定学堂章程》中的"中小学读古诗歌法"规定,"小学中学所读之诗歌,可相学生之年齿,选取通行之《古诗源》《古谣谚》二书,并郭茂倩《乐府诗集》中之雅正铿锵者"[①]。其中的《古诗源》和《乐府诗集》都收录了《木兰诗》。民国初年,《木兰诗》开始出现在小学国文、国语教科书中;五四以后,其又出现在中学国文、国语教科书中。整个民国时期,至少共有51套中小学国文、国语教科书改编或收录此诗[②],其中小学有28套、中学有23套。直接采用文言原诗的

[①] 课程教材研究所编.《20世纪中国中小学课程标准·教学大纲汇编·课程(教学)计划卷》,北京:人民教育出版社,2001年,第26页。

[②] 另外,未列入分析的尚有5部,因为虽见相关教科书目录有记载但未能亲阅教科书:(1) 胡贞惠编纂,商务印书馆1927年版《新时代国语教科书》第7册第20课《木兰从军的故事》和第21—24课剧本《木兰从军》(一)至(四)。(2) 朱文叔编,中华书局1933年版高级小学用《小学国语读本》第4册第22课《木兰诗》。(3) 陈伯吹、沈秉廉、庄俞等编校,商务印书馆1934年版初小用《复兴国语课本》第6册第20课《木兰从军》。(4) 沈百英、宗亮寰、丁毅音编校,商务印书馆1935年版高小用《复兴国语课本》第2册第29—31课《木兰从军》(一)至(三)。(5) 教育部编审会编、新民印书馆股份有限公司1939年版《修正高小国语教科书》第4册第25—27课《木兰从军》(一)至(三)。如果算上这5部,则编录此诗的则至少有56套教科书。

教科书有37套,其中中学有23套,小学14套。37套教科书收录此诗时所定的诗名并不完全相同,其中22套为《木兰诗》,9套为《木兰辞》,4套为《木兰词》,2套为《木兰歌》,1套为《古诗(木兰诗)》。只用白话对其进行改编的教科书有13套,全部为小学教科书。改编时所采用的文体不一,其中8套为剧本,4套为故事。改编后的题名也不相同,其中《木兰》有3套,《木兰从军》《木兰的故事》《木兰代父从军》各2套,《忠孝的木兰》《孝女》《代父从军》各1套;还有1套小学教科书,同时呈现了文言原诗《木兰辞》和白话剧本《木兰从军》。

教科书中的选文一般要符合"文质兼美"的选择标准;教学内容的安排一般也要求做到文道统一,即除了分析选文形式方面的知识或借助选文进行读写训练之外,还会分析其内容、阐发其主旨。所以,一篇选文在教科书中单纯作为文学史的例证,或作为读写技能训练的凭借的情况不多。因为《木兰诗》内容涉及民族战争,而主人公木兰又是一位女性,所以清末民国我国民族主义、女子教育思想的发展直接影响了其在清末民国语文教育中的接受。反过来说,也可以从其接受史窥见清末民国我国民族主义、女子教育发展的轨迹。鉴于此,本文将其接受史分为清末民初(1902、1904—1911)、民初(1912—1919)、五四以后(1920—1927)、南京国民政府成立以后(1928—1937抗战全面爆发前)和全面抗战、内战时期(1937—1949)等五个阶段,并分析《木兰诗》与这二者之间的关系。

一、清末(1902、1904—1911)民族主义、女子教育思想与《木兰诗》的接受

1939年,有人称清末出现过四种有关木兰的剧本,分别是《花木兰传奇》(陈蝶仙著,载《著作林》)、《木兰从军(剧本)》(侠抱著,载《滇话》)、《木兰从军(剧本)》(载《中国白话报》)和《木兰从军(剧本)》(载《女报》),并认为之所以在这时候出现一批以"木兰从军"为题材的戏剧,是因为"在晚清,中国迭次失败于列强,丧权失地,国将不国,大家都想'瓜分',那时候,木兰就翩然的出现了来。"[①] 1904年,《安徽俗话报》也将其演述为白话《木兰》[②]。

不过,《木兰诗》并没有出现在清末的国文教科书中,这可能与这一时期的民族主义和女子教育思想直接相关。

---

① 鹰隼.《关于〈木兰从军〉》,《文献》1939年第六期,第32页。
② 蕤照.《木兰》,《安徽俗话报》1904年第八期,第23—28页。

(一) 民族主义教育思想

从静态的角度来说,"国家主义"与"民族主义"是两个概念:国家主义,即国家本位思想,主要是将本国与其他国家作区分,强调维护本国的主体地位和根本利益;民族主义即民族本位思想,主要是将本民族与其它民族作区分,强调维护本民族的主体地位和根本利益。从动态的角度来说,这两个概念之间的关系往往因为其所针对的对象的变化而发生变化:对于一个多民族国家来说,当国家利益没有受到其他国家侵害时,民族主义指国内不同民族强调维护各自民族的主体地位和根本利益的思想;当国家利益受到其他国家侵害时,统治者往往出于维护国家统一的目的,以及凝聚抵抗国外势力的需要,而强调国内各民族地位平等、利益关联,将国内不同民族以一个名称统一指称,鼓励各民族一致对外,此时的"民族"即"国家"、"国家"即"民族"[①]。民族主义所针对的不再是国内的某一或几个民族,而是其他国家(这个国家主要由不同于前者的单一或多种民族构成),此时的民族主义又演变成了一个与"国际主义"(又称"世界主义")相对的概念,即民族主义或者叫国家主义是一种强调维护本国各民族的主体地位和根本利益的思想。所以"爱国主义"和"民族主义"往往是一个东西,例如我们现在常说"热爱中华民族"或"热爱自己的国家",其实二者并没有实质的区别。

清末的中国,仍处在农业国家阶段,仍属于宗法社会,普通百姓没有国家、民族观念,正如1923年有人所指出的,小农经济使中国人有家族、同乡观念而少国家观念,所以在中国有提倡国家主义教育的必要,他说:"我国人向来被人讥为一圈散沙。此种比喻虽极苛刻,然吾人殊无法足以自解。我国最发达者是'家族主义',其次是大家讲'同乡主义',至于国家主义,则多数人对之多无明确的认识。因为国人缺乏大规模的共同生活之习惯,所以一乡、一县之事业容或可以办得有成效;进而至于一省之事业,即已不易有协调的步骤;至于全国之事业,更不必论了。"[②] 1840年,鸦片战争爆发。此后,古老的中华帝国被列强相继欺凌,割地赔款不断。为了改变外有强敌所逼、内为一盘散沙的局面,1906年3月,学部奏请朝廷建议宣示以忠君、尊孔、尚公、尚武和尚实为教育宗旨。4月,奏请获得朝廷的同意。学部在奏折中认为,"中国民质所最缺,而亟宜箴砭以图振起者有三:曰尚公,曰尚武,曰尚实"。其中尚公、尚武均与国家、民族相关。而"尚武者何也?东西各国全国皆兵。"不仅

[①] "民族主义之定义:合同种、异异种,以建一民族的国家,是曰民族主义。"余一.《民族主义论》,《浙江潮》1903年第1期,第21页。
[②] 导之.《从什么地方看出国家主义的教育之需要?》,《教育杂志》1923年第十五卷第十二号"教育评坛",第2页。

"自元首之子以至庶人，皆有当兵之义务"，而且要让"老幼男女遍国之人，无不以充兵为乐，战死为荣。"① 尚实教育思想在国文教育中地位很突出，教科书中的选文多数是介绍成人所需要的各种知识生活、处世所需要的各种规则的普通记叙文、说明文和议论文。不过尚公和尚武在国文教育中的地位并不突出，因为"我国在闭关时代，夜郎自大，不识世界为何物；迨至与各国通商以后，历来傲慢态度，才稍渐改变。后来鸦片甲午诸战役，相继而来，帝国主义的气焰，一天一天的增高；于是轻视各国的心理，一变而为恐惧各国的心理……对于各国人士，视如天神，不敢有所抗拒。"② 所以，教科书一般不明确地宣扬应通过军事手段来反抗外国侵略。只是因为"甲午战后，外患频仍，举国人士，乃竞起主张尚武救国；故当时不论官立及教会学校，莫不设有兵式体操。"③ 在教育者看来，兵操是军事教育的基础，如称："跑步为实行意志之锻炼"，"跑步者，即练习行军力之基础者也"④，等等。总之，练习兵操，目的是"锻炼我柔弱之国民，唤起我尚武之精神"⑤。所以，清末一些新式蒙学读物如《蒙学报》（1897年第2期）中就有《儿童耀兵》：

《蒙学报》，1897年第2期

有童子六人焉。王大持剑为提督。张阿保、李德生、赵阿小荷枪为兵。此一行兵队，操纵甚整矣。吹铜角者，陈阿小也。击大鼓者，黄咬脐也。此兵队总勇者也。善守提督之号令，而勇往直进者也。

后来出现的国文教科书也常有以兵操为题材的课文。如1904年底出版的我国第一套小学国文教科书《最新初等国文教科书》的第2册第19课《体操歌》，就以儿歌的形式来宣扬杀敌报国的思想，希望儿童在游戏中能养成尚武的精神：

好男儿，志气高，哥哥弟弟手相

---

① 《学部奏请宣示教育宗旨折》，《东方杂志》1906年第三卷第五期，第82、85页。
② 赵欲仁.《怎样编选小学国语科读书作业一项的国防教材？》，《教与学》1936年第一卷第七期，第387—388页。
③ 张廷俊.《国民体育训练与民族复兴》，《教与学》1937年第二卷第七期，第219页。
④ 孙揆.《体育上跑步主义之商榷》，《教育杂志》1915年第七卷第八号，第152、154页。
⑤ 孙揆.《关于兵式教练之一得》，《教育杂志》1915年第七卷第十一号，第41页。

招。同来学体操,小兵负短枪,大将握长刀。龙旗向日飘,铜鼓咚咚敲。

除此之外,为了培养儿童的尚武精神,教育学者们还要求儿童学习西方的英雄人物。当时,还许多以英雄人物为题材的西方小说被翻译。如商务印书馆出版了林万里译《少年丛书》。其中有《哥伦布》和《毕斯麦》等英雄人物的故事。《少年丛书》的广告称其诚为学生校外最重要的读本。此外,还译有《美洲童子万里寻亲记》《鲁滨逊漂流记》(二册)《澳洲历险记》《爱国二童子传》(二册)和《蛮陬奋迹记》等探险小说。其广告称目的是启发爱国孝亲、冒险进取、提倡科学实业等①。

有人认为,这些译作所宣传的是国外的英雄人物,所以虽然可以激发学生的尚武精神,但也灭杀了我国儿童的民族自豪感。如《教育杂志》的编者在"绍介批评"栏评介林万里的《少年丛书》时,就特别指出其选材的不足②:

不当纯用外国人物……我国人物,如苏子卿、班定远、张博望、诸葛武侯、岳武穆、秦良玉、沈云英、郑成功诸人,其行事确可为后人矜式,而人之感情对于本国之圣贤豪杰,固异于他国之圣贤豪杰,此所以不当纯用外国人物,而当采用本国史传也。

既然本国的史传故事因其中有圣贤豪杰的榜样示范而可以激发儿童的进取之心,那么就应将其改编成故事以激发儿童的民族自豪感。

(二)女子教育思想

在封建社会,受三纲五常的理学思想影响,女子被认为应在家从父、出嫁从夫,一直处于依附于男子的地位。俗话说"女子无才便是德",所以女子接受教育的机会很少,就是接受教育,其所学也只是《孝经》和《列女传》等,其目的除认识几个字而不做"睁眼瞎子"外,就是为了能更好地恪守孝道、妇道。清末,随着西方民主思想、现代教育思潮的东渐,改革者纷纷关注、鼓吹女子教育,如从1891至1899年,宋恕的《变通篇·开化章》(1891)、郑观应的《女教》(1892)、陈炽的《妇学》(1896)、梁启超的《论女学》(1897)和经元善的《劝女子读书说》(1899)等就相继写成或发表。梁启超甚至在《论女学》中认为,"欲强国必由女学始"。1902年,黄海锋郎在《半教国》认为中国是只有男人拥有受教育权的"半教国"。其题下标注"冀女学之振兴也"。③ 从男女平等、女子是家庭教育的主要承担者等角度出发,指出女子拥有接受教育的权利教育的权利。只有女子也接受教育,这个国家

---

① 《教育杂志》,1910年第3期插页广告。
② 《教育杂志》1909年第一期"绍介批评"栏,第2页。1910—1914年还连载有《孤雏感遇记》《埋石弃石记》《苦儿流浪记》《车后童子》《黑伟人》和《青灯回味录》等教育小说,署名为"天笑生""天笑""抗父"和"秋星"等。
③ 黄海锋郎.《半教国》,《杭州白话报》1902年第8期,第2页。

才是完整的国家,才有可能成为一个文明的国家。

1902年清政府颁布的《钦定学堂章程》完全不列女子教育内容。1904年颁布的《奏定学堂章程》并未将其纳入学校教育,只规定"家庭教育包括女学",可见并没有给予女子教育什么地位。之所以这样,是因为章程的制定者有几点不赞同女子受教育的理由:"(一) 女子在街上列队往来,不大雅观。(二) 女子识了外国文字以后,要效法自由结婚。(三) 女子的天职,在服务家庭,对于高深的智识,无须研究"①。1907年,《女子师范学堂章程》及《女子小学堂章程》颁布后,女子教育才开始在学制系统中占有一点位置。不过《女子师范学生章程》中的教育总纲仍以贤妻良母为女子教育的宗旨:"中国女德,历代崇重,凡为女、为妇、为母之道,征诸经典史册,先儒著述,历历可据。今教女子师范生,首宜注重于此,务时勉以贞静、顺良、慈淑、端俭诸美德,总期不背中国向来之礼教,与懿征之风俗。其一切放纵自由之僻说(如不谨防男女之辨,及自行择配,或为政治上之集会演说等事)。务须严切屏除,以维风化。"②可见,"这是维新时代的女学宗旨,纯粹是贤妻良母主义。"③也就是要继续维持男尊女卑、从父从夫等旧伦理观念,以至于1908年8月浙江巡抚查禁了杭州保姆学堂监督何琪所编的《初等小学国文教科书》,原因就是认为该书"宗旨纰谬,颇染平权自由邪说","竟以妹喜妲己为女豪杰","谓家规家礼皆压制之法"④。

(三)《木兰诗》的接受情况

《奏定学堂章程》中的"中小学读古诗歌法"规定,初等小学、高等小学所读古诗歌"宜短篇","中学堂篇幅长短不拘"⑤。从《木兰诗》的篇幅来看,它应该比同出于《乐府诗集》和《古诗源》中的《孔雀东南飞》更有可能被选作教材。不过,清学部并没有编出这门课程的教科书。在正式出版的民编国文教科书中也没有出现《木兰诗》,其原因与民族主义和女子教育直接相关:就民族主义教育来说,前文提到,这一时期的民族主义教育很隐蔽,所以即便不考虑其篇幅,就从诗中写了木兰驰骋沙场杀敌来看,也不大可能入选。再从女子教育来说,木兰作为一个女子,不受封赏,还乡侍亲,也颇有点"放纵自由"的意味。况且,木兰女扮男装,代父从军,

---

① 李百忉.《中国女子教育之改造》,《教与学》1937年6月第二卷第十二期,第75页。
② 舒新城编.《近代中国教育思想史》,福州:福建教育出版社2007年版,第286页。
③ 李百忉.《中国女子教育之改造》,《教与学》1937年6月第二卷第十二期,第76页。
④ 《审定书目:咨浙抚查禁何编女子小学国文教科书文》,《学部官报》1908年第66期,第1页。
⑤ 课程教材研究所编.《20世纪中国中小学课程标准·教学大纲汇编·课程(教学)计划卷》,北京:人民教育出版社,2001年,第26页。

无论从妆饰,还是从行为来看,都混淆了前述女子学堂章程中所严格限制的"男女之别"。总之,从她的身上很难看到"贞静、顺良、慈淑、端俭"等传统女性特征。所以,这种女子形象,自然不便出现在教科书中[①]。

不过,虽然封建帝国处于末期,但大清的皇帝还在,封建道统依旧,所以忠君、孝亲是必须要贯彻的国纲伦常,如1898年第26期《蒙学报》所刊登的《中文高等读本书》的第5篇《忠君说》,就将"孝亲"和"忠君"联系在一起,而且将前者当成后者的一个手段,其开头写道:"君者,一国之主也。为臣民者,不爱敬其国之主,不能保其国,故孔圣教忠之义,起其爱念,则自孝亲而推之;起其敬心,则自事长而推之。以亲者一家之主,欲保一家者,必爱其主始;则欲保一国,必自爱其主始。长者,独尊之主。欲别名分者,必敬其尊始;则欲守大分,亦必自敬其尊始。故忠臣者,多出自孝弟(悌)之人焉。"《蒙学报》还以歌谣的形式宣扬"忠孝"。如1898年第31期刊载有《劝孝歌》("劝蒙童,孝你翁,爷娘养你身子出,原要望你成人接祖宗。十月在肚里,三年抱怀中,要报爷娘的恩德,如天高大大无穷。"),第33期刊载有《劝忠歌》("劝蒙童,要忠心。少年竭力为人谋,心口相同利断金,何况居官上事君?森严国法戮奸臣。")[②]。日常教学也常灌输忠孝思想,如有人回忆清末读小学时的经历说,自己读的"课本仿佛是用《无锡三级学堂的读本》和南洋公学编译的教科书"(即《蒙学读本全书》和《新订蒙学课本》),作文"不得已勉强选择一条乙种题目《说孝》来作了二十来字;因为起处还能以'忠'字陪起,徐老师便奖励了一番"[③]。

虽然《木兰诗》中的木兰不合传统女子的形象,但是诗中毕竟写出了木兰的忠孝思想,颇符合封建礼教,所以,若就其孝亲之行而言,又应入选。木兰作为孝亲的典型确实在修身教科书中出现过[④],如1906年何琪编辑的《初等女子修身

---

① 另外,从文体来看,清末小学国文教科书中诗歌很少,而且篇幅短小,所以其不可能入选,清末"中学国文"科所用多为如《中学国文读本》(1908,林纾)和《中学国文教科书》(1908,吴曾祺)等古文汇编之类的教科书,"不选美术之词赋,而存应用之韵文"(《教育杂志》1909年第一年第二期"绍介批评"栏第5页对《中学国文教科书》的评价),所以《木兰诗》也不可能入选。
② 《孝经》云:"孝,始于事亲,中于事君,终于立身",意思是说,所谓"孝",开始于侍奉父母,然后是效力于国君,最后才能建立自己的功业。又云:"资于事父以事母,而爱同;资于事父以事君,而敬同。故母取其爱,而君取其敬,兼之者父也。故以孝事君则忠,以敬事长则顺",意思是说,用侍奉父亲的心情去侍奉母亲,其爱之心是相同的;用侍奉父亲的心态去侍奉国君,其敬之心也是相同的。侍奉国君和侍奉父母一样需要敬爱之心。所以用孝敬待国君就算是"忠",用孝敬待亲长则可"顺"。可见,在《孝经》的编者看来,孝和忠虽然所针对的对象不同,但在本质上是相同的;二者虽然可能在人生发展中处于不同阶段,但最终的目的,或者说其功用是相同的,即都可使个人"立身"。
③ 郑许.《我的老师徐亦良先生》,《青年界》1935年第八卷第一期,第11页。
④ 清光绪年间李元度编有启蒙读物《小学弦歌》,全书分为"教"和"戒"两大类,其中"教"分为"教孝""教忠""教夫妇之伦"和"教兄弟之伦"等12门。其中《木兰歌》就被归入"教孝"一类之中。志公先生认为"他的归类有些牵强"(张志公著.《传统语文教育初探(附蒙学书目稿件)》,上海:上海教育出版社1962年版,第97页)。张先生之所以这么说,大概因为在他看来,这首诗表现木兰的忠的成分要多于孝。

教科书》(全1册,上海会文编译社,光绪32年(1906))的第1—4课是《孝行》《曹娥》《缇萦》和《木兰》,后3课分别赞扬了三位古代女性的孝行,其中的《木兰》写道:"木兰女,代父去从军。易戎服,立奇功。不受封侯赏,归来养老亲。出征十二载,谁识是女人?"[①] 何琪编辑的与教科书相配套的《初等女子修身教科书教授法》(上册,上海会文编译社,光绪32年(1906))在《木兰》的"宗旨"中称:"这课讲木兰女的孝心就是男儿恐怕不能及他。"[②]

清末,也是革命运动酝酿时期,西方各种新思潮蜂拥而入,国人竞相提出各种改革主张。前文提到,现代女子教育思潮已开始兴起。所以,在改革者看来,木兰正是现代女性应效仿的楷模。1904年,上海越社这个可能具有革命性质的团体印行了蒙学堂学生乐歌课(音乐)用书《最新妇孺歌唱书》。书中有《女学生入学歌》[③]:

二十世纪女学生,愿为新国民,校旗妩媚东风轻,喜见开学辰,展师联队整衣巾,入学去,重行行。脂奁粉籢次第抛,伏案抽丹豪,修身伦理从师教,吟味开心苗,爱国救世宗旨高,入学好,女同胞。缇萦木兰真可儿,班昭我所师,罗兰若安梦见之,批茶相与期,东西女杰并驾驰,愿巾帼,凌须眉。天仪地球万国图,一日三摩挲,理化更兼博物科,唱歌音韵和,女儿花发文明多,新世界,女中华。紫裙窣地方芳香草,戏入运动场,秋千架设球网张,皓腕次第攘,斯巴达魂今来飨,活泼地,女学堂。鱼更三跃灯花红,退习勤课功,明朝休沐归家同,姊妹相随踪,励志愿作女英雄,不入学,可怜虫。

歌词中让学生效仿的木兰,已不是前述修身科教科书中恪守封建妇道的形象,而是以爱国救世、沙场杀敌为理想的不爱红妆("脂奁粉籢次第抛")爱武妆("斯巴达魂今来飨")的巾帼英雄[④]。

1905年,方浏生编辑、商务印书馆出版的小学用《女子国文读本》的第7课《国强我荣》宣称,女子作为一个公民应将国家的强弱与个人的荣辱紧密联系在一起而为国奋斗:"中国即我国也。中国富强,我之荣也;中国贫弱,我之辱也。我虽女子,亦有保国之责任。"其第105课鼓动女子不必也不能自贱而应自尊,不应依附而应自立:"能成大事者,谓之英雄。不因人成事者,谓之豪杰。英雄豪杰皆自

[①] 何琪编.《初等女子修身教科书》,上海:上海会文编译社,1906年全1册。
[②] 何琪编.《初等女子修身教科书教授法(上册)》,上海:上海会文编译社光绪32年(1906)版。
[③] 胡从经著.《晚清儿童文学钩沉》,上海:少年儿童出版社1982年版,第124页。
[④] 1911年,浙江桐乡徐雪华在《读木兰辞书后》(徐雪华.《读木兰辞书后》,《妇女时报》1911年第3期,第82页)中号召女界学习木兰:"凡我姊妹,皆当讲求武事,共救祖国。请看北魏之木兰,正是吾侪之模范。"

尊之人,不肯自贱者也。女子亦须自尊,不可自贱。"其第110课更是鼓动女子完全自主,甚至要立志成为女英雄、女豪杰:"立志保国,则为女英雄女豪杰。"1908年商务印书馆出版、戴克敦编的初等小学《女子国文教科书》中所有的课文,均与女子操持家庭事务或孝敬父母有关,如其第3册中有《制衣》《熨斗》《织锦》和《扫地》,还有《姚孝女》和《事母》等。对女子尽孝尤为强调,如其第4册中有《父母之恩》,第5册中有《刘孝妇》和《救母》,第6册中有《萧孝女》,等等。在这样的时代思潮中,作为女英雄、女豪杰的木兰和作为孝女的木兰,自然既可作为新女性又可作为恪守传统的女性的偶像了。1915年,袁世凯命令教育部,"编订新式教科书,将忠孝节义,有裨于教科者,分别加入。"①

二、民初(1912—1919)民族主义、女子教育思想与《木兰诗》的接受

约于民国初年,上海中国图书公司和记出版了《新幼学句解》②,其中的"人道"称:"我之身躯何在?则曰家。而爱家始于爱国。我之家室何存?则曰国。故爱国甚于爱家。水源木本,重在祖宗;地义天经,孝事父母。"虽然家庭应有改良之举,当不蔑纲常、不逆天伦。可见,此时爱国、孝亲的思想仍然被要求尊崇,而且虽然时至民国,但一般仍要求恪守固有的纲常、伦理。

(一)民族主义教育思想

民国初年,随着清廷终结,因为"驱除鞑虏,恢复中华"的思想自然显得不合时宜,所以当局对内宣传汉、满、蒙、回和藏五族平等共和以维护国家统一;因为政府希望自己能获得国际支持以巩固其政权,所以对外实行"世界主义"③。袁世凯就因此曾下令查禁含有这类反抗敌国入侵思想的教科书。如1914年第六卷第八号《教育杂志》载:"据外交部呈称,现有私人著述小学教科书,内含排斥友邦思想各等语,查民国成立以来,向以亲仁善邻为政策。小学教科书,系国民教育根本,正宜纳诸正轨,养成任重致远之人才,岂容以排斥友邦之学说,鼓吹青年,致启学校虚侨之风,而失政府敦睦邦交之旨。"④为了配合北洋政府的教育思想,当时出版的教

---

① 《中央纪闻:拟聘名儒编订教科书》,《教育周报》1915年第70期,第17页。
② 其文中"统系"一目最后写道:"传至光绪,大启瓜分之口实;递至宣统,徒有立宪之虚名。成四千余年之历史,易二十余朝之人君。从此革新,遂成民国。"民国初年,有仅取木兰女扮男装在军中任职而创作的小说,写军帐犹如宫闱,如"失名"的《新木兰传》(《滑稽时报》,1915年第1期)被列入"艳史"栏,写一安徽少年朱紫光肤色白皙,任陈将军记,深得信赖,同寝同出,并以陈之名统领将兵,据说还生有一子。醇园的《新木兰传》(《小说月报》,1918年第9卷第9号)就是据此改编而成,二者情节相似。
③ 当然,也有人认为,因为"习于部落主义的生活之民族,而骤行世界主义",必然使民族精神涣散。导之.《从什么地方看出国家主义的教育之需要》,《教育杂志》1923年第十五卷第十二号"教育评坛",第2页。
④ 《十月二日大总统申令查禁教科书》,《教育杂志》1914年第六卷第八号"大事记",第69页。

科书均有意回避民族主义,而宣传国内各族平等、国际友好合作。如1912年出版的高等小学校秋季始业《共和国教科书新国文》的编辑大意称,该教科书共有11点特色,前7点均与思想教育有关,有些还涉及了上述民族主义教育思想:

一、注意自由平等之精神、守法合群之德义,以养成共和国民之人格。二、表章(彰)中华固有之国粹,以启发国民之爱国心。三、矫正旧有之弊俗,以增进国民之智德。四、详言国体及政体及一切法政常识,以普及参政之能力。五、提倡汉满蒙回藏五族平等主义以巩固统一民国之基础。六、注重博爱主义,推及待外人、爱生物等事,以扩充国民之德量。七、注意体育军事上之智识,以发挥尚武之精神。

虽然教科书仍然强调尚武精神,不过不主张首先以斗争解决争端和矛盾。如《共和国教科书新国文》(1913)的第5册第8课《战争与和平》的开头写道:"对外人宜宽大,固矣。然宽大者,非置权利荣誉于不顾之谓也。苟外国而损我权利、毁我荣誉,则我政府当与敌国政府抗争。抗争之不得,当委托裁判于某一国,而待其调停。调停之不得,则虽赌一国之存亡以争之,而亦不容已,此战争之事所由起也。"然而,"不宜轻举妄动",只因为我国也有人就居住在敌国,而且"权利与荣誉非我国所独有者也。战争之前,不可不三思之"。换句话说,尽量不要和国外发生战争。

其第5册第9课《民族分合之原因》更是认为,汉、满、蒙、回和藏各族人民,如果追根溯源,则分别是黄帝、颛顼、夏禹、虞舜的后代,而"颛顼、舜禹皆黄帝之子孙,然则满蒙回藏与汉族,故同出一祖,特因分封转徙之故,散处四方。历世久远,语言习俗,日以益歧,各成风气",于是就分成了不同的民族。而三代以后,各民族又呈相互融合之势。其第6册第29课《民族》更有消弭民族界限的主张:

我国土地广大,民族复杂。其尤著者,曰汉,曰满,曰蒙,曰回,曰藏。虽然人类好动,迁徙无常,战争也,经商也,宦游也,种种原因,或使一族分为数族,或使数族混为一族。故现在之名称虽异,究其事实,殆无从辨析也。

今者,合五大民族,建立民国,休戚与共,更无畛域之可言矣。

若是,则兄弟民族便不能兵戎相见了。依此标准来看,反映民族战争的《木兰诗》显然就不宜入选了。如果选入了,可能并不是为了宣传民族战争,如在《共和国教科书新国文》中,《木兰诗》之后是《触龙说赵太后》。《触龙说赵太后》就是一篇写向他国送人质以避免战争的文章。下表所列的4套小学国文教科书还是将其选入,这可能与此时的女子教育思想有关。

(二) 女子教育思想

清末，秋瑾刺杀恩铭，章竹君组织红十字会，沈佩军统率娘子军，这些巾帼英雄受到革命者的称赞，女子地位日渐得到提高。1912年1月，南京临时政府成立时，女子们向孙中山要求男女同校且应普及女子教育①。《神州女报》更是提倡女子经济独立，遵从独身主义，于是有了"使旧礼教发生动摇之势"②。当月，南京临时政府教育部颁布《普通教育暂行办法》，宣布废止读经，并规定初小可男女同校。舒新城在《近代中国教育思想史》中称：民初的这种女子教育思想，可称为"女国民教育思想"，它"不是贤母良妻的教育，也不纯粹女子的教育，而是偏重于国民义务的女子教育。"③

《共和国教科书新国文》（1913）

袁世凯当权后，推行复古主义教育，又逐步恢复读经。1915年1月，颁布了他特定的《教育纲要》。《纲要》主张实施女子师范教育："注重女子职业，并保持严肃之风纪。"④为了贯彻自己的复古主义教育思想，袁世凯还试图实行教科书国定制。1916年袁世凯复辟失败，国定教科书并没出版。不过，清末商务印书馆出版的初等小学《女子国文教科书》于1912年修订出版，书名改为中华民国初等小学用《订正女子国文教科书》，其编写宗旨和基本篇目和原书没有多少区别。商务之所以不改，可能是为了满足这一时期多数国民的普遍心理，如1914年商务印书馆就教科书编写发函征询各界的意见，关于教科书编写宗旨问题，回函"多数主张旧道德不可偏废。女子教育以养成贤母良妻为主旨"。⑤

---

① 欧阳祖经.《中国之女子教育》,《教育丛刊》1923年第四卷第二集,第1页。
② 李百阶.《中国女子教育之改造》,《教与学》1937年6月第二卷第十二期,第76页。
③ 舒新城编.《近代中国教育思想史》,福州：福建教育出版社2007年版,第289页。
④ 《大总统特定教育纲要》,《中华教育界》1915年第四卷第四期,第8—9页。
⑤ 商务印书馆.《编辑教科书商榷之结果》,《教育杂志》1914年第六卷第二期,第11页。

虽然1917年有人提出"军国民教育之根柢在女子尚武"的观点①，虽然读经也被废止，但袁世凯所推行的复古教育阻碍了女子教育的发展，就如有人所说的，"那时袁世凯正醉心帝制……所以女子教育的旧方式，一直维持到'五四'运动的前夜"②。

（三）《木兰诗》的接受情况

课题	语体、文体	编者	教科书名称	册次	出版社	时间、版次
木兰诗	文言原诗	汪渤、何振武	《中华高等小学国文教科书》	第7册	中华书局	1912年7月3版
木兰诗	文言原诗	樊炳清、庄俞	高等小学校秋季始业《共和国教科书新国文》	第5册	商务印书馆	1913年4月6版
木兰诗	文言原诗	沈颐等	高等小学《新制中华国文教科书》	第8册	中华书局	1913年12月2版
木兰诗	文言原诗	沈颐、杨喆	春季始业高等学校用《新编中华国文教科书》	第6册	中华书局	1915年6月3版
木兰诗	文言原诗	刘宗向	中等学校国文课本《国文读本》	第3册	宏文图书社	1914年7月初版

通过以上分析可见，上表所列的4套小学国文教科书选入了《木兰诗》，并不是受到袁世凯所提倡的女子教育思想的影响所致，而主要与民初南京临时政府所提倡的女子教育而形成的女国民教育思想有关。南京临时政府的女子教育思想也影响了教科书编者对此文的阐释。

1. 女子具有国民资格

女子要获得基本权利，首先必须具有与男子等同的国民资格。《中华高等小学国文教科书》的第7册第1课是梁启超的《祈战死》，第2课是《木兰诗》。《祈战死》宣扬个人应以为国捐躯为荣，宗族应以成为烈属为荣。很显然，编者认为女子应像男人那样征战沙场，为国捐躯。有些《教授书》也借此认为，木兰代父从军，扮演男性的社会角色，其本身就说明女性应该有国民资格。如《共和国教科书新国文教授法》称：本课"述木兰从军事，证明女子亦有军国民之资格。"③

---

① 王立才.《军国民之女子教育》,《环球》1917年第二卷第一期，第6页。
② 李百仞.《中国女子教育之改造》,《教与学》1937年6月第二卷第十二期，第76页。
③ 据张树年主编.《张元济年谱》,北京：商务印书馆1991年版，第115页载：1913年，商务印书馆出版了由庄俞、沈颐等人编写的6册《高等小学女子新国文教科书》,当年1月该馆在第2卷第7号《法政杂志》上所登的广告宣称："是书本男女平等主义，而注重技能、职业、家政、卫生等项"，又涉及"国体、政体及国民之常识与公德，期合于共和国民之用"。

2. 女子有超越男子之处

女子不仅和男性同属一国之民,而且其本身往往有不让须眉,甚至有胜过须眉之处。在《共和国教科书新国文》(1913)中,《木兰诗》的前一课为《费宫人》。该课写明怀宗(崇祯)的侍命公主费宫人见怀宗整日为李自成侵扰所烦,于是她设计剿绝。但最终京城被攻破,怀宗自缢。费宫人佯从李军,设计灌醉他们,并手刃其首,最后自刎而亡。课文彰显了女子胜过男人的坚强之处。

在《新制中华国文教科书》(1913)中,《木兰诗》的前一课为《李侃妻杨氏》。该课写唐建德年间,李希烈围攻项城,县令李侃不知所为,其妻杨氏挺身而出,开仓放粮,发动群众,奋勇抵抗,保全城池。课文彰显了女子胜过男人的智勇之处。

和这些女子相比,木兰的坚强和智勇则更胜一筹。又因为这些女子只是辅助男子而非像木兰那样直接取代男性的缘故,所以木兰更值得歌颂。如《共和国教科书新国文教授法》称:"梁夫人之援桴助战,李侃妻之助夫守城,皆妇人之饶有胆略者,木兰以女子而从征十二年,智勇更在二人之上,足与明之秦良玉相抗。"

3. 女子也可忠孝两全

1912年3月,民国教育部通令禁用前清各书[①]。5月,教育部又公布了《审定教科图书暂行章程》要求新编教科书应加入"共和"的内容,并规定在新的教科书未出版之前,教师在用旧教科书时要删除涉及前清的内容,尤其是要删除那些直接歌颂前清或者带有"忠"一类有忠君嫌疑的字眼的课文。商务印书馆曾以"编辑同人"的名义对这种荒唐的要求提出商榷:"新道德必宜提倡,以刷新国民之耳目,旧道德仍不可尽废,以保存固有之国粹,即如忠之一事,或以国体变更,应归淘汰,实则所谓忠者,不专指忠君也,对于职业,对于国家,亦至重要。"[②] 1913年,有人将此辨析得更清楚:"忠孝本为吾国旧道德之大端,亘古无甚变动。然忠之一事,今即与昔大异,昔在专制时代,只对于君主个人言,今则必对于全国言。热心尽瘁于国事,谓之爱国,亦即谓之公忠体国。故今之忠,较昔之范围为广。至主从之关系与雇佣之关系,其内容亦自不同,或为忠勤,或为忠实,故亦不能一例论也。从可知道德亦随时势为变迁。"[③]

确实如此,如我所藏的文明书局光绪二十八年(1902)三月初版、三十四年(1908)七月第廿三版的《蒙学读本全书二编》的第一课《爱君歌》就被人(可能

---

① 《中华民国元年教育大事记》,《中华教育界》1913年一月号"特别记事",第1页。
② 商务印书馆编辑所同人.《编辑小学教科书商榷书》,《教育杂志》1913年第五卷第五号,第43页。
③ 陈武.《修身教授编辑法》,《中华教育界》1913年第4期,第48页。

是老师或学生)用毛笔书写的红色字体添改了数字以代原文：在"君"旁添"囻"(guo)字，在"大清皇帝"旁添"中華民國"四字，在"皇帝"旁添"民囻"二字，这样一来，就将课文内容由原来的忠君而置换成了爱国：

爱 囻 歌

中华民国治天下，保我国民万万岁，国民爱国呼民囻，万岁万岁声若雷。

虽然要求将忠君改为爱国，但对孝亲仍大力倡导，如对《蒙学读本全书二编》的第16课《教孝歌》("白头乌，哀哀鸣。人问何故鸣？失母未尽反哺心。我思诸儿有父母。其心安可不如禽？")就没做任何改动。

虽然已是民国，但是许多教科书在思想教育方面既有现代国民素质养成的教育内容，又有与前清在本质上没有多大区别的传统礼教。如包公毅与沈颐编、商务印书馆1912年8月出版的高等小学校用《共和国教科书新修身》的第2册的课文题目就为《孝道》《友爱》《爱敬》《念旧》《高义》《正直》《不拾遗》《公德》《扶弱》《救恤》《慈善》《公义》《忠烈》《义勇》《果敢》《自由》《和平》《爱众》《人道》和《爱生物》。其中的《孝道》即告诫要孝于父母，《义勇》则宣扬要忠于国家[①]。

国文教科书中这类思想教育内容也多处可见。如1914年商务印书馆初版的国民学校用《单级国文教科书》的第10册的第27课《班超》写班超为国纾难，深入虎穴，第28课《诸葛亮》写诸葛亮为国分忧、鞠躬尽瘁之后，分别有两篇议论文《合群》和《爱国》阐述了个人与集体、国民与国家的关系，以证明个人要热爱集体、国民依附于国家的道理。

虽然女子在教育权利方面较以前有所改观，但是，在教育者看来，女子作为国民应像男人一样遵从传统礼教，而且女子要遵从古代专为女性规定的戒律及养成从事专门职业的技能，这和清末的教育相比没有多大改变。1914年8月中华书局出版的高等小学校用《中华女子国文教科书》的编辑大意称：本书选材"详言女子生计艺能及家政概要"，"国民知识为女子不可缺者择要列入"。如忠于国家、孝对父母等知识观念，关于爱国的课文有第2册中的《国旗》、第3册中的《国货》、第4册中的《我国地图》和《共和国民之精神》、第5册中的《中华民国成立记》《释中华民国》《国债》和《国势》等，关于孝亲的则有专论在家孝敬父母、出嫁侍奉公婆的第1册中的第10课《孝亲》一文。

[①] 在共和国内，爱国可以，"忠君"则不被允许，如1912年商务印书馆订正在前清出版的初高等小学国文教科书呈请教育部审定，要求删除初等小学教科书中的"功臣"一词，并在高等小学教科书中"将共和要义，择要加入，乃称完善"。《教育部批上海商务印书馆订正初高两等小学教科书请审定呈》，《教育杂志》1912年第四卷第六期，第43—44页。

正因为1915年之前除了强调女子的国民资格和有胜过男人之处外,编者还认为诗中所含的传统儒家忠孝思想也不应被抛弃,只要不是忠于皇帝而是忠于国家就应赞颂[①],所以几本与教科书配套的《教授书》均对木兰的忠孝思想有所阐述。如《共和国教科书新国文教授法》称:"木兰以父老弟幼,不能任军旅之事,愿代父从征,以纾边患,乃既有孝思又能深明大义者。"[②]

1915年,袁世凯政府试图推行教科书国定制,教育部教科图书编纂处制订的《初等小学国文教授要目草案》就规定:"修身之材料,对于家庭,如孝亲友爱……对于己身,如卫生习礼励勤尚武……均宜注重实践","而于忠孝节义之美风,尤宜特为注重。"[③] 不过,教育部并没有编出相应的国定教科书。如果编写出来,则《木兰诗》因涉及其中"忠孝"和"尚武"的思想而完全有可能入选。

上表所列中等学校国文课本《国文读本》的第3册(乙编)选入的《木兰诗》,是作为"别录"之二"古体诗"中的一首。不过,选录该诗与女子教育、民族主义教育等教育思想并不相关,编者主要是从艺术风格的角度将其作为"古体诗"的一个代表来让学生诵读的,其之前两首诗是曹植的《赠白马王彪六首》和鲍照的《拟行路难》,之后的两首诗是李白的《蜀道难》和杜甫的《北征》,均既非作为文学史学习的代表作品之用(因为该书另编有文字源流、文法要略和文学史讲义),也非作

中等学校国文课本《国文读本》(1914)

---

① 又玄在《今后之学生》(又玄.今后之学生》,《学生杂志》1915年第二卷第五期,第50页)中认为,落实"尚武"教育不要仅作口头禅或局限在体操习练上:"吾谓尚武精神,须注重精神二字。若今之所云,乃尚武而遗其精神者也。精神维何?是在存心。盖必自视吾身,乃国家之分子,非吾之父母所得而私,非吾之自己所得而私。则对于吾身之义务,如何郑重,能勿勇猛精进,以自致力乎?故在学生时代,早养成此精神,成年后,犹不能尽服兵之义务,以卫其国者,吾不信也。"
② 张希敏在《木兰辞书后》(张希敏.《木兰辞书后》,《国学杂志》1915年第二期,第2页)中称:"忠根乎孝,勇发乎义",木兰代父从军是"其移孝而作忠也"。
③ 《初等小学国文教授要目草案》,《教育研究》1915年第二十四期,第22、28页。

为诗歌仿作之用,如该书的"叙例"称:"诗者韵文之一,其起先于无韵。虽分流已久,而察其组织,尤深相出入。陶冶性情,又匪是莫赖;倚声乐曲,则诗之流。虽勿责校生仿制,要不得不闲事诵习。故欧西读本,均有诗歌,惟杂次文中,究嫌凌乱。兹除甲集付以咏史诗词外,略取名篇,别为一录……析为二卷,付装二册三册之末,并制表注明。俾校长教师知每周诗文并授之法。"可见,读文是学习作文之法,诵诗只是陶冶性情,均不重在教化。

三、五四以后(1920—1927)民族主义、女子教育思想与《木兰诗》的接受

(一)民族主义教育思想

1919年1月18日,"巴黎和会"召开,作为战胜国之一的中国也派代表参加。中国代表提出,应取消列强在华的特权,取消"二十一条",归还山东半岛。巴黎和会不仅拒绝了中国代表的要求,还在和约上把战败国德国在山东的特权转让给了日本。这个消息传到国内后,北京大学、北京高等师范学校等校的学生于5月4日云集天安门,向政府施压,要求政府拒绝在和约上签字。在游行的过程中,学生痛打驻日公使章宗祥,并火烧了赵家楼。这场著名的"五四运动"激发了国人的民族主义情绪,国家至上观念也开始深入人心。在这之前,人们头脑中仍很少有国家观念,就像陈独秀所说的:"吾国专制日久,惟官令是从。人民除纳税诉讼外,与政府无交涉,国家何物,政治何事,所不知也,积成今日国家危殆之势。"[①] 为了实现建立主权独立、领土完整的民族国家的目标,教育家们纷纷主张实行国家主义教育,认为"其目的在谋国家之安全,人群之幸福;或预防将来之被征服;或矫正其现在之被蹂躏,且抵抗其他一切民族之蚕食鲸吞"[②]。1925、1926年著名的教育杂志《中华教育界》曾刊出"国家主义的教育研究号"(第十五卷第一、二号)和"小学爱国教材号"(第十六卷第一期)两期专号,呼吁在中小学各科施行国家主义教育。1925年,又成立了"国家教育协会",规定协会"本国家主义的精神以谋教育的改进为宗旨"[③]。不过,正如沈仲九所说的,关于国家主义的教育宗旨虽经"一部分少年中国学会会员的国家主义的鼓吹,但差不多都是文字上的教育宗旨,和实际的关系都很少很少"[④],因为"国家主义的真精神,不外内求国家统一,和外求国家的独

---

① 陈独秀.《吾人最后之觉悟》,《青年杂志》1915年第一卷第六号,第3页。
② 潘迈一.《今后中国教育宗旨应含国家主义的精神》,《中华教育界》1926年第十五卷第八期,第7—8页。
③ 《国家教育协会缘起》,《中华教育界》1925年第十五卷第二期"国家主义的教育研究号(下)""附录二",第1页。
④ 沈仲九.《我的理想教育观》,《教育杂志》1925年第十七卷第五号,第2页。

立两大端"①,而当时的中国主权虽不独立、领土虽不完整,但国家还存在。

1922年实行新学制。1923年颁布的小学和中学国语课程纲要的课程目的,均未标明思想教育的要求,只主张培养学生的读写能力和阅读文学作品的兴趣。无论是小学还是中学的国语、国文教科书,都强调其选文中的文学应含审美情趣而少教化训诫的意味。正如新学制小学国语课程纲要的制定者吴研因在1936年所说的:"民十以后的小学教科书,例如《新学制》《新教育》《新教材》等,就几乎成了无目的无宗旨的世界通用读本,很缺少民族精神和国家思想的表显,这确是当时教科书的最大的缺点。"②

(二) 女子教育思想

五四运动是一场爱国主义政治运动,也是一场思想解放的文化运动。正如1923年孙俍工所说的,人们热衷讨论以前"不成问题的问题":自五四运动以后,因为思想解放道德解放的结果,社会上许多从历史上流传下来不成问题的东西都成为问题了。礼教成了问题,贞操成了问题,劳动成了问题,思潮波荡所及,社会几乎动摇起来,社会上所有缺陷几乎完全暴露了。这实在是一种文化运动进步的表征,不能不说不是一桩极可喜的事情③。妇女问题成了五四时期一个重要话题:"'五四'运动发生以后,在那国家危急时期中,女学生之热心演说,发传单、开大会、查日货及做文章,与男生同;男女界限的传统观念,渐次失去。同时女子在学生联合会的活动,鼓励她们干预国家政治。"④五四时期,传统礼教受到抨击,忠孝等封建思想自然要被摒弃。如1920年有人在谈"孝"时称,在宗法社会里,孝几乎是一种宗教信条,君主有绝对的权利,民众被奴性所束缚。统治者实行思想的"第一步就是'忠君',第二步就是'孝亲',第三步就是'孝亲即是忠君'"。然而,随着时代的发展,"孝"的观念必须更新:"我辈青年:第一,不可有虚荣心,以为'孝也者,德之大者也'。第二,不可丧失自己的人格。第三,莫为无理的压制所屈,须知父母也是一个人,子女也是一个人。"⑤相应地,作为新青年中的新女性被认为应该追求平等自由、独立自主以及科学和民主的现代精神。

---

① 陈启天.《刊行专号引端——国家主义的教育要义》,《中华教育界》1925年第十五卷第一期"国家主义的教育研究号(上)",第1页。
② 吴研因.《清末以来我国小学教科书概观》,《教与学》1936年第一卷第十期,第262页。
③ 孙俍工.《新文艺建设发端》,中国中等教育协进社编《中等教育》1923年第二卷第二期,第1页。
④ 李百忉.《中国女子教育之改造》,《教与学》1937年6月第二卷第十二期,第76页。
⑤ 易家钺.《我对于孝的观念》,《少年中国》1920年第一卷第十期,第48、50页。杭州一师学生施存统因受《新青年》等影响而写作《非孝》一文并发表在《浙江新潮》第二期上,该文称:"伦理要相对地推行,'父慈则子孝',不可片面地苛求儿子来尽孝的。"发表后产生了很大的影响,也引发了较大的争议,曹聚仁后来说,《非孝》问题是五四时代在杭州爆出来的一件大事。曹聚仁著.《我与我的世界》,北京:人民文学出版社1983年版,第114页。

1918年，胡适在第五卷第三号《新青年》上发表《美国的妇人》一文，宣传男女平等，提出"超贤母良妻主义"。他说，一次在宴会上见到三个分别来自美国、英国和中国的妇女，虽然三者在学问、知识上没大区别，但那位去俄国调查革命情况的美国妇女和另外两位绝不相同，就是因为她拥有"超贤母良妻主义"的人生观，这种人生观的核心便是"自立"的观念、平等的精神。中国传统的妻子称丈夫为"外子"、丈夫称妻子为"内助"的行为中所隐藏的"男主外女主内"的落后思想要彻底改变，因为假如是在美国，她们便会以为男女同是"人类"，都该努力做一个自由独立的"人"，没有什么内外区别。此后，1919年《少年中国》和1920年《少年世界》刊出"妇女号"，均宣传妇女解放、鼓吹男女平等，女子享有和男子平等的受教育和参与政治的权力。《每周评论》和《妇女杂志》等刊物也发表大量讨论妇女问题的文章，易卜生的《娜拉》等涉及妇女解放问题的西方作品也被译介到中国。1921年，中国女界联合会发表宣言，其中提到"男女同学，不受父母无理的干涉；女子参政；女子承受产业的权利；男女工作及工租的机会相等；女工童工的禁止及限制；武力主义及资本主义的铲除；与世界妇女合作拯救人类。""这时是树着反贤母良妻的旗帜，女子要走上社会里各种组织的舞台，不愿再封锁在闺阁之中。"[①] 妇女解放、女子教育的问题也被提上日程。

这一时期的女子教育提倡者，一方面如上所述强调女子独立并享有与男子平等的权利，另一方面也应尽与男子相同的义务。如1920年陆费逵在《女子教育的急务》一文中就声疾呼应重视女子教育问题，他认为，要教育女子"在男子能养家的时代从事无害生理无妨家庭的职业"，"预备充足的实力于必要的时候代男子做国家社会一切的事"[②]。他所说的"必要的时候"，主要是指战争年代为国家献身。1923—1928年，民初的这种"女国民教育"思想再次复兴，尤其是1925年"五卅"惨案发生而引发军事教育的声浪高涨后，女子军事教育受到关注。当年，吴苣兰在国民党中央执行委员会妇女部创办的《妇女之声》上撰文呼吁应实行女子军事教育[③]：

现在军事教育的空气，已经弥漫全国；但受训练的只是男子，女子就沉寂无闻。反问我们的女同胞，是否中国国民的一分子？国家兴亡与我们有没有关系？

---

① 李百忉.《中国女子教育之改造》,《教与学》1937年6月第二卷第十二期,第76—77页。
② 陆费逵.《女子教育的急务》,《中华教育界》1920年第九卷第一期,第6页。
③ 舒新城编.《近代中国教育思想史》,福州：福建教育出版社2007年版,第290页。

天生我们是否没有战斗的本能？我们体魄是否不及男子？何以不能受军事训练？现在有好多人说，女子性是懦弱慈祥，战斗是奋勇残忍，所以不堪军事训练；但这是习惯所致，不是不可移变的。试看看古今中西的历史，女子从军的事实，昭著简册，唐时木兰，装成一个男子，代父出征，在外十二年，杀尽胡虏，凯旋荣归，随伊出征的伙伴，却不知伊是一个女郎。当英法百年战役时，法兵大失利，加以英太子英勇无敌，将有席卷巴黎之势，后来有一个农间少女应安特克出来鼓励法国兵士，她自己骑一匹马向前去，风驰电掣。疲敝的兵士，看见她这样勇敢，也奋不顾身，屡破英兵；欧战时德意志的男子，通通出赴战场，国内的治安，就靠保安警察队，而女子充任保安警察的是极多数，有些并赴战场做警备队。这样看来，我们巾帼英雄的本领，却不下于须眉的好汉，不过我们没有训练罢了。

兵弱才尽，就是我国的现象，我们女子能忍心来看吗？我国有四万万同胞，女子占了一半，这一半女子是没有受军事教育的，岂不是空养了一半残疾无能的国民？

文章以中国的木兰、法国的民女和德国妇女为例，证明女子作为一个国民，应该心系国家兴亡；而且，凭依女子的天性、体魄，也适合参加军训和战争。

1925年，《妇女杂志》发表了天朴的《中国的女伟人：李秀 木兰 韩氏 梁红玉》一文。其文第一段便提到国家主义："在现在这种半僵半死外力紧逼内如乱麻的中国，其惟一的急救方法，除了提倡'国家主义'，恐没有更妙的办法。"他认为题目中提到的四位伟大的女性是为了国家而把热血洒在疆场上的"女伟人"。他在叙述木兰时写道："木兰是很著名的女英雄，差不多每个小学生都知道的……她确是为国家御外侮，带着很浓的国家主义的色彩。"①

(三)《木兰诗》的接受情况

既然民族主义对教育并未产生直接影响，而忠孝等传统礼教被摒弃，那么《木兰诗》自然就很难进入中小学教科书。然而，这一时期《木兰诗》被选入中小学教科书的套数比民初要多。这与民族主义关系可能并不直接相关，而可能与"国语文学"运动以及民初延续至此的女子教育直接相关，如1919年浙江一师沈仲九等人编的白话中等学校国文教材、1920年朱文叔编的《国语文类选》均设有"妇女"主题单元。对一些教师中的"新青年"来说，不讨论妇女等问题是一种落伍的表现。

---

① 天朴.《中国的女伟人：李秀 木兰 韩氏 梁红玉》,《妇女杂志》1925年第十一卷第十期，第1656、1657页。

小学教科书

课题	语体、文体	编者	教科书名称	册次	出版社	时间、版次
木兰诗	文言原诗	任熔等	高等小学用《新教育教科书国文读本》	第5册	中华书局	1922年2月初版
木兰诗	文言原诗	黎锦晖、陆费逵	小学高级《新小学教科书国语读本》	第3册	中华书局	1924年5月24版
木兰诗	文言原诗	缪天绶	小学校高级用书《新撰国文教科书》	第4册	商务印书馆	1924年8月初版
木兰辞	文言原诗	吴研因等	小学高级用《新学制国语教科书》	第4册	商务印书馆	1924年6月10版
木兰诗	文言原诗	魏冰心	《新学制小学教科书高级国语读本》	第4册	世界书局	1925年3月初版
木兰词	文言原诗	秦同培、陈和祥	《新学制小学教科书高级国文读本》	第3册	世界书局	1925年7月9版

中学教科书

课题	语体、文体	编者	教科书名称	册次	出版社	时间、版次
木兰歌	文言原诗	洪北平、何仲英	《白话文范》	第4册	商务印书馆	1921年7月3版
木兰诗	文言原诗	范祥善、吴研因、周予同、顾颉刚、叶绍钧	初级中学用《新学制国语教科书》	第2册	商务印书馆	1924年4月3版
木兰诗	文言原诗	吴遁生、郑次川	新学制高级中学国语读本《古白话文选》	上册	商务印书馆	1927年出版
木兰辞	文言原诗	张振镛	新师范讲习科用书《国文参考书》	全1册	中华书局	1927年版

1920年"国文"改为"国语"的前后，白话文开始进入中小学教科书。当时的文学革命者希望借助中小学文学教育建设新文学，国语运动者希望通过白话文教育建设新国语。所以，当时的教科书除了选用作家创作的白话文学和翻译的西方文学作品外，就是选用那些被文学革命、国语运动者所界定的古代白话作品，其中《木兰诗》就被认为是古代白话文学的代表。

1918年，胡适在《论短篇小说》中说："韵文中《孔雀东南飞》一篇是狠(很)好的短篇小说，记事言情，面面都到。但是比较起来，还不如《木兰辞》更为'经济'。《木兰辞》，记木兰的战功，只用'将军百战死，壮士十年归'十个字；记木兰归家的那一天,却用了一百多字。十个字记十年的事,不为少。一百多字记一天的事,不为多。这便是文学的'经济'。"①胡适作为文学革命运动的旗手给予了《木兰诗》如此高的评价,自然也使其地位得以提升。1920年初,南开大学教员何仲英受胡适的影响,称《木兰诗》为白话小说,并在《国语文底教材与小说》中对其称赞道②:

> 古诗如《上山采蘼芜》《孔雀东南飞》《木兰歌》,以及杜甫底《石壕吏》《兵车行》,白香山底《折臂翁》《卖炭翁》等篇,记事写情,面面都到,何尝不是白话韵文;然而古色古香,究与今语有别,而且内容上完全有短篇小说底意味,不过体裁上名为乐府罢了。

所以,1920年何仲英将《木兰诗》收入其参编的《白话文范》中,题名为《木兰歌》。不过他并未将其与《古诗为焦仲卿妻作》《石壕吏》《兵车行》纳入"小说"之中,而是将其同归入"诗"之中。这四首诗歌,也都是胡适在《建设的文学革命论》中所竭力推崇的白话文学。《白话文范》顾名思义,是作学习和研究白话文的模范之用的。可见,编者主要将《木兰诗》当成古代白话文的典范来看。

《古白话文选》(1927)也将其纳入"诗歌类",作为北朝白话民歌的代表。《国文参考书》(1927)将其纳入"两汉魏晋南北朝文",作为这一时代的代表作品来介绍,并对其写法大加赞扬:"提要起句即景生情,描写一德行纯洁之女子,绝无脂粉腻丽之气。以下历叙代父从军,论功行赏,重返故乡,章法简劲,结喻尤新颖有味。"评语中不仅并未对其中的忠孝思想大加阐发,而且有意回避,而以"德行纯洁"以代之。

因为胡适的推许和教科书的收录,《木兰诗》也成为这一时期学术界研究的热点,如姚大荣的《木兰从军时地表微》(《东方杂志》,1925年第22卷第2号)和《木兰从军地补述》(《东方杂志》,1925年第22卷第23号),徐中舒的《木兰歌再考》(《东方杂志》,1925年第22卷第14号)和《木兰歌再考补篇》(《东方杂志》,1926年第23卷第11号),张为骐的《木兰诗时代辨疑》(《国学月刊》,1927年第2卷第4期)等,这些文章均属考证性质。

虽然教育往往受政治事件影响,但其发展有自身的逻辑,所以教育的发展往往呈现的是一个渐变的过程。不过,语文教育确实一直和政治思想教育相伴而行。

---

① 胡适.《论短篇小说》,《新青年》1918年第四卷第五号,第401页。
② 何仲英.《国语文底教材与小说》,《教育杂志》1920年第十二卷第十一号,第3页。由杨喆编的,中华书局1915年版《新编中华国文教授书》第6册《木兰诗》之"文法"称:"此为叙事之诗歌……全课韵不拘平仄,句不拘短长,为古诗歌体。又皆作木兰自己口吻,从未出征说到出征以后,是诗中兼含叙述之法。"其"练习"有"问本课诗歌,何以异于别课之诗歌? 此为何体? 诗歌兼含叙述之法,于何见之?"均指出其中的叙事性质。

所以,民初的民族主义、女子教育思想虽然在五四之后有所改变,但不可能发生巨变。这样看来,《木兰诗》收入中小学教科书作为民族主义、女子教育的教材又与此相关。

1. 发扬忠孝思想,以孝为先,或以忠为先

(1) 忠孝兼顾,以孝为先

在《新教育教科书国文读本》(1922) 中,《木兰诗》之前的课文是《忏悔》。课文写文学家萨姆早年不愿代替病重的父亲到市场上去卖书而成名后为此自责的故事。之后的课文是《霍律西》《蒙古人之骑马》《报告新疆情形的信》《学问与游历》和《保卫边疆》等,都与保卫边疆有关。《新教育教科书国文教案》在《木兰诗》教学内容的"实质部分"要求"使知木兰代父从军之故事,激发其孝亲之心及勇武爱国之精神。",而且编者特意强调了木兰的孝的思想:木兰从军是"以孝勇所激";在征途"不闻爷娘唤女声"等是写其"不能忘怀父母";急于求归,一方面是因为"代父从戎,不过一时之权宜;在军虽足以欺其火(伙)伴,但终不能无败露之虑",另一方面更是因为回家能感受到"家庭之欢欣",而非因为淡泊名利。可见,编者认为,一个女性应以家庭为主,在家应以孝敬父母为主。所以,编者还特地设置与之相关的4个问题让学生讨论:"木兰何以替父从军?木兰何故不愿尚书郎?……爱国与爱亲孰重?诸生试比较批判萨姆与木兰之为人。"

在《新小学教科书国语读本》(1924) 中,《木兰诗》之前的课文是《美国之幼女》。课文写美国独立战争期间,一名叫雷安的女童的故事。她的父兄都随华盛顿出征,她在家帮助母亲务农。一天英军士兵夺走了他家的牛,她一路追至英军兵营。英将军得知其父兄为己方敌人时勃然大怒,他呵斥女童,称其为"小叛徒"。女童毫不示弱,从容而答:"将军之率兵来此,岂与美国小女子战乎?"将军无言以对,不仅答应归还牛而且送给她纪念品。女童走后,将军对下属说:"诸君,区区弱女子尤勇敢至此,欲此邦之不获自由,岂可得乎?"《木兰诗》之后的课文是《曹孝子寻亲记》。课文写一个孝子不远万里,历经千辛万苦,终于找到自己失散多年的父亲。"见者感其孝,多赠以钱。孝子乃偕父而归。"从其前后课文的编排来看,编者仍然是强调其中所包含的忠孝思想,而且特别强调其中的孝的思想。如《曹孝子寻亲记》之后是《儒家语录一则》,语录写一个孝廉向长者跪拜之事。《新小学国语读本教授书》(1924) 称本课教学目的是"使儿童欣赏这古代的白话诗——描写北方女性的作品",并没有直接点明本诗的旨意。

《新学制小学教科书高级国文读本》(1925) 中《木兰词》之"篇法"称:"是文

以激义勇,亦以劝孝。"书中其前的两篇课文是清徐善建吟咏父母之恩的《哺雏诗》("抱儿嬉树下,新绿遮庭户。忽闻啁啾声,仰见春鸟乳。不辨谁雌雄,四翼共辛苦。一出掠青虫,一居御鹰虎;出忧居力单,居忧出遭罟。瘁羽岂暇梳,娇音不遑吐。黄口快得食,那知翁与姆。感此抚童雏,何殊此禽羽?上念父母恩,泪下如注雨!")和薛福成写法国人民抗击外国侵略的《观巴黎油画记》。编者将《木兰词》放置在二者之后,显然是认为发扬忠孝思想,以孝为先。

(2) 忠孝兼顾,以忠为先

在小学校高级用书《新撰国文教科书》(1924) 中,《木兰诗》的前几课分别为《观巴黎油画记》《最后之一课》《日本学生之爱国与文部省之教谕》,但通过其前几课的题名、内容及主旨不难判断,在教科书的编者看来,无论男女,均要忠于国家。与之配套的新学制小学校高级用《新撰国文教授书》设定该课的目的为"使知木兰代父从军之故事,激发其孝亲之心,及勇武爱国之精神。"又称木兰为"孝勇兼备之女郎"。在高级小学用《新学制国语教科书》(1924) 中,《木兰辞》之前的课文是《危城里看护病友》,之后的课文是《郭子仪单骑见回纥》,其题材都与战争有关。与《新学制国语教科书》相配套的《新学制国语教授书》称:"本教材是古诗,旨趣在描写木兰的孝勇",教学该课时,"教师目的"之一在使学生"知道木兰的孝勇",而且认为"全教材的大意,说木兰代父从军,是一个孝勇兼全的好女子",也是在赞扬木兰的忠孝思想。从教科书中课文的编排方式来看,显然是突出木兰的忠;教授书虽然提到了其孝,但也突出了其忠。如其"推究内容"环节为:"木兰因为父亲年老,弟弟年幼,都不能任军旅大事;但是边疆告警,正军人用事的时候。木兰不辞劳苦,代父从征,以纾边患,确是有至性而又深明大义的女伟人。"

高级小学用《新学制国语教授书》(1924)

与《新学制小学教科书高级国语文读本》(1925)相配套的《高级国语文读本教学法》称《木兰诗》的"要旨"为"木兰对家庭为孝,对国家为忠:是忠孝两全的女子。"不过无论是教科书还是教授书的编者均明显倾向于要以忠为先,如在《新学制小学教科书高级国语文读本》(1925)中《木兰诗》之前的两篇课文是《大铁椎传》和《压倒书生》,之后的三篇课文是《缝工总统》《富兰克林试验物理》和《救火之勇少年》,均是可激发儿童勇武精神或报效国家的课文。《高级国语文读本教学法》更是称《木兰诗》的首要教学目的是"欣赏《木兰诗》;引起捍卫国家的观念"。

在初级中学用《新学制国语教科书》(1924)中,《木兰诗》之前的课文是《最后一课》,其用意更明显,即突出木兰忠于国家的品质。之所以不突出其孝,大概与这一时期妇女解放思潮有关。其编辑大意称:"本书的选辑,以具有真见解、真感情、真艺术,不违反现代精神,而又适合于学生的领受为标准"。如果强调其孝,势必违反了五四以来所提倡的现代精神。

2. 男女有别,各负其责,或男女无别,共同担当

(1) 男女有别,各负其责

"女子固然是人,但于人底通性之外还有女子的特性(男子亦然)。"[1] 如《新教育教科书国文教案》的编者认为,男女秉性和义务有别,女子一般不愿也不宜参加战争。编者将木兰从军的行为和刚结束不久的一次世界大战中女性从事生产的行为联系在一起:"女子体质纤弱,不宜服兵役;且战争惨事,女子秉性仁慈,尤所不乐为。故木兰从军,实出于不得已。此次欧洲大战;各国壮士,多赴前敌;女子则在国内从事各种工作,使生产事业不致停顿;为国服劳,亦各视其性之所宜也。"这种主张直接体现了出版该书的中华书局的负责人陆费逵的相关思想。1920年,受男女平权之说的影响,陆费逵在《女子教育的急务》一文中提出了女子教育的四个目的:"第一,健全女子的人格;第二,养成贤母良妻;第三,在男子能养家的时代从事无害生理无妨家庭的职业;第四,预备充足的实力于必要的时候代男子做国家社会一切的事。"[2] 可见,他认为男女有别,故教育的目的也该不同。他还对第四个有关预备代替目的做了解释[3]:

我所说这四个目的,前三个是通常的,第四个是预备处社会国家之变的。我国现在的情形,稳健的人,大概都只赞成前三个目的,激进的人,要专注重第四个目

---

[1] 舒新城.《近代中国女子教育思想变迁史》,《妇女杂志》1928年第十四卷第三号,第17页。
[2] 陆费逵.《女子教育的急务》,《中华教育界》1920年第九卷第一号,第6页。
[3] 陆费逵.《女子教育的急务》,《中华教育界》1920年第九卷第一号,第7页。

的，我以为都是错的。为什么呢？照现在的国情，前三个目的是不错的，但是兵可百年不用，不可一日不备，这第四个目的是预料将来的国情一定要到的；与其临时抱佛脚，多吃许多苦，多受许多累，恐怕还要误事，何妨早点预备。况且目的悬在这里，几时做得到，还不晓得呢？大家要知道万一数十年后，再有大战，我国卷进漩涡；或者经济竞争更烈，多数男子无养家的能力，女子不能不争生存，那时候方才知道我第四个目的要紧咧。

在《新小学教科书国语读本教授书》中，《木兰诗》的"教学目的"为"使儿童欣赏这首古代的白话诗——描写北方女性的作品。"此处特意指出"北方女性"，大概是说不仅男女有别，而且北方的女性与传统观念中的女性形象也并不一致。

(2) 男女无别，共同担当

从初级中学用《新学制国语教科书》(1924) 和小学校高级用书《新撰国文教科书》(1924) 等将《木兰诗》和《最后之一课》放置在一起来看，编者并不突出木兰作为一个女性所特有的性格特征，并不强调女性参与战争的惊人之处。可见，在编者眼里，在保卫国家这方面，男女在责任、能力等方面并无任何差异。这种消除"男女界限的传统观念"的处理方式，大概是为了体现男女平等的现代精神。

此前，戴杰等编校、商务印书馆1921年4月25版《新法国语教科书》的第4册第41课《女子的能力》一文认为，男女能力相当但体力有别。课文介绍了一战期间，因为男人上战场，所以女子充当了过去男子所任的角色，担负起种植、制造、贩卖、邮政、警察以及战事中的餐饮、书记、弹药保管等工作，接着编者写道："女子的能力，究竟怎样？做这种事，能不能胜任？在欧洲大战以前，没有一个人敢回答这句话。但经这一次试验以后，方知不但和男子一样，并且他的绵密和精细，却在男子之上，那得不令人可敬可佩呢？"不过"女子的能力虽然和男子相同，可是他的体力，还不能和男子一样。从这一方面说起来，女子体育上，必须有良好的陶冶，才能完全和男子无别。至于以前我们以为女子的能力薄弱，已经不成问题了。"可见，编者希望也认为男女能最终在能力、体力两方面完全相同。

四、南京国民政府成立以后(1928—1937年初)民族主义、女子教育思想与《木兰诗》的接受

南京政府成立后，日本又逐步加剧了对中国的侵略。因为国内外形势发生了很大的变化，《木兰诗》在文艺界、学术界和教育界的接受出现了一个高峰。

我们先看其在文艺界和学术界的接受情况。1928年，李旦旦主演的电影《木

《木兰歌意图》(1930)

兰从军》上映。1930年《妇女》(十六卷第一期)刊登了王少游绘的十帧《木兰歌意图》。提出要通过教育来改变传统女子所常有的"依赖""迷信""消极""闭塞""窄隘"和"自卑"的落后思想。1933年《黄钟》(第三十期)刊登了柴绍武根据原诗改编的小说《花木兰》。《晨光》(第四十六期)发表了唐鼎元结合现实和《木兰诗》而作的《哀木兰》:"远东女子慕古木兰之风,欲报义勇童杀敌,父母坚阻之不得,卒为国殇。余欲作诗哀之,憾忘其名,即以哀米兰为题。铁衣着罢向亲辞,今古木兰相辉映。惆怅明驼千里足,只驮人去不驮归!"1935年,《美术生活》(第九期)刊登了胡斌绘的彩图《木兰从军》。1936年,《青年界》(第九卷第五期)刊登了候唯动写作的白话诗《题木兰从军图》。

下面,我们再看《木兰诗》在教育界的接受情形。

(一)民族主义教育思想

1927年,南京国民政府成立。为了实现对全国施行实质上的统治,南京国民政府加强了对教育的控制,开始推行"党化教育"。如颁布了由韦悫起草的《国民政府教育方针草案》,强调教育宗旨要符合党义[1]。1928年5月,中华民国大学院(教育部)召开第一次全国教育会议,会议通过了"废止'党化教育'代以'三民主义'"的议案,并确定"三民主义"为中华民国的教育宗旨[2]。9月,国民政府认可了这个议案,并正式通告全国,称"中国国民党,以三民主义建国,应以三民主义施教"[3]。1929年3月25日,《确定教育宗旨及其实施方针案》在国民党第三次全国代

---

[1] 《国民政府教育方针草案》,《教育杂志》1927年第十九卷第八号"教育界消息"栏,第1—5页;《浙江省政府党化教育大纲》,《教育杂志》1927年第十九卷第八号,第1—5页。
[2] 《国民政府下之第一次全国教育会议·取消"党化教育"名词,确定"三民主义教育"案》,《教育杂志》1928年第二十卷第六号"教育界消息"栏,第3页。
[3] 杜佐周.《教育界消息》,《中国教育的改造和建设》,《教育杂志》1929年第二十一卷第二号,第8页。

表大会上被通过,议案所确立的教育宗旨为"中华民国之教育根据三民主义,以充实人民生活,扶植社会生存,发展国民生计,延续民族生命为目的,务期民族独立,民权普遍,民生发展,以促进世界于大同。"[1] 1927年10月,国民政府大学院(教育部)颁布的《教科书审查规程》《教科书审查标准》和《小学教科书审查暂行标准》等规定,小学教材内容应符合"革命化"、"社会化"和"心理化"三个标准[2]。1929年,为了给新编教科书提供指导,还颁布了暂行课程标准,其中的《小学课程暂行标准小学国语》在教科书选择注意事项中提及"不背本党主义,或足以奋兴民族精神,启发民权思想,养成民生观念的。"[3] 1931年,"九·一八事变"爆发,日本侵占东北。1932年,"一·二八事变"爆发,日本企图占领上海。面对日本帝国主义的步步紧逼,国民党政府抗议无效、抵抗失利还被迫签订了一系列协议,如《塘沽协定》(1933年5月)、《何梅协定》(1935年5月)。在国民党政府对外进行战略妥协的同时,对内加强了三民主义教育。1932年颁布的《小学课程标准国语》和1936年颁布的《小学国语课程标准》规定,教材首先要考虑体现三民主义思想,其次才会考虑儿童阅读兴趣等。为了不使"三民主义"成为标签,课程标准还详细地列出其具体内容,如后者所列三民主义的内容如下[4]：

(1) 关于国民革命的,例如:(甲)国旗;(乙)中山先生革命生活;(丙)重要的革命纪念日(如黄花冈之役,武昌首义等);(丁)其他。

(2) 关于奋发民族精神的,例如:(甲)爱国、兴国和民族革命、民族复兴有关的;(乙)和中华民族的构成及文化有关的;(丙)和国耻国难有关的,但以根据历史事实,不流于感情叫嚣者为限;(丁)其他。

(3) 关于启发民权思想的,例如:(甲)破除神权的迷信的;(乙)打破君权的信仰和封建思想封建残余势力的;(丙)倡导平等、互助、规律等的;(丁)关于民权运动的;(戊)其他。

(4) 关于养成民生观念的,例如:(甲)劳动节和有关农工运动的;(乙)有关造林运动、改良农业、工业运动的;(丙)有关提倡国货的;(丁)有关合作生产、合作消费的;(戊)其他。

---

[1] 《确定教育宗旨及其实施方针案》,《中华教育界》1930年第十八卷第五期"附录"栏,第1页。
[2] 《教育界消息》,《教育杂志》1927年第十九卷第十号,第5—6页。
[3] 课程教材研究所.《20世纪中国中小学课程标准·教学大纲汇编·语文卷》,北京:人民教育出版社2001年版,第19页。
[4] 课程教材研究所.《20世纪中国中小学课程标准·教学大纲汇编·语文卷》,北京:人民教育出版社2001年版,第33—34页。

1932年颁布的《初级中学国文课程标准》规定：选材标准为"(甲)合于中国党国之体制及政策者。(乙)含有振起民族精神,改进社会现状之意味者。(丙)包含国民应具之普通知识思想而不违背时代潮流者。(丁)合于现实生活及学生身心发育之程序,而无浮薄淫靡或消极厌世之色彩者……"①1936年,颁布的中小学国语、国文课程标准都有类似的规定。而且,从1932年开始,中学国文课程标准将"培养民族精神"写进了课程目标之中;从1936年开始,小学国语课程标准的课程目标中出现了"从阅读有关国家民族等的文艺中,激发其救国求生存的意识和情绪"②等规定。依据以上课程文件编写的中小学国语、国文教科书中反映民族精神的课文开始增多。其实,如果过少,那么教科书在送审时必然会被发还并要求重订,如1932年9月北新书局送审李小峰、赵景深等人编写的高级小学用《北新国语教本》,国立编译馆教科图书审查委员会将其纳入"修正后再送审之图书",并在批语中解释了部分原因:"惟选材尚欠精审,有不宜儿童阅读者,外国材料不少,而中国历史上伟大事功及伟人的故事则绝无仅有,应酌量增删。"③

同时,随着内外形势的变化,多数人认为,文学教育应分成"民族精神之陶冶"与用以"文艺精神之培养"两类,其价值也不相同,如果"看作同样的价值,亦甚不妥当。国语教育,为国民教育中之重要部门,所以国语教育,务须以民族教育的精神,为其实施之根据,这是不待说的。"④

1936年11月,国立编译馆主编、商务印书馆等印行的小学校高级用《实验国语教科书》则在第4册第5课则直接以"民族主义"为课题,参照孙中山等人的论著,以问答的形式较详备地阐述了民族主义的基本内涵、实施方式等。国立编译馆最初是教育部负责中小学教科书审定的机构,所以对民族主义的阐释代表的是官方的基本观点。

(二)女子教育思想

这一时期的女子教育思想又分为相对的两种：重回家庭、恪守妇道和参与社会、复兴民族。

1. 重回家庭,恪守妇道

因为五四以后,在女权思想高涨的同时,一些女性以为现代精神就是穿着、打扮

---

① 课程教材研究所编.《20世纪中国中小学课程标准·教学大纲汇编·语文卷》,北京：人民教育出版社2001年版,第290页.
② 课程教材研究所编.《20世纪中国中小学课程标准·教学大纲汇编·语文卷》,北京：人民教育出版社2001年版,第30页.
③ 《国立编译馆审查教科图书一览表》,《图书评论》1932年第一卷第五期,第119—120页.
④ 袁哲著.《国语读法教学原论》,上海：商务印书馆1936年版,第27页.

时髦,结果一些女子只重视外表的修饰而忽略了人格的修养,所以社会上"对于新女子起了反动,有人便大倡复古之论,所谓贤妻良母的主张,不期然而然地又抬起头来。"《申报·妇女专刊》的《发刊词》称:"古人有言,治国必须齐家,家齐而后国治","所以我以为妇女离不了家庭,家庭中实在需要一位贤妻良母"。山东省主席韩复渠在山东组织"山东妇女道德会",因为他认为"旧道德埋没殆尽,女子之真精神,泯灭无余。女权愈发达,生活之坠落愈甚"①。1934年,有人甚至编出小学中学各一种《孝经新诂》送审,"据提案人及原著者意思,盖欲以此通行各学校,教生徒以尽孝之道,而训致之于身修家齐国治而天下平之盛轨",审定者认为其"方法目的与昔日之讲经读经及修身教授原无二致"②,之所以审定后可能没有通过,可能并非因为其内容落后而是因为表述方式不当。同年,广东省教育厅还成立了"经书编审委员会",出版供小学五、六年级用的《经训读本》各一册,五年级用的课文为《孝之始终》《身体发肤不敢毁伤之义》《身体发肤不敢毁伤之模范》《弟子职》《九思》《三省》《人必须学》《学以不间断能进取而成》《勿自暴弃》《及时》《知类》《改过》《道德与衣食》《师友》《世俗五不孝》《事亲之五致》《孝之模范一:守身养志》《孝之模范二:得亲顺亲》《孝之模范三:感物思亲》《友爱之模范》《孝德之妥信》《孝弟(悌)为天下之本》《恕》《仁不仁》《爱物》《人格》和《立名》③。当时,中小学课程除加强传统女子道德教育内容外,还加入了一些实用的家政知识,如烹饪、缝纫、育儿,甚至刺绣。

2. 参与社会,复兴民族

也有人认为,女子是公民,

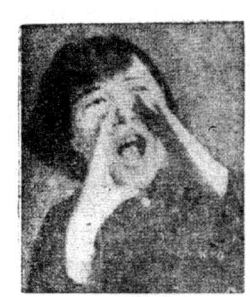

《文化》,1934年第一辑

---

① 李百仞.《中国女子教育之改造》,《教与学》1937年6月第二卷第十二期,第77页。
② 许崇清.《孝经新诂教本审查意见书》,《三民主义月刊》1934年第四卷第一期,第87页。
③ 邓白林.《读经训读本》,《论语》1934年第五十九期,第550页。

应该尽公民的义务,所以女子首先要参与社会工作,其次随着社会形势的变化而应为国家建设、民族复兴贡献力量。1934年,有人列出女子教育的标准:"提高政治兴趣,唤醒民族意识","戒除浪漫恶习,确定合理之人生观","养成能负责任与勇往直前之精神","改变态度,手脑着重,团结互助","训练贤良母性,锻炼健全品德"。总之,"强国先强种"①。有人认为,"今日的女子教育不得不脱离'良妻贤母主义'而转变到另一种新主义,这一新主义,我无以名之,名之曰'公民主义'",又称:"今日之女子教育,似乎就是《大学》所谓'治国'这一个阶段的教育。"因为今日中国的任何人都是"国家社会的人",或简称"国家的人"②。又有人称:女子的唯一天职或重大的天职,"当推尽公民义务",即"为民族为国家效忠",男子如此,女子也如此,这就是男女平等。"我们不当把如何做母亲做妻子成为女子教育的中心思想,而应当把如何做一个'好的女公民'作为女子教育的目标。"孙中山先生要女子们知晓三民主义,是"期望女子为国家为民族效忠"。就教育来说,一个国家的教育,离不开民族的需要,应该与民族的实际状况相呼应。换句话说,教育应该依据环境而决定它的发展方向,而环境又依靠教育来改造。而当时的中国已处在生死存亡的关头,所以教育应以复兴民族为唯一目标,而"从事教育工作的人,应该认清自己的责任,就在培植出一批一批复兴民族的斗士、生力军,每个青年也该以蔚成民族斗士为抱负,谁忘记了复兴民族的责任,谁放弃了复兴民族工作,谁就是民族的罪人。办教育的人要这样,受教育的人也要这样;男学生要这样,女学生也要这样;女学生不应自外于复兴民族工作的范围之外,办教育的人也不应推他们于复兴民族工作的范围之外。"女子把家治好了,不见得能保证国家强盛;家庭的状况不能脱离国家而改善;女子不参加社会工作和政治活动,就难以认识中国社会和政治的各方面状况③。

(三)《木兰诗》的接受情况

小学教科书

课　题	语体、文体	编者	教科书名称	册次	出版社	时间、版次
木兰词	文言原诗	魏冰心等	小学高级学生用《新主义国语读本》	第4册	世界书局	1930年4月23版
木兰辞/木兰从军	文言原诗/白话剧本	戴洪恒	高级小学用《基本教科书国语》	第4册	商务印书馆	1931年8月初版

---

① 吴钝女士.《女子教育实施之标准》,《江苏教育》1934年第三卷第四期,第103—104页。
② 姜琦.《我对于今日中国女子教育的一个意见》,《教育杂志》1935年第二十五卷第四号,第126、131页。
③ 李百忉.《中国女子教育之改造》,《教与学》1937年6月第二卷第十二期,第82、83—84、86页。

(续表)

课题	语体、文体	编者	教科书名称	册次	出版社	时间、版次
木兰诗	文言原诗	朱文叔	小学高级用《新中华国语读本》	第3册	新国民图书社、中华书局	1932年5月29版
木兰的故事	白话故事	沈百英、沈秉廉	初级小学用《复兴国语教科书》	第6册	商务印书馆	1933年5月初版、7月30版
木兰	白话剧本	叶绍钧	小学初级用《开明国语课本》	第8册	开明书店	1933年6月11版
木兰从军	白话剧本	丁毅音、赵欲仁	小学校高级用《复兴国语教科书》	第4册	商务印书馆	1933年7月20版
木兰	白话剧本	赵景深、李小峰	《高小国语读本》	第4册	青光书局	1933年9月初版
木兰代父从军	白话故事	钱耕莘	《初小国语教学法》(配套的教科书不详)	第5册	世界书局	1934年5月4版
木兰诗	文言原诗	朱文叔、吕伯攸	小学高级春季始业用《小学国语读本》	第4册	中华书局	1934年1月27版
木兰代父从军	白话故事	魏冰心、苏兆骧	初级小学用《国语读本》	第8册	世界书局	1934年1月33版
木兰从军	白话剧本	陈鹤琴	初小使用《分部互用儿童教科书儿童中部国语》	第7册	儿童书局	1934年7月20版
古诗(木兰诗)		国立编译馆	小学校高级用《实验国语教科书》	第1册	商务印书馆等	1936年10月9版

中学教科书

课题	语体、文体	编者	教科书名称	册次	出版社	时间、版次
木兰歌	文言原诗	陈彬龢等	订初级中学用《新时代国语教科书》	第1册	商务印书馆	1929年3月25版
木兰辞	文言原诗	钱基博	新师范讲习科用《国文》	上卷	中华书局	1929年12月8版
木兰辞	文言原诗	朱剑芒	《高中国文》	第2册	世界书局	1930年7月3版
木兰辞	文言原诗	徐蔚南	初级中学学生用《创造国文读本》	第4册	世界书局	1931年2月出版
木兰辞	文言原诗	穆济波	高级中学用《新中学古文读本》	第2册	中华书局	1931年11月10版
木兰诗	文言原诗	孙俍工	高级中学用《国文教科书》	第5册	神州国光社	1932年5月出版

(续表)

课题	语体、文体	编者	教科书名称	册次	出版社	时间、版次
木兰诗	文言原诗	王伯祥	初级中学学生用《开明国文读本》	第1册	开明书店	1932年7月初版
木兰诗	文言原诗	姜亮夫、赵景深	《初级中学北新文选》	第1册	北新书局	1932年9月再版
木兰辞	文言原诗	傅东华、陈望道	初级中学用《基本教科书国文》	第3册	商务印书	1932年12月初版
木兰词	文言原诗	戴叔清	《初级中学国语教科书》	第4册	文艺书局	1933年1月出版
木兰诗	文言原诗	史本直	中学适用《国文研究读本》	第1册	大众书局	1933年6月初版
木兰诗	文言原诗	罗根泽、高远公	《初中国文选本》	第4册	立达书局	1933年8月初版
木兰诗	文言原诗	众教学会	《初级中学教科书国文》	第4册	北平崇慈女子中学校	1934年2月出版
木兰词	文言原诗	沈荣龄	《试验初中国文读本》	第3册	大华书局	1934年6月出版
木兰诗	文言原诗	孙怒潮	《初级中学国文教科书》	第5册	中华书局	1934年7月出版
木兰辞	文言原诗	正中初中国文教科书编辑委员会	《初级中学教科书国文》	第4册	正中书局	1935年1月初版
木兰辞	文言原诗	郑业建	《高中国文补充读本》	全一册	商务印书馆	1935年6月初版
木兰诗	文言原诗	夏丏尊、叶绍钧	《国文百八课》	第4册	开明书店	1935年版

这一时期收入《木兰诗》的中小学国语、国文教科书共有30套,其中将其作为知识传授、技能训练的单一教材而使用的有10套:新师范讲习科用书《国文》(1929)、《高中国文》(1930)、《新中学古文读本》(1931)和高级中学用《国文教科书》(1932)将其作为南北朝民歌代表以印证文学史常识,《开明国文读本》(1932)和《初级中学教科书国文》(1935)将其作为文学审美欣赏之用,初级中学用《基本教科书国文》(1932)将其作"经济"的作法和"比拟"的修辞法的例证之用,《国文研究读本》(1933)将其作考据作者、时代和名物的材料之用,《试验初中国文读本》(1934)将其作为"描写物象"的代表之用,《国文百八课》(1935)将其作为学习"叙事诗"的写作方法之用。

《木兰诗》直接体现了民族主义和女子教育的思想，况且其中兼有忠和孝思想也能平衡要求女子重回家庭、恪守妇道和参与社会、复兴民族这两种相对的主张。尤其是1931年之后，岳飞和木兰更被一些教育者赋予了男生和女生崇拜的偶像地位。如吴研因说："我们并不希望直接叫儿童当兵作战，立刻替国家效力，我们不过教育儿童具有奋斗的实力，间接有助于将来的国防罢了"。怎样做到这一点呢？他接着说[①]：

　　我们要假定一个模范人物，给儿童做崇拜摹仿的中心人物。有人提议，我国历史上可做儿童的模范人物的，男的是岳飞女的是木兰，我以为这是很可以的，研究历史的人，虽然对岳飞不无怀疑，对木兰也不知她的确实的根据何在；但是因为《宋史岳飞传》的揄扬，小说《说岳》的传布……岳飞的被认为民族的干城（脊梁——引者），已经深入人心了，木兰也因为《木兰辞》传布得很广，被我国全民族所崇拜，所以把这两个人，一个做男孩子的模范人物，一个做女孩子的模范人物，比较是很适当的。模范人物确定之后，孩子们心目中便有了一个做人的目标。教员也可以处处鼓励他们男的立志做岳飞，女的立志做木兰，则目的简单而纯一。

　　这个虚构的文学形象和真实的历史人物，同时被附着了民族英雄的色彩。1935年就有人称木兰是"一个家庭里的孝女，女界中的俊杰，中华民族的女英雄！"[②] 同年，《国讯》杂志也将其放在"民族魂"栏目中予以介绍[③]。正因为如此，一些教材纷纷将以木兰从军为题材的材料选作课文。1936年，仁佩华在《非常时期的国语补充教材》中开列的篇目有《木兰从军剧本》《木兰诗诗歌》，黎泽敏在《非常时期小学应用教材》中开列的篇目有《忠孝的岳飞》《木兰从军歌》[④]。1940年，张锡昌编写、浙江国民军训处印行的"作为壮丁训练时的课本"《战时三字经》又在《一条心》杂志刊载，其中就同时提到了昔时报国榜样木兰、岳飞："是好铁，才打钉。是好男，才当兵。贤父母，应晓谕。送子侄，去服役。救国家，救自身。有本领，有精神。不成功，即成仁。若殉难，有恤金。当兵去，最光荣。今和昔，榜样众。古女子，花木兰。代父职，去征蛮。昔岳母，训武穆。刺精忠，勖报国。她是女，我是男，不抗战，多愧颜。"[⑤] 三字一顿，音韵铿锵。朗朗上口，易于诵传。

[①] 吴研因.《小学应如何实施国防教育：小学教育与国防》，《教与学》1936年第一卷第七期，第166—167页。
[②] 澹穆.《花木兰：民族女英雄》，《新民》1935年第八十二期，第10页。
[③] 漕农.《民族魂：花木兰》，《国讯》1935年第一〇一期，第781页。
[④] 仁佩华.《非常时期的国语补充教材》，黎泽敏.《非常时期小学应用教材》，《教与学》1936年第三卷第九期，第26页，黎泽敏.《非常时期小学应用教材》，《教与学》1936年第三卷第九期，第26页。
[⑤] 张锡昌.《战时三字经》，《一条心》，1940年第八、九期，第26页。

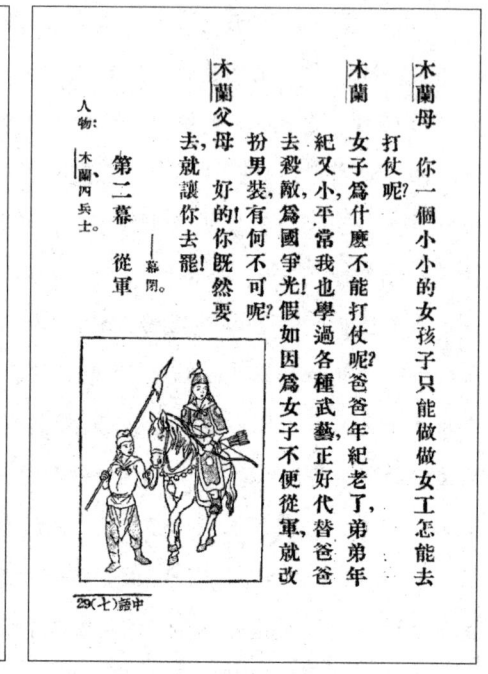

《高小国语读本》(1933)　　　　　《分部互用儿童教科书儿童中部国语》(1934)

鉴于此，上表所列收入《木兰诗》的中小学国语、国文教科书中不少是将其当成讨论"问题"的课文，作为进行民族主义、女子教育的经典。在将其当成讨论"问题"的课文的教科书中，除了《初级中学国语教科书》(1933)中《木兰词》之前的"教学举要"称应让学生讨论"女性问题""征兵制度问题"以及"爱国问题"而并未明确表达观点外，其它均通过课文编排或文字阐释来体现编者的倾向性观点。

1. 发扬爱国、孝亲思想，以爱国为主

(1) 忠于国家，暂不言孝

《新主义国语读本》(1930)的编辑大意称："本书材料，注重含有革命性的故事、史谈、传记、游记、小说、诗歌等，并阐发中国国民党的党义，以期适合于党化教育之用"。虽然1929年"党化教育"的名称已废止，但编者在这里对此毫不避讳。可见，这套教科书的编写旨趣重在宣传政党思想。教科书将《一个斥责清帝的女童》《一个忠勇救国的女童》《木兰词》《曹沫雪耻》《国耻和私怨（一）雪国耻》《国耻和私怨（二）避私怨》《兵车行》和《太戈尔的爱国歌》放置在一起。可见，编者是希望通过让儿童学习《一个忠勇救国的女童》中的圣女贞德和《木兰诗》中的巾帼英雄木兰的壮举来激发其抗敌报仇、复兴民族的精神。

《开明国语课本》(1933)中的《木兰》是二幕剧本。其后的课文是诗歌《五月》。诗歌写了近代发生在五月里抗敌救国的事件,如"五卅"济南惨案,"五五"孙中山讨逆,"五四"学生示威等。课后练习还要求学生"依照这两幕戏改写成一篇故事,要简单,但是不可把重要的事情漏掉。"

《高小国语读本》(1933)的编辑大意称:"内容则竭力灌输进步思想。"其第4册中的两幕剧《木兰》(分为从军和荣归两个情节)之后的课文是《军歌》和《廉蔺交欢》。《廉蔺交欢》写廉颇、蔺相如不计个人恩怨而和好为国的故事。《军歌》则如同号角催人奋

高级小学用《基本教科书国语》(1931)

进:"(一)中华男儿血,应当洒在边疆上。不管雪花涌,不怕朔风狂,我有热血能抵挡!炮衣褪下,刺刀擦亮,冲锋的号响,冲!冲过山海关,雪我国耻在沈阳!中华男儿,义勇本无双,为国流血国不亡!抵抗!抵抗!沙场凝碧血,尽放宝石光,照在民族生路上,灿烂辉煌! (二)中华男儿血,应当洒在边疆上。飞机我不睬,重炮我不慌,我抱正义来抵抗!枪口对好,子弹进膛。冲锋的号响,冲!冲到鸭绿江,雪我国耻在平壤!中华男儿,义勇本无双,为国流血国不亡!抵抗!抵抗!凯旋作国士,战死为国殇,精忠常耀史册上,万丈光芒!"显然,这是号召青年男女,奔赴沙场,抗击日寇,精忠报国。"九·一八"和"一·二八"事变相继爆发,国家处于危难中,教科书必须反映现实并服务于现实,正如该书编辑大意所说的:"本书取材力求新颖,如爱国的父女、上海蕴藻浜的血战等,均采取最近淞沪抗日之光荣史料写成。"所以,将《木兰》的主旨只确定为忠于国家也就不奇怪了。

《分部互用儿童教科书 儿童中部国语》(1934)中的白话剧本《木兰从军》的正文前有一段导语:"双十节快到了,我们预备《木兰从军》的戏剧,来庆祝国庆。"其爱国的主旨十分明确。剧本共分"征兵""从军""交战"和"荣归"四幕。为了

突现木兰的智勇，编者将原诗中"万里赴戎机，关山度若飞。朔气传金柝，寒光照铁衣。将军百战死，壮士十年归"敷演成"从军"和"交战"两幕，分别用以凸现其智和勇。如在"从军"一幕中就设计了木兰一段动情晓理以激励士气的演说：

> 诸位兄弟！你们家里不是都有父母么？不是都有兄弟、姐妹、妻子、儿女么？现在敌人要打进来了！你们的家，你们的父母、兄弟、姐妹、妻子、儿女，恐怕都要保不住了，国也要灭亡了。诸位兄弟！你们要保全你们的家么？

《实验国语教科书》(1936)

（众士兵齐应："要的！"）诸位兄弟！你们要保全你们的国么？（众士兵又应："要的！"）你们如要保全你们的家，保全你们的国，你们应当奋勇杀敌，才可以成功！诸位兄弟，你们知道么？（众士兵齐声应："知道了！"）好！我们来唱《行军歌》……

小学校高级用《实验国语教科书》(1936)的第1册的第20—25课是《爱与牺牲》《季札挂剑》《沈云英》《古诗（木兰诗）》《蒙古的马》和《张良纳履》。从课文编排来看，是鼓励学生奔赴边疆、抗日救国。

初级中学用《新时代国语教科书》(1929)的编辑大意称，应选"鼓励革命精神"的文章。该书将《恢复中国民族主义的方法》（胡化鲁）、《恢复中国民族地位的方法》（胡化鲁）、《返钏记》（徐自华，文记秋瑾起义）、《最后一课》（胡适译）、《木兰歌》（失名）和《柏林之围》（胡适译）组织在一起，其用意就是激励学生向秋瑾、木兰等学习，抗击敌人，复兴民族，而不要像《最后一课》《柏林之围》中所写的那样，被打败了再起来抵抗。

《初级中学国文教科书》(1934)将《木兰诗》与《轮台歌奉送封大夫出师西征》（岑参）归为一单元，表达了抗击外敌入侵的主旨。

《初中国文选本》(1933)中《木兰诗》后的两篇课文是《费宫人传》（陆次云）和《费宫人刺虎歌》（袁牧）。北平崇慈女子中学校编的《初级中学教科书国文》

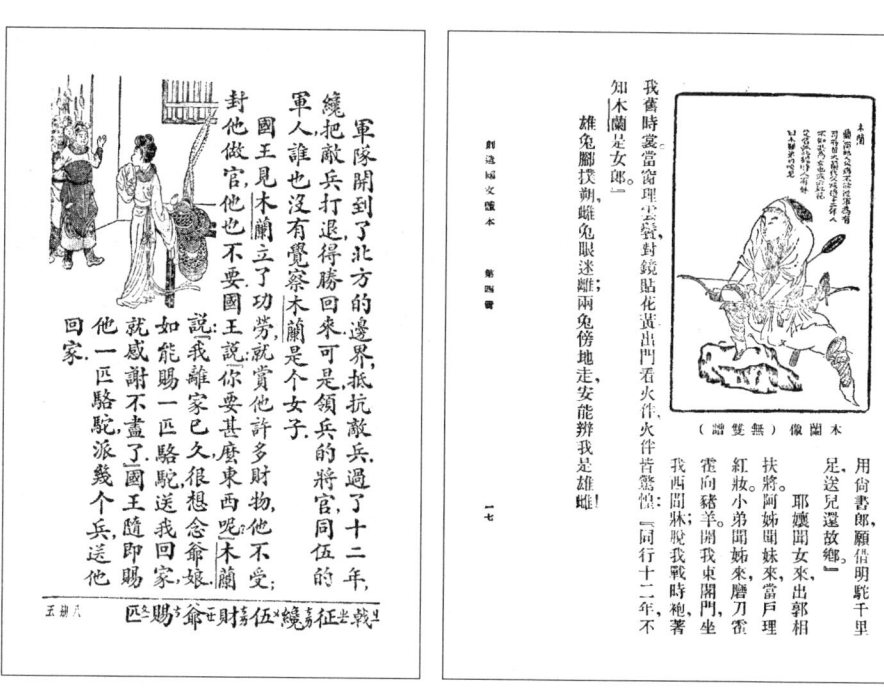

初级小学用《国语读本》(1934)　　　　　《创造国文读本》(1931)

(1934)将《书剑侠事》(王士禛)和《木兰诗》放置在一起,将木兰从军与侠女刺杀顺治相比附。二者用意均指女性应该且也可以尽忠。

《高中国文补充读本》(1935)是补充教材,相当于语文政治读本。该书由郑业建编纂、孙俍工校订。1933年9月,孙俍工编写的《中学国文特种读本》是"完全立于民族主义之立场",为"国难后专编之民族主义读本"[①]。《高中国文补充读本》站在民族主义立场也自不待言,其编辑大意称:"本书以复兴我国固有美德,并唤起读者对于固有文学之兴趣为主旨"。全书分为"明耻""公忠""义勇""节操"和"俭约"五编。《木兰辞》被纳入其"义勇"编,同编的其他25篇课文均与战争有关。可见,编者认为,在木兰身上体现了我国传统文化中固有的忠义、勇敢等美德。

(2) 忠孝兼顾,以忠为先

小学高级用《基本教科书国语》初版于1931年8月,1932年9月出版时被标明为"国难后"版。因为1932年1月28日,"一·二八"事变爆发。次日上午,日军炸毁了该书的出版单位商务印书馆的总管理处、编译所、印刷厂等。之所以轰炸商务印书馆,除了日本试图对商务印书馆这个当时中国最大的中小学教科书出

---

① 孙俍工编.《中学国文特种读本》,上海:商务印书馆1933年版.

版单位进行毁灭性打击以破坏中国的文化设施之外,还因为商务印书馆出版的教科书中有不少宣传抵抗外族入侵的文章。《基本教科书国语》将《战场上的天使》《小吹手》《最后一课(一)(二)》《木兰辞》和《木兰从军(一)(二)(三)》放置在一起的用意十分明显,就是希望儿童走上沙场、抗击外敌。尤其是书中不仅有《木兰辞》文言原诗,还不吝篇幅分3课呈现白话剧本《木兰从军》(分为别亲、归朝、回家3幕)。新学制时期,因为受设计教学法的影响,一般也要求课外将叙事性的课文改编成剧本进行表演,但目的是为了欣赏;而此课将《木兰诗》改编成剧本主要是为了"宣传",如此后有人在《国防教育与国文教学》一文中称,一些表现民族主义的课文"如能编成剧本,现身说法在剧场表演,那影响更宏"[1]。所以,小学高级用《复兴国语教科书》(1933)保留了《基本教科书国语》中其他篇目,而直接将《木兰辞》删除,留下《木兰从军(一)(二)(三)》,因为剧本更能起到宣传的效果。这一点变化从教学用书中所列举的"教具"的改变也可以看出,如前述《新小学教科书国语读本教授书》要求教学该文准备"六朝疆域图和木兰从军教育画",《新学制国语教授书》要求准备"木兰从军的彩色图",而《基本教科书高小国语教学法》则要求准备"木兰从军图中国地图"。可见,教学时已将一般的爱国主义教育与现实的形势结合起来了。虽然《基本教科书高小国语教学法》也提到本文的"要旨"在"描写木兰壮健忠孝",但并没有对孝作阐发,在《木兰从军(二)》中也只有"军官:大王!花木兰是代父从军,他的父母还在故乡,他所以不愿做官,急急的要回故乡去看父母。这是他的一片孝心,请大王准了他罢"一句借他人之口说出其孝心所在的台词。然而,更多的篇幅是阐述其"忠"的一面。

《小学国语读本》(1934)将《曹刿论战》《万里从军》《军歌》和《木兰诗》放置在一起,也是为了强调《木兰诗》中所表现出的爱国主旨。《小学国语读本教学法》称该诗的教学目的为"(1)使儿童知道女子也能当兵出战,引起他们的尚武精神。(2)使儿童明瞭我国古代人民皆有当兵的义务,而且不能避免,引起他们爱国的观念。"其"应用"称:"吾人平日宜有爱护国家的观念;国事危急的时候,宜有爱护国家的举动,如木兰能够代父从军,于国于家,两全齐美,这是很值得我们钦佩的。"所以,应以爱国为先。正因为要强调这个主旨,所以编者认为木兰之辞官回乡,并非为了孝亲,而是出于思想的本能,因为"木兰久住在战场,思家心切,此时因急欲归来,所以不愿做官。"

---

[1] 胡伦清.《国防教育与国文教学》,《教与学》1936年第一卷第七期,第239页。

初级小学用《国语读本》(1934)的第8册的第1单元课文分别为《苍松和红梅》《一二八纪念日复朋友的信》《木兰代父从军》《对屋柱说话》《蜂房助战》《保护党旗的童子》《国旗歌》《专心的诗人》《还债》《互助债》《一个孝女（一）》和《一个孝女（二）》。故事《木兰代父从军》既写了木兰代父出征戍边，又写她凯旋还家侍亲。从本单元的12篇课文安排来看，也是以"忠孝"为主题，但从其呈现的顺序来看，应该是主张以忠为先。

(3) 忠孝兼顾，以孝为先

小学高级用《新中华国语读本》(1932)的第3册《木兰诗》之后的课文是《忏悔》《背影》《天文家》《顾老头子》《甘地》和《晏子使楚》等。显然也是主张忠孝兼顾，但从其课文排列的顺序来看，可能编者认为应以孝为先。与初级小学用《复兴国语教科书》(1933)相配套的初级小学用《复兴国语教学法》称："本文要旨提倡为国效忠"，初级小学用《复兴国语教科书》也是将《木兰的故事》和《张良为国报仇》《国旗的来历》《孙中山的遗嘱》放置在一起，乍一看是主张为国尽忠，但是《木兰的故事》实际上主张以孝为先，如开头便写道："女子木兰，平日在家里奉养父母，很是孝敬"，中间写她代父出征"亲自去为国出力"是因为父亲年老，最后写她"不愿受国家的奖赏，也不愿做官，仍旧回到家里伴着父母"。《复兴国语教科书》(1933)中的"复兴"题名虽然有复兴中华民族和商务印书馆双重含义，但如何复兴呢？大概除了进行军事斗争之外，就是要保留民族文化中的传统美德。所以与高级小学用《复兴国语教科书》相配套的小学高级用《复兴国语教学法》称："本剧立意在描写木兰代父从军的孝心和奋勇杀敌的勇敢"。这和该书的前身《基本教科书高小国语教学法》所称的本文"要旨"是"描写木兰壮健忠孝"明显不同，小学高级用《复兴国语教学法》将孝置于忠之前，而且不再对孝一笔带过，而是对其从军出于孝的动机大加阐发，如问："木兰的不愿做官，是否真像军官所说的完全由于父母在乡，要回去侍奉的孝心？"答："木兰女扮男装，代父从军，是极冒险的事情，要是被发觉了，怎逃得了欺君之罪？加以在朝做官，不比军队中忙乱的生活，一旦弄穿了，可不是开玩笑的。况且她当初从军的动机，只是为父老，弟幼，宁愿自己去代父亲受苦。这全是出于一片至诚的孝心，那里想到过要做什么官，享什么福呢？"

(4) 忠孝兼顾，且应两全

《初小国语教学法》(1934)设定的这一课的要旨是"以古代女子代父从军的精神，做现代女子孝亲爱国的模范。"编者认为木兰代父是孝，从军是忠，而且在建立战功不受封赏而要求还乡这一点也可以看出——"她从军的目的,一为父亲代劳,一为国家效力,本非为利禄而奋勇的。"所以,要学习木兰的"爱国心切,纯孝性成"。

在初级中学学生用《创造国文读本》(1931)中,《木兰辞》之前两课为《鸣机夜课图记》(蒋士铨)和《作了父亲》(谢六逸),之后两课为《蓝衣的弟兄们》(黄震遐)和《满江红两首》(岳飞、辛弃疾)。可见,编者强调既要孝顺父母,又要忠于国家,或像《蓝衣的弟兄们》所记的劳动者那样辛勤地工作,或像岳飞、辛弃疾那样驰骋沙场。《木兰辞》居于其中,说明要学木兰做到忠孝两全。

综上可见,随着日本侵略的加剧,多数编者认为应以《木兰诗》来宣传抗击外敌入侵的民族精神,所以以上教科书中有多套教科书的编者只突出其中的所含的忠于国家、民族的思想,就是在认为忠孝兼顾的几套教科书中,多数也认为应以忠为先,又如《初小国语教学法》(1934)要求"上社会课时,可研究征兵制度,或讨论国防的问题",《小学国语读本教学法》(1935)要求将"代父从军与社会科中国民训练联络"。

2. 不论男女有无区别,均应共同担负抗敌之责

(1) 男女原本无别,必须共同担负抗敌之责

《新主义国语读本》《基本教科书国语》《开明国语课本》《小学国语读本》《分部互用儿童教科书儿童中部国语》、小学校高级用《实验国语教科书》(1936)、《初级中学用新时代国语教科书》《创造国文读本》和《高中国文补充读本》等并没有强调木兰的女性角色。可见,编者认为在面对外敌的时候不应分男女。这一点我们从应尽守卫边疆义务的主体、木兰形象的改变可以看出。如在高级小学用《新学制国语教授书》(1924)中,该课的"推究内容"环节为"木兰因为父亲年老,弟弟年幼,都不能任军旅大事;但是边疆告警,正军人用事的时候。木兰不辞劳苦,代父从征,以纾边患,确是有至性而又深明大义的女伟人。"然而,在《基本教科书高小国语教学法》(1931)中,该课的"内容方面"已将上述内容改为"木兰因为他的父亲年老,弟弟年幼,都不能任军旅大事;但是边疆告警,正国民尽义务的时候。木兰具健壮的体格,有忠孝的至性,不辞劳苦,代父从征,以纾边患,确是古今来不可多得的女界伟人。"首先,将"军人用事"改为"国民尽义务",消除了男女义务的差异。在编者眼里,参与战争的主体发生了改变,战争不应该只是男子的事而让女性走开,因为女性也是国民,所以要尽同样的义务。其次,木兰的形象也发生了改变,已由柔弱变为健壮,消除了男女形体的差异。《新教育教科书国文教案》(1922)的编

者认为,"女子体质纤弱,不宜服兵役",但是《基本教科书高小国语教学法》(1931)称其体格壮健,且称《木兰辞》的"要旨"为"描写木兰的壮健忠孝"。"壮健"本是男子的形体特征,编者强调木兰的壮健,就是要女生改变自己在特殊情形下的形象,以求共同担负抗敌的责任,不然就像有人所说的:"现在多少女生学了救护学程,等到大炮一响,我敢说有十分之九要吓跑了;就是勉强真的上了战地服务,那些弱不禁风的身体,怕自己先要人来救护她了。"[①]《初级中学国文教科书》(1934)也将木兰视同男子,如其"教学做举要"称《木兰诗》"写到生动处,遥遥望见一员雄姿英发的少年,骑着一匹高高的骏马,向我们这边飞快的跑来了"。

(2) 男女纵然有别,也须共同担负抗敌之责

1937年初,钟鲁斋让厦门大学教育学院的陈庆辉在双十、中华、慈勤、怀仁、毓德等中学发放问卷调查,结果发现女生对战争、军事等书籍的阅读兴趣不大:"关于军事的书籍,男子占百分之九强,而女子绝无一人。"对此钟鲁斋半写道:"古人说道:'妇人在军中,军气恐不扬。'甚有道理。女子不适宜于入军,木兰从征,完全属于例外。"读小说时,"(1) 男子较喜欢普罗小说,民族小说,极可证明男子较注意平民和民族问题。大约男子的思想较偏向于国家社会。古人'所谓男子正位乎外''先天下之忧而又,后天下之乐而乐'。女子心理有此种倾向者较少。(2) 女子较喜欢戏剧竟有百分之十七,戏剧在女子看小说兴趣中,占着第二位。大约女子好音乐,可为他们较喜欢娱乐的凭证。"读杂志时,"(1) 男子对于科学杂志和政治杂志,比女子较有兴趣,可见男子适宜为科学家和政治家,而女子则否。(2) 男子较注意新闻杂志和评论杂志,可见男子对于时事较有兴趣。……(4) 妇女杂志惟妇女注意及之,男子绝不过问"[②]。然而,阅读兴趣的偏好不仅不能作为女子可免于担负抗战任务的理由,反而是其更应该加强军事教育的依据。另外,男女在生理和心理方面都有差别,例如大多数人认为女子是一个弱者,那么教育就应该培养女子的勇气[③],改变一些过去固有的观念,去承担原非女性角色应承担的任务。现在的中

---

① 李百仞.《中国女子教育之改造》,《教与学》1937年6月第二卷第十二期,第85页。小学校高级用《实验国语教科书》(1936) 第4册第13课《怎样才能做现代学生》节选自蔡元培的《革命青年》。课文写道现代的学生应该有"狮子样的体力""猴子样的敏捷"和"骆驼样的精神"。课后练习问:"1. 怎么样的青年人方配称为现代学生? 2. 我国读书人怎么多半文弱? 3. 狮子样的体力是什么? 4. 体力为什么要健全? 5. 怎样才能使身体健全? ……"
② 钟鲁斋.《中学男女学生心理倾向差异的调查与研究》,《教育杂志》1937年第二十七卷第四号,第94,95页。
③ 王凤山.《今后女子教育应注意的几点》,《世界旬刊》1933年第三十一期,第6页。当然,也有的意见与之不同,如张仲寰在《我国今后女子教育之展望——训练一种"超于良妻贤母"之新时代女子》(张仲寰.《我国今后女子教育之展望——训练一种"超于良妻贤母"之新时代女子》,《江苏教育》1934年第三卷第四期,第122页) 中认为:"今后我国女子教育,在质的方面,一方固不能再以'良妻贤母'为主张,一方亦不宜完全施以'男性化'之教育;应顾及女子生理方面,心理方面,社会方面之种种情形,训练一种'超于良妻贤母'之新时代女子。保持女子天赋之才能,精神之特质,及其特殊之兴趣感情等,而能适应于将来实际之社会生活。"

国正处于非常时期,普通女学校里的那些贤妻良母式的教育,绝对无补于非常时期。非常时期女子教育应受严格的国防教育,第一须养成牺牲的精神,必要时不得不牺牲生命、财产以及父母儿女而从容就义。要养成这种伟大的牺牲精神,不能没有训练[①]。《木兰诗》就是训练这种精神的一个凭借。小学高级用《复兴国语教科书》(1933)中的《木兰从军(一)(二)(三)》后增加了一些问题,第一个问题就是"女孩子真的不能当兵吗?"这句反问,显然是说女孩子也能当兵。在《基本教科书高小国语教学法》基础上编成的小学高级用《复兴国语教学法》不再消除男女之间的义务和体形的不同,而是承认木兰是个女子,不过又认为一个女子同样也可以建立功勋——"我们可以知道,木兰的十年军队生活是苦极了。她是一个女子,不但受得了这样的艰苦,而且还打退胡人,建立奇功,真不愧为巾帼英雄!"

在《初小国语教学法》(1934)中,《木兰的故事》的前一课是《一二八纪念日复朋友的信》,且《教学法》称《木兰的故事》的"要旨"是"以古代女子代父从军的精神,做现代女子孝亲爱国的模范"。在其"实质方面"设问道:"当兵的为甚么多系男子?"答曰:"女子的体力不及男子充实,所以当兵的多系男子。"又问道:"木兰的精神值得人们敬仰吗?"答曰:"她是一个柔弱的女子,却能代父从军,凯旋而归,忠孝两全,实在是古今中外不多见的,所以她的精神永远值得人们敬仰的。"换句话说,虽然女子身体不如男子,但同样可以像木兰、像"一·二八"事变中战士们那样去奔赴战场、抵抗日寇。

《小学国语读本教学法》(1935)称,本册中有写男子服兵役的《爱国儿子给母亲的一封信》,《木兰诗》则要告诉学生女子也应服兵役,因为"现在每逢战争,常有女子到前线去当看护"。其"应用"称:"女子的能力未必弱于男子,或竟胜于男子。如木兰为国家打败敌人,其他男子未能如此,可知现在男女平权说之由来,不足为怪。"

《初中国文选本》(1933)和《初级中学教科书国文》(1934)的编者,均将木兰处理成女中豪杰。

综上可见,随着日本侵略的加剧,多套教科书的编者均认为面对战争男女在义务、行为方面不应有所区别,其中虽然其中有几套教科书的编者认为纵然女性身体较男性弱,在忠勇方面也应和男性等同,甚至应超过男性。

这一时期,学生们除了在教科书中学习《木兰诗》外,还通过其他方式对其阐

[①] 罗美萍.《非常时期女子教育》,《玲珑》1936年第二十四期,第1809页。

释：如将其翻译成白话（白润清《木兰从军记》，《孔德校刊》，1933年第二十四期）。歌咏木兰功绩（怀集县立女子学校林婉仪《木兰从军》："为亲行役赋从戎，破虏全收汉马功。十二年中歌奏凯，方问闺阁有英雄。介子楼兰未足奇，明驼千里出娥眉。如何一代干城将，不属男儿属女儿。"《学生文艺丛刊》，1934年第七卷第三期）。写有关木兰史迹的游记（许叔和《木兰山游记》，《旅行杂志》，1936年第十卷第三号）。

五、抗战、内战期间（1937—1949）民族主义、女子教育思想与《木兰诗》的接受

1937年7月7日，日本侵华战争全面爆发；中国军民奋起抵抗。因为"特殊是在中华民族陷于危难的阶段，更易于使人想起这伟大的女英雄来"[1]，所以，抵抗外侮的木兰，成了全民心中的英雄形象，也成了激发军民斗志的最好的题材。尤其是1938年蒋介石发表了《抵抗外侮与复兴民族》的演讲，他在演讲中对我国教育的混乱提出强烈的批评而对强敌日本的教育大为称许："明治维新，经甲午之战，日俄之战，一直到现在，他们（指日本人而言）拿四个字——忠君爱国——来做他们一切教育的基本精神，一贯的陶铸其全国国民整个的中心思想和军国民的精神，日本教育的精神。"[2] 于是，在国难当头、民族危亡的关键时刻，体现忠君爱国思想的《木兰诗》再次出现了一个接受的高潮。

先看文艺界和学术界对其接受的情形。1937年，《广播周报》（第一三七—一三九期）刊登了未署名作者创作的三幕话剧《木兰从军》。《主妇之友》（第二期）刊登了雨棠据诗改编的小说《木兰从军》（题下标注"故事新编"），文中写道木兰用"目下是民族高于一切的时候"来自勉以御乡愁来袭。1938年，《闻书周报》（第一、二期）刊登了京剧脚本《木兰从军》。1939年，上海华成电影公司将欧阳予倩编剧、陈云裳主演的古装戏《木兰从军》摄制成电影[3]。影片在上海连续放映76天，场场爆满。出现了"歌巷不嫌塞，争说花木兰"的盛况[4]。除此之外，邓波儿主演的电影《小木兰》（1937）、姚永娟主演的越剧《木兰从军》（1938）和梅兰芳主演的京剧《木兰从军》（1939）等也在这前后上映或演出。1940年，其影评相继发表，如阎金锷的《从〈木兰从军〉电影故被焚说到木兰从军故事》（《弹花》，第四期）、张骏

---

[1] 鹰隼.《关于〈木兰从军〉》，《文献》1939年第六期，第32页。
[2] 姜琦.《论战时教育与平时教育之分界——读了蒋委员长〈抵抗外侮与复兴民族〉以后》，中山大学《教育研究》1938年第八十二期，第1页。
[3] 念麟.《木兰诗》，《自修》1939年第五十一期，第8页。
[4] 《〈木兰从军〉评介》，《三六九画报》1940年第十八期。

祥的《评木兰从军》(《戏剧与文学》,第1期)、贾射翟的《关于〈木兰从军〉》(《知识与趣味》,第六期)等。处硝烟中的广大民众在这些作品的阅读、表演中,汲取到了抗战的力量。学术界对其研究不多,目前发现有杨无恙的《木兰诗考》(《说文月刊》,1941年第二、三期)、徽堂的《木兰辞著作时代考》(《文讯》,1942年第六期)、张泽民的《一个常识问题——木兰的父亲名叫什么?(《国民教师通讯》,1946年第三十三期),等等。1949年,《中美周报》(第353期)在《关于"木兰"》中以答读者来信的形式回答了木兰"是否姓花""是否中国的女儿""其敌人为谁"等问题,目的是向外国人介绍"木兰从军"这个"几乎大家都听过的"故事。

那么,教育界对《木兰诗》的接受如何呢?首先看当时的民族主义教育思想和女子教育思想。

(一) 民族主义教育思想

1937年,日本对华全面展开侵略,抗日战争爆发。中华民族真正处在了亡国灭种的边缘。除了直接进行军事斗争之外,教育宣传自然也成为抗敌救国的一个重要手段。所以,当时的学者认为,各种教育均以抗战为中心;而国民政府也视民族主义为三民主义的核心。如1938年教育学者邱椿就指出[①]:

> 什么是这个新的教育呢? ……其最重要的有左列两条:第一、今后教育应是"民族本位"的教育……决定教育目标和教材者不是儿童的本能和兴趣,而是社会的需要和计画了……所谓社会本位教育,即是民族本位教育,即是承认"民族利益高于一切"的教育。这个原则应被认为教育上最高原则之一。第二、今后教育应是"抗战第一"的教育……中华民族能否复兴,全视此次抗战胜利与否以为断……全部教育活动应直接间接有助于抗战工作。抗战上的需要应是选择教材的最高标准之一。一种学科有无价值,每种学科中教材的价值之高低如何,全视其能否有利于抗战,和有利于到什么程度以为断……在抗战的环境中,谈抗战教育或战时教育不是天经地义的吗?

随着国内外形势的变化,"民族本位"和"抗战第一"成了全体国民的一种自觉。

(二) 女子教育思想

1. 参与社会,忠于国家

这一时期的女子教育思想主要以参与社会、复兴民族为主。如《认识新潮流

[①] 邱椿.《教育与中华民族的复兴(续完)》,《教育通讯》1938年6月18日第十三期,第8—9页。

(抗战四字女经之二)》写道:"女子今日,需要认清:自谋解放,莫靠别人。贤妻良母,走出家庭。社会事业,也可成功。天生才能,男女同等。发愤学习,练习本领。般般职业,多可担任。生计独立,地位平等。"① 前文提到,1937年6月有人就认为在复兴民族面前,男女不应有所区分,所以女性不应该重回家庭、恪守孝道和妇道,如果"有的只知有家庭而不知有民族,有的只知有女权而不知有国权,这不是一种很可悲的通病么? 现在我们要使女子来参加民族运动,首先要改造其脑筋,要以民族的大义去觉醒女子,要使得每个女子对于现实政治感觉兴趣。从研究政治问题之中,从民族意识的觉醒之中,养成她们有远大的眼光,犷朗的胸怀,宽宏的气度。然后她们才能注意到中国国势的危险,世界大势的动向,而发生挽救中国的热情。否则她们的胸中只有'油盐柴米酱醋茶',只知家庭的可爱,至多只知女权的重要,欲其效忠民族,必有凿枘之势…我们不仅要女子有'才',打倒'女子无才便是德'的不通之论,我们还要使女子有政治的头脑,个个成为巾帼英雄,去参加民族解放斗争的伟大工作"②。又所以,女子爱国被认为是天经地义。而且,最好是直接走上战场杀敌。1938年,李峙山在《妇女知识》(第3卷第1期)上刊登《一群小木兰》,就是记录社训总队在营模范团妇女连中女战士的生活点滴,在他眼里,这些"将同日本仔拼命"的女战士就是新时代的木兰。1939年,有人在《上海妇女》上撰文《木兰从军》称:"女子是否能驰骋沙场? 在《木兰从军》里显然是给这个问题以肯定的回答。"因为时代不同,女性不再是"腰若杨柳,弱不禁风",上战场也不必"改扮易装","现代的木兰要尽卫国尽忠的志愿是方便多了"。希望所有的父母都能像木兰父亲那样深明大义,"更希望每一个女同胞都如木兰似的能振奋精神,以守土卫国为'光大门楣'的方法,要'让人家知道女孩儿亦能尽忠报国,光大门楣的!'"。③

2. 参与社会,固守美德

1938年,有人称:"救国该和蒋委员长昭示给我们的一样要'地无分南北,人无分老幼'的。"④ 言外之意,在抗敌救国方面,男女是不应该有区分的。这种思想,在抗战发展到相持阶段时更为明确,如1940年《福建教育》特意辑录了1938年颁布的《抗战建国纲领》中的"教育"部分,其中规定要"训练妇女,俾能服务于社

---

① 刘准.《认识新潮流(抗战四字女经之二)》,《新道理》1940年第十一期,第14页。
② 李百仞.《中国女子教育之改造》,《教与学》1937年6月第二卷第十二期,第86页。
③ 一飞.《木兰从军》,《上海妇女》1939年第九期,第6页。
④ 慧年.《由战时女子教育说起》,《妇女生活》1938年第四期,第8页。

会事业,以增加抗战力量"①。又如1940年的一份《大家来抗日(抗战四字女经之三)》写道:"中国同胞,男女不分。生死关头,已经到临。只有抵抗,才可生存。不分男女,要把命拼。出钱出力,个个齐心。救了国家,才保本身。赶走鬼子,共享太平。"②《参加自卫队(抗战四字女经之十二)》写道:"男子女子,一齐武装。共同出力,保卫家乡。"③又如1944年有人称:"到抗战发展到非持久长期的继续就不能获取最后胜利的阶段,贤明的领袖又特别郑重昭示:'抗战不分男女',鼓励妇女走出家庭。"④

不过,受领袖教育思想的影响,保存民族固有文化也被认为是一种斗争。1934年,蒋介石就重提读经,1938年他更是在一次训话中称以前所谓"新教育"是糊涂教育。所以,他提出,教育除了应激发民族斗争精神,还应灌输"四维八德"("四维"指"礼、义、廉、耻","八德"指"忠、孝、仁、爱、信、义、和、平")等优良传统道德。为了贯彻领袖的教育思想,1938年7月,教育部颁布了《编辑儿童读物纲要》,其中的"选材目标"甚至将"发扬八德四维等道德教训"放在了"发挥牺牲、团结、奋发、抗敌、图强等民族精神"之前⑤。1938年教育总署编审会编纂的《修正短期国语读本》的第1册第4课就是《孝敬》,告诉儿童要孝敬父母:"哥哥弟弟,孝敬他们。姐姐妹妹,孝敬他们。大家一齐孝敬他们。"女子教育,自然应让女子发扬传统女性的美德。所以,女子孝亲等也被认为是理所当然⑥。

(三)《木兰诗》的接受情况

抗战内战期间,颁布了一系列课程文件,均强调民族主义教育。如1938年廖世承在《战时中学教育各学程纲要举例》中称:国文教学要选"悲壮热烈的诗歌",如《木兰词》、杜甫的《前出塞》和《后出塞》、陆游的《书愤》、岳飞的《满江红》、张孝祥的《六州歌头》及文天祥的《正气歌》等⑦。有人在谈小学课程实施时

---

① 《抗战建国纲领:教育部分》,《福建教育》1940年第九期,第1页。
② 刘淮.《大家来抗日(抗战四字女经之三)》,《新道理》1940年第十三期,第20页。
③ 刘淮.《参加自卫队(抗战四字女经之十二)》,《新道理》1940年第十六期,第21页。
④ 徐慧.《弹一曲女子教育上底旧调》,《妇女月刊》1944年第五期,第10页。
⑤ 《编辑儿童读物纲要》,《服务团旬刊》1938年第五期,第4页。
⑥ 当然,抗战结束后思想再次得到解放,有人认为传统的孝亲等观念是落后的,如李之朴在《中学生课外阅读的分析》(李之朴.《中学生课外阅读的分析》,《中华教育界》1947年复刊第十一期,第23—24页)中认为,教师的指导对学生的课外阅读非常关键,虽然"吸收古代的文化是教育上应有的一种功能,但是因为时代背景的不同,在吸收时应该有一种鉴别的工夫,也是不可否认的事实。例如《论语》上有'天下有道则见,无道则隐',又有'父在观其志,父没观其行,三年无改于父之道,可谓孝矣'。这种处世和孝亲的道理当然和现代的潮流不相符合,这也是介绍古书时应该注意的一个问题"。
⑦ 廖世承.《战时中学教育各学程纲要举例》,《教育杂志》1938年第二十八卷第二期,第22页。

称：非常时期，小学的各科教材，都要转换成抗日救国为的教材，其中国语要讲授启发儿童民族思想的文章[①]。1941年，正式的课程文件颁布，其中《小学国语课程标准》的课程目标规定，应"培养儿童修己善群爱护国家民族的意识和情绪"[②]，并以表格的形式详细开列了应选择的涉及公民、历史、民族和国家等各方面的教材内容；1940年颁布的《修正初级中学国文课程标准》和《修正高级中学国文课程标准》的课程目标分别规定，"使学生从本国语言文字上，了解固有文化，并从代表民族人物之传记及其作品中，唤起民族意识与发扬民族精神"及"使学生能应用本国语言文字，深切了解固有文化，并增强其民族意识"[③]。在此之前，教育部组织教师战地服务团编写了大量的抗敌救国国语补充教材，国立编译馆等也开始组织编写国定教科书，以加强民族主义教育。1945年，日本战败投降。1946年，国共内战爆发。民族主义斗争由中日民族之间开始转变为人民政府与国民政府及其扶植者美国政府之间的斗争。

在1942年的时候，教育部长陈立夫发表了《我对于编辑中小学教科书的意见》，他说："可是我们现在审查坊间出版的小学教科书，关于小学生的基本知识略而不谈，反而许多荒诞之辞，如猫狗对话等涂满篇幅，真是浪费儿童许多可宝贵的光阴"，"所以编辑小学

《修正初小国语教科书》（1938）

[①] 陆德音.《抗战时期小学教育实施方案》,《教育杂志》1938年第二十八卷第三期，第47页。又，激进派"直认非常时期的生活即为非常时期的课程，其主张是把杜威学说翻了半个筋斗……战时的课程只是对抗战一切的活动，及对于抗战的全面认识。没有大狗叫小狗跳的国语，也没有鸡兔同笼的算术"。钟鲁斋.《战时课程编制的问题及方法》,《教育杂志》1938年第二十八卷第六期，第9—10页。
[②] 课程教材研究所编.《20世纪中国中小学课程标准·教学大纲汇编（语文卷）》，北京：人民教育出版社2001年版，第41页。
[③] 课程教材研究所编.《20世纪中国中小学课程标准·教学大纲汇编（语文卷）》，北京：人民教育出版社2001年版，第304、309页。

教科书,应多取历史故事,藉以激发儿童的民族意识;应充分发扬吾国故有之道德知能,藉以培养儿童的德性;应采取关于人生衣食居行最重要最普通的材料,藉以训练儿童生活的技能"①。

很显然,他不满此前以纯儿童文学为主体的小学教科书,而主张编写以灌输思想、传授知识课文为主体的教科书。《木兰诗》虽然不属于"历史故事",但彰显了"吾国固有之道德",所以,1937年抗战爆发后,虽然没有再出现在中学国文教科书中,但仍有以下6套小学国语教科书将其收录。

课题	语体、文体	编者	教科书名称	册次	出版社	时间、版次
孝女	白话故事	教育总署编审会	《修正短期国语读本》	第5册	编者自刊	1938年版
木兰的故事	白话故事	教育部编审会	《修正初小国语教科书》	第6册	编者自刊	1938年2月15版
木兰诗	文言原诗	吕伯攸、朱文叔、徐亚倩	《新编高小国语读本》	第3册	中华书局	1940年7月79版
忠孝的木兰	白话剧本	教育部编审会	《初小国语教科书》	第7册	著者自刊	1940年8月初版
代父从军	白话剧本	吴鼎主编、国立编译馆编辑	《高级小学国语》	第4册	国立中小学教科书七家联合供应处	1946年修订本4版
木兰	白话剧本	叶圣陶	《儿童国语读本》	第4册	开明书店	1949年3月平2版

这6套教科书,通过多种形式对其主旨作了与此前不尽相同的解读。

1. 发扬爱国、孝亲思想

1937年之后,国民政府试图实行教科书国定制,所以民编教科书出版很少。1945年之前,教育部编审会出版的两套国编小学国语教科书及中华书局版的民编教科书均将《木兰诗》改编后选作课文,主要是其中体现了忠孝思想;更何况日满在东北建立"满洲国",边疆形势告急,所以木兰戍守边疆的行为更应该学习。如国立编译馆编辑吴鼎在1936年就指出,国语科阅读材料应与国防相关,包括守边名人的传记、守土抗敌的故事、描写边塞的诗歌、计划国防的言论、防外事实的剧本②。同时,文体为故事或剧本,主要是为了便于宣传,如1939年,有人在《怎样指导儿童作

---

① 陈立夫.《我对于编辑中小学教科书的意见》,《学生之友》1940年第一卷第四期,第5页。
② 吴鼎.《小学国防教育之实施》,《教与学》1936年第一卷第七期,第207页。

抗敌宣传》一文中指出,应指导儿童进行"通俗讲演"——"平日教师可指导学生阅读有关抗战的书报,利用作文时间使学生编讲演稿,先在学校内作讲演练习,以求精熟,然后再到外面对民众作宣传讲演。"同时,还应指导儿童进行"化装表演",即教师选择儿童剧本,或就教材自编表演稿本,以化装简易且适于街头表演者为宜,使儿童练习后在街头表演。其他如抗敌游戏或双簧等,也可同时加入表演[①]。

(1) 忠孝兼顾,以孝为先

《修正短期国语读本》(1938) 的第5册第19课《孝女》篇幅很短:"我国古时,有一个女子,名叫花木兰,他因为他的父亲老了,不能去当兵,就代替了父亲去从军,转战十多年,立下很大的功劳,现在大家谈起来,都称他为德勇具备的孝女。"虽然提到了木兰从军、立功,提到了她的勇,但显然更强调她的孝,因为不仅题目是"孝女",而且文中将其德置于勇之前。

(2) 忠孝兼顾,以忠为先

在抗战爆发后,国家利益被置于首位,家庭、个人等居于其次,被认为是全体国民应有的意识。1941年出版的《作文模范》中一位小学生写的《家庭和国家那一种重要》[②]就阐发了这种观点。作文开始就叙述一般民众认为国家是一个与己无关的空洞的名词,而家庭则是一个与己息息相关的实体结果是"一般人民只知爱家庭,而不知爱国家,只觉家庭的重要,而不觉国家的重要",接下来他对这种集体无意识提出了批评,大意是说,没有国家不能独立存在,国保护家的幸福。两者的关系,如皮毛,如唇齿。"朝鲜人只知爱家,不知爱国,终被日本灭亡了;印度人只知爱家,不知爱国,终被英国灭亡了"。总之,"拿家庭和国家比较,我觉得爱国家比爱家庭还重要!"

在《修正初小国语教科书》(1938) 中,《木兰的故事》几乎是根据《木兰诗》所进行的白话翻译。其后一课为《张良的故事》。故事写张良为老人拾履,老人认为张良可教,所以给了他一本兵法。故事结尾写道:"张良从这部书里,得到许多军事知识,后来就帮助刘邦建立功业。"这两篇课文都涉及了对长者的尊敬,以及为"国"而战的行为。但是,从总体上看,彰显的首先还是木兰、张良的忠的一面。《木兰的故事》还特意指出,"他虽然立了许多功劳,但不愿受国家奖赏,也不愿做官,仍旧回到家里伴着父母,做那纺织的工作",以体现木兰为国、为家无私奉献的高尚品德。

---

① 王鸿俊.《怎样指导儿童作抗敌宣传》,《教育通讯》1939年2月21日第二卷第七期,第14、15页。
② 顾孟平编辑.《作文模范》,上海:上海天健书局1941年版,第31—32页。

在《新编高小国语读本》(1940)中，和《木兰诗》同列一单元且在其前面的几篇课文是《曹刿论战》《宗爷爷》《爱国儿子的一封信》《爱国母亲的一封信》(后两篇文章出自抗战初期编写的国语补充教材)。前两篇文章是写古代的为国家、民族而战的曹刿、宗泽，后面两篇是爱国母子的往来书信。在《爱国儿子的一封信》中，儿子表达了儿子对母亲的依念之情，不过，又认为，在国难当头之时，则将国家利益置于个人私情之上。而母亲也是深明大义的人，他认同儿子的想法，支持儿子的做法，在《爱国母亲的一封信》中，母亲希望儿子做忠勇的战士而非孝亲的儿子。这两封信让人不由地联想到岳母在岳飞后背刺"精忠报国"四字以激励他杀退金兵的图景。然后再呈现《木兰诗》，显然是激发学生在国难面前忠于国家，甚至为国捐躯的精神。

(3) 忠孝兼顾，且应两全

《初小国语教科书》(1940)的编辑大意称："本书不单寓文学于识字，而且寓修身于文学。各课皆有意义有目的，使其从儿童文艺中，以激发乐于社会生活的进取意识和情绪，并涵养国民道德，养成生活态度和作事能力。"《忠孝的木兰》一课的题名就凸现木兰"忠""孝"两种精神。剧本分成两幕，第1幕写她代父从军，第2幕写她辞官回家，两幕均能显其忠、孝。与之配套的《初小国语教学法》认为，木兰"天性忠孝"，代父从军并非被逼而是自愿，所以她能"不顾一切，毅然决然乔装改扮替父从军。忠孝之情溢于言表。"而且，称此课目的就是"激发儿童的忠孝观念"。

另外，除了上述教科书外，1939年《自修》杂志(第五十一期第10页)刊登了念麟编写的国文科"自修文选"《木兰诗》之"本篇内容"也认为，本诗阐发的是忠孝两全的思想："本篇内容，并不是在记木兰的战功，而是在记木兰的英勇，孝思，全篇不加一句评语，而木兰的英勇气概，孝亲心情，与夫乔装之神奇，活跃纸上……值此抗战期中，以此情节摄制电影，实为最有意义之举。"

2. 抗敌建功男女无别，女子还应注重贞节

1941年的一首小学中级用抗战音乐教材《月亮光光》写道："月亮光光，照在东方，家家姑娘做军装。大姐做了送哥哥，二姐做了送情郎。只有三姐没人送，自己穿起打东洋！"[①] 就是告诉女性，抗战不分男女，可以在后方支持前线的抗战，也可以走上走向沙场、建功立业。当然，1937年之后，也有人希望她们固守传统的妇德。所以，教科书编者对木兰品格的阐释和过去稍有不同。

---

① 刘百川词，陈梓北曲.《小学抗战音乐教材：月亮光光》，《国民教育》1941年第二卷第五期，第31页。

(1) 消除男女之别，才能抗敌建功

在《修正初小国语教科书》(1938) 中，《木兰的故事》写木兰虽是女性，但仍义无反顾"加入军队，开到极北的寒苦地方去"，最后建立了功业。这说明编者认为女子在战争面前和男子不应有所区别。另外，可能是为了消解男女之间的界限，《张良的故事》第一段写道："张良是韩国人，面貌很像一个柔和的女子，谁知他很有大志。"可见，即便是柔弱如女子，也应该树立为国效劳的大志。

(2) 抗敌建功男女无别，女子还应注重贞节

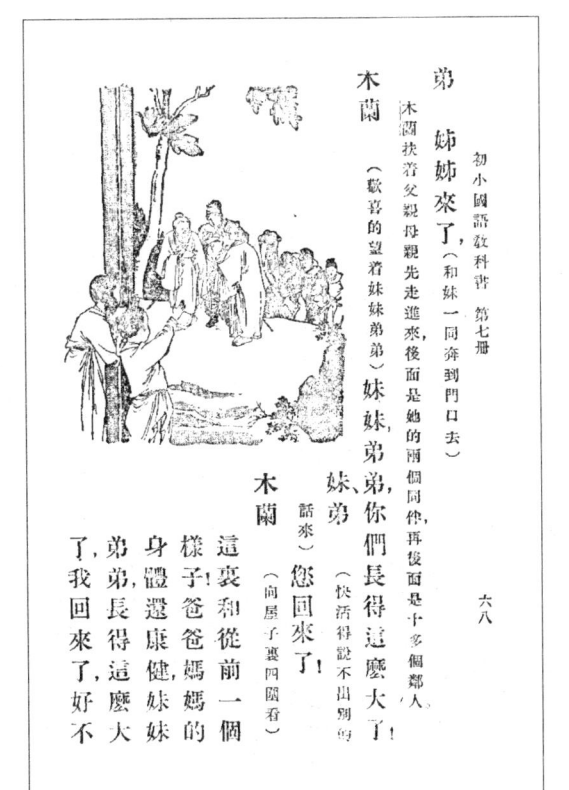

《初小国语教科书》(1940)

《初小国语教科书》(1940)

中的《忠孝的木兰》更是将女性男性化。如课文写道："(木兰走到父亲面前) 我们的马术和弓箭工夫，都是爸爸教的，我能不能打战，爸爸一定有数。"可见，通过这种演绎，告诉读者，木兰平时就不是只在闺房里织布的女子，还是一个能骑马射箭的骑士。正因为这样，所以她才会在战争来临时立即奔赴战场，在战场又能奋勇杀敌。《初小国语教学法》，以教师提问的形式告诉学生女子也应当兵："教师问儿童：'你们见过兵吗？他们是男的还是女的？为什么女子不能当兵？现在有一课是说女子去当兵了，还给国家建立了许多功劳，你们知道这个女子是谁？'"不过，编者认为，女子除了应具有和男子一样的当兵报国、在家侍亲等忠孝美德之外，还应有贞节观念。《教学法》称："木兰在营中十二年之久，同伴们现在才知道她是一个女子。把木兰的贞节，只用了寥寥几个字写得有声有色，令人想到木兰不但能忠能孝，而且能节义双全。诚中国历史上绝无仅有之巾帼英雄也。"

1945年，日本战败投降后，《木兰诗》没有再出现在国编教科书——1945年国立编译馆主编出版的《初级小学国语常识课本》中。其第7册中有一篇课文《一个忠勇的女子》。课文写一战期间，有个叫罗斯的比利时女孩，在同盟国之

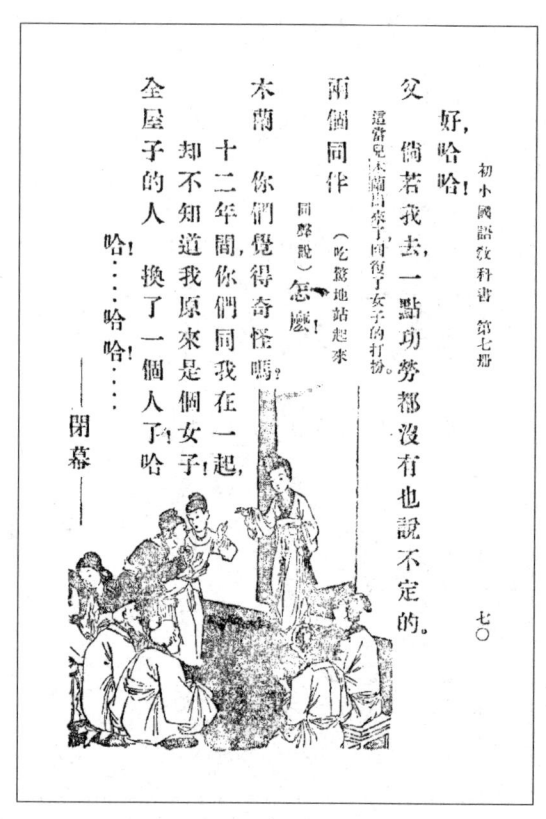

一德国军队攻占他们村庄之时毅然参军抵抗。在战斗中,一个受伤的比利时军官递给她一张向总部报告战况的纸条。她立即打电话将消息报告了总部,并将纸条撕碎放入盛水的花瓶中。德兵闯进来后问她传递了什么消息,她宁死不说,最后英勇就义。课文之前的"常识"为一战期间协约国("英法俄意日美中国")和同盟国("德、奥保、土等国")之间战争的起因、经过和结局。《一个忠勇的女子》之后的课文为《罗斯福》和《勇敢的华盛顿》。这两课之后的"常识"为二战期间,同盟国("中美、英、苏等国")和轴心国("德日意")之间的战争起因、经过和结局。所以,选择《一个忠勇的女子》而不选《木兰诗》,与战局形势变化有关。此时,因为日本已经投降,国民政府希望依靠美国等盟国的力量来消灭人民政府,所以选择这些国家英雄、领袖人物的故事作为课文就带有一定的象征意义。人民政府出版的几套小学国语教科书也没有选录《木兰诗》,这大概与根据地多在"边区"而易引发稳定"边疆"("戍边")等于己不利的联想有关。另外,战争期间,因兵力缺乏,所以免不了要强行征兵。这样一来,反对征兵制度的作品就不宜被选作课文,就像抗战前夕有人所说的:"白居易底《新丰折臂翁》,过去固然公认是首好诗,但那老翁贪生怕死不肯为国家服兵役义务的怯弱故事,与国防教育底意义,也显见违背,自然要贬低它底真价值的。"[①] 白居易在《新乐府》序中就标明其旨意:"新丰折臂翁,戒边功也。"学生读这样的诗肯定会受到不好的影响,如1925年有位学生写自己读过该诗的感受时说:"我读过白居易《新丰折臂翁诗》以后,心里觉得

---

① 胡伦清.《国防教育与国文教学》,《教与学》1936年第一卷第七期,第241页。

那被募的兵,凄惨可怜,眼眶里也忍不住的要流下泪来。""这首诗好在文笔纯朴,感情丰富,只寥寥的百来字,已比洋洋数千言的一篇非战论文,要动人得多了。"[1] 虽然《木兰诗》中对这种征兵制度所表达的不满情绪并没有《新丰折臂翁》那样直露,但毕竟也有所隐含,所以选入也可能会产生不利影响。

但是"木兰诗"出现在了高小国编教科书——1946年吴鼎主编的《高级小学国语》中。这时抗战已经结束内战还未正式开始,一切都在重建之中,该书的编辑大意就强调遵照蒋介石在《中国之命运》中的指示,加强心理建设、伦理建设、社会建设、政治建设与经济建设。"孝亲"这种伦理在抗战前蒋介石就已着力提倡,只是因为抗战期间更强调舍小家为大家而突出忠于国家的思想教育。其中三幕剧《代父从军》一课借用的是1931年版高级小学用《基本教科书国语》的第4册中的《木兰从军》一课,只有几处文字的改动。如果说从《木兰从军》出版的时间及该课前后课文来看,编者主要希望儿童学习其中为国征战的精神外,那么《代父从军》则可能稍有不同:首先是题目中出现了"代父"二字,突出其"孝亲"思想。其次是其前的4篇课文是《大教育家孟子》《王阳明先生》和《一个历史故事》,其后2篇课文是《一张宣传拒毒的传单》和《读书会的简章》。显然,将更强调传统伦理哲学的教育。

另外,在叶圣陶这些知识分子看来,国内党派之争似无必要,所以他编写的《儿童国语读本》(1949)将《岳飞》和《木兰(一)(二)》放置在一起,大概就像吴研因所说的,是为了"鼓励他们男的立志做岳飞,女的立志做木兰",一致对外,复兴民族吧!

木兰从军(剧本)

第一幕　别　亲

【人物】　木兰　木兰父　木兰母　木兰弟(年纪约十岁许)
【布景】　古式的普通家庭,靠窗放一张织布机
【开幕】　木兰父母坐堂上作讲话状,木兰弟站在旁边听父母讲话,木兰正在

---

[1] 吴绍泰.《读白居易〈新丰折臂翁诗〉》,《少年》1925年第十五卷第七期,第79—80、81页。

织布,忽然停了工作,叹了两口气

(木兰父)　木兰,你为甚么也长吁短叹。

(木兰弟)　二姐,是不是今天大姐在欺侮你?

(木兰)　弟弟真是胡说了。姐姐那里会欺侮我!

(木兰母)　那么,你有甚么心事?要是不告诉爹爹,那么你就告诉我罢。(说着走到布机前)

(木兰)　唉!妈妈,昨天看见那征兵的帖子不是爹爹的名字也在里面吗?爹爹这么大的年纪,要去从军,做儿女的,怎么不着急!

(父)　木兰,你小小的年级,而且是女孩子,倒会替为父的担忧,真看不出你!但是这是无可如(奈)何的!

(木兰)　我想最好有一个人物替着爹爹出去;但是爹爹没有大儿子,我没有大哥哥,弟弟年纪又小,谁能代替呢?

(母)　(攒眉不语。)

(父)　除了我自己出去,没有别的法子,你们也不必忧愁,生在现在的时代,怎能安安宁宁的坐在家里?好在我老了,就战死沙场也没有甚么可惜了!

(木兰)　我愿代替爹爹出去。

(父)　(微笑)甚么话?女孩儿家,怎么去得?

(木兰)　女孩儿也是人,怎么去不得?爹爹,我主义打定了,我一定要去!

(父)　好孩子,你真是开玩笑了!天下那里有这样的事情?你要是真个男子,也等不到你自己做主了。

(木兰)　爹爹,你且不必多管,女儿自有道理——我倦极了,我要进去休息一回。(自进内屋)

(母)　他倒是一片诚心,只可惜是个女孩儿。

(弟)　妈妈,难道女孩儿不能当兵的吗?

(母)　从来没有看见过女子当兵的。

(弟)　那么我是男子,我代替爹爹去。

(父)　小孩子也不能当兵的。

(弟)　为甚么呢?

(父)　因为年纪太小了,也没有力气打仗。

(弟)　那么爹爹年纪太老,也没有力气打仗啊!

(木兰男装从外面进内)

(父) （起迎）这位少年军官,从那里来？有何见教？

(母) 小将军,请坐请坐！

(父) 请问高姓大名！

(弟) 你来叫我的爹爹吗？我的爹爹年纪老了,不能跟你去当兵！

(木兰) （脱帽,笑着）那么,我确然可以代替爹爹了。

(父) 啊唷,原来是你,怎么一些也认不出来？

(弟) 原来是姐姐。你怎么穿了军装真像一位军官。

(母) 你里面去的,怎么却从外面进来？

(木兰) 爹爹说女子不能去当兵,我便装扮了男子去,我还怕人家认得出,所以换了军装从后门出去,来你们面前试一试。现在你们居然被我瞒过了,那么我便可瞒过一切的人,不怕不能当兵了。

(父) 你虽然很像男子,但究竟是一个女子,我一定不让你去。

(母) 女儿,我也舍不得你去。

(内幕军乐大作)

(木兰) （指门前）你们听听！催促的人到了,我一定要去的。爹爹,妈妈,行军急如星火,容不得我们从容讨论,我就此归队去了！（忽忽去）

(父) 啊哟,怎么是好！

(母) （追上、牵衣,木兰撒脱,不愿,而去,母哭）荷荷荷！（闭幕）

第二幕　归　朝

【人物】　国王　卫兵四人　军官　木兰

【布景】　国王殿廷

【开幕】　国王坐殿上,卫兵站在两旁,军官对国王站着。

(国王) 将军！你们辛苦了十二年了。

(军官) 禀告大王,这一次出征,上托大王的弘福,下靠兵士们的努力,所以连得胜仗。现在敌人都已平定了。敬将名册呈上,里面所开的,都是从征出力的人员,请大王论功行赏。

(国王) （细看名册）谁是花木兰,他功居第一,应受上赏。把他叫来见我。

(卫兵) （向后合唤）花木兰奉旨召见。

(木兰上,向国王鞠躬。)

(国王)　你就是花木兰吗？

(木兰)　是。

(国王)　这一次你们出征了十二年,得胜回朝,算来你的功劳最大。现在论功行赏,封你为尚书郎就在朝廷供职；另赏黄金千两,白璧十双。

(木兰)　拜领大王的赏赐,但是木兰不愿做官。

(国王)　(诧异) 你不愿做尚书郎,那么你要做甚么官呢？

(木兰)　不论甚么官,木兰都不愿做。

(国王)　(大诧异) 咦！奇极了！那么,你要甚么？

(木兰)　请大王赏我一匹明驼,送我回家。

(军官)　大王！花木兰是代父从军,他的父母还在故乡,他所以不愿做官,急急的要回故乡去看父母,这是他的一片孝心,请大王准了他罢！

(国王)　原来如此！花木兰能够为国立功,又是一个孝子,真是难得！(对卫兵) 快拣一匹明驼来,送花木兰回故乡去！

(卫兵)　得令！

(木兰)　谢大王恩典！(闭幕)

第三幕　回　　家

【人物】　木兰　木兰的父母姊弟　兵士二人

【布景】　同第一幕

【开幕】　木兰父母坐堂上,木兰姊坐母旁,木兰弟从外面急步进来。

(木兰弟)　爹爹！妈妈！二姐回来了。

(木兰母)　(惊异) 真的吗？

(木兰父)　(惊异) 你怎么知道呢？

(弟)　我在外面听见有人说："刚才城外看见有个骑着明驼的军官,后面还跟着两个兵一路进城来,说是姓花！"我想一定是二姐回来了！

(父)　恐怕未必就是木兰。他出去了十二年毫无音信,不知生死如何？倘使今天果然回来,那真是梦想不到的了。

(母)　我们且出去看看！

(父)　好！

(母)　(对木兰姊弟) 你们二人看守门户,我们去去就来。

(木兰父母同下)

(姊) 弟弟！你听得清楚吗？那个骑着明驼的军官,确是二姐吗？

(弟) 我听得很清楚的,那人姓花。

(姊) 姓花的人很多,那里会这样巧一定是木兰？

(弟) (向外室)啊！大姐！你不要疑心了！你看那边不是二姐同着爹爹妈妈回来了吗？

(姊) (向外室)啊！妹妹果然回来了！

(木兰扶父母同上)

(弟) 二姐！你回来了。

(姊) 妹妹！你回来了。

(木兰) 姐姐！弟弟！哈哈！姐姐的丰采还和十二年前一样！弟弟却长得又高又大了。

(二兵士同上)

(兵甲) 花将军的二老,还这样清健,真是好福气呀！

(兵乙) 花将军有这样慈爱的二老,怪不得他官也不做了。

(木兰) 这两位,虽是小兵,但在前敌时,他们都是我的伙伴。

(二兵上前拜见木兰父母,木兰和母与姊弟下)

(父) (对二兵)二位请坐！这番累及二位远道而来,一路幸苦了。

(兵不敢坐)

(父) 不必拘礼,你们都是木兰的火(伙)伴而且远道而来,那有不坐之理？

(木兰改女装上,二兵很局促不安)

(木兰) (对二兵)二位知道我是谁？

(兵甲) (注视木兰)姑娘面貌和花将军差不多,想是他的姐姐或是妹妹。

(兵乙) 不但面貌相像,而且声音也很仿佛。

(木兰) 哈哈！我就是木兰。

(二兵大惊,立正)

(木兰) (微笑)我本来是女子,因为代父从军所以扮了男装,你们和我做了十二年的同伴,竟未觉察,哈哈！

(父) 哈哈,真谁也想不到。(闭幕)

选自高级小学用《基本教科书国语》1931年版第4册。

第三章

《项脊轩志》与文言散文的
教学功能和选择标准

归有光,字熙甫,又字开甫,别号震川,又号项脊生,是明朝唐宋派古文大家。其《项脊轩志》是唐宋派古文的代表作品。这篇散文,以项脊轩为中心,回忆了与此有关的人和事,表达了对祖母、母亲和妻子三位亲人的哀念。其艺术手法之高超,让人赞叹;其所寄寓的物是人非之情,更令人动容。这篇散文,在清末民国期间多次被选入中小学国文、国语教科书[①]。其在每个时期入选的频率及所呈现的方式并不相同。不过,从中我们也可以看出在这篇经典文言散文的40余年接受历程中编者所持的散文入选标准(散文观念)的变化及编者赋予其教学功能的不同,在一定程度上也可考察20世纪前期散文创作观念发展的某些侧面。

一、文言古文,写作典范;归氏古文,举世无双(1904—1922)

1904年,《奏定学堂章程》颁布后,依据其中"中国文学"课程编写的教科书《中学国文读本》(1908)和《中学国文教科书》(1908)都选入了该文。民国初年,新编的中学国文教科书《中华中学国文教科书》(1912)、《共和国教科书国文读本》(1913)、《新制国文教本》(1914)及《中华高等小学国文教科书》(1912)等也均选入该文。清末民初出版的中学国文教科书不多,主要就是这几套,小学国文教

[①] 曹聚仁在《中国学术思想史随笔》中回忆自己青少年时期的求学经历时说:"归有光,因为每一种教本都选他的《项脊轩记》,可说众人共知。"曹聚仁.《中国学术思想史随笔》,北京:生活·新知·读书三联书店1986年版,第402页。

科书除中华书局出版的之外就是商务印书馆出版的《共和国教科书新国文》教科书。为什么大家不约而同地都选择这一篇散文呢？这主要与选文的教学功能以及教科书编者的选文标准直接相关。

编　者	教科书名称	册次	出版社	时间、版次	删节情况
林　纾	《中学国文读本》	第2册	商务印书馆	1914年3月订正10版（1908年5月初版）	原文
吴曾祺	《中学国文教科书》	第2集	商务印书馆	1908年9月初版	原文
汪　渤、何振武	《中华高等小学国文教科书》	第8册	中华书局	1912年11月4版	原文
刘法曾、姚汉章	《中华中学国文教科书》	第3册	中华书局	1912年11月初版	原文
许国英	《共和国教科书国文读本》	第2册	商务印书馆	1913年8月初版	原文
许国英	《共和国教科书国文读本评注》	第2册	商务印书馆	1919年8月21版（1913年初版）	原文
谢　蒙	《新制国文教本》	第1册	中华书局	1914年8月初版	原文

1. 能够发挥古文写作典范的功能

1904年，《奏定学堂章程》颁布。其中的"中国文学"的课程目的、内容和教材的规定如下[①]：

入中学堂者年已渐长，文理略已明通，作文自不可缓。凡学为文之次第：一曰文义；文者积字而成，用字必有来历（经史子集及近人文集皆可），下字必求的解，虽本乎古亦不骇乎今。此语似浅实深，自幼学以至名家皆为要事。二曰文法；文法备于古人之文，故求文法者必自讲读始，先使读经史子集中平易雅驯之文；《御选古文渊鉴》最为善本，可量学生之日力择读之（如乡曲无此书，可择较为大雅之本读之），并为讲解其义法。次则近代有关系之文亦可浏览，不必熟读。三曰作文；以清真雅正为主：一忌用僻怪字，二忌用涩口句，三忌发狂妄议论，四忌袭用报馆陈言，五忌以空言敷衍成篇。

次讲中国古今文章流别、文风盛衰之要略，及文章于政事身世关系处。其作文之题目，当就各学科所授各项事理及日用必需各项事理出题，务取与各学科贯通发明，既可易于成篇，且能适于实用。

可见，中国文学科主要是学习写作。此时，八股取士已被废止，所以作文题

[①] 课程教材研究所编．《20世纪中国中小学课程标准·教学大纲汇编（语文卷）》，北京：人民教育出版社2001年版，第268—269页．

目和材料均非出自"四书""五经"。平时和考试作文以文章写作为主。如果要写好文章，就必须通过阅读古今文章来达到学会写作文章的目的：阅读古代的经、史、子、集以"积字"，阅读《御选古文渊鉴》以理解"义法"，并进一步了解"文章流别、文风盛衰"及"文章于政事身世关系"等。可见，作为作文之用的及读文所读的教材主要是古文。之所以要以古文为教材来学习作文，是因为古文的内容不空疏，形式不雕琢，其宗旨就是"适于实用"。总之，通过阅读古文来积累词句、习得技法。

依照《章程》对中国文学科的规定而编辑的中学国文教科书都赋予选文作写作教材之用的功能。如《中学国文读本》的"凡例"称："本书所选之文各类略备，使读者稍知其门径。"此处的"门径"显然指了解各家各派作文的门径。《中学国文教科书》的"例言"则说得更为明确，其起首便称："学生至入中学堂，多读经书，渐悉故事。此时急宜授以作文之法。"民初出版的《中华中学国文教科书》和《共和国教科书国文读本》也是如此，如前者的编辑大意的首句是"中学校学生，国文程度渐深，急宜授以古人作文义法"，后者的编辑大意的首句是"中学国文程度，较高于小学，故宜授以适当之作文法理，且使略知本国古今文章轨范，以期共保国粹。"可见，选择这些文章均主要是为了让学生习得写作的方法。正因为如此，这些教科书均选入了这篇著名的古文。

这从这几套教科书的注释、评点中也可以看出。上述清末出版的两套教科书袭用了明代开始的评点法，民初出版的几套教科书在此基础上又汲取汉代开始的注疏法。清末的教科书是选文和评点结合，民初出版的教科书多是选文本和评注本分开。如《共和国教科书国文读本》和《新制国文教本》是选文本，而《共和国教科书国文读本评注》和《新制国文教本评注》分别是二者的配套评注本。评点的内容为该文高超的写作技法，注释的对象为重要或较难理解的字、词、句。如《中学国文教科书》的"例言"称："古文用法之妙，纵横变化，不可方物，故昔人以行云流水为比。明季选家于文之一提一顿，一起一落，一一加以评点。与谈举业家无所分别，使人人遵其说，直不啻东施之效颦，邯郸之学步，适足以彰其陋而已。今于每篇之中，略言其命意所在，间及其经营结构之法，不敢过为刻画。"虽然不像明朝评点家那样作繁琐的评点，而只评点其关键处，但评点的对象差别不大，仍主要是"命意所在"及"经营结构之法"。又如《共和国教科书国文读本评注》的编辑大意称："选文重在评点。圈点既载之读本中，而说明文之关键筋节处，则评语尚焉。本编所录，凡文中章法句法段落提顿之应说明者，精神脉络之应表示者，或采旧说,或出新意,无不求备,务使学者易于明瞭",而且"注与评各异。注主解释意义,音声训诂属之。评主揭示作法、体例、结构及一切变化属之。"其他教科书关于评点和注释的用意及内容类似,不再赘述。下面,我们分别以《中学国文读本》《中学国文教科书》和《中华中学国文教科书》《共和国教科书国文读本评注》为例来看清末民初编者对《项脊轩志》所作的评注。

《中学国文读本》(1908、1914)采用的是眉批的形式,其"凡例"称:"本书于文中之大节目处特加圈点并附评语以引起读者之注意"。注意什么呢?《项脊轩志》

《中学国文读本》(1914年重订本)

全文共6条批语:对开头项脊轩周围景物描写的批语是"叙事,故为繁杂,然到头有结束,乃不至于失统。"在"予居于此多可喜亦多可悲"一句上批道:"顿此一笔,生出下文无数情波,亦足为上文统结之笔。前一段叙轩之景物,此处入家常琐事矣。"在追忆祖母一节文字上的批语为"声影皆肖欧公"("欧公"指唐宋八大家之一的欧阳修)。在"瞻顾遗迹,如在昨日,令人长号不自禁"之句上批道:"叙先代之事毕于此句。"在"项脊生曰:蜀清守丹穴……"一段上的批语为"此一段无因发端,若与本题绝不相类者,然文字到纯熟处、插笔处迥不由人。盖能收束方被纵肆,猝学之,便生硬不能融洽矣。"对最后一节的批语是"伤母悼妻,借物与感。盖深于六一之集,方有此等风神"(欧阳修号"六一居士")。这6处批语针对的均是《项脊轩志》作法精妙之处,而且不时将归有光和欧阳修的笔法作比较,指出作者所受欧阳修的影响。

《中学国文教科书》(1908)对选文的评点仍然采用眉批方式。编者在其题下批道:"叙述琐事,而吐属大雅,此境亦不易到"。在"予居于此多可喜亦多可悲"一句上批道:"此一句揭过上半篇。"在记叙祖母对自己期待一节文字上编者批道:"作文如作画，若一笔不似，便面目全失。看此数语，必然出自老妇人口中。"批语总共只有3条，就如编者在其例言中所说的，只是评点关键处，但所评仍都是其作法。

《中华中学国文教科书》(1912)的编辑大意称：评语一般都放置在每段结束处（"于每篇文字分段落处"），而关于文章的总体特色，则在文末总评，评点时"或采先民成说，或间出己意"。如编者在"予居于此多可喜亦多可悲"后评点道："以上写景"；在"瞻顾遗迹，如在昨日，令人长号不自禁"后评点道："以上述情"；在"其谓与坎井之蛙何以异议"后评点道："以上高怀"；在"庭有枇杷树，吾妻死之年所手植也，今已亭亭如盖矣"后评点道："以上余韵"。这样就把整篇文章的段落、层次以及本段的表达方式揭示出来了。最后在文后总评道："纯从琐细处生感，淡宕处取神，盖亦得史迁一体者。"这样，既评点其全文特色，又指出其受司马迁写《史记》时所用的笔法的影响，以示文学发展之源流。

《共和国教科书国文读本评注》(1919)

我们再看《共和国教科书国文读本评注》(1913、1919)中对《项脊轩志》的第1段的评注：

项脊轩（此轩名，盖取短狭之意，如在项脊间也），旧南阁（亦雅云，小闺谓之阁）子焉（一句释题）。室仅方丈（方一丈也），可容一人居。百年老屋，尘泥渗（音参）漉（音鹿，屋漏也），雨泽下注（即漏雨也）。每移案顾视无可置者。又北向不能得日，日过午已昏（暗也）（以上状南阁子旧态）。予稍为修葺，使不上漏（应上"雨泽下注"句）。前辟四窗，垣墙周庭（绕庭院以周墙也），以当南日。日影反照，室始洞然（应上"日过午已昏"句）。又杂植兰桂竹木于庭。旧时栏楯（纵曰栏，横曰楯，俗呼栏杆），亦遂增胜（言栏楯虽旧，亦因兰桂竹木而增其胜景也）。借书满架，偃仰啸歌，冥然兀坐（室中情趣亦遂与旧时不同），万籁有声而庭院寂寂，小鸟时来啄食，人至不去（写景幽寂如柳州、剑南）。三五之夜，明月半墙，桂影斑驳（驳杂也,墙上影参差状也),风移影动,珊珊(如珮声也)可爱(又写庭中景应上文)(以上修葺后情景)。然予居此,多可喜亦多可悲(此一提,开出下文所述各节)。

从这段评注来看,涉及字音、词义等写法。从全文看,在每节转换处都提示作法。另外,没有题下或文末总评之类的文字。和以前的教科书相比,此处的评注要琐细得多,这可能是为了更"实用"。注是词语音义,评是文章作法,这一点仍然没有改变。

《中华高等小学国文教科书》(1912)的第8册第15—24课分别为《归氏二孝子传》(归有光)、《项脊轩志》(归有光)、《报刘一丈书》(宗臣)、《五人传》、《五人传(续)》、《五人传(续)》、《费宫人》、《书史阁部殉扬州事》(黎士宏)、《书史阁部殉扬州事(续)》和《左史二公遗事》(方苞)。显然,是将《项脊轩志》作为写人记事的典范之作,让学生揣摩仿写。

从这一时期的编者对选文功能的确定来看,《项脊轩志》的技法当然使其适合作为古文写作的典范。除此之外,还有什么原因呢?

2. 符合桐城派所遵崇的古文标准

1933年,黎锦熙说:"清末(二十世纪开始时)兴学,坊间始依钦定课程编印国文教科书;中学以上,所选大率为'应用的古文'(胡适氏用以称桐城派者),其高者亦不出姚氏《古文辞类纂》等书之旨趣与范围。……民国初年(一九一二以后)中学学制无甚更张,所出国文选本,惟内容稍稍扩大:高年级略选经籍,似至此始知由姚选进而取法乎曾选之《经史百家杂钞》也者;又稍稍羼入诗歌。"[①]可见,清末民初的国文教科书选文的依据分别是姚鼐的《古文辞类纂》和曾国藩《经史百家杂钞》。姚鼐是桐城派三大家之一,曾国藩是桐城派的后起之秀。总之,这一时期教科书编者选择古文所依照的是桐城派所确立的标准。

为了抵制台阁体文风,明代中叶,前、后七子号召"文必秦汉,诗必盛唐",重新走上了词句雕饰的道路,这种因复古而泥古的做法受到了归有光、王慎中、茅坤和唐顺之等人的抵制。归有光等人提出要学习唐宋古文,主张文章形式应以散行单

---

① 黎锦熙.《三十年来中等学校国文选本书目提要》,《师大月刊》1933年第二期,第4页。"《古文辞类纂》《经史百家杂钞》这一类书,根本是不给中学生读的。《古文辞类纂》是一部'桐城文派正统'的教范。《经史百家杂钞》,曾国藩这种'集大成'的选法,根本是要不得。前者太狭,因为不必人人做桐城派的信徒;后者太广,简直可以说是荒唐。(这部书唯一的好处,是打破四部的成见,把经书作文学读,是梁《昭明》所不及的)可谓是有主义而无办法的选法。在这上面来取教材,适用的文章就太少了。因为'狭义'的门户之见甚深的姚姬传所淘汰掉的文章,容许对于学生是适用的;同时包罗万有的曾国藩,凭着他一个人的学问才识,当然不配估量数千年的文章作品,那就不免挂一而漏万了。所以,在这种选本上再去选择,可以说不是直接教材,是完全不对的。总而言之,选本多少是带有色彩的。"伍眷雪.《高中国文教材问题的我见》,《教育通讯》1938年4月23日第5期,第5—6页。

句为主,内容反映的应是现实生活、表达的应是自己的思想。清代桐城派古文家姚鼐等人提出的"言之有序"和"言之有物"的"义法"观与之一脉相承。所以,归有光的古文在桐城派眼中是一个典范。在姚鼐看来,归有光直接承续了唐宋八大家的散文传统,其散文成就在元明两代无人能出其右。所以在姚鼐编的《古文辞类纂》中归有光的文章最多。而在其他桐城派文人眼里,归有光、方苞、刘大櫆、姚鼐的散文可谓一脉相承。1939年,有一套国文教科书的编者在《项脊轩志》课后的"作者略历"中提示了桐城派与归有光的渊源[①]:

> 有光为明代古文中坚,后起多师奉之。当王世贞执文坛牛耳,声望赫然,有光则目之为庸妄巨子,诋之为俗学。世贞初亦觝牾。迨有光既殁,世贞渐悟所学之非,故作有光像赞,推挹甚深,至谓方轨韩欧。有光为文,原本经术,尤好太史公书,而得其神理,于叙事文尤善。方苞《书归震川文集后》云:"震川之文,乡曲应酬者十之六七,而又徇请者之意,袭常缀琐。虽欲自远于世俗言,其道无由。其发于亲旧,及人微而语无忌者,盖多近古之文。至事关天属,其尤善者,不俟修饰,而情辞并得,使览者恻然有隐。其气韵盖得之子长,故能取法欧、曾,而少更其形貌耳。"姚鼐《古文辞类纂》,论次历代古文作家,以有光直接唐、宋八家之后,元、明两代除有光外,无第二人,其推崇可谓至矣。

此前,1929年钱基博在《中国文学史论略》中也提到桐城派与归有光的渊源以及桐城派对其古文的推崇,他说[②]:

> 至有光出而专致力于家常琐屑之描写。桐城派方苞谓:"震川之文……(与以上引文同,故略——引者)"而姚鼐亦以为"归震川之文于不要紧之题,说不要紧之话,却自风神疏淡,是于太史公深有会处。"……让清中叶,桐城姚鼐称私淑于其乡先辈方苞之门人刘大櫆,又以方苞续明之归氏而为《古文辞类纂》一书,直以归、方续唐宋八家,刘氏嗣之;推究阃奥,开设户牖,天下翕然号为正宗,此所谓桐城派者也。

从这两段介绍可以看出,桐城派大家十分推崇归有光的古文,尤其是其中回忆亲人的古文。而回忆亲人的古文中的代表就是《项脊轩志》和《先妣事略》等。从笔法上看,《项脊轩志》又胜过《先妣事略》,所以《项脊轩志》被视为归有光古文中的代表作品。

《中学国文读本》(1908、1914)的编者林纾所作的古文曾得京师大学堂教习、

---

① 教育总署编审会著.《高中国文(第5册)》,著者自刊1939年版,第210—211页。
② 钱基博编,顾悼校.新师范讲习科用书《国文(下卷)》,上海:中华书局1929年8月第8版,第106页。

桐城派后期重要作家吴汝纶的赞赏[①]。《中学国文教科书》(1908) 的编者吴曾祺曾按桐城派后起之秀曾国藩所编的《经史百家杂钞》的体例而编辑了古文汇集《涵芬楼古今文钞》。可见，这两位编者对桐城派古文的推崇，他们在其所编的教科书的"凡例"或"例言"中都提到了姚鼐所编的《古文辞类纂》，该书所选课文中的清代文章都是桐城派的古文。那么明代的古文选谁的呢？既然桐城派古文大家均推崇归有光的古文，那么将《项脊轩志》选入其所编的国文教科书就是天经地义的事了。例如《中学国文读本》(1908、1914) 的第2册除选入归有光的《项脊轩志》外，还选录了他的《贞女论》《守耕说》《沧浪亭记》《畏垒亭记》《家谱记》《先妣事状》《沈贞甫墓志铭》和《寒花葬志》等8篇古文。《中学国文教科书》(1908) 的第2集除选入《项脊轩志》外，更是一口气选了归有光的《项思尧文集序》《史论序》《送陈子达之任元城序》《送夹江张先生序》《周弦斋寿序》《上徐阁老书》《上万侍郎书》《与宣仲济书》《陶节妇传》《筼溪翁传》《魏诚甫行状》《沈贞甫墓志铭》《沧浪亭记》和《秦国公石记》等15篇古文。编者吴曾祺在该书的凡例中还特别提到归有光的文章，他说："明人归震川虽称作者，而名位太卑，不及交王公大人为憾事"，但是该书还是选入了"数篇之大题目"，这是因为那些王公大人虽有功绩，但是"其文不能工"，而归有光虽然名位不高，但所叙闾巷轶闻能使"读者不觉唏嘘欲绝"。可见两位编者对其古文的珍爱。《中华中学国文教科书》(1912) 的第3册选入了归有光的《与宣仲济书》《项脊轩志》和《畏垒亭记》等3篇古文。因为清末中学修业年限为5年，民初改为4年，所以，许国英重订了清末《中国国文读本》和《中学国文教科书》并分别于1913—1915年、1913—1914年由商务印书馆出版。所谓"重订"只不过是根据课时被压缩的现状而将原教科书的"册"或"集"重新归并调整而已。这说明许国英认同了林纾和吴曾祺的选文标准。许国英自己所编的《共和国教科书国文读本》(1913) 和《共和国教科书国文读本评注》(1913、1919) 自然也会受到他们的影响，如该书的第2册选入了归有光的《沧浪亭记》《项脊轩志》《家谱记》和《先妣事状》等4篇古文。随后出版的《新制国文教本》(1914) 与《新制国文教本评注》(1914) 所采用的选文和评注分开的方式参照的就是《共和国教科书国文读本》和《共和国教科书国文读本评注》的做法，稍显创新之处就是按照体裁将选文组织成不同的单元，如将归有光的《沧浪亭记》《项脊轩

[①] 1923年，胡适在《五十年来中国之文学》一文中说："严复林纾是桐城派的嫡派……康有为梁启超都是桐城派的变种。"胡适著：《国语文学史》，北平：文化学社1927年版，第248页。1928年，他又在《白话文学史》中说："吴汝纶……林纾正在努力做方苞、姚鼐的'肖子'"。胡适著：《白话文学史》，北京：团结出版社2006年版，第312页。

志》与另外23篇他人的杂记归入"杂记之属",但其选文标准和"共和国"教科书一样,所选清代古文以桐城派的古文为主,所选明代古文以归有光的古文为主。

1915年,北洋政府国定图书编纂处制订了一份《中学国文教授要目草案》。在其"讲读文章"中提到了《项脊轩志》:"记叙之文,当采详实分明者……如《木假山记》《喜雨亭记》《项脊轩记》等篇,或无甚意义,或有似小说,不须诵习也。"① 可见,制定者对《项脊轩志》颇有微词。不过,此后并没有依照这份草案编写的国定中学国文教科书出版。清末、民初所编的国文教科书一直沿用到1920年"国文"改为"国语"之后,1923年新学制国语教科书出版之前。随着1920年前后语文教科书语体的变革以及选文的教学功能变化,《项脊轩志》进入了另一个接受阶段。

二、文言作品,多供欣赏;归氏古文,妖魔之文(1923—1928)

1920年,"国文"改为"国语"以后,出现了中学白话教科书、文白兼用教科书和文言教科书。第一类教科书自然不会选入文言的《项脊轩志》,那么后两类教科书是否像清末民初的中学国文教科书那样必选该文呢? 1923—1928年出版的中学文言教科书至少有3套,文白兼选的教科书至少有3套,但是选入该文的只有以下两套。

编 者	教科书名称	册次	出版社	时间、版次	删节情况
沈星一	《新中学古文读本》	第2册	中华书局	1929年8月15版(1923年1月初版)	删节(项脊生曰……)
庄 适	《现代初中教科书国文》	第4册	商务印书馆	1924年12月再版	原文

可见,相对于此前来说,《项脊轩志》在中学国文、国语教科书中遭遇了冷落。就其原因与文言文的教学功能以及对文言散文选择的标准的转变有关。

1. 主要发挥文言文学作为阅读凭借的功能

1920年,"国文"改为"国语"之后,白话文开始进入中小学教科书。不过,文言并未退出历史的舞台。人们认为,社会生活需要文言,因为当时的报刊文章、政府公文和私人信件等用的都是文言;传承文化需要文言,因为古代典籍绝大多数用文言写成;建设国语文学需要文言,因为建设新文学需要从文言作品

---

① 《中学国文教授要目草案》,《教育研究》1915年第二十四期,第41—42页。又,颜友松编辑的《初中国文教科书》也说:"先生善描写家庭琐屑之事,且多情趣,饶有小说味。"(颜友松编辑.初中国文教科书》,上海:大华书局1935年版,第2册第136页)。这种观点可能受胡怀琛的影响,1923年胡怀琛在《归有光的小说文学》(胡怀琛.《归有光的小说文学》,《民众文学》1923年第3卷第1期,第1—7页)中就认为归有光的散文采用了小说的笔法。

中积累词汇、学得技法,等等。所以,1923年颁布的新学制《初级中学国语课程纲要》规定,第一至三阶段文白比例分别为1:3、1:1、3:1,即随着年级递增文言比例逐渐增大、白话比例逐渐减小。不过,中学教科书中的文言作品的教学功能此时已经发生了根本改变,清末民初学习文言作品是为了写作实用文章,而此时学习文言作品主要是通过掌握文言这个工具而能阅读浅显的文言文,或欣赏古代文学作品,如新学制《初级中学国语课程纲要》的课程目标规定,要"使学生能看平易的古书"和"引起学生研究中国文学的兴趣";《高级中学公共必修的国语课程纲要》的课程目标规定,应"培养欣赏中国文学名著的能力"和"增加使用古书的能力"[1]。文言写作的要求被降低,如《初级中学国语课程纲要》规定,国语课程的首要目标是"使学生有自由发表思想的能力",又并不明确是用文言还是白话发表,在某种程度上这就是降低文言写作要求而提高白话写作的要求。新学制《高级中学公共必修的国语课程纲要》的课程目标明确规定,要"继续发展语体文的技术"和"继续练习用文言作文"[2],对文白分别予以强调,说明同样重视。正因为如此,作为文言古文写作典范的《项脊轩志》自然不像以前那样被尊崇。

《新中学古文读本》(1923、1929)收入了《项脊轩志》,不过该文的功能也已发生了改变。该书的编辑大意称:"中学学习国文之目的:(1) 养成发表思想之技能。(2) 养成读书之能力。本书选择教材即以此二项为标准,而尤注重(2) 项。"可见,虽然全书所选文章和以前一样均是文言作品,但这些文言作品主要被当成了训练学生阅读文言作品的凭借,《项脊轩志》自然也不例外。这一点可从以下两方面看出:第一,选文的组织方式。如其编辑大意又称:"本编选录各文,只问内容,不拘体裁","将教材内容实质相近者或相发明者,比属排列,俾学者藉有湝发思想,比较、判断之便利"。因为主要作为阅读之用,所以文章体裁特征是否明确、典型并不是首先要考虑的。该书中《项脊轩志》之前的两篇课文是乐府民歌《孤燕诗》和《琅琊王歌辞》,之后的两篇课文是明代的论说《言命》(方孝孺)和序跋《书刘禹畴行孝传后》(刘基)。可见,既不像以前的文言教科书为了凸显某个作品的文学地位及某种作品的文学源流而按时代编排作品,也为了突出某作品的文体特征而按文体组织单元。第二,选文的呈现方式。首先是没有评点。文后附有注释,注释的内容

---

[1] 课程教材研究所编.《20世纪中国中小学课程标准·教学大纲汇编·语文卷》,北京:人民教育出版社2001年版,第274、277页。
[2] 课程教材研究所编.《20世纪中国中小学课程标准·教学大纲汇编·语文卷》,北京:人民教育出版社2001年版,第274、277页。

主要是文中一些较难理解的字词,注解数量少,仅11个,而且简略,多为含义、读音。这一时期的国文教科书注解因为选文功能不再是为写作之用,而是供阅读欣赏之用,所以文章章法之类一概不再被提及。其次删节难懂段落。原文倒数第二段"项脊生曰:蜀清守丹穴,利甲天下,其后秦皇帝筑女怀清台。刘玄德与曹操争天下,诸葛孔明起陇中。方二人之昧昧于一隅也,世何足以知之?余区区处败屋中,方扬眉瞬目,谓有奇景,人知之者,其谓与坎井之蛙何异?"被删除。这一段在此前的教科书中一直被保留,因为在此前教科书编者的眼里这正是作者古文技法高超之处,也是其创作受司马迁影响的例证。如前述《中学国文读本》的编者在教科书中评点这段文字时,并不认为其显得突兀。此处之所以被删除,可能是因为这段文字出现了光宗耀祖的封建思想而不合五四时期追求民主、平等、独立、自由的现代思潮;又可能是因为这段议论性的文字破坏了整篇文章的意境、情趣;还可能是因为其中有典故,不合胡适所倡导的"不用典"(包括"成语""引史事""引古人作比"和"引古人之语"等)的新文学主张;还可能是因为文中所用的史家笔法、所寓的深意学生未必能懂。尤其是后两种原因的可能性更大,如其编辑大意称:"古人作文,于极平常之语,往往故为奇崛,或于通畅条达之中忽杂一二费解语。本书斟酌删改一二字,以期于合于教科之用。"可见,这一段在编者眼里可能是"故为奇崛",其中的典故更是令人"费解",纵然其笔法真的高超,也应悉数删除,因为此时学习文言作品目的已转变。

《现代初中教科书国文》(1924)没有编辑大意,从其选文组织和呈现方式来看,兼顾了文言写作。其选文以题材一致为主,兼顾了体裁。如其第1册的第1、2课分别是陶潜的《桃花源记》和王安石的《桃源行》,一为无韵的文,一为有韵的诗,体裁不一,但题材一致。第4册的第7—

《现代初中教科书国文》(1924)

11课为《凶宅》(白居易)、《项脊轩志》(归有光)、《伐树记》(欧阳修)、《寄题刘著作羲叟家园》(欧阳修)和《吾庐记》(魏禧),可见单元组织方式是题材兼顾体裁。课文照录了原文,出现了新式标点,但不分段落,一般是在一个完整的句子后面出现一个明显的间隔。文后附有注释,注释的内容多为解释句子的内容或文中出现的典故,还带有一点"评"的意味;注释数量不多,共13个,其中7—13是注释"项脊生曰"一段所涉及的典故;注释方式多数很简略,如注释1—4、10—13如下:

(一)言东室之犬,见西室之人而吠也。(二)分居则各自为主,各私其客,故越庖而就宴也。(三)有光祖母夏氏。(四)有光母周氏,详见下册《先妣事略》。

(十)玄德,名备——即"蜀先生"——汉之宗室,汉衰,曹操——即魏武帝——势方盛,备与争天下,迄不得志;闻诸葛亮有王佐才,三顾以聘之,始得据有巴蜀,与曹吴鼎足三分天下。(十一)指蜀清与诸葛孔明。(十二)垠与坎音义皆同。垠井之蛙,见《庄子·秋水》。(十三)见第一册《祭外姑文》。

不过,全文均没有评点其作法的高超。大概一方面表明选录《项脊轩志》的目的主要是为了训练文言阅读,另一方面是为了遮掩有提倡文言写作的嫌疑。

正是因为文言地位的下降和教学功能的变化,所以《项脊轩志》这篇曾经的文言古文典范和其他富有情趣的文言作品相比就不显得那么突出,也就只出现在以上两套文言教科书中了。初级中学用《言文对照国文读本》(1923年,世界书局)根本就不选此文,文白参用的教科书如初级中学用《新学制国语教科书》(1923—1924,商务印书馆)和《初中国文选读》(1926,孔德学校)也不选。这样一来,其在这一时期的教科书中出现的频率显然要低于过去。

2. 不尽合文学革命派界定的文学标准

1917年1月,胡适在《新青年》上发表《文学改良刍议》一文,举起了文学革命的大旗。他在文中开始对古文发难。他认为,文学创作应不摹仿古人,然而"今之'文学大家',文则下规姚、曾,上师韩、欧"[1]。以姚鼐、曾国藩为代表的桐城派及以归有光为代表的唐宋派,自然在其鄙视之列。2月,陈独秀在《新青年》上发表了为胡适摇旗呐喊的《文学革命论》。他在文中称,前后七子和归有光、方苞、刘大櫆、姚鼐等人为"十八妖魔",他们所创作的贵族文学、古典文学和山林文学阻碍了"平民文学"的发展,掩盖了"平民文学"家的光彩,故可归入打倒、排斥之列,他说[2]:

---

[1] 胡适.《文学改良刍议》,《新青年》1917年第二卷五号,第3页。
[2] 陈独秀.《文学革命论》,《新青年》1917年第二卷六号,第3页。

明之前后七子及八家文派之归方刘姚是也。此十八妖魔辈，尊古蔑今，咬文嚼字，称霸文坛，反使盖代文豪若马东篱，若施耐庵，若曹雪芹诸人之姓名，几不为国人所识……归方刘姚之文，或希荣誉墓，或无病而呻，满纸之乎者也矣焉哉。每有长篇大作，摇头摆尾，说来说去，不知道说些甚么。此等文学，作者既非创造才，胸中又无物，其伎俩惟在仿古欺人，直无一字有存在之价值，虽著作等身，与其时之社会文明进化无丝毫关系。

今日吾国文学，悉承前代之敝，所谓桐城派者，八家与八股之混合体也……际兹文学革新之时代，凡属贵族文学古典文学山林文学，均在排斥之列。以何理由而排斥此三种文学耶？曰，贵族文学，藻饰依他，失独立自尊之气象也。古典文学，铺张堆砌，失抒情写实之旨也。山林文学，深晦艰涩，自以为名山著述，于其群之大多数无所裨益也。其形体则陈陈相因，有肉无骨，有形无神，乃装饰品而非实用品；其内容则目光不越帝王权贵，神仙鬼怪，及其个人之穷通利达。

他们的主张得到钱玄同、刘半农等人的呼应。钱玄同分别致信陈独秀和胡适对他们的观点表示赞同。如他在致陈独秀的信中说："选学妖孽所尊崇之六朝文，桐城谬种所尊崇之唐宋文，则实在不必选读"[①]；他在致胡适的信中说："彼选学妖孽，桐城谬种，方欲以不通之典故，肉麻之句调，戕贼吾青年"[②]。钱玄同和刘半农还在《新青年》以演双簧的形式来抨击文言文学。他们的言论引发了和桐城派颇有渊源的古文大家、《中学国文读本》的编者林纾的不满，于是林纾作《荆生》和《妖梦》来影射他们。不过，林纾的行为也引发了公愤，所以不得不登报道歉。由此，唐宋派、桐城派古文成了旧文学的代表，成了建设新文学所要革命的对象。

桐城派被贴上"谬种"的标签后，在中学语文教育界的地位简直是一落千丈。如1922年孙俍工主张，中学应学习新文学，抛弃旧文学，因为如果不学习创作新文学，那么新文学可能就会回到古文派所主张的"文以载道"的老路上，不利于文学革命的推进。他说：虽然现在一些写白话文，但并不是因为白话文在文艺上有价值才去写，而是赶时髦而已，况且一些人以为"只要是白话的作品就可叫做文艺"，这是对文艺生命的一种戕害，"如果不极力把文艺底意义阐明到极真确的时候，把文艺底生命扩张到人们全体的时候，把文艺底基础弄到极稳固的时候，不但永远没有真正的纯粹的文艺呈现出来，甚或至于连现在所流行的时髦的白话文底声浪

---

① 《新青年》1917年二卷六号"通信"栏。
② 《新青年》1918年二卷六号"通信"栏。

也要毫无声息地销沉下去,不至一班'桐城谬种''选学妖孽'卷甲重来恢复他们底天下不止。这实在是可为文艺底前途隐忧的呵!"① 所以在他编写的《初级中学国语文读本》中一篇文言作品都未被选入,更不要说选桐城派的古文了。又如1924年有人称:国文教学要注重内容和形式两方面,所以既要注意语言文字的训练,又要注意思想内容的灌输,"在灌输思想上,桐城派的文章最要不得,他对于现在所需要的人生观念,如爱国思想,民治精神,社会观念等一些没有,空空洞洞,说些义猴孝女节妇等事,即使这种是好道德,也不过是个人的私德,与现在所极需要的公德无干……所以现在的人,不爱国的,甚至卖国的,贿选的,捧曹锟的,小之如包庇烟赌的,多数是读过桐城派文章来的,因为桐城派文章并未说起过'爱国''总统''选举''烟赌'等等字样呀! 加以桐城派文章又是异常枯燥拘束,咬文嚼字,最足束缚青年奋发有为之气,而局于死气沉沉之下。"② 如同清末废八股前,有些人将八股与缠足、鸦片视为戕害国民身心的"三毒"一样,此时也将桐城派古文视为国之大害了。

桐城派古文在一些文白参用或文言中学国文教科书中地位和以前相比更是天壤之别。如《中学国文读本》(1908)的第1册所选清文中属桐城派"三大家"的方苞和姚鼐的文章分别有3篇和6篇,属"姚门四杰"之一的梅曾亮的文章2篇,还有开创"曾门"一派的曾国藩的文章6篇;《中学国文教科书》(1908)所选录的姚鼐、刘大櫆的文章分别为8篇,梅曾亮的文章7篇,曾国藩的文章5篇;清末教科书的编者对桐城派古文偏爱,于此可见一斑。但是,新学制时期,桐城派古文在教科书中的地位就急转而下了。如《新中学古文读本》共3册,而上述桐城派作家的古文一篇未被选。《现代初中教科书国文》共6册,只是在第4册中选入了姚鼐的《登泰山记》。虽然在这两套教科书出版之前颁布的《高级中学公共必修的国语课程纲要》中,胡适在开列应阅读的"文学名著"时特意提到了姚鼐和曾国藩的古文,但仍然没有改变这两套教科书的编者对桐城派散文排斥的态度。其实,就是胡适参与校订的《新学制国语教科书》(1923,商务印书馆)也没有选入《登泰山记》这篇散文。这又可能与新文学建设思想有关,当时文学革命者认为首先要建设的新文学是白话小说和诗歌,《新学制国语教科书》的编者之一叶圣陶在拟定新学制《初级中学国语课程纲要》时,其所列的教科书文体主要就只有诗歌和小说,所列的课外略读的文体只是小说、戏剧和散文,并指出散文可分成三类:"甲.以著作人

---

① 孙俍工.《文艺在中等教育中的位置与道尔顿制》,《教育杂志》1922年第十四卷第十二号,第3页。
② 刚.《国文科对于中学生的重要》,《松江评论》1924年第35期,第2页。

分类:例如梁启超文选,章士钊文选,胡适文选之类。乙.以文体分类:例如议论文选本,传记文选本,描写文选本之类。丙.以问题分类:例如文学革命问题讨论集;社会问题讨论集等。"① 从其所举之例,可以看出,主要是要求阅读白话散文,而且多是议论性的散文,这样一来,《项脊轩志》显然不在其列。

俗话说,水涨船高。相反,水跌则船低。既然桐城派受排斥,那么被桐城派所推崇的归有光的散文也会因此受累,更何况陈独秀还曾将归有光归入应被打倒的"魔"之列呢。《项脊轩志》之所以仍被选入以上两套教科书,可能是其文学色彩较浓的缘故。1920年,胡适认为:"中学应该有古文选本……不分什么论辩序跋种种的类,选那些文法通顺的有内容的有文学兴趣的文章。"② 受文学革命派的影响,这一时期的教科书选文都强调文学色彩。不过,和桐城派成为众矢之的相比,归有光及"选学"派显然要幸运得多,这主要还是因为他们的作品比较有文学色彩。被钱玄同骂为"妖孽"的"选学"派所推崇的六朝小品也被收入教科书。如《新中学古文读本》编辑大意称:"六朝小品文字,亦选录数首以备一格。"而归有光的古文因为显然比桐城派的古文艺术性更强,所以入选的篇数也比后者多。如《现代初中教科书国文》只选了姚鼐的1篇古文,却选了归有光的《祭外姑文》(第1册)、《项脊轩志》(第4册)和《先妣事略》(第5册)三篇古文。

1923—1928年,随着选文功能和选文标准的变化,《项脊轩志》明显遭遇了冷落③。不过,不久这种情形发生了根本改变。

---

① 课程教材研究所编.《20世纪中国中小学课程标准·教学大纲汇编·语文卷》,北京:人民教育出版社2001年版,第276页。

② 胡适之.《中学国文的教授》,《教育丛刊》1920年第二集,第4页。

③ 1935年,曹聚仁在以自己的国文教学经历为题材而写成的自传体小说《粉笔屑》中对归有光大加贬斥,称:"说到学问,归有光也是非常固陋的",归有光读《史记》只是从形式上学习"古文的笔法","不敢对于内容有什么主张",所以黄宗羲说"归有光的古文,不脱八股文的习气",这种恶习对桐城派古文影响很大。不过,曹聚仁也指出"归有光的小品文章做得有风趣"。(曹聚仁.《粉笔屑》,《中学生》1935年第58期,第75页。)曹聚仁在自传《我与我的世界》中说两处提及归有光的《项脊轩志》:"先母逝世,已经五年了。我好几回想提笔写一篇《我的母亲》,也想如归有光写《项脊轩记》那样写一篇《蒋畈的老屋》,都不曾写好。""三十年前,我读了归有光的《项脊轩记》。曾依照他的笔法,写了一篇《老屋感旧录》。那时,我对桐城派古文颇有兴趣,文字力求简洁,全文不过七八百字,大概也用了'百年老屋,尘泥渗漉,雨泽下注'这类语句……我写的这些文字,有着浓重的怀旧之感,那是不可避免的!"(曹聚仁著.《我与我的世界》,北京:人民文学出版社1983年版,第46—47、57页)曹聚仁在《中国学术思想史随笔》中回忆在浙江一师求学时说,从单不庵学习桐城派古文,而桐城派三大家尊归有光为祖师爷,所以"归有光的文章,除了那有名的《项脊轩记》,读得烂熟,其他如《沧浪亭记》……《先妣事略》,无不熟读深记,我还自以为得归有光的文章义法。……后来,我才知道,我所爱读的归有光文,都是抒情叙事的小品散文。"另外,曹聚仁认为该文内容是写怀旧(借物忆人),其笔法及后来的桐城派相关。其中"项脊生曰"的评论文字与《史记》笔法相同。曹聚仁著.《中国学术思想史随笔》,北京:生活·新知·读书三联书店1986年版,第409、410页。

三、文言古文,同与白话;归氏古文,散文代表(1929—1936)

1929—1936年,教育部相继颁布了初、高中《国文暂行课程标准》(1929)、《国文课程标准》(1932、1936)等6份课程标准,民间出版机构陆续出版了大量的中学国文教科书。《项脊轩志》也因为教科书选文功能和标准的变化,而得以入选以下多种教科书。

编者	教科书名称	册次	出版社	时间、版次	删节情况
朱文叔	初级中学用《新中华教科书国语与国文》	第2册	新国民图书社	1929年7月出版	删节(项脊生曰……)(下同)
赵景深	《初级中学混合国语教科书》	第2册	北新书局	1931年2月初版	删节
傅东华、陈望道	初级中学用《基本教科书国文》	第2册	商务印书馆	1932年11月初版	删节
徐蔚南	初级中学学生用《创造国文读本》	第3册	世界书局	1933年4月再版	原文
罗根泽、高远公	《高中国文选本》	第2册	立达书局	1933年8月初版	删节
姜亮夫、赵景深	《初级中学北新文选》	第2册	北新书局	1933年7月3版	删节
傅东华	《复兴初级中学教科书国文》	第3册	商务印书馆	1933年12月30版	删节
沈荣龄	《试验初中国文读本》	第3册	大华书局	1934年6月出版	原文
江苏省教育厅修订中学国文科教学进度表委员会	《初中标准国文》	第5册	中学生书局	1934年8月出版	原文
颜友松	《初中国文教科书》	第2册	大华书局	1935年1月初版	原文
夏丏尊、叶绍钧	《国文百八课》	第1册	开明书局	1935年版	原文
国立编译馆	高级小学用《实验国语教科书》	第4册	商务印书馆等	1936年11月初版	翻译、删节

1. 和白话文一样能发挥思想教育、培养欣赏文学兴趣和读写能力等功能

1929年之后,人们对文言的看法趋于理性,不再欲除之而后快,甚至在1931年左右还出现了文言复辟的现象。1929年颁布的初中《国文暂行课程标准》所规定的3年所学的课文的文白比例为3∶7、4∶6与5∶5。可见,在3年所学课文中,文言与白话各占一半,随年级增高而文言递增、白话递减的趋势也没有变化。这不仅意

味着文言学习的必要,而且意味着高中文言比重将大于白话。这种文白安排方式在此后颁布的课程标准中也没有什么变化。而且,初中《国文暂行课程标准》的课程目标对文白学习的要求作了明确的规定:"养成运用语体文及语言充畅地叙说事理及表达情意的技能","养成了解平易的文言书报的能力。"① 可见,初中只要求写白话不要求写文言,文言作品的功能,除了培养欣赏文学的兴趣之外,就是训练阅读一般文言书报能力。高中《国文暂行课程标准》和初中《国文暂行课程标准》对文白学习的要求稍有不同,而提出了"酌量兼使有运用文言作文的能力"②。随后颁布的几份课程标准相应的规定,没什么大的变化。依据课程编写的教科书文也是文白混编,教师使用这种教科书自然也是文白混教,这样对于文白课文,在教学内容的选择和方法的运用上并不认为应有多少区别。另外,课程标准对教科书选材的规定也发生变化,强调其思想的纯正或积极。1927年底,国民党开始推行"党化教育",蒋介石对古代"六艺"(礼、乐、射、御、书、数)进了阐发,认为"六艺"之学是古代教育的核心,现代教育也应该有所继承,而使其成为现代国民所具备的修养或技能③。1934年2月,蒋介石又号召读经,提倡尊孔。当年抨击小学国语教科书的湖南省主席何键,还有广东省主席陈济棠都积极支持这一次的强令读经运动④。当年9月,《教育杂志》主编何炳松向全国教育界以及关注教育的学者发出100余封征询有关"读经"问题的信函,并把收回的72篇以"全国专家对于读经问题的意见"为总题在《教育杂志》上刊发。传统道德教育,于是开始被加强。1934年,有人在评论归有光的文学作品时就提出要改变以语体作为判断作品价值的标准,他说:"中国旧文学里,不乏很有价值的作品,但一般人执于古文与语体的成见,因而忽视过去了。如本文所介绍的归有光的文学,就是一例。文学无所谓新旧,只问内容是否优劣。如果单以文字上的差异而判定作品的价值,不免陷于错误。所以我们不能常抱着传统的家派观念。"⑤ 这样一来,《项脊轩志》入选的几率就增大,因为其可以承担以上多种功能,虽然其主旨不太积极,但是毕竟是对长辈的怀念,这也体现了中华民族传统的孝道。

---

① 课程教材研究所编.《20世纪中国中小学课程标准·教学大纲汇编·语文卷》,北京:人民教育出版社2001年版,第282页。
② 课程教材研究所编.《20世纪中国中小学课程标准·教学大纲汇编·语文卷》,北京:人民教育出版社2001年版,第286页。
③ 李华兴主编.《民国教育史》,上海:上海教育出版社1997年版,第321—323页。
④ 《粤政治研究会通过读经提案》,《中华教育界》1934年第二十二卷第五期"国内教育界"栏,第87页。
⑤ 刘先泽.《归有光的文学》,《学生文艺丛刊》1934年第七卷第九期,第10页。他在文中认为归有光的文是"善于描写家庭状况","趋于自然","富于情感","善于描写"。其所列的参考文献有胡怀琛的《中国文学评价》第三章、《归有光文》和《描写人生片断之归有光》以及苏雪林的《归有光的文学》。

《新中华教科书国语与国文》(1929)的编辑大意称,其选文要"合于艺术的条件"因为这样可以"扩充想像,陶融感情,激起文学兴趣,习得发表思想之技术"。其收录的《项脊轩志》显然符合这个条件,同时编者也希望其发挥这两种功能。除此之外,该教科书选文按主题组织单元,将《爸爸的看护者》(亚米契斯)、《先妣事略》和《项脊轩志》放置在一起,显然又让学生接受孝敬长辈的思想教育。

《初级中学混合国语教科书》(1931)和《初级中学北新文选》(1933)都将其和《藤野先生》放在一起,并提示回忆性散文的写法。同时,将其作训练语法(被视为作文初步)之用,用"庭阶寂寂"等讨论"作动词用的连字副词"的方法。

《基本教科书国文》(1932)的第2册一下子选了归有光的《项脊轩志》、《先妣事略》和《寒花葬志》,并将选文集中呈现,可见编者对归有光散文的赞赏。其课后的"注释与说明"称归有光"工古文,为明代大家。"将这三篇回忆性散文放在一起,也是让学生学习此类文章的写法,如其"注释与说明"称:"这篇用琐细的记事发抒怀旧的感情,差不多完全用间接抒情法。作者在本文中怀念三个人——母亲,祖母,妻——而都从项脊轩出发。文题为'志',实则不是记叙文,可与第一册第二四、二五、二六等课相比较。"此处指出了其技法的高超,同时要求与其他类似写法的散文比较,其所提及的第1册的第24、25、26课分别是《游小盘谷记》(梅曾亮)、《记翠微山》(林纾)和《西湖游记》(孙家淦)。其中梅曾亮是桐城派古文家,林纾与桐城派颇有渊源。可见,其旨意在让学生比较笔法异同的同时,了解其对桐城派散文的影响。

《创造国文读本》(1933)的第3册共选入归有光的《先妣事略》、《祭外姑文》和《项脊轩记》等3篇散文。这3篇散文并没有放置在一起,其中《先妣事略》之后为《西湖六月半》(张岱)。可见,编者视这两篇文章为"小品文",意在让学生比较这两篇文章的写法。将《抒情》(叶绍钧)、《祭外姑文》(归有光)、《郑板桥教子》(刘大白)和《项脊轩记》依次排列,说明编者希望让学生通过后面几篇散文的学习以掌握叶圣陶在《抒情》中所介绍的"抒情"方法,同时理解父辈对晚辈的教诲和期望之情。

《复兴初级中学教科书国文》(1933)的第3册将《北堂侍膳图记》(朱琦)、《背影》和《项脊轩志》等3篇均以怀念父辈的散文放在一起,其思想教育的旨意不言而喻。除此之外,还让学生比较其写法,如《项脊轩志》后的"暗示"写道:"这篇和前篇的抒情方法一样,所抒发的感情也一样性质——一样是悲情。前篇的作者只怀念一个父亲,这篇的作者却怀念三个人——母、大母和妻。前篇的一段悲情根据在一个'背影'的回忆;这篇虽有三段悲情,却都由项脊轩的回忆出发。"可见,编者是让学生在比较异同中学会选择材料的方式。

《试验初中国文读本》(1934)的第3册将归有光的《项脊轩志》归入"描写物象"单元,并将其和《记威士敏士达寺》(梁启超)、《退思堂记》(陆陇其)、《陋室铭》(刘禹锡)放置在一起,其用意在让学生能够比较这几篇课文在描写景物方面的异同。另外,编者在该册中将他的《祭外姑文》归入"表抒情意"单元,其用意也是如此。

《初中标准国文》(1934)第5册将《项脊轩志》和《窦谌课诵图序》放置在一起,其"第五册编选说明"称这两课为"描写文"文中的"记地文"。除为了让学生掌握其写法外,就是告诫学生们要"以为学、治事、进德、修业为归",即接受思想教育。

《初中国文教科书》(1935)第2册将《背影》《伊和他》(叶绍钧)、《梦见妈妈》(盛炯)、《先妣事略》《项脊轩志》和《陟岵楼记》(陈廷敬)放置在一起,既是为了让学生感受父母对子女的怜爱之情,又是让学生在比较中学会如何通过事、物来记人、抒情的方法。编者在该文后所附的"教学过程"中对其"文体""章法""风格"以及"思想和材料"等作了解说,尤其是对其中"思想和材料"的分析极为新颖,兹录于下:

> 作者在本篇所表现的思想有三种:一种是家庭间的爱,这是本篇的中心思想;一种是虽昧居一隅,而有四方之志,这是作者自述其居轩中读书时的思想;一种是人多爱其私而遗其公的心,这是本篇附述及的思想。表现第一种思想,则选取"老妪之言","大母嘉勉之事","妻之至轩问古事及转述诸小妹语"等为材料以表现之。表现第二种思想,则选取"借书满架,偃仰啸歌"及"项脊生曰"等为材料以表现之。表现第三种材料,则选取"迨诸父异爨,内外多置小门墙""鸡栖于庭"等为材料以表现之。

编者不仅从多角度解读了该文的多重旨意,而且指点出了作者在表达每重旨意时是如何选择不同材料的。

《国文百八课》(1935)的第1册第14课的"文话"是"材料的判别和取舍",文选是《欧游心影录楔子》(梁启超)和《项脊轩志》,其后"习问1"为这两篇散文"所想给与读者的是知识,是情味,还是教训?"。"习问3"则要求把《项脊轩志》"里面的材料摘出来,依了时间先后,排成一个细目"。这显然是告诉学生归有光在写作此文时所用的"材料的判别和取舍"的方法值得借鉴。

高级小学用《实验国语教科书》(1936)的第4册第5课《民族主义》一文称:

民族主义的核心是发扬民族精神,而民族精神的核心就是"中国固有的美德,如忠孝、仁爱、信义、和平等等。"第32课《归有光项脊轩记》(白话译文)和第33课朱自清的《背影》,均涉及对家人长辈的怀念,涉及了孝亲、仁爱等"中国固有的美德"。其后4个问题均针对内容进行设问,而且指向了上述两个主题:"1.项脊轩原来是怎样情形? 2.这轩经过修理以后,是怎样情形? 3.作者在轩中极写(惬)意,为什么又伤心起来? 4.'枇杷树现在已经长得绿阴阴的像伞一般',这句话含有什么意思?"当然,虽然并不是为了学习文言表述方法而已经将其译作白话,但是其作为一篇经典散文的写作方法也是值得学习的,所以课后的"说明"就专门指出其以小见大的选材方法和追叙的叙述方式:"从项脊轩追写这个小地方同自己所发生的种种关系,写来异常凄清。所写的虽全是些琐碎小事,但写得极亲切,因此便极动人。"

除了上述教科书从多方面对其进行阐释外,也有学生对其进行了印象式地点评,如1934年振华女学校创办的《振华季刊》创刊号上的"读书志"一栏刊发的高一学生徐湘贞的《项脊轩志》读后感:"明归有光所作。此篇文情悱恻,从极微细琐屑处写来,不觉其烦,而反觉惋转动人。千绪万端,尽蕴蓄其中矣。叙诸父异爨,老妪所言大母所勉,并妻在时室家之乐,随意写来,淡淡着墨,而一片真情流露无余矣。观其'庭有枇杷树,吾妻死之年所手植也,今已亭亭如盖矣。'由此数语,感慨无穷,而有言外不尽之意。人事沧桑,言之凄然。全文真情所凝结,允为至情之文。然非情至之人,乌能有此?"

综上可见,虽然上表所列的《项脊轩志》多是一篇文言散文,但是它被认为可以像白话散文那样发挥多重教学功能,所以其入选理所当然。不过,还与其符合这一时期文学建设者所界定的散文标准存在着一定的关系。

2. 尽合文学建设者界定的散文标准

"五四运动激荡而起的新文学革命,主潮乃是写新诗,白话诗,胡适之所写的尝试体的诗"[1],并没有关注白话散文的写作。1921年,周作人主张写作"小品散文",因为这既可打破"美文不能用白话"的迷信,更因为这种文体的文学性很强——"用平淡的谈话,包藏着深刻的意味"。他的主张受到胡适的赞扬,胡适认为这是"散文方面最可注意的发展"。1926年左右,周作人等人更是推崇明朝张岱等人的"小品文",认为这种"言志"(发抒个人性灵)的"小品文"优于"载道

---

[1] 曹聚仁著.《我与我的世界》,北京:人民文学出版社1983年版,第378页。

(反映社会重大主题)的散文。显然,他是在反对论文式的散文或"遵命"式的散文。散文观念的改变,使得散文创作出现了一个高潮,各种报刊如《语丝》《现代评论》等纷纷刊登散文,一些散文集也相继出版。就像1928年朱自清在散文集《背影序》中所说的,散文发展很快,"三四年来风起云涌的种种刊物,都有意或无意地发表了许多散文。近一年这种刊物更多。各书店出的散文集也不少。《东方杂志》从二十二卷(一九二五)起,增辟'新语林'一栏,也载有许多小品散文。夏丏尊、刘薰宇两先生编的《文章作法》……也特辟小品一栏,小品散文,于是乎极一时之盛。……我们知道中国文学向来大抵以散文学为正宗;散文的发达,正是顺势。而小品散文的体制,旧来的散文学也尽有,只精神面目颇不相同罢了。试以姚鼐的十三类为准,如序跋、书牍、赠序、传状、碑志、杂记、哀祭七类中,都有许多小品文字。……现代的文学——现在只就散文说——与明代的有些相像"。① 可见,包括归有光的古文在内的古文在此时已成为现代散文借鉴的对象。因为散文创作的繁荣,一些新文学作家如冰心、许地山、王统照、俞平伯、朱自清和叶圣陶等人的散文作品大量进入了中学国文、国语教科书,尤其是周作人的《乌篷船》更是必选篇目。

同时,随着人们的古代散文观念,尤其是对归有光散文看法的变化,《项脊轩志》又重新被给予高度评价。例如1929年,钱基博在《中国文学史论略》中对归有光古文十分推崇,他说:"其尤恻恻动人者:如《先妣史略》《归府君墓志铭》《寒花葬志》《项脊轩记》诸文,悼亡念存,极挚之情而写以极淡之笔。睹物怀人,户庭细碎,此意境人人所有,此妙笔人人所无,而所以成其为震川之文,开韩柳欧苏未辟之径也。"② 他还将这篇《中国文学史论略》收入自己所编的《国文》教科书中。1929年,苏雪林(署名"雪林)在《沪潮》创刊号上发表《归有光的文学》主要分析归有光的文章为什么写得好,即揭示出桐城派所不知道的归文"神理"。文章第一句话就是"归有光是桐城派的始祖",然后简述其生平事略。接着从"反抗古典文学精神"和"印象主义"两方面重点分析其文学特色。她在文中结合归有光的作品并结合前人的论述进行分析。其中,反抗古典的文学的精神主要表现为形式上力求通顺、白话化而在内容上表现为"表现骨肉间真挚的情感"和"善为心理的分析"③。后来,不少教科书将其中的"印象主义"独立出来作为教科书的课文,并以"归有光的印象主义"为题名(署名"苏梅")。苏雪林在《归有光的印象主义》中

---

① 薛无兢等注释,柳亚子等校订.《高中当代国文》,上海:中学生书局1934年8月再版第1册,第199—204页.
② 钱基博.《中国文学史论略》,上海:中华书局1929年8月第8版,第106页.
③ 雪林.《归有光的文学》,《沪潮》1929年创刊号,第84、86、88页.文后标明了写作时间"一九二六。初稿"。

称赞归有光"善于表现感情",他多"叙述过去的悲哀",叙事、抒情时"只去留心去写这件事在时间或空间上所给与他的一刹那的印象","有光所写的一件事所给与他的印象,就可以代表他对于这件事的情感的全体。所以他的表现感情方法是最巧妙、最动人、最经济的"。如《项脊轩志》中"妪每谓余曰:某所而母立于兹……小妹语曰:闻姊家有阁子,且何谓阁子也"这三段文字,就用侧面描写的手法非常巧妙地表达了对亲人的怀念之情,她分析道[①]:

> 有光自少至长,都在项脊轩中,这轩给与他的纪念,给与他的记忆,自然不可纪数。如果一一写来怕写几大册子,还不能完毕。看他只用三种印象,组成这一篇文字。一种属于母亲的。一种属于祖母的。一种属于妻子的。都写得十分强烈、十分动人!而所用文字,却都是寥寥可数的。

可见,苏梅对归有光散文评价之高。苏梅的这篇归有光专论被收进了《创造国文读本》,这说明教科书编者对苏梅的观点的认同。又如1930年有人在谈乡村中等师范的国文教学选材时称:有些单选文言,有些单选白话;"或是单选桐城派的文章;甚且有人单选归有光一人的文章做教材的。"[②] 1933年,夏丏尊、叶圣陶在合著的《文心》中还将姚鼐的《登泰山记》和归有光的《先妣事略》作为中学生应学习的经典散文来讨论,甚至还专门以姚鼐的《复鲁絜非书》和曾国藩的《求阙斋日记》为例来讨论文章的"风格"[③]。显然,这些都说明,此诗桐城派已不再被视为"谬种"而避之不及了。桐城派及归有光的古文重新被一些编者视为散文正宗了。又如《高中国文选》(1933)的第2册的选文主要是让学生了解中国文学史源流,所以该册中选入了林纾在为桐城派古文辩护时写给蔡元培的《与蔡子民书》以及蔡元培的回信《答林琴南书》,并在姚鼐的《古文辞类纂序》和曾国藩的《经史百家杂钞序》两篇选文后选入了归有光的《项脊轩志》和姚鼐的《朱竹君先生传》。这种编排旨趣就是要让学生了解明清两代古文的承传关系,以及以归有光为首的唐宋派和以姚鼐为首的桐城派在中国文学史上的地位。又如《国文百八课》的编者夏丏尊、叶绍钧于1935—1937年在《中学生》中所设的"文章偶话"专栏中就以《项脊轩志》为例来讨论段落不同的划分对理解文意的影响问题[④]。这种认同,还可以从各套教科书对归有光及《项脊轩志》的评价看出来。如《新中华教科书

---

① 徐蔚南编辑.初级中学学生用《创造国文读本》,上海:世界书局1934年1月再版第6册,第196—201页。
② 袁溦瀛.《乡村师范国文教学的现状和将来》,《中华教育界》1930年第十八卷第一期,第1页。
③ 夏丏尊、叶圣陶著.《文心》,北京:中国青年出版社1983年版,第243—245页。
④ 夏丏尊、叶绍钧著.《文章讲话》,上海:上海文艺出版社2001年版,第6—10页。

国语与国文》(1929)在《项脊轩志》课后称赞归有光"工古文,为明代大家",又如《初级中学混合国语教科书》(1931)在该文之后的"作者小传"中称其"工古文,为桐城派远祖",等等。另外,从上表所列的12套教科书中有5套均保留原文而未作任何删节也可以看出,编者此举是为了呈现原作的特色。

四、文言古文,文化象征;归氏古文,"言志"典范(1937—1949)

1937年,"七七"事变爆发后,中学语文教育进入了宣扬民族主义阶段。此前,国民政府准备推行教科书国定制。因为战争的爆发而造成物价飞涨,又因为国定制度的推行,所以这一时期民编的教科书很少公开出版。不过,这几套国定教科书都收录了《项脊轩志》。见下表。

编者	教科书名称	册次	出版社	时间、版次	删节情况
中等教育研究会	《高中国文》	第5册	华北书局	1938年3月出版	原文
教育总署编审会	《高中国文》	第5册	著者自刊	1939年8月出版	原文
教育部教科书编辑委员会	《初级中学国文甲编》	第3册	国定中小学教科书七家联合供应处	1946年出版	删节(项脊生日……)(下同)
国立编译馆	《初级中学国文甲编》	第3册	中华书局承印	1947年出版	删节

上表所列的4套教科书其实只是2套教科书,第1套和第2套、第3套和第4套教科书内容几乎相同,只是出版者、出版时间及少量课文不同。可见,教育总署编审会可能只是购买了中等教育研究会所编的教科书版权以作国定教科书之用而已。国立编译馆和教育部教科书编辑委员会同属教育部,所以是一个部门的两个单位,而且这两个单位都负责中小学教科书的编写。中等教育研究会编写的《高中国文》编成于抗战爆发前。其编写思想自然也是这之前的思想。我们在文章开头引用了其对归有光的评价,而且编者将《项脊轩志》和唐顺之的《竹溪记》和《与茅鹿门书》一道呈现,说明编者对这两位明代散文家的重视,尤其是对归氏散文的推崇。因为其编于抗战之前,这种处理并不令人奇怪。但是,其出现在真正国定本《初级中学国文甲编》中则别有深意。

1. 承担保存民族文化的功能

1931、1932年,"九·一八"和"一·二八"事变爆发后,中国进入了"国难期",为了保存民族文化,1932年颁布的初、高级《中学国文课程标准》在课程目标中都对此作了规定,如前者的第一条为"使学生从本国语言文字上,了解固有的文化,以培养其民族精神",后者第一条为"使学生能应用本国语言文字,深切了解固有的文化,以期达到民族振兴之目的"①。1936、1940年所颁布的中学国文课程标准都对此作了类似的规定。汉字和文言自然是记录固有文化的基本工具和表达方式。所以,1931年之后试图将汉字拼音化的注音字母运动中止,且将其更名为"注音符号";同时,文言日益受到重视。虽然,1929年之后课程标准中关于文白比例的规定就没有什么变化,但是《初级中学国文甲编》显然加大了文言的比重,如其第1册共39课中文言、白话课文分别为20.5课和18.5课,分别约占本册课文总数的53%和47%。可见,文言比重大于白话。其第4册共32课中文言、白话课文分别为11课和21课,分别约占本册课文总数的34%和66%。其实整套教科书并没有按照《修正初级中学国文课程标准》中所规定的各学年的文白比例以及随着年级增高白减文增的安排方式。《初级中学国文甲编》供试用的第1册早在1944年出版时,就有人指出该书"编辑要旨"虽然说明其是遵照1940年颁布的《修正初级中学国文课程标准》编辑而成,"可是细按该项标准,'遵照'的程度是颇有伸缩的余地的,尤其在语体文和文言文分配的比例上,比较部定的标准出入最大","对于本书特别强调文言文的态度,我们还找不出一个最为合理的解释"②。正式出版后,教科书编者在其"编辑要旨"中对此作出了解释——"不弃习见之文,不别新旧之体"。从保存文言这个角度来说,《项脊轩志》虽然是习见之文,虽然是旧体,但是古代文言散文的代表,且属于课程标准所推荐阅读的"古今名人小品文"之列,所以自然应该入选教科书让学生学习。

2. 符合教科书编者界定的散文标准

抗战爆发后,为了宣扬民族主义,国民政府除了组织编写了抗战建国国语补充教材,并在蒋介石亲自指示下开始编写这套国定教科书。所以,教科书的选文主要由政府官员的文章和反映民族精神的古代作品组成。就像1947年,邓恭三(广铭)所抱怨的,这套"初中国文课本中所选录的近代和现代的作品,很明显的是以尽量选取国民党中达官贵人的文章为原则的,因此,有很多在现代文坛上极有声誉的作家,其作品全都未被收进"③。《初级中学国文甲编》将《立志做大事不要做大官》(孙文)、《书史贯一》(卢前)、《项脊杆志》和《秃的梧桐》(苏梅)依次呈现,书

---

① 课程教材研究所编.《20世纪中国中小学课程标准·教学大纲汇编·语文卷》,北京:人民教育出版社2001年版,第289、293页。
② 林举岱.《国定初中国文甲编第一册商榷》,《国文杂志》1944年第三卷第一期,第27页。
③ 邓恭三.《荒谬绝伦的国定本教科书》,《时代文摘》1947年第1卷第7期,第23页。

后《秃的梧桐》的"题解"称:"作者借梧桐之被蚁蚀空,几近残败,又重生新叶之故事,以喻事之成功,必须坚毅不屈,应如梧桐之勇敢,以抗挫折之来。"如此呈现选文,其旨意十分明显:要贯彻孙中山提出的"立志做大事不要做大官"的主张,可以像史贯一那样身先士卒、战死沙场,也可以像归有光那样埋头书斋、潜心治学,总之要像秃的梧桐那样不怕蚁蛀和雷劈,虽然"一无所有,只有亭亭如青玉的干,兀立在惨淡斜阳中","但是,我知道明年还有春天要来。明年春天仍有蚂蚁和风呢!但是,我知道有落在土里的桐子"。有史贯一、归有光这样的人,我们这个民族不会灭亡。学完这篇文章后,这种"立志做大事不要做大官"的种子自然会在每个青年学子的心中生根发芽,生生不息!如此一来,我们这个民族在几近灭亡之后,必然会迎来伟大复兴[1]!

归有光的印象主义[2]

苏 梅

归有光的长处是善于表现感情。从前人的描写感情必定将这感情所以发生的原因,先写一通。譬如写死了儿子的悲哀;必写这儿子的性情如何温良,容止如何俊秀,读书如何聪明,孝敬父母如何周至,患何病,服何药,如何因以不治,死后家人如何悲痛,如何追念甚至如何望其投生我家,复为我子。这样虽然写得详细,然而写得太痛快了,太尽致了,只有作者一个人说话,反而教读者无从表其同情。归有光便不是这样。他叙述一件过去的悲哀;岂惟不叙其事,兼不叙其情。他只去

---

[1] 另外,文中表达的伦常、亲情也可能是编者要考虑的。1948年,龚启昌在《中学国文教学问题之检讨》(龚启昌.《中学国文教学问题之检讨》,《教育杂志》1948年第三十二卷第九号,第37页)曾以归有光的《先妣事略》来说明选材问题,可作为教科书选入《项脊轩志》的一个注脚:"例如今天选读归有光的《先妣事略》一文,必定要让学生体验到家庭中任何琐碎事物,都可作为文学上描写的对象,而自己也可以学习这种技能;至若在这样一篇文章中,能够激发读者孝顺父母的心情,那是附学习(concomitant learning)的结果,当然也有价值。"不过,教科书编者选入《项脊轩志》更可能是从思想内容上来考量的。如索太在《选择高中国文教材标准的理论》(索太.《选择高中国文教材标准的理论》,《教育通讯》1939年第二卷第二十二期,第15页)中说:"四维八德,既然是教育最高的标准,就应该选适当的好文字来配合他,这不是三民主义文学家的事业么?""培养父母之爱(归有光先妣事略尚好,汪中张惠言便不行)"。
[2] 这篇文章的引文与原文多有出入,甚至连篇名也常误植,如将《世美堂后记》当成《世美堂记》,大概苏雪林在写作时为了追求刹那间的感觉故不核查原文而只凭"印象"写就。——附记于2011年6月12日。

留心去写这件事在时间或空间上所给与他的一刹那的印象 (Impression)。这个印象在当时他或者并不留意，事后回想起来，才知道当他接受这个印象时，就是他心里感动最强烈的时候。如《思子亭记》是纪念他的亡故了的儿子的。他对于儿子并不多写，只记出闭门读书时，见儿与诸弟游戏，穿走长廊之间的一个印象。《思子亭后记》写儿撷取双茶花，在山径上过去的一瞥印象，更是显明了。

有光所写的一件事所给与他的印象，就可以代表他对于这件事的情感的全体。所以他的表现情感方法，是最巧妙、最动人、最经济的。可以名之曰："归有光的印象主义。"

中国言情之文，如韩愈《祭十二郎文》、欧阳修的《泷冈阡表》辞句非不哀婉，情绪非不凄恻。但都是些平铺直叙的写法，笔墨仍嫌浪费。有光的描写一件事、一种感情，都用侧笔。在兵法上说，就是不用堂堂之阵、正正之旗，在疆场上大厮杀。他只用一旅偏师，直捣中坚，以取胜者。老实的说便是"用最经济的文字，去写情感和事实中最精采的一段或一方面。"如光色派的画家，眺望光景后，所移在画版上的，只有使画家自己最动心的一刹那间的印象。其余的部分，便都抛弃了。如《项脊轩记》中间的一段：

妪每谓余曰：某所而母立于兹。妪又曰：汝姊在吾怀，呱呱而泣。娘以指叩门扉曰：儿寒乎？欲食乎？吾从板外相为应答。语未毕，余泣，妪亦泣。

余自束发读书轩中。一日大母过余曰：吾儿久不见若影，何竟日默默在此，大类女郎也！比去，以手阖扉，自语曰：吾家读书久不成效，儿之成则可待乎？顷之，持一象笏至，曰：此吾祖太常公宣德间执此以朝，他日汝当用之。

后五年，余妻来归。时至轩中，从余问古事，或凭几学书。吾妻归宁，述诸小妹语曰：闻姊家有阁子，且何谓阁子也？

有光自少至长都在项脊轩中，这轩给与他的纪念，给与他的记忆，自然不可纪数。如果一一写来怕写几大册子，还不能完毕。看他只用三种印象，组成这一篇文字。一种是属于母亲的。一种是属于祖母的。一种是属于妻子的。都写得十分强烈、十分动人！而所用文字，却都是寥寥可数的。

《寒花葬志》云：

婢初来时曳深绿布裳，垂双鬟。一日天寒，爇火煮荸荠熟。婢削之盈瓯。余入自外，取食之。婢持去不与。魏孺人笑之。孺人每令婢倚几旁饭，即饭，目眶冉冉动。魏孺人又笑之。回思是时，奄忽便已十年，可悲也夫！

这篇短文是纪念一个陪嫁丫头的。不过纪念丫头，其实就是纪念魏孺人，林琴南早已说过了。有光对于寒花并没有感受什么深刻的印象。所感受的仅是初来"垂双鬟曳深绿布裙"和"削荸荠""倚几旁饭"三个印象而已。他便将它写出来，成为一篇好文章了。

《二二圹志》：

余读书光福山中，二二不见予，辄常常呼余。一日，余自山中还，见长女能抱其妹，心甚喜。及余出门，二二尚跃入余怀中也。既到山数日。日将晡，余方读《尚书》，举首忽见家奴在前，惊问曰："有事乎？"奴不即言，第言他事。徐却立曰："二二今日四鼓时已死矣！"

志言"二二生仅三百日"，又说"吾女之生也不及知。"又说"多在外"。这样一个血泡似的小女孩，对于做父亲的有什么深刻的情感？有什么可纪述的事实？要做文字，岂不甚难？使别人为此题恐怕要曳白。但是我们印象派的作家归有光他却不慌不忙的，他只将三百日之间，做父亲的感受于小女孩一瞥间的印象，逐一写出来，不着悲哀的字眼，而悲哀自然流露。曾国藩说："归文有寥寥短章而逼真《史记》者；乃其最高淡处。"想就是指此类文而言。

以上所引的，都是关于时间方面印象。现在略将关于空间的，亦举数节：

予妻治田四十亩。值岁大旱，用牛挽车，昼夜灌水，颇以得谷。酿酒数石，寒风惨栗，木叶黄落。呼儿酌酒，登亭而啸。——《畏垒亭记》

予性懒出，双扉昼闭，绿草满庭。最爱吾儿与诸弟游戏，穿走长廊之间。

盖吾儿居此，七阅寒暑。山池草木，门阶户席之间，无处不见吾儿也。葬在县之东南。守家人俞老薄暮见儿衣绿衣在享堂中，吾儿其不死耶？因作思子之亭。徘徊四望，长天寥廓。极目云烟杳霭之中，当必有一日见吾儿翩然来归者！——《思子亭记》

是时亭前，有两山茶。影在石池，绿叶朱花。儿行山径，循水之涯。从容言笑，手撷双葩。花容照映，烂然云霞。山花尚开，儿已辞家！——《思子亭后记》

忆余见翁时，岁暮，天风凛栗，野草枯黄，日将晡，余循去径还家。媪儿子以远客至，具酒。见余挟书还，则皆喜。一二年妻儿皆亡。——《筠溪翁传》

忆余少时尝在外家，盖去县三十里。遥望山颓然如积灰，而烟云杳霭，在有无之间。——《悠然亭记》

……第奉行文书外日闭户以谢九邑之……簿书一切稀简。不鞭笞一人，吏胥亦稍稍 去。余时独步空庭，槐花黄落，遍满阶砌，殊憧憧自得。——《顺德府通判厅右记》

庚戌岁，余落第出都门。从陆道旬日至家。时药花盛开，吾妻具酒相问劳。余谓得无有所恨耶？曰方共采药鹿门，何恨也。——《世美堂记》

予常访先生于斋中，于时秋风飒然，黄叶满庭。户外无履迹。独一卒，衣皂衣，承迎左右，为进茗浆，因坐语久之。——《耐斋记》

要说妻子的贤惠和善于作家，不从油米盐柴上琐琐叙述，只描写寒风惨 木叶黄落时，得酒痛饮的印象。要说官吏政简刑清的气象，只写独步空庭、槐花黄落、遍满阶砌和秋风飒然、黄叶满庭一些印象。论笔墨是最空灵的笔墨。论情感是最微妙的情感。

选自初级中学学生用《创造国文读本》1934年版第6册。

第四章

《背影》与白话散文的教学功能

  1925年11月，朱自清在《文学周刊》第200期上发表了《背影》。1927年9月，该文首次被收入朱文叔编的小学校高级用《新中华国语读本》的第3册中，编者将其和小说《忏悔》放在一起呈现。1928年10月，朱自清将《背影》和另外14篇散文结集出版，散文集取名《背影》，其第一篇文章就是这篇《背影》。此后，就像1936年叶圣陶所说的："这一篇《背影》，大家说是朱自清先生的好文章，各种初中国文教科书都选着它。"[①]1939年，教育部官员石中玉审查坊间出版的中学国文教科书拟为官编教科书作参考时，发现不少教科书的编者"只从过去的教科书上照录一些白话文，像朱自清的背影，冰心的寄小读者，差不多各家教科书上都有"[②]。朱自清去世后国文月刊列出朱自清编著的7种作品、著作和教科书，《背影》位列第一，其广告称：作者之《背影》，无论何种国文选本，均有选及，因其不仅文字优美，而且恳挚认真。本书各篇均为完美之作，故可为范文[③]。确实如此，《背影》发表后就受到教科书编者们的亲睐，并于1931年开始被选入中学国文教科书，直至1949年，至少有30套教科书将其选作课文[④]。连《背影序》也被3套教

[①] 圣陶.《朱自清的〈背影〉》，《新少年》1936年第一卷第一期，第86页。叶圣陶在1936年《新少年》创刊号"文章展览"中评点的第一篇文章就是《朱自清的〈背影〉》。
[②] 石中玉.《审查中学国文教科书杂感（上）》，《教育通讯》1939年第2卷第15期，第11页。
[③] 《朱自清先生作品七种》，《国文月刊》1948年第72期，第32页。
[④] 闫苹编著.《中学语文名篇的时代解读》，广东教育出版社2007年版，第45、3—4页。书中有《修辞论美学视野中的〈背影〉》一文，文中只附录了1950年之前收入此文的12套教科书名录，并以"春晖时代"为题，以两套教科书的课后习题为切入点简略地分析了其接受情况。

科书收录作为课文①。中学生对《背影》也十分欢迎,1948年朱自清去世后有人撰文说:"从提倡白话文到现在,散文可说是千变万化,以种种姿态出现,可是先生散文的价值,已固若磐石,是禁得起时代的淘洗的。一篇《背影》,寥寥千余字,不过四十几行,可是震动了每个读者的心。凡是中学生,没有人不知道《背影》的。"②又如后来吴晗也说:"这篇短文被选为中学国文教材,在中学生心目中,'朱自清'三个字已经和《背影》成为不可分割的一体。"③1948年,第45期《书报精华》杂志在朱自清去世后重新登载这篇散文以示纪念,编者在文前加了一段按语:"朱自清先生现在是离开我们了,我们重新刊载这篇《背影》,其意义不仅是为了怀念先生,而是这一位伟大的导师所留给我们的印象,也正如他的《背影》一样的深刻,一样的令人难忘!"

任何一个文本,一经选入语文教科书就变成了教师教、学生学的对象或媒介,即教学文本。作为一个教学文本,编者会考虑其在整个学段、整册课本、整个单元中所担负的教学任务,让其发挥相应的教学功能。我曾在《夏丏尊、叶圣陶的语文教科书选文功能观评析》一文中,以《背影》为例,对夏、叶两位教科书编者所确定的"全息""例子""凭借"和"引子"等选文的四重功能进行了分析,并对他们这种

---

① 傅东华、陈望道编辑.初级中学用《基本教科书国文》,上海:商务印书馆1933年2月初版,第5册。薛无兢等注释,柳亚子等校订.《高中当代国文》,上海:中学生书局1934年2月再版,第2册。王云五主编,傅东华编著.《复兴初级中学教科书国文》,上海:商务印书馆1935年2月11日版,第6册。
② 昭然.《哭佩弦师》,《中学生》1948年第二○四期,第55页。
③ 苏双碧、陈梧桐主编.《吴晗文集(第四卷)》,北京:北京出版社1988年版,第212页。曹聚仁在《〈背影〉作者朱自清》中说:"《桨声灯影中的秦淮河》和《背影》,都是朱师的小品散文名作,传诵一时。或问:'何谓背影?'余答之云:'亲情深似海'(粤剧名)也。朱师在杭州任教时,领导湖畔诗社,他是新诗导师;其后任教温州中学,有《背影》之作,后来用作散文集的集名,他又成为小品散文的主流之一。"他说,周作人的写谈茶的散文,教师教得够味,学生却反应冷淡,而"朱师的《背影》,中年人和青年人一样地感到兴趣,就因为朱师的风格是淡远的,而情怀则是温暖的,也为青年人所能体会得的。"(曹聚仁著.《我与我的世界》,北京:人民文学出版社1983年版,第384、385页。)其实《背影》发表之后,人们已将其作为朱自清的代表作并和"朱自清"三字联系在了一起,如1931年的一则讽刺他续弦的消息称:"写《背影》的朱自清教授,自从断弦以后,悼亡之情未已,'桃花运'便悄悄的跑到他身上。"(欧菊珊.《朱自清订婚后出洋》,《读书杂志》1931年第三期,第4页。)1944年,一篇介绍他的文章题目是《文坛新四金刚之一:〈背影〉的作者朱自清》(公冶木.《文坛新四金刚之一:〈背影〉的作者朱自清》,《中国周报》1944年第一二七期,第7页)。1946年,又有一则消息的题目是《〈背影〉的著作者朱自清执教复大》(玩星.《〈背影〉的著作者朱自清执教复大》,《东南风》1946年第二十一期,第11页)。又如1946年朱自清的女儿朱采芷结婚,记者拟定的消息的标题是《朱自清女儿出嫁背影的作者》,消息称其为"恬淡的散文家",并以《背影》为代表作,而且认为是"初中学生的最好课本"(义子.《朱自清女儿出嫁》,《海涛》1946年第二十三期,第10页)。又如朱自清去世后,有人称自己就是读了本省教育厅编纂的教科书中的《背影》而走上文学创作之路的:"偶然发现这样一篇清顺的东西,窄小的心灵里便体验到从未有过的鼓舞","《背影》对我最初的印象似乎仅止于此,然而使我对新文学发生兴趣却是由这篇短文所引起的"。(南山.《记:朱自清》,《春秋》1945年第二卷第三期,第69页。)沈从文发表了题为《不毁灭的背影》的悼念文章,并称:"佩弦先生的《背影》,是近二十五年国内年青学生最熟习的作品。"(沈从文.《不毁灭的背影》,《新路周刊》1948年第一卷第十六期,第19页)有人以《"长向文坛瞻背影":记上海的朱自清先生追悼会》记叙追悼会现场其弟子及民众的悲情(季连仲.《"长向文坛瞻背影":记上海的朱自清先生追悼会》,《现代教学丛刊》1948年第4期,第14—17页)。

形式主义倾向的选文功能观提出了批评[①]。本文虽然仍然沿用这四个名称,但对各种功能内涵的界定和以前稍有不同。下面,我们从选文功能的角度,将出现在下表所列教科书的中的《背影》也分成这四类,分别进行分析,并探寻其各自功能设定,并分析其中的原因。

编者	教科书名称	册次	出版社	时间、版次
朱文叔	小学校高级用《新中华国语读本》	第3册	新国民图书社	1932年3月22版(1927年9月初版)
北平文化学社	《初中二年级国文读本》	第4册	北平文化学社印行	1931年1月出版
北师大附中	《初中国文读本》	第4册	文化学社	1931年1月出版
赵景深	《初级中学混合国语教科书》	第3册	北新书局	1931年7月初版
朱文叔	小学高级用《新中华国语读本》	第3册	新国民图书社、中华书局	1932年5月29版
王伯祥	初级中学学生用《开明国文读本》	第1册	开明书店	1932年7月初版
姜亮夫、赵景深	《初级中学北新文选》	第4册	北新书局	1932年9月再版
周颐甫	《基本教科书国文教本》	第1册	商务印书馆	1932年10月初版
傅东华、陈望道	初级中学用《基本教科书国文》	第3册	商务印书馆	1932年12月初版
徐蔚南	初级中学学生用《创造国文读本》	第2册	世界书局	1933年1月再版
石泉	《初中师范教科书初中国文》	第1册	文化学社	1933年2月再版
张弓	《初中国文教本》	第1册	大东书局	1933年5月11版
罗根泽、高远公	《初中国文选本》	第2册	立达书局	1933年8月初版
马厚文	《初中国文教科书》	第1册	光华书局	1933年8月出版
傅东华	《复兴初级中学教科书国文》	第3册	商务印书馆	1933年12月30版
沈荣龄等	《试验初中国文读本》	第1册	大华书局	1934年3月出版
叶楚伧	《初级中学教科书国文》	第1册	正中书局	1934年7月初版
朱剑芒	《朱氏初中国文》	第1册	世界书局	1934年8月6版
夏丏尊等	《开明国文讲义》	第1册	开明书店	1934年11月初版
颜友松	《初中国文教科书》	第2册	大华书局	1935年1月初版
张鸿来、卢怀琦、汪震、王述达	《初级中学国文读本》	第4册	师大附中国文丛刊社	1935年1月再版

---

① 张心科.《夏丏尊、叶圣陶的语文教科书选文功能观评析——兼说"教教材"与"用教材教"》,《中学语文教学》2008年第5期。

(续表)

编　者	教科书名称	册次	出　版　社	时间、版次
马厚文	《标准国文选》	第1卷	大光书局	1935年8月改版
南开中学	南开中学初一国文教本	上册	编者自刊	1935年出版
夏丏尊、叶绍钧	《国文百八课》	第2册	开明书店	1935年版
国立编译馆	高级小学用《实验国语教科书》	第4册	商务印书馆等	1936年11月初版
朱剑芒	《初中新国文》	第3册	世界书局	1937年3月初版
宋文翰	《新编初中国文》	第3册	中华书局	1937年3月初版
教育总署编审会	《初中国文》	第3册	著者自刊	1939年8月出版
叶绍钧等	初级中学使用《开明新编国文读本：注释本甲种》	第1册	开明书店	1947年版
叶绍钧等	《语体文选》	第2册	文化供应社	1949年7月初版

一、引子：讨论父慈、子孝的主旨（1927—1935）

夏丏尊、叶圣陶在其合著的《文心》中说："读书贵有新得，作文贵有新味。最重要的是触发的功夫。所谓触发，就是由一件事感悟到其他的事。你读书时对于书中某一句话，觉到与平日所读过的书中某处有关系，是触发；觉到与自己的生活有交涉，得到一种印证，是触发；觉到可以作为将来某种理论说明的例子，是触发。这是就读书说的。对于目前你所经验着的事物，发现旁的意思，这也是触发。这种触发就是作文的好材料。"① 这里所说的"触发"就是"引子"。可见，书里的文章仅仅是

《初中二年级国文读本》（1931）

---

① 夏丏尊、叶圣陶著．《文心》，北京：生活·读书·新知三联书店2005年版，第99页。

一个材料,可以触发学生进行与之有关联又有区别的阅读和写作,也可以触发其对人生的某种感悟。将《背影》仅仅作为课堂讨论父子之爱的阅读材料或仅仅作为课外写作以父母师长为题材的作文的话题,则是发挥其引子的功能。我们此处所说的"引子"指主要将其作为讨论某种"问题"和"主义"的由头来使用。

在20世纪20年代末、30年代初的中学语文教学中,教什么往往并不清晰,所以一些以主题组织单元的教科书编者将《背影》选入,主要是发挥其引子的功能。有人称:"自从五四以后,语体文发生;中学的国文教授便成了一个很大的问题。"① 因为人们不知道白话文该教什么? 新式的国语文法尚无成熟的研究成果,这样就无法从语法方面去分析;所以,难以从形式上去分析作品的,于是"不得不以'讲演'代替'翻译'。文章的逐字逐句的意义,不容详加解释,只好专就其中的意义加以发挥"②。就学生来说,觉得对文章的内容的探讨远比其形式的分析有趣。如阮真就指出,"中学生,也爱讨论问题",结果是"好些教师来宣传各种主义,讨论各种问题,教国文只是离开文章来讲演主义讨论问题了。辞句的解释,视为无用;文法章法,也不值得注意;因为这都要被学生讨厌而引起反对的"③。因为教师无法、学生不愿分析课文的形式,所以一般的语文课堂教学也多以课文作为引子,大谈"问题"与"主义"。而且当时不少编者认为研究这些"问题"和"主义"比学习"国语"本身更重要,所以不少教科书以主题、题材来组织选文。就像1936年,阮真所说的:"近年教中学国文者多注重文章

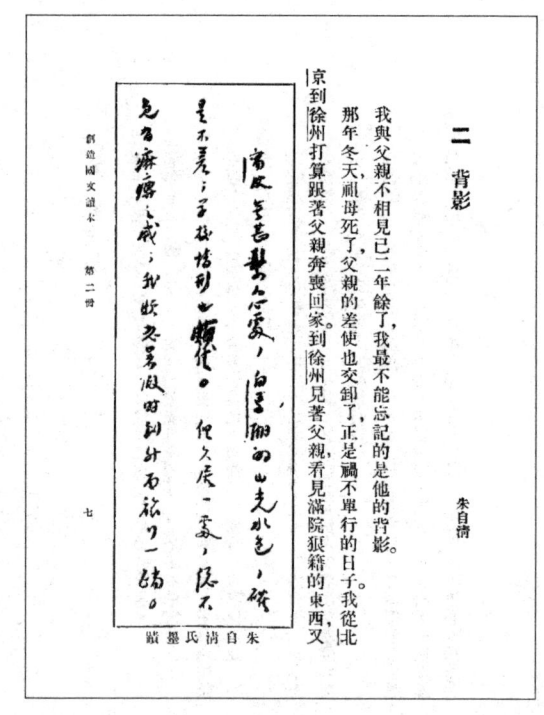

《创造国文读本》(1933)

---

① 汪震.《中学国文课程标准的商榷》,北京高师《教育丛刊》1923年第四卷第六集,第1页。
② 沈仲九.《国文科试行道尔顿制的说明》,《教育杂志》1922年第十四卷第十一号,第3页。阮真在《论高中文科读文教学》中说,当时一些人为侧重内容讨论所找的借口,就是"文皆通俗白话,固无待乎形式章句之讨论者"。阮真.《论高中文科读文教学》,《中华教育界》1925年第十二卷第六期,第2页。
③ 阮真.《时代思潮与中学国文教学》,《中华教育界》1934年第二十二卷第一期,第6页。

的内容与思想，而不注重文字的本身与文章的形式。"[1]另外，20世纪20年代末南京国民政府成立、日本侵略中国加剧等，都使民族主义教育变得更为重要，而民族主义的核心就是民族精神的传扬，所以教科书选用反映忠孝等中华民族的传统美德的课文被认为是传扬民族精神的一个重要表征。《背影》反映的正是"孝亲"观念，朱自清自然是现代孝亲的典型。而且文章本身写得就很感人，正如1929年钟敬文在书评《背影》中所说的："抒情，是朱君这个集子的唯一特色，中间尤以《背影》和《女儿》等篇，写得更凄黯动人。"[2] 1931—1935年，将《背影》主要作为讨论思想、情感的"引子"之用的，小学教科书主要有小学校高级用《新中华国语读本》(1927)和高级小学用《实验国语教科书》(1936)，在《新中华国语读本》中《背影》前的课文是古诗《木兰诗》和小说《忏悔》，在《实验国语教科书》中《背影》前的课文是《归有光项脊轩记》，均是涉及孝亲主题的作品。在小学高级用《新中华国语读本》(1932)的第3册中，如《木兰诗》《忏悔》和《背影》等与孝亲主题相关的课文被放置在了一起。除此之外，还有多套中学教科书也是将其作"引子"来使用。

《初中二年级国文读本》(1931)和《初中国文读本》(1931)同时将《背影》作为选文，二者均没有编辑大意，也没有任何习题或注释等辅助文字，均只将单篇文章按主题或题材组织在一起。如在前者中，《背影》之前一课是《师说》(韩愈)；在后者中，《背影》之后一课是《爱流汐涨》(许地山)。从篇名就可以发现，前者将其作为讨论尊敬长辈("天地君师亲")的材料，后者则将其视为讨论父爱的材料(《爱流汐涨》是一篇写一个父亲爱儿子的小说)。尤其是前者，还在课后附了一则《孟子·舜发于畎亩章》("天将降大任于斯人也，必先苦其心志……")的短文，大概是想告诉学生除了平时应孝敬父母外，即便在遇到家道中落时也不必灰心丧气。

《创造国文读本》(1933)将《阿兰的母亲》(杨振声)、《背影》和《街路》(亚米契斯)放在一起。《阿兰的母亲》写父亲去世后、母亲含辛茹苦照顾阿兰，《街路》写父亲来信教导安利可。这两课写的是父母对子女的关爱。《初中师范教科书初中国文》(1933)将《背影》和《他眼里有你》(徐志摩)、《寱砧课诵图序》(王拯)放在一起。《寱砧课诵图序》的内容是作者回忆幼年时母亲对自己读书的关心以及后来母亲积劳而死的事。这两套教科书的编者也都希望学生理解课文中所表现的父母对子女的关爱之情。《初中国文教本》(1933)的编辑大意认为教科书选文要让学生

---

[1] 阮真.《时代思潮与中学国文教学》，《中华教育界》1934年第二十二卷第一期，第1—2页。
[2] 钟敬文.《背影》，《一般》1929年第七卷第二期，第240页。

"味识人间",收入《背影》的第1册的主要教学目的是"于事实中暗示敬己,爱群,革新的种种意味",而《背影》所写属于"常态的生活组"之"家庭的真爱生活"。其"组序"称,《背影》和《伊和他》(叶绍钧)、《莲花》(冰心)、《小蚬的回家》(叶绍钧)、《鸣机夜课图记》(蒋士铨)、《北堂侍膳图记》(朱琦)是"披露父母抚护训导儿女的欢乐境和艰苦况,以表阐春晖般的慈爱,和大海样的爱力;一面对照着,揭出儿女们对父母的天真烂漫的爱慕的影像或是悱恻缠绵的心情的写真,以发挥'纯孝的情绪。'"可见,编者收入此文就是让学生理解"父慈子孝"的"人间真味"。其组后的习题也问道:"《背影》描写'父子恩爱味',以那一地方为最浓重?"在《初中国文选本》(1933)中,《背影》之前的课文是鲁迅的《父亲的病》,之后附录的是朱自清的新诗《满月的光》。将《背影》放置在二者之间,以喻对父亲的依恋,希望永远沐浴在父爱的光辉中。

《试验初中国文读本》(1934)标出了每个单元的名称,其中《小蚬的回家》《伊和他》(叶绍钧)、《背影》《崇明老人记》(陆陇其)和《白种人——上帝之骄子》(朱自清)被收入"家庭之爱"单元。《初级中学教科书国文》(1934)将《背影》和《崇明老人记》放在一起,主要让学生理解"孝道"。

《基本教科书国文》(1932)

《初级中学国文读本》(1935)将《背影》和《爱流汐涨》放置在一起。《标准国文选》(1935)将《伊和他》《背影》和《少年笔耕》归为一"组",其用意不言而喻。《南开中学初一国文教本》(1935)将《莲花》(冰心)、《芳儿的梦》(叶绍钧)、《游子吟》(孟郊)、《思慈母弟妹》(马君武)、《燕诗》(白居易)、《慈乌夜啼》(白居易)、《背影》(朱自清)、《若子的病》(周作人)、《雨夕》(冰心)、《小妹》(赵景深)、《与孟东野书》(韩愈)和《遥遥》(冯至)归入第三"单元",则将表现亲人之爱进一步扩充到师友之爱。

1937年之后，一般教科书倾向于发挥选文的"引子"功能。不过，国立编译馆主编1947年出版的一套主要是发挥选文的"引子"功能的国定教科书《初级中学国文甲编》并没有选入《背影》。表现父子之爱的作品出现在其第1册中，不是《背影》而是蒋介石的《家训》。《家训》由蒋介石写给蒋经国、蒋纬国二人的3封书信组成。书后所附该课的"题解"称："谕二子勉力求学，并教其应对进退之道。文中充满亲子之爱，于严中寓慈。书中虽有琐屑叙述，然正足以证其父子感情之浓厚。"将这篇《家训》和《背影》相比，无论是从艺术上还是从内容上来看，前者都比不上后者。选择《家训》的原因，当然是为了让学生感受领袖的家风；不选《背影》，可能是认为其中抒发了知识分子个人的情感，而且整篇文章吐露出一种哀伤的情调，显得不够积极、上进，不利于激发昂扬的斗争精神。

二、全息：全面理解内容和形式（1931—1935）

　　此处所谓的"全息"，指把作品当成一个内容和形式的综合体；将其当作课文，就是要让学生从各个层面和角度学习其内容和形式。1924年，孟宪承在赞扬《初级中学国语文读本》以主题组织单元的编法可激发学生阅读兴趣的同时，也指出这样做的危险之处，他说："国文科的训练，本注重思想的形式上，至于思想的内容，是要和各科联络，而受各科供给的。现在专重社会问题的讨论，是否不致反忽了形式上的训练，喧宾夺主，而失却国文科主要目的，很是一个问题。"[1] 相应地，文章的组织可以从形式方面入手。这样既可以明确语文教学的目的，又可以规避按时间、文体、题材、主题等方式组织选文的弊端。1922年，邰爽秋提出按"句法"来选范文[2]。1925年，沈仲九提出按"国文法则"来选择、呈现课文，他说："把现在所谓文法读本作文等统统编辑在一书中……这类教科书的要旨，是以文章和法则互为经纬，两相融合，于文章中发见（现）法则，将法则应用在文章上。"[3] 20世纪20年代末、30年代初，主张语文教育要兼顾选文的内容和形式渐成趋势。如1932年孙俍工在评论王森然编的《中学国文教学概要》时批评了王著在阐述中学国文教学时"偏重思想"的倾向，他说[4]：

中学底国文教学偏重思想，我在从前民九至民十二年之间也曾经这样主张

---

[1] 孟宪承.《初中国文之教学》,《新教育》1924年第九卷第一、二期合刊,第70页。
[2] 邰爽秋.《科学化的国文教授法》,《教育杂志》1922年第十四卷第八号,第5页。
[3] 沈仲九.《初中国文教科书问题》,《教育杂志》1925年第十七卷第十号,第4—5页。
[4] 孙俍工.《中学国文教学概要（上篇）》,《图书评论》1932年第一卷第一期,第61页。该文是对王森然编、商务印书馆1929年6月初版的《中学国文教学概要》一书的评论。

过。当时承五四运动之后,是一个思想转变的重要时期,教者学者对于新兴的文学运动还都是徘徊歧路的态度,故想用了"思想底启导"为武器以洗清以前对于国文的教学观念底误谬。这是不得已的方式,暂时用用似无不可。若视为国文教学上永久的唯一无二的方法,似还有讨论的余地。因为:国文底本身,含有内容和形式两重要质素,二者是不可偏废的。思想不过是内容底一部分!思想之外还有情与意,均为国文底内容中不可缺少的质素。教学国文偏重内容,已经是非完美的教学法,何况只注重内容底一部份(分)呢!……这种偏重知识思想的国文教学法,不但未能尽教学国文底能事,而且很容易把教学国文的目的迷失而有使学生误入歧途之虞。

可见,孙俍工主张国文学习要文章的形式和内容兼顾,而针对文章的内容又要思想和情感兼顾。随着黎锦熙的《新著国语文法》、陈望道的《作文法讲义》、夏丏尊的《文章作法》、唐钺的《修辞格》和金兆梓的《实用国文修辞学》等系统的语法、修辞、作法研究成果的相继出版,以及对偏重内容的语文教学的日益不满,又因为1929年颁布的《初级中学国文暂行课程标准》的"每授一文,须就文中选取可借文法或修辞法说明之点,详为指示",且应"就选文中摘取文法或修辞的习题,令学生练习"的规定[1],所以,20世纪20年代末,兼顾形式的教科书开始出现,其基本做法就是以主题组织选文,并在课前或课后设置一些有关形式分析的知识短文或练习。

在《初级中学混合国语教科书》(1931)和《初级中学北新文选》(1932)中,《背影》之后一课均是《奉宣撰赐太和公主敕书》(李德裕)。编者将表现了父亲对子女的关爱课文放置在一起,显然首先是让学生理解《背影》的主旨。《初级中学混合国语教科书》的编辑大意称:"本书尤注重文法与修辞","第一二册附文法,第三四册附作文法,第五六册附修辞"。每篇课文后都附有这些知识,或就以课文为材料解说,或就课文中出现的这些知识设题。可见,在就课文的内容预设其做"引子"的功能的同时,又就课文的形式预设了其做"例子"的功能——充当印证文法与修辞规则的例子。如二者课后的知识短文就从课文中选取了"那年冬天,祖母死了"等句子来分析"句的宾主"等语法知识。

《开明国文读本》(1932)将《背影》和《先妣事略》(归有光)放置在一起。其编辑大意称:"本书另有参考书六册,专供读者自习及教师参考之用,除说明文章之

---

[1] 课程教材研究所编.《20世纪中国中小学课程标准·教学大纲汇编(语文卷)》,北京:人民教育出版社2001年版,第284页。

内容、体裁,选集之来历,作者之生平及诠释疑难之字义、语句外,更特别注重于文法之词性、词位、造句、作文之方式,文言文与语体文之比较,修辞学上之组织法,藻饰法,文体之分类、比较及文学批评概略,文学史概略等,均就已读各文采取例证,详为指陈,兼多列习问以为实习之材料。更采取与本文有关系之他篇文字,择尤排比,以备参证。"这说明编者要求师生从内容和形式各个角度、层面来理解《背影》,因为涉及的内容过多,也就没有附在选文之后而已。在与之配套的《开明国文读本参考书》(1932) 中先提到"这是亲子之爱的一片段,也是一篇很好的叙述文",然后以课文中的语句来解说"代名词"的含义、种类、格式等[①]。《基本教科书国文》(1932) 将《背影》和《北堂侍膳图记》放置在一起,首先是让学生通过学习此文学会孝敬父母。然而,其编辑大意称:"我们的编法和从前的编法颇有不同",其不同之一就是"我们觉得普通易犯的毛病是或者偏重形式,或者偏重内容;或者侧重美文,或者侧重应用。偏重形式的,竟或不顾思想之是否健全;偏重内容的,竟或不问文辞之是否无疵。"所以,选文形式内容兼顾。同时,呈现时也将选文和知识配合。如选文后有"注释与说明""文法与修辞"和"练习"。其中的"说明"就是将文学常识和文法知识分散于其中介绍,编者认为这样"这些说明虽然散在各篇,合之自成系统,便是把一部文学概论和作文论分散开来,具体地灌输给学生知道。此外,我们相信这样的说明,还可以代替旧式国文选本中那种眉批和总评的地位"。"文法与修辞",即将其"混合在读本里",用选文为例来说明这些文法与修辞的规则,当然又"求保持文法和修辞学各个本身的系统,所以也同说明的部份(分) 一样,虽然分散在各篇之后,合起来自能成为一部系统的文法和一部系统的修辞学"。"练习",即就"注释与说明"和"文法与修辞"所介绍的知识,结合课文设置问题。《背影》一课之后的"文法与修辞",就涉及其"剪裁"手法高超等。如称其以"最不能忘记"的事物来选择材料,行文便不枝蔓。还提到了"北平已来过两三次"这句话中数量词运用方法,等等。

《朱氏初中国文》(1934) 将《背影》和《慈爱的结束》(冰心)、《秋庭晨课图跋》(汪兆铭) 和《嫛婗课诵图序》(王拯) 放置在"叙述系念父母及长姊的情绪"的单元。这一方面是让学生感受"系念父母及长姊的情绪",一方面是让学生掌握"叙述"之写法。不过,其课后所附录的只是以课文为例来介绍"文体"和"文法"知识短文。如在解说文体时称:"本篇为描写老父慈爱的叙事文。内容系追叙老父

[①] 王伯祥编.《开明国文读本参考书 (第1册)》,上海:开明书店1932年版,第259—269页。

送行时的情形,与别后的惦记,所以在记叙体中,还夹杂些极端感伤的抒情分子"。然后,将"背影"等"有形名词"和"冬天"等"无形名词"进行比较,让学生掌握这两种名词的用法。

《初中国文教科书》(1935)将《背影》和《伊和他》《梦见妈妈》(盛炯)、《先妣事略》《项脊轩志》放置在一起。这种处理方式,同样是为了让学生感受亲人之爱。其后所附的"教学过程"列出了如下多方面的教学内容:

(1) 出处与作者(略)。

(2) 题意。"背影"是"看着那人背后的影子"的意思。这样命题,无论作小说题或诗歌题都得;但本篇是拿它来作感想文的题目,描写当时的"印象"和后来的"感想"。

(3) 文体。本篇是"主美的叙事文";虽然含有许多伦理上的亲子之爱的"善"的意味,然其给与读者是一种"趣味",并不是一种"教训",所以这是"美"的亲子之爱,而不是"善"的。

(4) 章法。本篇的行文,以总叙起,以总叙结,中间依照时间先后的顺序,次第说来,是顺行叙事。(略)

(5) 风格。本篇是纯写实的。文中虽有怆然哀思之处;但论其作风,却不是沉郁,而是"清新"。

(6) 思想。文中所表现的思想有两种:一种是表现少年人的心情和老年人不同,一种是表现亲子间的自然的真爱,而尤以后者为本文的中心思想。

(7) 材料。表现前一种的思想,则采取"父亲再三嘱咐茶房照顾和亲送过江及讲价钱"等来做表现老年人心情的材料,"没有甚么要紧的和总觉他说话不大漂亮及暗笑他的迂"等来做表现少年人心情的材料。表现后一种的思想,则采取"父亲买橘子的情形和自己两次望着他的背影而流泪"为最精要的材料。

(8) 背景与时代(略)。

以上8点分别从内容、形式的多方面对课文作了解说,就是希望学生通过学习此课掌握相应的知识。

三、例子:掌握形式方面的知识(1932—1935)

此处的"例子",指把选文当成学习写作的样板,而且认为教学时只要将有关选文形式方面的知识分析清楚就可以让学生学会写作。除了人们误认为通过这种静态的写作知识的教学可以提高学生的写作能力外,还与人们对语文课程性质的认识有关,当时不少人认为,语文学科只有从形式上设定教学内容才可以与其他学科区分开来,若坚守语文学科本位,必需只对选文形式进行分析。如宋文翰在批评教科书选文时就阐发过这种观点,他认为当时各种文选型教科书的编者选择组织课文时十分随意,"不明白国文科的性质 国文科在学校的一般科程中,含有特殊的性质,不与其他各科相同。……别的学科重在内容实质的深究;国文科重在形式表现方法的探讨。"① 正因为追求语文学科本位,所以20世纪30年代初出现了如下多种发挥选文作为"例子"功能的教科书。

在《基本教科书国文教本》(1932)中,《背影》(书中题名为《背景》)之前一课是《一个兵丁》,之后一课是《画竹题辞》。这3篇文章在题材和主题方面并无联系,可见编者并非要发挥选文的引子或全息功能。其编辑大意特意对其选文功能作了解说:

本书第一、二、三各册每课正文后附以文法一项,凡词性、词位、句式等顺序编次,用演绎式,先下定义,再举例证。例证多采课文,间有出于拟作及征引他书者。于论句式时,参用图解法,以期收分析与综合之实效。所选新旧体诗,间附附说,略及其作法,以为初习之指导。

本书四、五、六各册每课正文后,附以修辞提示一项,标举右列三事:甲、文体述课文体裁属于何类,并随时指示此体作法要点。乙、组织述课文篇章组织法,指示其层次及联络。丙、词藻述行文藻饰法,于选字、遣词、炼句诸端择要指说。

可见,收入其第1册中的《背影》主要是作为印证某种文法知识的例子来使用的。该册中的《背影》的课后先有"注释"(词语解释),然后是"文法"之"词类的用法·名词与代词"。用来解释"名词或代词的所有格"的句子则是出自该文中的"父亲的差使也交卸了"等。

夏丏尊在《国文学习三讲》中认为,"所谓国语科,就是学习语言文字的一种功课;把本来用语言文字写着的东西,当作语言文字来研究,来学习,就是国语科的任务"。② 比如:"我们学地理、学化学,所当注意的是地理、化学书上所记着的事项本身,这些事项除图表外原用文字记着,但我们不必专从文字上记忆揣摩,只要从文字去求得内容就够了。"③ 他还认为,就语言文字的内容与形式这两方面来说,"学习国文,应该着眼在文字的形式方面"。"从国文科方面讲,文字是记载事物

---

① 宋文翰.《一个改良中学国文教科书的意见》,《中华教育界》1931年第十九卷第四期,第188页。
② 夏丏尊、叶圣陶著.《文章讲话》,上海:上海文艺出版社2001年版,第151页。
③ 夏丏尊、叶圣陶著.《文章讲话》,上海:上海文艺出版社2001年版,第147页。

发挥情意的东西,它的内容是事物和情意,形式就是一个个词句以及整篇的文字。"内容是各不相同的,而形式却有相同的地方,例如词的用法有一定的习惯、句子的构成有一定的方法、文章的体裁有共通的样式。总之,"国文科的学习工作,不在从内容上去深究探讨,倒在从文字的形式上去获得理解和发表的能力","学习国文,应该着眼在文字的形式上,不应该着眼在内容上"[①]。他还以数学公式来比喻言语形式,以具体事物来比喻言语内容,进而说明言语内容与形式的关系。[②] 他说,"1+2=3"算式可以应用于各种不同的情形,可以说是1个梨子加两个梨子等于3个梨子,也可以说是1只狗加2只狗等于3只狗,等等。这里算式是形式,"梨子"或"狗"是内容。如果算式中还有"X"的,那么什么数字都可以代进去了。这时候"X"是形式,各种数字是内容。可见,在他看来,言语形式是固定的,言语内容是多变的,只需要掌握形式,内容则可以随意"代入"。以他为主而编写的《开明国文讲义》(1934)就贯彻了这种思想。该书的编辑大意称:"第一、二两册注重在文章的类别和写作的技术方面,第三册注重在文学史的了解方面……在第一、二两册里,每隔开四篇选文有一篇文话,用谈话式的体裁,述说关于文章的写作、欣赏种种方面的项目,比较起寻常的'读书法''作文法'来,又活泼,又精密,读了自然会发生兴味,得到实益。……在第一、二两册里,每隔开四篇选文有一篇关于文法的讲话。文法完了以后,接着讲修辞。……文话、文法等的后面附着练习的题目,有的是属于测验性质的,有的是待读者自己去发展思考能力的,逐一练习过后,不但对于选文和讲话可以有进一步的理解,并且可以左右逢源,发见独自的心得。"可见,选文后附有"文话",结合选文解说"读书法"和"作文法",还有"文法"和"修辞"等。不过,这里有关"读书"和"作文"的法则并不是以问题、情境的形式出现以训练学生实际的阅读和写作能力,而是以知识短文的形式出现,让学生接受作者所讲解的知识,而且"文法"和"修辞"知识的呈现方式和目的也是如此。如《背影》之后的"文话"就是将《背影》作为"抒情"的例来解说。编者认为抒情一定要借助具体的事物,例如《背影》就是如此,不然说一万遍"可爱可感念的父亲呀"也无法打动人;其次要有取舍,因为事物很多,不可全写,如"试将《背影》一篇作为实例来看。作者的父亲平时对作者谈话,岂可计数,而篇中引用的竟只有寥寥的几句……善于取用材料,对于写作抒怀文字原来有这样的效用",又如"再看买票上车和买橘子的两节……不说什么,单叙两次的流泪,正是直写感情的切当手法"。

---

① 夏丏尊、叶圣陶著.《文章讲话》,上海:上海文艺出版社2001年版,第153—157页。
② 夏丏尊、叶圣陶著.《文章讲话》,上海:上海文艺出版社2001年版,第153—154页。

1935年，夏丏尊和叶圣陶编写了著名的《国文百八课》。其编辑大意称："从来教学国文，往往只把选文讲读，不问每小时每周的教学目标何在。"[①] 在《关于〈国文百八课〉》中，他们说："我们以为杂乱地把文章选给学生读，不论目的何在，是从来国文科教学的大毛病。文章是读不完的，与其漫然地瞎读，究不如定了目标来读。"[②]"文章是多方面的东西，一篇文章可从种种视角来看，也可应用在种种的目标上。例如朱自清的《背影》可以作'随笔'的例，可以作'抒情'的例，可以作'叙述'的例，也可以作'第一人称的立脚点'的例，此外如果和别篇比较对照起来，还可定出各种各样的目标来处置这篇文章。"[③] 定出这具体目标之后，就是确定选文，编辑大意称："本书选文力求各体匀称，不偏于某一种类，某一作家。内容方面亦务取旨趣纯正有益于青年的身心修养的。惟运用上注重于形式，对于文章体制、文句格式、写作技术、鉴赏方法等，讨论不厌详细。"换言之，就如其在《关于〈国文百八课〉》中说的，"本书是一部侧重文章形式的书，所选取的文章虽也顾到内容的纯正和性质的变化，但文章的处置全从形式上着眼。"[④] 可见，选文虽然有文学作品，但是更关注的是其形式方面是否符合可以作为某种写作知识的例证。之所以这样，有两方面原因：(1) 可以确立国文学科性质，使国文教育具有科学性。其编辑大意称："在学校教育上，国文科一向和其他科学对列，不被认为一种科学。因此国文科至今还缺乏客观具体的科学性。本书编辑旨趣最重要的一点就是想给与国文科以科学性，一扫从来玄妙笼统的观念。"[⑤] 要做到这样，首先应明白国文科的性质，《关于〈国文百八课〉》称："国文科和别的学科性质不同，除了文法、修辞等部分以外，是拿不出独立固定的材料来的……凡是学习语言文字如不着眼于形式方面，只在内容上去寻求，结果是劳力多而收获少……因此，我们主张把学习国文的目标侧重在形式的讨究"[⑥]。(2) 因为"侧重文章的形式的，从形式上着眼去处置现成的文章，也许可将内容不适合的毛病减却许多"。如"时下颇有好几种国文课本是以内容分类的。把内容相类似的古今现成文章几篇合成一组，题材关于家庭的合在一处，题材关于爱国的合在一处。这种办法，一方面侵犯了公民科的范围，一方面失去了国文科的立场"[⑦]。关于其编排方式，编辑大意作了说明："每课

---

① 中央教育科学研究所编．《叶圣陶语文教育论集(上)》，北京：教育科学出版社1980年版，第171页。
② 中央教育科学研究所编．《叶圣陶语文教育论集(上)》，北京：教育科学出版社1980年版，第181页。
③ 中央教育科学研究所编．《叶圣陶语文教育论集(上)》，北京：教育科学出版社1980年版，第178页。
④ 中央教育科学研究所编．《叶圣陶语文教育论集(上)》，北京：教育科学出版社1980年版，第178页。
⑤ 中央教育科学研究所编．《叶圣陶语文教育论集(上)》，北京：教育科学出版社1980年版，第171页。
⑥ 中央教育科学研究所编．《叶圣陶语文教育论集(上)》，北京：教育科学出版社1980年版，第177—178页。
⑦ 中央教育科学研究所编．《叶圣陶语文教育论集(上)》，北京：教育科学出版社1980年版，第179页。

为一单元,有一定的目标,内含文话、文选、文法或修辞、习问四项,各项打成一片。文话以一般文章理法为题材,按程度配置;次选列古今文章两篇为范例;再次列文法或修辞,就文选中取例,一方面仍求保持其固有的系统;最后附列习问,根据文选,对于本课文的文话、文法或修辞提举复习考验的事项。"如将《背影》列为《国文百八课》的第2册第十二课的文选之一,课前的文话讲的是含蓄的和明显的两种"抒情的方式",后面的文法为"倒置的文言体代名词",习问为"'事已如此,不必难过,好在天无绝人之路!'也是抒情的话,和哪一些叙述有分离不开的关系?"。"叙述父亲在车站上买橘子的情状,把一切细微的动作都记下来,这有什么作用?"从文话和习问中可以看出,选文《背影》只是充当有关两种"抒情方式"知识的一个例证。

四、凭借:训练阅读和写作能力(1933—1949)

此处的"凭借",指通过设置问题、交代任务的方式,让学生在读的过程中掌握朗读或默读、精读或略读以及散文文体阅读等技能,让学生在续写、仿写、改写或写作读后感的过程中提高写作能力。如果这样处理选文,就是发挥选文的凭借功能。

1931年,宋文翰在批评教科书选文时还认为,除了以学习选文形式为重点从而将国文和其他科区分开来以外,还可以从教学目的上作区分,他说[①]:

别的学科重在知识的传授;国文科重在传授知识的文字的运用的训练。……编者或教者又须明白:国文教科书所以选史传,选游记,选古人嘉言懿行,甚而选关于讨论社会问题,人生问题的文字,目的并不是在叫学生明瞭及记忆其内容,是因为文字必附于思想或情感或其他的事迹,自然现象等始具有意义,借此以见古人运用文字的技巧及其发表的方式,藉以增进学者阅读与发表文字的能力。……依国文科的性质和所独担的责任来说,我以为最重要的只有两事:(1) 阅读,(2) 发表。如果在一定期间,经过相当的训练,学生能把自己所见,所闻,所想到,所感得的一切,运用文字,自由发表出来,而且写得正确,明达,没有文法上的错误;同时,在阅读方面,能由平易的书报,日常的应用文字,进而阅读浅显的文言文,更进而看得懂整理过的古书,并且养成一种良好的读书习惯,则国文教师很可以大胆地声言:"我们的国文教学已成功了!"……还有涵养德性,启发思想各项,那是要与其他各科共同负责完成,非国文科所能包办,亦非国文科所应包办的。

---

① 宋文翰.《一个改良中学国文教科书的意见》,《中华教育界》1931年第十九卷第四期,第189—190页。

可见,在宋文翰看来,国文科目的并不在于让学生掌握选文的内容,所以不应该借此进行思想教化和情感熏陶,而应以选文为凭借来培养学生的读写能力。他的这种思想也启发了一些编者,所以一些编者不再将选文当印证各种形式知识的例子,而是将其作为提高读写能力的凭借。

《复兴初级中学教科书国文》(1933)是在《基本教科书国文》(1932)的基础上编写而成的,但是编者在这两套选文几乎相同的教科书中对选文功能的设定却不相同。前者将选文作为例子而附录知识短文,后者则将选文当成阅读的凭借。在《复兴初级中学教科书国文》中,《背影》课文之后并无知识短文,除注释"赋闲"和"大去"这两个词意外,还有一项是"暗示":"这篇和前篇那一篇使你感动些?你能说出什么缘故吗?将这篇的第六段和前篇的第二段仔细比较一下,也许你就能明白。"编者在所设置的问题就是让学生将《背影》和《北堂侍膳图记》进行比较,以让学生学会比较阅读。当然,该书还没有完全抛弃前期将其视为"全息"图像的做法,如还要求以文中的句子作为"包孕复句"的例证。

《初中新国文》(1937)也是在《朱氏初中国文》(1934)基础上改编而成,但是它与《朱氏初中国文》相比,更侧重于让学生通过课文的学习来掌握阅读和写作的方法,如其编辑大意称:"本书补充教材,分读书方法,作文方法,及文学概论三种;悉取现代或近代名家所著具有条理而便于讲述的作品,庶于正教材教学完毕,尚有余裕时,可以此补充。"作为课本的正教材也是重在提高学生的读写能力,如将《将离》(叶绍钧)、《归也》(王世颖)、《归来》(冰心)、《背影》和《北堂侍膳图记》(朱琦)归入"离别与系恋家庭情绪的表抒"这一"组",这一点和《朱氏初中国文》没有多大差别。不过,此时其课后已不再介绍文法知识,而是设置有关读写的问题和任务。如除注释"徐州"等几个地名外,还有两项:

设问 [外形方面]本文内"他写了一信给我"句,是否为双宾位的句式?抑是变式的宾位?"我将他给我做的紫毛大衣铺好坐位"句,那一个可认作次宾位的名词?

[内容方面]父亲爱怜儿子,在什么地方最易表显出来?作者在车上望见父亲的背影,为什么要流下泪来?

习作 试把父母对于自己的慈爱,叙述一段简单的文字。

虽然没有完全脱离让学生掌握语法等方面的意图,但更主要的是让学生在回答问题的过程中学会抓住关键段落以理解文意,以及通过实际写作学会如何去表现人物的内心等。

1937年3月，由提出以选文培养学生读写能力的宋文翰亲自编写的《新编初中国文》出版。其中《背影》一课之后题解称："为作者想念父亲，追忆前事的作品"。课后没有知识短文，所附习题为"（一）这篇文章里告读者些什么？（二）为甚么上了二十岁的儿子出门，做父亲的还不放心？（三）写一篇父亲爱自己的文章。"这种做法的用意和《初中新国文》一样，都是为了发挥选文的凭借功能。1939年，教育总署编审会购买了《初中新国文》的版权，以《初中国文》为名出版了国定教科书。不过，并没有对原书进行多少改造，只是增删了三至五篇甚至更少的课文而已，所以其第3册所收录的《背影》的课后练习和前者完全一样，其用意也无任何改变。

1937年抗战爆发后，叶圣陶到达重庆。1938年，他在重庆巴蜀学校重掌教鞭，讲授中学国文，所用的是傅东华编的《基本教科书国文》或《复兴初级中学教科书国文》（不过从后文其评论来看可能是前者）。在使用的过程中，他开始对将选文作为印证读写知识的"例子"的做法进行了反思。1938年3月8日和5月8日，他在写给夏丏尊等人的信中就分别提到以及《国文百八课》在教学中遇到的问题："弟在巴蜀教国文，用东华所编之书，觉所选文章多不配十余龄学生之胃口，而所谓'习作'者，讲得吃力而学生大半茫然。我们所编书大体与之相类，其不切实用自可想见。闭门所造之车难合外间之辙，今益信矣。至少初中国文教学还得另起炉灶，重辟途径也。""'百八课'题目来时，当抽暇徐徐为之。我近来觉得书上讲得好是一事，学生是否能容受又是一事。像东华这部书讲得何尝不好，但学生实在消化不来，弟讲得很吃力，而他们至多领受到十之二三。我们的书大概也是如此而已。"[①] 可能正是因为意识到其中存在很大的问题，所以《国文百八课》的第5、6册也就没有继续编下去。这样的教科书，连叶圣陶都教得吃力，普通教师如果按其教学思路以分析作品形式中所含的知识为主而施之教学，其难度之大也就不难推知了。更何况这些形式方面的知识讲了也无用，因为其并不能提高学生多少读写方面的能力。可能正是基于以上原因，1940年叶圣陶在《对于国文教学的两种基本观念》一文中不再从教学应是选文形式方面的知识而不是内容以区分国文和其他学科，而是从国文应教读写方法而不是内容以区分国文和其他学科，他说[②]：

国文是语文学科，在教学的时候，内容方面固然不容忽视，而方法方面尤其应当注重……如果国文教学纯粹是阅读与写作的训练，不再含有其他意义，那么，任

---

① 叶圣陶著.《叶圣陶集（第24卷）》，南京，江苏教育出版社1994年第1版，第131、146页。
② 叶绍钧.《对于国文教学的两种基本观念》，《中等教育季刊》1940年创刊号，第13、14页。

何书籍与文篇,不问他是有益或者有损于青年的,都可以拿来作阅读的材料与写作的示例……国文教学自有它独当其任的任,那就是阅读与写作的训练……第一,必需讲求方法。怎样阅读才可以明白通晓,摄其精英,怎样写作才可以清楚畅达,表其情意,都得让学生心知其故。第二,必需使种种方法成为学生们终身以之的习惯。因为阅读与写作都是习行方面的事情,仅仅心知其故,而习惯没有养成,还是不济事的。国文教学的成功与否,就看以上两点。所以我在前面说,方法方面尤其应当注重。

叶圣陶反复强调教学阅读和写作方法的说法和前述宋文翰的观点比较一致,与其说是受宋文翰的启发,还不如说是在总结前期实验失败的教训过程中的形成的。1947年,他在和郭绍虞等人编写《开明新编国文读本:注释本甲种》时,就赋予选文以让学生掌握阅读写作方法的功能。如该书编辑大意称:"在每篇文字之后,我们写了短短的几句话,或是指点,或是发问,意在请读者读过以后,再用些思索的工夫。可以思索的当然不止这些个,我们写的不过举例而已。"可见,不再像《国文百八课》那样以介绍单一形式方面的知识的"文话"为先导,再以能体现这种知识的文选为例证,而是在选文之后附录助读文字,或指点方法,或提出问题,以让学生习得一些读写的技能。《背影》收入该书第1册,其课后助读文字如下:

(一)作者说最不能忘记的是父亲的背影,为什么?(二)篇中的对话,看来很平常,可是都带着情感。试逐一体会,哪一句带着哪种情感。(三)当时作者与父亲同行,到南京车站上分别,彼此说的当然不只那几句话,而写在文字里的只有那几句。这就叫做"取舍"的工夫。"取"是取那些与本篇有关的材料,"舍"是丢开那些用不着的材料。

从这段助读文字可以看出,作者以设置问题和任务的形式让学生抓关键句理解文意,并通过人物对话体会其情感的阅读方法。同时,既没有像《开明国文讲义》后"文话"那样以课文为例详细分析材料的取舍,也没有像《国文百八课》中《背影》前"文话"那样详细分析抒情的方式,而是指点读写方法,让学生在阅读中理解抒情的方式和选择材料的方式。单纯地介绍知识,学生所获得的只是一个结果,无法将这些知识转化为能力;围绕读写设置一些问题、任务,就可以让学生在思考这些问题、完成这些任务的过程中掌握某种读写的技能,并最终形成读写能力。

综上可见,收录《背影》的28套教科书的编者曾赋予其以"引子""全息""例子"和"凭借"等不同的功能。同时,从中我们也可以发现编者们所持的选文功能观的渐进演变的过程。

1948年，朱自清去世后，一些报刊以《长向文坛瞻"背影"》、《一代文宗溘然长逝——朱自清的〈背影〉去矣》表达哀悼之情。1951年，《人民教育》刊发了对《背影》的批评文章，并引发了一场讨论。有作者认为，把文中父亲出于本能的爱说成是伟大的，那么将置送子参军那种具有崇高理想和鲜明目标的父亲于何地？而且学生也认为学习这篇课文一点意思都没有。于是，《背影》从中学语文教科书中被放逐。1980年，《背影》再次出现在一本实验教材中。后来，又被多种语文教科书选作课文，直至今天①。70多年来，在语文教育领域，"朱自清"和《背影》一直联系在一起，套用前述悼念文章的题名，可谓令人不禁"长向杏坛瞻'背影'"！

补记：

近几年，围绕朱自清(1898—1948)的《背影》的教学有过持续的论争。关于其主旨，有读者可能认为"读者已死"，而将自己的"新解"说成是作者的"原意"。解读作品需将以意逆志与知人论世结合起来，才能做出正确的解读，否则往往会出现曲解、谬误。知人论世自然是要熟悉作者的创作生平(尤其是创作某部作品的经历)与社会背景(尤其是创作情境)。即便是高举读者中心大旗的接受美学，也认为读者的解读绝非任意，而是受制于文本的既定的框架和历史的解读。接受美学家姚斯以波德莱尔的《烦厌》为例提出了历史理解的几个要点，尤其是创作背景和作者本意，他说："就当代读者而言，《烦厌》一诗可以满足何种期待，否定何种期待？本文可能与之发生联系的文学传统是什么？历史、社会条件是什么？作者本人是如何理解这首诗的？第一次接受赋予这首诗的意义是什么？在今后的接受史中，其中哪一种意义被具体化了？"②也就是说，自己的新解应该尊重作者的本意，而不是否定作者的本意，更不能将"读者之维"置换成"作者之维"。

那么，有关《背影》的主旨，作者的本意是什么？虽然"作者已死"，对当下的各种解读既无法证明也无法证伪，但也不能肆意解读，因为《背影》的解读史在作者生前就已经开始。从1925年《背影》发表至1948年朱自清去世，至少有30套国语、国文教科书将其选为课文。我们从作者对待这些教科书的编者对其主旨的解读的态度上，也可以看出其本意。这些教科书的编者，包括朱自清的挚友叶圣陶、夏丏尊，通过对其主旨的直接揭示，或与其他相似主题、题材的文本组合成单元，

---

① 闫苹编著.《中学语文名篇的时代解读》，广州：广东教育出版社2007年版，第5—45页。
② H·R·姚斯，R·C·霍拉勃著，周宁、金元浦译.《接受美学与接受理论》，沈阳：辽宁人民出版社1987年版，第211—212页。

以及题解、注释、练习等方式,无一例外地将其主旨解读为表达一种父子之间的情感。例如在夏丏尊、叶圣陶合编的《国文百八课》中,《背影》与归有光的《先妣事略》是第十二课的文选,作为印证文话"抒情的方式"所介绍的知识的例子出现,也就是说,《背影》是典型表达亲情的文章。此外,他们在一些解读文章中也将《背影》的主旨解读为表达父子之情,例如叶圣陶在1936年《新少年》创刊号"文章展览"中评点的第一篇文章就是《朱自清的〈背影〉》,文章认为《背影》是借自己所见父亲背影流泪而表达父子之情的,他在文中明确指出:"到这里,全篇的主旨可以明白了。读一篇文章如果不明白它的主旨,而只知道一点零零碎碎的事情,那就等于白读。这篇文章的主旨是甚么呢? 就是把父亲的背影作为叙述的主脑,从其间传出父亲爱惜儿子的一段深情。"[1] 如果朱自清的本意不是表达父子之情,而是阐发生死之理,或者有其他的微言大义,那么在20多年内面对至少30套教科书编者的"误读",他不可能不站出来指谬:"诸位都错了"。换句话说,作者本来就是通过本文表达父子之情,当他人的解读与自己的本意一致时,默认就是一种间接的阐释,或者他觉得这篇散文内容简单、感情真挚、主旨明确,所以完全没有必要再特意指出本文是表达父子之情。

本章主要从选文功能的角度来呈现《背影》在朱自清健在时的阅读史,既是以此为读者判断围绕其主旨的阐释提供一个历史的依据,也希望通过呈现编者曾赋予的四重功能为老师们选择教学内容提供一个参考。

2018.01.07

忏　悔

"萨姆! 我的好儿子,时候不早了! 今天我不舒服,你代我到市场上去吧。"说话的是一个在厄特克附近市场上卖书的老人,名字叫密却尔。

萨姆听了这话,很是不高兴,说道:"我可不愿意去。"

---

[1] 圣陶.《朱自清的〈背影〉》,《新少年》1936年第一卷第一期,第88页。

"萨姆！你逞着自己无意识的自大，忍心让你有病的父亲，整天立在那喧哗纷扰的市场上吗？现在我也不多说；等我死后，你自己总会想到。"老人说话的时候，心里非常难过；说罢，匆匆的就走了。

萨姆带着怒容，看他的父亲，一步一蹶的走去，直等到影子看不见，他的良心忽然感动了。他悬想着他父亲——一个有病的人，立在非常嘈杂的人群中做买卖，何等苦恼；便自言自语道：可怜的父亲！……"

这孩子跑去看他母亲。他母亲正在灶边帮忙着，也不知道自己的丈夫和儿子，有方才的事。萨姆道："母亲，父亲今天有病吗？"他母亲回转烘得红红的脸，答道："是呀！萨姆。他没有叫你去代他卖书吗？这真可怜！你如今长大了，也该代你父亲做些事。"萨姆听了，虽然也觉得有点懊悔，但是他的自大心很是利害的，终不肯到市场上去，劝他父亲回来。

光阴荏苒，忽忽过了五十年，厄特克附近的市场上，依然喧哗纷扰，不改从前的样子。一天，午前最热闹的时候，市场上拥挤得很；忽见人丛中有一位老绅士，用手分开众人，一步一蹶的向前走去。他走到市场尽处的一个所在，自言自语的道："是了！就是这地方！"便停住了脚，除下自己的帽子，忽而垂头丧气，忽而抬头向天，现出他心中有一种非常的苦痛。霎时天上布满了黑云，下起雨来，这老绅士仍旧不动，全身衣服湿透了，他还是没有觉得。

可怜！倔强的萨姆，现在已成为有名的博士了，全国的人，都称他是一个大文学家，这是何等的荣幸！但是他良心上有一件不安的事——就是他年轻的时候，因为无意识的自大，使他父亲受了苦恼。后来虽然有种种的名誉，仍旧抵销不了。如今年纪老了，还跑到这厄特克附近的市场上，立在他父亲摆过书摊的地方，做他良心上的忏悔。

选自小学校高级用《新中华国语读本》1927年版第3册。

第五章

《桃花源记》与一文多选现象及多种文体特征和多重主旨的作品的解读方式

陶渊明的《桃花源记》写了一个有趣的故事，描绘了一个别样的天地：一个渔夫偶然发现了一片桃源，此处景色优美、民生安乐。虽然与世隔绝，但居民们非常好客，他们杀鸡做食款待了渔夫，并告诉他，自己的祖先因避秦难而来此地，到他们这一代已"不知有汉，无论魏晋"。最后，渔夫在居民们"不足为外人道也"的嘱咐中离开了此地。后来，虽然太守遣人去寻，但迷失道路；虽然高士欣闻欲往，但未果病终。文后还附有作者的一首《桃源诗》：

嬴氏乱天纪，贤者避其世。黄绮之商山，伊人亦云逝。往迹浸复湮，来径遂芜废。相命肆农耕，出入行所憩。桑竹垂余荫，菽稷随时艺。春蚕收长丝，秋熟靡王税。荒路暧交通，鸡犬互鸣吠。俎豆犹古法，衣裳无新制。童孺纵行歌，斑白欢游诣。草荣识节和，木衰知风厉。虽无纪历志，四时自成岁。怡然有余乐，于何劳智慧。奇踪隐五百，一朝敞神界。淳薄既异源，旋复还幽蔽。借问游方士，焉测尘嚣外。愿言蹑轻风，高举寻吾契。

此后，王维、王安石等都曾以《桃花源记》为题材作《桃源行》诗，袁宏道据此作《狂言读桃花源记》文；苏轼曾据《桃源诗》作《和桃源诗序》。"世外桃源"成为中国文学中一个典型的意象，也成了文人心中的一片净土。

1908年，林纾将《桃花源记》选入我国第一本文选型中学语文教科书《中学国文读本》的第7册中。此后，《桃花源记》便和中小学语文教科书结下了不解之缘。1920年，叶圣陶在一封信中称，我们都说《桃花源记》这样的文章属浅易的文章，但是"文章的浅深,本是极不容易测定的。我们只能这样说,凡是可以供知识较长成、情感较丰复的人了解和欣赏的文章,便是较高深的;其仅供幼稚的心情欣赏而不足以动较发达的心情,仅使幼稚的识力得到一点帮助而在较进步的识力便嫌得太平庸了的文章,便是较浅近的"①。大概因为多数教科书的编者都认为这是一篇好文章,而且是一篇浅易的文章,适合编者自己在编教科书时所限定的某一学段的学生学习及其他原因,所以《桃花源记》在清末民国期间曾被选入多套中小学语文教科书,出现了一文多选的现象:"有一文见同册者,有相差一册者,有相差二册者,有相差三册者,又有一文而分见于三册以上者"②。20世纪20—40年代,学者们常以《桃花源记》为例来谈论选文难易程度问题,这说明该文是中小学国语、国文中的极为常见而其难易程度又极难确定的经典篇目。

其实,不仅学生对这篇文章的理解不同,就是编者们的理解也存在着差异,尤其是对这篇文章的体裁和主旨的理解,结果更多,差异更大。叙事是其基本表达方式,而叙事又是其他多种文体所共有的表达方式,那么这篇文章的文体到底是什么?同样是表达某种理想(思想),"有两篇文章在这里,一篇是《桃花源记》,一篇是《原道》。通常我们总喜欢看《桃花源记》,因为他是叙述事实;不喜欢看《原道》,因为他说的是些抽象的话"③。不过,韩愈的《原道》虽然用议论的方式表达显得有点抽象,但观点(道理)很明确;陶渊明的《桃花源记》虽然用记叙的方式来表达思想让人容易接受,但是却因用形象说理("比喻说理")而易生多义。

本文就试图梳理清末民初多种教科书对其选录情况的不同以及不同读者对其文体和主旨的不同阐释,并具体分析其产生的原因。

一、清末民初(1908—1921)

清末民初的中学国文教学,主要是通过单篇古文的学习来掌握其写法,并了解文学源流。初小国文教学,主要是学习编者撰写的课文来掌握一些常识,并训练

---

① 叶绍钧.《致李石岑、周予同信》,《教育杂志》1923年第十五卷第四号"通讯"栏,第2页。
② "陶潜之《桃花源记》,北新《国语》在第一册第九课,中华《国文读本》则在第五册第六课。"汪桂年.《初中国文教学的实际问题——中学国文课程标准之讨论》,《教与学》1937年第二卷第十二期,第128、129页。阮真在《几种现行初中国文教科书的分析研究》(阮真.《几种现行初中国文教科书的分析研究》,《岭南学报》1929年第一卷第一期,第105页)中以表格的形式呈现了《桃花源记》的位置,其在《初中国语教科书》中是一年级上、在《现代初中国文》中是一年级上、在《初级古文读本》中是一年级下。汪桂年所说的情况,在本文所列的表格中体现得也很明显。
③ 张耀翔讲,朱厚锟记.《注意心理浅释》,《学生杂志》1922年第九卷第二期,第23页。

识字、写字、初步写作的技能。高等小学主要是训练作文,在初等小学的基础上使学生渐知谋篇立法等大的方面,以期文章层次秩然、篇幅完整,所以高小国文教学多选择一些成篇的记叙性文章,让学生掌握相应的写作技法。这样一来,作为晋代著名作家的陶渊明代表性记叙文《桃花源记》被选入中学和高小的国文教科书并不令人奇怪。收录此文的教科书大致有以下6套,而且教科书的编者对其文体和主旨作了不同的阐发。

编 者	教科书名称	册次	出版社	时间、版次
林纾	《中学国文读本》	第7册	商务印书馆	1914年5月订正7版（初版1908年）
汪渤、何振武	《中华高等小学国文教科书》	第6册	中华书局	1912年9月6版
樊炳清、庄俞	高等小学校秋季始业《共和国教科书新国文》	第2册	商务印书馆	1913年4月5版
郭成爽、汪涛、何振武	高等小学《新制中华国文教科书》	第7册	中华书局	1915年3月8版（1913年1月初版）
沈颐、杨喆	高等小学校用《新编中华国文教科书》	第5册	中华书局	1915年6月5版
吕思勉	高等小学用《新式国文教科书》	第5册	中华书局	1916年8月初版

（一）文体

1. 杂记

清末中学国文教科书按照《古文辞类纂》的文体分类法,将课文分为论辩、序跋、奏议、书牍、赠序、诏令、传状、碑志、杂记、箴铭、颂赞、辞赋和哀祭。《中学国文读本》(1908、1914) 的第7册收入的《桃花源记》被归入杂记类。编者并没有像对《项脊轩志》和《六国论》等那样对其作法详加评点,而是不置一词。可见,编者只视其为一般的记游或记事的文章。

2. 杂记兼寓言

《中华高等小学国文教科书》(1912)

《共和国教科书新国文》(1913)

的第6册第30—35课分别是《盲者说》(戴名世)、《南洋诸岛致富强说》(薛福成)、《桃花源记》(陶渊明)、《截冠雄鸡志》(李翱)、《论募民徙塞下书》(晁错)和《上高宗封事（一）》(胡铨)，可见这6篇课文分别由两两组合成论说、杂记和奏章三组，《桃花源记》则被归入了杂记类。不过，《截冠雄鸡志》选自《寓林折枝》，是一篇寓言，以一只被切除鸡冠的雄鸡的遭遇来讽喻那些嫉贤妒能、寡廉鲜耻之辈。《桃花源记》大概也与其一样被归入杂记兼寓言，课文后附的《桃源诗》更是试图点明《桃花源记》旨意。

与《共和国教科书新国文》(1913)相配套的《共和国教科书新国文教授法》、与《新制中华国文教科书》(1913)配套的《新制中华国文教授书》、与《新编中华国文教科书》(1915)配套的《新编中华国文教授书》、与《新式国文教科书》(1916)相配套的《新式国文教授书》的编者均认为，这不是一般的杂记，而兼有寓言的特征。如《共和国教科书新国文教授法》认为，文中所记是虚构的事实（"凭空结撰，无事实之可记"），所以此文"亦寓言之类耳"；《新制中华国文教授书》认为，文中所记"又未必实有其境，兼用寓言之法"；《新编中华国文教授书》认为"又未必实有其境，兼用寓言之法"；《新式国文教授书》认为其为"记叙文记事之例，兼有寓意之方法"。

是杂记中的记事文，还是游记呢？对此，编者们认识并不一致。《新制中华国文教授书》(1913、1915)和《共和国教科书新国文教授法》(1913)的编者均认为是记事。前者称，学习这篇课文主要是"使知记叙文记事之例"；后者认为，之所以该文是记事（"杂记体"），是因为其"首二句点出时代及渔人。次三句记渔人于无意中得桃林。次四句写桃林之风景。次九句记渔人穷桃林水源，得入山口。次十四句记渔人初入山之情形，及山中之景象。次八句记山中人初见渔人之问答，及山中人之应酬。次十句记山中人之自述，及渔人之答辞。次六句记山中人之款待宾客，及临别时之叮咛。次七句记渔人出山而志其处以告太守。次四句记太守欲问津而不得。次六句记高士欲问津而不得。末以无问津作结，桃花源便在若有若无之间。"可见，编者认为"渔人"的经历是作者所写的主要对象，而文章就是以此来结构成文的，所以是记事文。《新制中华国文教授书》(1915)的编者认为，这是一篇"记地文"（游记），因为文章"先记渔人之见桃林。次记林尽之处，别有山洞。再次记洞中之屋舍人物。再次记洞中之留客及问答之语，并及送客。再记渔人之再寻其地而不可得。末附记高士欲往而终未果，以见桃花源非人世所有"。可见，编者认为"桃花源"是作者所要写的主要对象，所以是记地文，只不过"全课记地，从渔人身经其境生发"而已。正因为将其当成记地文,所以《新制中华国文教科书》的编者在其后又安排了《新加坡洪家花园记》(郭崇焘)一文。记叙游玩经历并描写所见景物的文章一般被称为"游记",所以《新制中华国文教科书》又称《桃花源记》"兼用游记之法"。《新编中华国文教授书》(1915)也认为其兼有"记地"与"游记"两重性质,如称:"全课记地,从渔人身经其境生发。兼用游记之法"。

不过,《新式国文教授书》(1916)的编者却从其包含寓言特征的角度出发,认为"文有寓意,不可作记游观也"。

需要补充说明的是,1916年署名"惜华"的作者根据《桃花源记》原文改编的《桃花源记演义》刊登在了以登载"小说"为主的《小说月报》的第1号上,题前注明改作的文体为"弹词"(韵文)。

(二) 主旨

《中华高等小学国文教科书》(1912)以文体而非主题组织选文,而且目前没有发现与之配套的《中华高等小学国文教授书》,尚不清楚编者对其主旨的阐释,其他几套教科书编者分别从以下几方面对其主旨做了阐释。

1. 批判社会现实

《中学国文读本》(1908、1914)按时代由清逆溯至秦汉三国,每个朝代选择其具有代表性的文体的作品,《桃花源记》是该书所选六朝文中唯一的杂记,可见作者对其之珍视。因为编者恪守桐城派的"义法"观念,其所选文章依据文道兼顾的原则,而且首先考虑的是"道",其次才是"文"。如对《世说新语》之中的小品文一概不选。单选《桃花源记》,可能因为在编者看来,《桃花源记》在技法上即便无过人之处,但其中所含的思想并非仅仅是个人之志,而是社会之道;又因为选文与史实结合,所以可能编者认为这篇文章批评了魏晋战争不断(刘项之争、新莽之乱、三国扰攘等)、天下大乱以及赋敛繁苛、民不聊生的社会现实,而描绘了一幅理想社会的蓝图。

《中学国文读本》(1914年重订本)

在高等小学校用《新编中华国文教科书》(1915)中,该文之前的课文是《社会》《权度》和《地方自治》,其后的课文是刘基的寓言《养蜂》。《地方自治》的课后练习为"何谓地方自治?英国为地方自治之先导,何说?吾国古时,如何与自治制相合?现今之自治如何?"显然,编者认为《桃花源记》就体现了了古人的自治理想,像桃花源那样没有特权的居民自治的社会,才是理想的社会,统治者应如"善养蜂"者那样通晓民性、体恤民情。

2. 表达避世之志

《共和国教科书新国文教授法》(1913)称:"本篇为怀避世之志而作"。其依据有两点:(1)陶渊明本身是一位"志趣高尚,不事荣利"的隐士。(2)文中一些语句直接表露了这种旨趣,如写村人"不知有汉,无论魏晋",其言外之意就是陶渊明"不愿臣仕于宋之意";写村人嘱咐渔夫"不足为外人道也"之句,这一句表面上是写"桃源中人不愿与世人周旋",而实际上是写"陶渊明厌弃世俗,怀超然高举之志","故为是言而以表拒绝世人之意"。《新式国文教授书》(1916)认为,此作"意在遁世","欲得净土如桃花源以避世"。其基本依据有两点:一是作者个性与及作品背景。作者曾不为五斗米而折腰,辞去彭泽县令之职而隐居山林、徜徉自适。作者所处的晋武帝时代时势日非,社会动荡,百姓不宁。二是文本内容及创作方式。文中提到的"避秦难"以及"不知有汉,无论魏晋"等,是"伤晋乱,欲得净土藏修";文末所提到的刘子骥"与陶渊明周续之并称'三隐'",称之为"高士",是因为"凡隐居不受征辟、不慕荣利者,谓之高尚士";全篇文章"全由想像而来","以无中生有之笔,造此神仙乐境,托渔人之游,以实其事",其目的就是"求如桃源之地以居,得洞中之人为伴耳。"

3. 阐发治学、从业之理

陶渊明一向被认为是一个隐逸诗人,不过鲁迅论选文时说:"被选家录取了《归去来辞》和《桃花源记》,被论客赞赏着'采菊东篱下,悠然见南山'的陶潜先生,在后人的心目中,实在飘逸得太久了,但在全集里,他却有时很摩登……就是诗,除论客所佩服的'悠然见南山'之外,也还有'精卫衔微木,将以填沧海,形天舞干戚,猛志固常在'之类的'金刚怒目'式,在证明着他并非整天整夜的飘飘然。这'猛志固常在'和'悠然见南山'的是一个人,倘有取舍,即非全人,再加抑扬,更离真实……我每见近人的称引陶渊明,往往不禁为古人惋惜。"[①] 大概是为了培养

---

① 鲁迅著.《且介亭杂文二集》,北京:人民文学出版社2006年版,第217页。

学生积极向上的精神,与高等小学校用《新编中华国文教科书》(1915)配套的《新编中华国文教授书》(杨喆编,徐俊、沈颐阅,1915年2月2版)并没有像教科书那样讨论社会自治问题,而是讨论求学、立业问题:"渔人捕鱼于溪,于溪上之附近数十里间,宜其往来习熟矣。一旦见桃林遍是,安得不深以为异?然正惟异之而欲穷之,始获异境。此譬如求学问者,寻绎旧闻,因心有所疑,再三研究,而别有所悟也","苟非好奇之人,不畏艰险,至此必不敢入。不入,则奇境何自探也。此譬如成事业者,必勇往直前,始能有济也。"

《新制中华国文教科书》(1915)也突出了陶渊明的"金刚怒目"一面,如其第6册第14课选的就是陶渊明的诗《咏荆轲》(第13课是《荆轲刺秦王》)而非含"悠然见南山"之句的《饮酒》;对所选入的《桃花源记》也不当消极避世之作来对待,而是当成一篇励志作品。《新制中华国文教授书》和《新编中华国文教授书》相同,也根据课文所写得出两个相同结论:第一,以桃溪异景之得见以喻"求学问者,寻绎旧闻,因心有所疑,再三研究,而别有所悟也"。其依据是"渔人捕鱼于溪,于溪之附近数十里间,宜其往来习熟矣。乃于习熟之地,一见桃林遍是,安得不深以为异?然正惟异之而欲穷之,始获异境"。第二,以入桃花之源得入以喻"成事业者,必勇往直前,始能有济也"。其依据是"苟非好奇之人,不畏艰险,至此必不敢入。不入,则奇境何自探也"。总之,常有好奇之心,学业才有长进;常怀不畏艰险之志,事业才有收获。

1915年,北洋政府国定图书编纂处制定了一份《中学国文教授要目草案》,在其"讲读文章"中提到了应选《桃花源记》:"记叙之文,当采详实分明者。叙事取之《左传》《通鉴》已足,此外如陶潜《桃花源记》、柳宗元山水小记、曾巩《越州赵公救　记序》《越州鉴湖图》之类,皆可选。"[①] 不过,并没有依照这份草案编写的国定中学国文教科书出版。这几套收录《桃花源记》的文言教科书一直被使用到1922年,甚至这之后。从1904至1922年,有多套中小学国文、国语教科书出版,但是收录此文的教科书可能只有上表所列的6套,其原因可能是一般编者认为其中含有消极避世的思想而不宜让学生学习。

二、新学制至抗战(1922—1937)

1922年新学制实行至1937年抗战爆发,仍然有以下22套国文、国语教科书选

---

① 《中学国文教授要目草案》,《教育研究》1915年第二十四期,第41页。

入了《桃花源记》，不过小学已多不学文言，只是新学制初期高小教科书参用文言，所以收录此文的教科书，除了魏冰心及秦同培、陈和祥的《新学制小学教科书高级国文读本》是高小教科书外，其他均是中学教科书。新学制至抗战时期，可以说是此文接受的高峰期。之所以出现这种情形，可能有以下三个原因：

一是其文辞浅显易懂。《桃花源记》甚至被当作白话文。文学革命和国语运动者提倡白话文教学，但是当时纯粹的现代白话文并不多，所以提倡白话文教学的胡适便将陶渊明的作品纳入了白话文的范畴。1918年5月，胡适在《建设的文学革命论》中说："为什么爱读陶渊明的诗和李后主的词呢？因为他们的诗词是用白话做的。"[①] 依此类推，《桃花源记》自然也大可归入白话之列。新学制实施后，对文言文学习的要求降低，一般只要求能读写浅易的文言。新学制实施初期，虽然《新学制国语教科书》的编者怕学生读不懂、也为了能让学生比较文白表达的差异而在《桃花源记》原作前又呈现了一篇白话译文，但多数编者认为即便不将其纳入白话文也可将其视为文辞浅易的文言而照录原文。

二是其主旨便于学生热衷讨论"问题"和"主义"。五四以后，新学制初期，青年教师和广大学生热衷于各种"问题"和"主义"，若不讨论则被视为落伍，如有人称："国外的现代的学术思想，我们固然应该了解；但是中国的学术思想，我们也应和国外的现代的学术思想一样的了解……克鲁泡特金的无政府主义固然要知道，许行、陶渊明的无政府主义也须知道。"当然，也有热衷讨论现代的国外的思潮的人激进地认为："克鲁泡特金的无政府主义固然要知道，许行、陶渊明的无政府主义也须知道，但是许行、陶渊明的学说，能够像克氏那样的完满吗？就无政府主义论，克氏的学说不可不知，许行、陶渊明的学说，并没有知道的必要。"[②] 虽然陶渊明并没有对无政府主义进行系统地论述（"学说"），但《桃花源记》等无疑体现了"无政府主义"，所以从了解（"知道"）的角度来说，也应该让学生阅读接触。

三是其内容涉及民生。1927年南京政府成立后，三民主义教育开始成为主要的教育宗旨，所以课程标准要求教科书中的课文要反映现实问题，并指示解决的办法。《桃花源记》就涉及了战乱、民生等问题，而且描绘了一个世外桃源，所以自然可以让学生来讨论其中所涉及的社会问题。当然在这段时间，教科书编者对其文体和主旨又作出了一些新的阐释。

---

① 胡适.《建设的文学革命论》,《新青年》1918年第四卷第四号, 第291页。
② 沈仲九.《中学国文教授的一个问题》,《教育杂志》1924年第十六卷第五号, 第3、12页。

编者	教科书名称	册次	出版社	时间、版次
范祥善、吴研因、周予同、顾颉刚、叶绍钧	初级中学用《新学制国语教科书》	第1册	商务印书馆	1925年7月7版（1923年初版）
庄适	《现代初中教科书国文》	第1册	商务印书馆	1924年1月初版
魏冰心	《新学制小学教科书高级国语文读本》	第3册	世界书局	1925年3月初版
秦同培、陈和祥	《新学制小学教科书高级国文读本》	第3册	世界书局	1925年7月9版
沈星一	《新中学古文读本》	第1册	中华书局	1926年5月14版
张振镛	新师范讲习科用书《国文参考书》	全1册	中华书局	1927年11月版
赵景深	《初级中学混合国语教科书》	第1册	北新书局	1931年7月3版
姜亮夫、赵景深	《初级中学北新文选》	第1册	北新书局	1931年7月3版
北师大附中	《初中国文读本》	第5册	北平文化学社	1931年7月出版
王侃如等	《新学制中学国文教科书初中国文》	第4册	南京书店	1931年10月初版
周予同、顾颉刚、叶绍钧	《新学制初级中学教科书国语》	第1册	商务印书馆	1932年6月国难后第5版
周颐甫	《基本教科书国文教本》	第2册	商务印书馆	1932年10月初版
傅东华、陈望道	初级中学用《基本教科书国文》	第2册编辑	商务印书馆	1932年11月初版
戴叔清	《初级中学国语教科书》	第2册	文艺书局	1933年1月出版
徐蔚南	初级中学学生用《创造国文读本》	第2册	世界书局	1933年1月再版
张弓	《初中国文教本》	第2册	大东书局	1933年1月5版
罗根泽、高远公	《初中国文选本》	第2册	立达书局	1933年8月初版
石泉	《初中师范教科书初中国文》	第4册	文化学社	1933年11月初版
朱文叔	《初中国文读本》	第5册	中华书局	1934年8月初版
张鸿来、卢怀琦、汪震、王述达	《初级中学国文读本》	第5册	师大附中国文丛刊社	1934年8月再版
颜友松	《初中国文教科书》	第1册	大华书局	1935年出版
宋文翰	《新编初中国文》	第4册	中华书局	1937年3月3版

（一）文体

1923年颁布的新学制《初级中学国语课程纲要》，将教科书选文的文体分为记叙文、议论文、杂文以及传记、小说、诗歌、戏剧、散文。前者是从表达方式来分的，主要是为了便于写作教学;后者是从体裁来分的,主要是为了便于阅读教学。后来颁布的课程标准和出版的教科书干脆以表达方式和用途来分类,将课文分成记叙文(含描写文)、抒情文、论辩文、说明文和应用文。而且一般要求初一年级教科书多记叙文,初二多抒情文,初三多论辩文,所以属于记叙文《桃花源记》就多出现在了初一。此外,又出现了以下三种说法。

1. 短篇小说

新文学建设,需要采用白话语体,更要学习新的创作方法,所以胡适一方面翻译欧美文学,一方面鼓吹阅读中国传统白话文学。而在各种文学体裁中,他特别强调应学习、创作"写情短诗""独幕剧"和"短篇小说"。1918年,胡适在《论短篇小说》一文中说,从世界文学发展历史来看,十九世纪中期以来短篇小说最为流行,其创作代表世界文学的新趋势。短篇小说最高的技法是"用最经济的文学手段,描写事实中最精采(彩)的一段,或一方面"。要做到这一点,可学习莫泊桑、都德等西方小说家的作品,也可借鉴我国优秀的传统小说的技法。接着他叙述了"中国短篇小说的略史"。他说:汉以后有许多"杂记体"的记事作品,六朝时出现了"有'短篇小说'的意味,却没有'短篇小说'体裁"的"志人"作品,如《世说新语》中的许多"记载,都是捡取人生极精采的一小段,用来代表那人的性情品格,所以我说《世说》狠(很)有'短篇小说'的意味,只是《世说》所记都是事实,或是传闻的事实,虽有剪裁,却无结构,故不能称做'短篇小说'"。接着他话锋一转,提到了《桃花源记》,他说:"比较说来,这个时代的散文短篇小说还该数到陶潜的《桃花源记》。这篇文字,命意也好,布局也好,可算得一篇用心结构的'短篇小说'。"[①]

初级中学用《新学制国语教科书》(1925)

[①] 胡适.《论短篇小说》,《新青年》1918年第四卷第五号,第395—401页。

可见,在胡适看来,这篇作品剪裁得当,借记叙渔夫"人生极精采的一小段"来表现作者的"性情品格";其中的景物、地点、事件均属虚构,且结构完整。除胡适外,1929年梁启超也在《陶渊明》中认为《桃花源记》是短篇小说,他说:"这篇记可以说是唐以前第一篇小说,在文学史上算是极有价值的创作。"[1] 1932年胡寄尘在《桃花源记的研究》的开头说:"人人所熟读的《桃花源记》,我们起初只当他一篇'古文'读;但是我们现在觉得他的性质确是一篇短篇的小说,现在我们已当他是一篇小说读了。"[2] 确实,也有不少教科书采纳学者们的观点而将其当小说读的,如《初中国文教科书》(1935)的编者在《桃花源记》的"教学过程"中引述了上述胡适在《论短篇小说》中对《桃花源记》的评价。《初中国文教本》(1933)的编者在《桃花源记》的"注释"中引述了上述梁启超的评价。这说明,一些教科书的编者认同了二位学者观点。《初级中学国文读本》(1934)的编者在该文课后"题解"中还直接称其为短篇小说,编者写道:"此篇寓词寄兴,为吾国最古之短篇小说……其后唐人传奇小说之布局,多仿于此。"

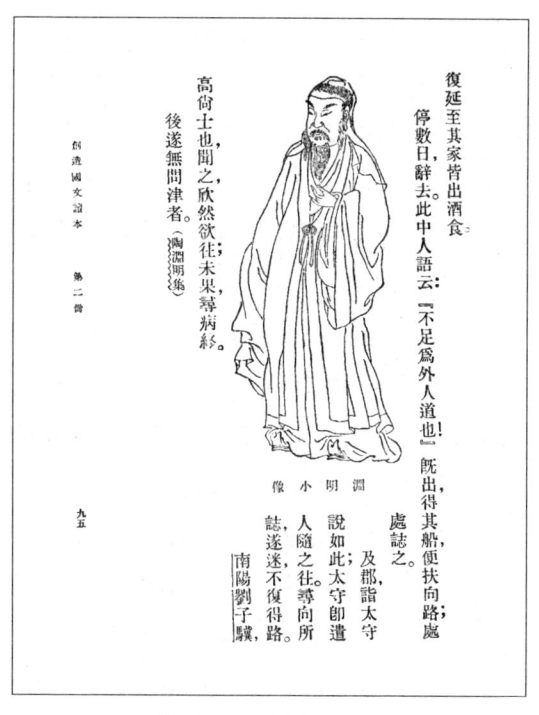

《创造国文读本》(1933)

2. 特殊的记叙文

不少收录此文的教科书称其为记叙文,一般不再作特别说明。不过,《新学制小学教科书高级国文读本》(1925)称其:"文为记事体。古来借游记为寓言者,推此为创作。"即指出其以叙事为主而又综合游记、寓言等文体的特殊之处,故成为后世文人模仿的对象。上述《初中国文教科书》(1935)对其作"记叙"作了说明,在该课的"教学过程"中称:"将记事和叙事两种体裁混合成一篇文章,称为记叙文,例如《桃花源记》",不过这不是一般的记叙文,"观本命题《桃花源记》,应属客观的

---

[1] 梁启超著.《梁启超古典文学论著》,上海:上海书店出版社2013年版,第6页。
[2] 胡寄尘.《桃花源记的研究》,《珊瑚》1932年第一卷第六期,第1页。

静的描写底记事文的题目,前面《三岩游记》那个命题,应属主观的动的描写底记事文的题目。但在事实上,《三岩游记》那篇文却是客观的静的描写底纯粹记事文,而这篇《桃花源记》反是主观的动的描写底文学记事文","本篇不但是主观的动的描写底记事文,而且大半是以授与趣味为主的叙事文的纪叙法"。正因为编者认为课文是一种特殊的记叙文,所以他才在教科书中引述胡适的"短篇小说"之说。

3. 特殊的游记

称其为"游记",且都认为这是一篇特殊的游记,如与《新学制小学教科书高级国语文读本》(1925)相配套的《高级国语文读本教学法》在解说《桃花源记》的体裁时称:"本课系游记文;凭空虚构,写景宛然逼真。可见想像力的充足。末虽微露作意,也不着痕迹。全篇叙事,有条不紊;笔姿活泼潇洒,飘飘欲仙,可称绝作。"《初级中学国语教科书》(1933)之《桃花源记》课后的"教学提要"称:"这一课目所收的,是三篇游记,一游《桃花源》,一游《桃花坞》,一游《桃花山》,前二篇具有同样的内容意义,后一篇则是普通的纪游文。"又如与《初中国文读本》(1934)配套的《初中国文读本参考书》认为这是一篇游记,不过又认为游记是应用文中的日记,其编者称:"在本书中选到好几篇游记,都归入于记叙文中或是抒情文中,似乎游记不在应用文的范围中。其实游记也是日记的一种,游必有日期,游历旅行都是人事,所以游记也是应用文",或模山范水,或凭今吊古,有考察人情风俗,有记录地形物产,可涉及历史地理,也应涉及社会政治,多用记叙文,其次是说明文、抒情文、议论文,这篇课文特殊之处在于不完全以客观态度加以叙述。

(二) 主旨

这一时期,随着社会政治环境的变化和教育宗旨的转变,编者们对《桃花源记》的主旨的解读,和此前的解读多有不同。

1. 反映社会问题

(1) 歌颂自由快乐的生活

这一时期多数编者持这种观点。我们从编者们多将其与其主题或题材一致课文编排一起就可以看出,编者认为此文以寓追求自由生活之意。如《新学制国语教科书》(1923)[①] 和《新学制初级中学教科书国语》(1932)均将《奉化人的海间生活》(吴载盛)、《桃花源记 (译文)》《桃花源记》《桃源行》(王维)和《桃花山》(刘

[①] 缪天绶编,商务印书馆1924年初版小学校高级用书《新撰国文教科书》的第4册选入了赵子昂的《题桃源春草图》一诗,此画该诗均是将此文主旨作歌颂自由快乐的生活解读,诗曰:"宿云初散青山湿,落红缤纷溪水急。桃花源里得春多,洞口春烟挂绿萝。绿萝摇烟挂绝壁,飞泉淙下三千尺。瑶草离离满涧阿,长松落落凌空碧。鸡鸣犬吠自成村,居人至老不相识。瀛洲仙客知仙路,点染丹青寄青素。何处看山如此图? 移家欲向山中住。"

鹗)放置在一起,《现代初中教科书国文》(1924)将《桃花源记》《桃源行》(王安石)和《自由祖国之祖》(梁启超)放置在一起,《初级中学混合国语教科书》(1931)将《桃花源记》《小豪杰放洋记》(梁启超译)和《卖火柴的女儿》(周作人译)放置在一起,《初中国文读本》(1931)将《桃花源记》和《桃源行》(王维)放置在一起,《基本教科书国文教本》(1932)将《桃花源记》《真州游桃花源记》(王源)、《桃溪》(朱子文)、《桃花几瓣》(刘大白)、《渔家》(杨振声)和《渔家诗歌(四首)》(陆游等)放置在一起,《创造国文读本》(1933)将《桃花源记》和陶渊明的两首诗《责子》《诸人共游周家墓柏下》放置在一起,《初中国文选本》(1933)将《桃花源记》和《意园记》(戴名世)、《连翘》(周作人译)放置在一起,等等。

又如《初中国文教本》(1933)将其归入"善境的设想"组。其"组序"称:"开端,以《记绍兴志学会的三大愿》,作直接说明构设美善的理想境界的一例。接着,以《蓬莱岛》,《桃花源记》等等,为用寓言体暗譬美丽的理想之乡。次以《自由祖国之祖》说明今日美国之新世界的始基,是建筑在百有一人的独立理想和精神上;从以表现出少数人的伟大力量。末了,用《个人突出之思想能转移社会之思想》,表明个人的特出思想,大可左右社会的思想,鼓励青年学人凭着热情,构设美善的理想境界,而渐渐使其实际化;更进一步,发挥特殊的个人风韵,而渐渐令其普遍化。"《桃花源记》课后的注释引用了梁启超在《陶渊明》中关于此篇为小说的观点,进而认为"至于这篇文的内容,可以叫做'东方的Utopia(乌托邦)'。所描写的是一个'极自由极平等之爱的社会'。即荀子所谓'美善相乐,唯此足以当之。'"《初中国文读本》(1934)称:《桃花源记》"为田园诗人描画其理想境界之名作。"

(2) 批判了不当战争及封建专制

《新中学古文读本》(1926)将《桃花源记》《墨子止楚伐宋》(《国策》)和《非攻上》(《墨子》)放置在一起,以寓祈求不发生"秦难"之意。《初级中学北新文选》(1931)将《赴敌》(冰心)、《十五从军征》(《乐府诗集》)、《母别子》(《乐府诗集》)、《兵车行》(杜甫)、《饥民谣》(王槟)、《桃花源记》《桃源行》(王维)、《论雷峰塔的倒掉》(鲁迅)和《塞根先生的山羊》(都德)放置在一起,以喻示不要发动战争而造成离别和饥荒,要让人民过一种自由、安乐的生活;也不要以制度、思想压迫民众,而号召民众像塞根先生的山羊那样,作"独立不羁的山羊,能够澈底了解'解放''自由'的真意义"。

《新学制中学国文教科书》(1931)将《一个快乐的村庄》(黄英)、《桃花源记》和《政治与民众》(徐志摩)组成一"组",即认为只有"实行民主政治",才能让人民幸福快乐。《初中师范教科书初中国文》(1933)将《桃花源记》《桃源行》(王维)和《由纵的组织到横的组织》(李大钊)放置在一起,《初中国文读本》(1934)将《桃花源记》《原君》(黄宗羲)和《吏道》(邓牧)放置在一起,其旨趣也都是如此。

《初级中学国文读本》(1934)的编者在该课的题解中称:"渊明生当中原纷扰,朝代鼎革之际,国中曾无一隅乐土,可以栖身。故假设此世外之'桃花源'以寄其理想。描写悠游自得之生活,表现其和平之理想。"

2. 表达个人旨趣

(1) 令人崇敬的超脱世俗之志

《国文参考书》(1927)的编者认为,《桃花源记》表达了作者超脱世俗的个性,那些流连官场、处心俗务之徒的文章自然难以与之相比,他说:"文以寓志,以陶公之襟怀洒落,宜有此飘然而来,悠然而去,出尘绝世之作。岂志深轩冕皋壤,心缠几务而虚述人外者可比?"作者的"笔端真有仙云缭绕之妙",读者读后会"神往"而"动遗世之念"。在《初中国文教科书》(1935)中,该课之后的"教学过程"称:"本篇所表现的思想,是不屑于离乱的国家,争夺的社会,同流合污;但他并不悲观。他自有一种超然于流俗之外的,顺着大自然的闲适生活的人生观——乐天主义的人生观。"

另外,1924年庄适、吴研因等编高等小学用《新学制国语教科书》的第3册(商务印书馆,1924年4月25版)的第29课《陶潜》称:陶渊明是"晋宋间的一位高士","为人性情淡泊,不求虚名,不贪富贵",不为五斗米而折腰。课文最后写道:"陶潜死后,人家因为他不肯做官,不肯用宋朝的年号,就以为他忠于晋君。其实这人确是一位'不事王侯'的高尚之士,谁也不能把他当臣子的。所以他的《桃花源记》有几句说:'先世避秦乱来此,不知有汉,无论魏晋。'"为了印证这篇课文对陶渊明人格的述评,编者还在第30课《陶渊明杂诗》选了《归田》("种豆南山下")和《拟古》("种桑长江边")两首写其归隐田园、乐于农事的旨趣的短诗。与之配套的高小《新学制国语教授书》称《陶潜》的"旨趣在写陶潜的高节",可结合《桃花源记》来教授此文("联络事项——本教材教学时,可选《桃花源记》作补充文")。很显然,编者认为《桃花源记》可作为反映陶渊明性情淡泊等高尚节操的典范。编者做这种阐述,除了受此前学术界对陶渊明的评价的影响外,还与这两课是小学课文有关,因为小学儿童人生观、价值观还没成型,所以其学习的材料所含的思想应以激发其积极向上为主,况且小学生对陶渊明的消极避世思想难以理解,对其对错、高下等难以判断。

可能正因为如此,收录此文的小学教科书的编者都对此文作正面解读。如与《新学制小学教科书高级国语文读本》(1925)相配套的《高级国语文读本教学法》称:教学此文的首要目的就是"欣赏《桃花源记》的游记文;并藉以想像作者品格的淡泊旷达",其"主旨"为表达"渊明思想超脱,不染尘氛。"又附录《五柳先生传》和《归去来辞》两篇能体现"陶渊明的人格,高超冲淡……个性最大的一点,便是理想超人,不同凡响"的代表性作品。又如《新学制小学教科书高级国文读本》(1925)也称:此篇为"元亮超世思想所寄",可启示"吾人胸中必先保有一片干净土,方不染尘氛。"写作时先有此胸襟方能写出如此之文。

(2) 应该批判的消极避世之志

《基本教科书国文》(1932)将《一个小农家的暮》(刘半农)、《晚春田园杂兴》(范成大)和《桃花源记》(王维)放置在一起,并称这3首诗是描绘一个"理想的境界"。不过陶渊明因为"生当乱世,无处可逃,才想像出这样一个境界,聊安自慰罢了。"《新编初中国文》(1937)也持这种观点,其题解认为本篇所描绘的是"陶渊明感伤乱离所作的理想中的乌托邦",课后又设置了两道题,一为"'桃花源'本为虚托之作,何以会使后人信为事实?"二为反问题:"处乱世而思逃避,他的态度对吗?"显然,在编者看来这是不对的。

(3) 难以判断的入世兼出世之志

《初级中学国语教科书》(1933)的编者在该课之后设置了三个问题:"(一)《桃花源记》写作的主要意义何在? (二)'桃花源'是怎样的一种社会。(三) 你希望过'桃花源'中的生活吗?"《桃花源记》《桃花坞》和《桃花山》之前的"教学提要"称本课教学任务除了"纪游文写作方式的学习"外,就"是要提出应否有逃出世外之想的问题的研究","因为不满意于当前的社会,而无可逃避,遂生种种幻想,希望在人间还有自己所理想的世外桃源,这种思想,在一般人脑海里,是常有的。这种思想,是正确的呢? 还是要不得的呢? 在研究本课目的时候,应该作为一个主要的问题来讨论"。可见,编者认为作者在逃避又在希望,而兼有入世与出世之志,不过其"志"正确与否难有定论。

以上是这一时期教科书编者对《桃花源记》所作的阐释。学生在学完教科书中的《桃花源记》以后,也会用各种方式加以阐释,如1924—1925年《学生文艺丛刊》就发表了一组与之相关的文本,有歌咏诗,如嘉兴秀州中学胡士煊的《游桃花源》(1924年第一卷第五期)、湖南二师刘安民的《桃花源》(1925年第二卷第二期），还有《学生杂志》（1928年第十五卷第一期）上刊登的李班杰所作的词《蝶恋花·桃花源里人家》；有读后感，如金华长山高小宋杰的《读桃花源记书后》（《学生文艺丛刊》1924年第一卷第五期）、天津南开学校赵惠元的《读桃花源记的感想》（《学生文艺丛刊》1924年第一卷第一期）和南通三余张思燕的《读桃花源记》（《学生文艺丛刊》1925年第二卷第八期）；有书信代拟的，如仙镇私立竞存学校顾瑞云的《拟武陵渔人致桃花源中人书》（《学生文艺丛刊》1925年第二卷第八期），等等。其中诗词写原文中的事和景，读后感多探讨其寓意，如宋杰认为，原文表达了作者想"绝此尘世藉之以保吾贞洁"，希望"能超然物外以遂其高志"。赵惠元认为，"一般人总说：他是出世的消极的空想"是错误的认识，"陶渊明作这篇文，并不是消极的，也并不是教人去求神仙的，的确是写他社会改造的理想的"，因为他写了现实社会中常见的劳作场景。张思燕认为，这篇"寓言"流露出陶渊明的"抑郁之意"。

林纾（琴南）作《桃花源》

学术界、文艺界对其所作的阐释也不少，有论文（张为麒《桃花源记释疑》，《国学月报汇刊》，1928年第一期；胡寄尘《桃花源记的研究》，《珊瑚》，1932年第一卷第六期）讨论了"仙境说""实境说"和"心境说"等，讨论了桃花源是否实有其地；有绘画（沈延哲《桃花源》，《红玫瑰》，1926年第二卷第二十六期；林琴南《桃花源》，《良友画报》1932年第六十五期；谢德宏《假使中国亡了，有人将往与世隔绝的"桃花源"，可以写写意意地谈谈风月，搂搂女人！》，《中国漫画》，1936年第十期；李绚《新桃花源记》，《东方漫画》，1937年第五期）用线条结合文意来讽喻现实；有游记（张涤中《桃花源探访记》，《旅行杂志》，1932年第六卷第九号；百克《桃花源纪行》，《良友画报》，1937年第一二五期）写游湖南桃园县所见；有辞赋（云《桃花源赋》，《青年》，1937年第一期）重述原文内容。

三、抗战、内战时期（1938—1949）

1937年7月7日，日本全面侵华战争爆发。中华大地在日军的轰炸下满目疮痍，民不聊生。远离战乱的桃花源，成为国人梦想中的仙境。甚至有人用《发现"桃花源"》（《西北导报》，1937年第十二期）这样的标题来写绥远省一处无人管治的地方。于是，文艺界和教育界纷纷用各种形式来阐释《桃花源记》。1940年，如晦填词、田鹤与仁康谱曲的歌舞剧《桃花源》在《新音乐》的第3卷第一、二期上连载。1941年第79期《英语月刊》刊登了《桃花源记》的原文和英译。1942年第十卷第一期《杂志》连载了黎百代创作的三幕话剧《桃花源》，剧本一开始就设置了五位在洞口唱《诗经·关雎》中"参差荇菜，左右采之。窈窕淑女，琴瑟友之……"所描绘的一派欢乐、安逸的生活场景。1944年第十七期《大众》发表了谭筠根据原文改编的白话小说《桃花源》。1944年第八十五期《读书通讯》刊发了胡朴安根据原文改编的散曲《桃花源曲》。1949年第一六九期《论语》杂志刊登了黄克智的白话续作小说《桃花源续记》，写一位部长一家人乘飞机去香港，结果机器故障，飞机迫降在了桃花源，村民们邀请他们吃饭聊天，竟然不知道现在是民国了，更听不懂这些不速之客所说的"保长"和"政府"之类的名词，最后部长都不想回去做官了，等等。

1937年抗战爆发之后，因为战乱和实行教科书国定制，很少有新编的民编教科书公开出版，下表所列收录《桃花源记》的两套《初中国文》实际上是对上述1937年3月中华书局出版、宋文翰编写的《新编初中国文》简单地进行改头换面后重新出版而已，三者的选文及其编排方式等差别不大。所以，真正抗战之后编写的收录此文的教科书，只有其中的《开明文言读本》。可见，抗战之后，《桃花源记》的接受陷入了低潮，这大概是因为，编者

李绚《新桃花源记》，《东方漫画》，1937年第5期

可能认为其中暗含避世的消极思想，不合入世战斗的现实需要。如1938年有人在《战时中学国文补充教材》一文中称："现在坊间所出之国文课本，其题材均只合平时的目的，而于战时则不甚适应……还有一部分是退避的，如诗经的《硕鼠》，陶潜的《桃花源记》，一味以避入乐土为能事。受了古来文人的影响。我中华民族就养成'唾面自干''逆来顺受'的不抵抗主义的陋习。处此倭奴深入，国脉将绝的危机，我们应急起直追，扫去遗下的陋习，建设新的、富于抗战的国民心理，以挽救国运的危殆。所以我们主张将各书坊已出之国文读本中不合时代思潮的题材一概删去。"取而代之以"富于爱国思想"的《勾践灭吴》，"富于从军勇气"的《木兰辞》、"富于抗战情绪"的《沈云英传》、"勇于赴敌"的《荆轲刺秦王》、"富于奋斗精神"的《文天祥传》、"不为威屈"的《苏武传》、"富于忠贞之气"的《陆秀夫传》、"富于果敢之气"的《左忠毅公逸事》、"写亡国之痛"的《最后一课》、"赞扬烈士"的《聂将军歌》，等等[1]。1941年，有人就指出抗战正处在相持阶段需要民众团结、意志坚强，但是"听说有的中学，尚有在课内教授'以隐士之乐和一些放荡无羁的诗文'为教材的，并且还叫学生熟读背诵，作考试的范围。关于这种适用于世外桃源易使学生趋于消极放荡的教材，在这艰苦的抗战期中施行，简接丧失民族之元气，直接影响抗战胜利！"所以，选材"最重要的：尤须合于三民主义及国家政策的材料"。[2] 不过也有人主张将《桃花源记》选做教材的，如1939年索太在讨论高中国文选材时说：选文要能培养学生的想象力，"高中学生不应叫他多读这一类古赋，

《修正短期国语读本》(1938)

---

[1] 戚维瀚.《战时中学国文补充教材》，《青年月刊》1938年第六卷第四期，第15页。
[2] 王霖.《青年守责：国文教材的选读》，《胜利》1941年第一一三期，第13页。

但是陶潜的桃花源记之类的文章,应该叫他们读。文章不要他太踏实是要紧(王维的桃花源诗,虽无新意,但这个题材,用诗来做,倒合格",又说:"像陶潜王维的诗歌,只要不是太消极,太避世,恬退一点的,不妨选读。"[1] 不过,很显然,在一般的教科书编者的眼里,《桃花源记》可能消极、明显避世,所以应该慎选。

需要补充说明的是,虽然一般编者认为《桃花源记》过于消极避世,不合战争形势,但是陶渊明的不向强权低头的高尚气节则符合战争需要,故仍被国编教科书的编者称颂,如教育总署编审会编写、自刊于1938年的《修正短期国语读本》的第5册中就有一篇简短的课文《有气节的陶渊明》:"陶潜字渊明,晋朝人。家道虽贫,很有气节。曾做彭泽令,一日上官到县,吏向陶先生说道:'应整冠束带往拜。'陶渊明说:'我能为五斗米,向乡里小儿折腰?'立刻解职回家,妻锄于前,夫耕于后,安然过那贫苦的生活。"写陶渊明因为不屈服权贵而安于过贫苦的生活,而不是厌恶现实而躲避到世外桃源中过安逸的日子。下面我们再看,教科书编者对《桃花源记》文体的确定和对主旨的阐释。

编　　者	教科书名称	册　次	出版社	时间、版次
中等教育研究会	《初中国文》	第4册	华北书局	1938年版
教育总署编审会	《初中国文》	第4册	著者自刊	1939年12月出版
叶绍钧等	《开明文言读本》	第1册	开明书店	1948年8月版

(一) 文体

1. 特殊的游记

这两套《初中国文》的第4册的第1—4课分别是《春》(朱自清)、《满井游记》(袁宏道)、《桃花源记》和《桃源行》(王维)。课文所写正好和初二年级开学的时令吻合,文中的景物都与春天有关。虽然编者只在《满井游记》后的练习中要求"就你游踪所至,作一篇《暮春游记》",但显然也是将《桃花源记》当游记来看的。不过,可能觉得这篇游记有点类似于小说,所以其课后练习(三)为"试将本文改作小说"。

---

[1] 索太.《选择高中国文教材标准的理论》,《教育通讯》1939年第二卷第二十二期,第15页。烟桥在《国文的精读法》(烟桥.《国文的精读法》,《自修》,1938年第四十一期第12页)中在谈精作品只有提炼其主旨才能知道其作法时称:"例如陶潜的《桃花源记》,是描写理想中的桃花源的情景,发挥他的厌恶乱世,超然俗外的观念,含有一种想慕原人时代的乐天主义的人生观。"很显然,他并不认为《桃花源记》表达了一种消极的思想,反而认为其积极浪漫。他在谈精读要注意时代背景和作者生平时,再次以《桃花源记》为例来说明:"假使陶潜的时代,不是一个乱离之世,决不会有这种厌恶现实的思想的。假使陶潜不是'不为五斗米折腰'的人,也决不会写出这种超世的文字来的。"

2. 笔记体记事文

关于这篇文章的文体，只有《开明文言读本》明确地作了解说，如称："这是一篇记事文"，又称"这一篇的文体跟笔记文相近"。不过编者并没有对"笔记文"作出解释，也没有结合课文对其文体特征作进一步解说。在编者看来，"笔记文"大概是指《搜神记》《世说新语》等"志人""志怪"类文字。

（二）主旨

1. 应该批判的消极避世之志

在前述《初中国文教科书》（1935）中，《桃花源记》的课后"教学过程"称："在这么离乱的时代，宜其有这样避难绝境的文字产生。读前篇《幸福的家庭》，鲁迅因为国家离乱，找不到好地方便，假定为A。读本篇《桃花源记》，陶潜因为国家离乱，找不到好地方，便定为人境之外的'桃花源'，恐怕这《桃花源记》就是A。"面对战争，一般要求积极面对，甚至上战场奋勇杀敌，逃避战乱显然不是最佳答案。前文提到，1937年出版的《初中国文》的编者就已因为时世变化而在该文课后练习中批评陶渊明"处乱世而思逃避"的不当了。所以，这两套以官方名义出版的《初中国文》完全照录此练习题，表达了同样的观点。因为《桃花源记》有可能让学生产生消极避世的思想，所以，真正的国定本教科书国立编译馆所著《初级中学国文甲编》（1947）干脆就不选入这篇文章。

2. 应该批判的不切实际的幻想

《开明文言读本》在该文"讨论和练习"中问："陶渊明作这篇记，也许有一点儿事实做引子，但也只是一个引子而已，一切的铺叙大概都出于他的幻想。后来人往往以为当真有这么个不闻离乱，怡然自乐的'世外桃源'，你以为怎么样？当时可能不可能有？现在可能不可能有？"显然，编者认为，这是一种不切实际的幻想，不仅过去现在不可能有，就是未来也不可能有。

四、余论：一文多选、文体多种、主旨多重之成因探析

综上可见，《桃花源记》在清末民国接受过程中，多次被编者选入不同学段的教科书中，编者对其文体和主旨做了不同的阐释，为什么会这样？下面，我们再分析其产生的原因。

（一）多选

同一篇《桃花源记》，不同时代的编者将其编入从小学到高中等不学段的教科书中，这种一文多选的现象在当下仍然存在，其产生的原因大概有三点。

1. 审定制度实行

从清末开始一直到抗战爆发前夕,政府一直想实行教科书国定制(官编官审),但因为多种原因多数实行的是审定制(民编官审)。这样不仅在不同时期会有多套教科书出版,就是在同一时期也有多套教科书出版。因为我国国文、国语教科书几乎是文选型,《桃花源记》作为文质兼美的范文必然会被多套教科书选入。

2. 选文功能多重

虽然是同一篇《桃花源记》,不同的编者会赋予它不同的教学功能。有时只是借此让学生掌握基本的文言字词,有时是以此作训练学生阅读能力的凭借,有时以此学习叙事或写景之法的例子,有时则是以此讨论乌托邦思想的引子,还有为了进一步引发学生了解陶渊明的作品及其风格等文学史常识,等等。因为编者们在不同版本不同学段的教科书中所设定的教学目标不同,而《桃花源记》又是一篇具有多重潜在教学功能的课文,所以编者们就各取所需,《桃花源记》自然也就会多次出现在多套教科书中了。

3. 难易程度难定

文章开头时我们提到,一般编者均认为《桃花源记》是一篇浅易的文言,所以从小学到高中教科书都选,但总不能说对小学与高中学生来说该文都是相同"浅易"的吧?所以,对于这种以浅易适中为选文标准但在选入此文时又出现了巨大学段差异的现象,有人在1933年就批评说这足见国文科选材并没有确定的难易标准:其他代数、几何自然学科均"深浅可循,繁简有序,独有国文一科,含义抽象,意境迷离,可随各人之好恶,而定取舍之标准。譬如一篇桃花源记,可以做小学五六年级生的教材,也可以做初中高中时期的教材,甚至大学也还可以拿它来做教材呢?这样看来,同是一篇文章,自小学至大学都可适用为教材,可见国文教材是很难分别浅深的标准了"[1]。对此,有人提出了反驳,认为从小学到大学都会选的某篇诗文毕竟是少数,"好像桃花源记,小学六年级以至于大学,何以都选为教材呢?我们知道这是一篇记叙文,同时又是一篇代表陶渊明的出世思想的作品,小学选它来做教材虽没有多大意义,然小学,中学,甚至于大学都会选它,我们应该知道它在各级学校都有不同的意义,这是不可不明瞭的。所以我们实不能说国文科没有标准"[2]。1934年,有人称:"文章的探讨,本来是没有底的,譬如陶渊明的一篇《桃花源记》,从前有的小学里也教,有的中学里也教,有的大学里也教,虽然一样一篇

---

[1] 李冠芳.《初中国文教学的实际困难》,《教育论坛》1933年第二卷第五期,第72—73页。
[2] 方妥.《读〈初中国文教学的实际困难〉》,《教育论坛》1933年第二卷第六期,第103页。

《桃花源记》，但是会跟人的程度显示出他的优点。"① 又有人称："历来国文教材，各由个人选择，真是五花八门，光怪陆离，极天下之伟观……记得有一个中学，在初中一年级就选择《韩非子·说难》，岂不滑天下之大稽。而且有些文章(例如《桃花源记》或是《赤壁赋》)，在高小读的是此篇，进了初中高中，一直到了大学，还是此篇；虽然好的，不厌百读，但是选文的凌乱，学习的不经济，未免去教育原理太远吧？"② 1947年，龚启昌在一篇文章中再次谈到该文的多选与难易问题："理解的程度，实视乎儿童固有经验的背景、年龄、年级、智力、阅读方式、阅读速律以及所受发展联想的特殊训练的性质如何而定。因此同样一篇《桃花源记》，小学生的理解与中学生的理解不同，中学生的理解与文学专家哲学家的理解又为不同。小学生只觉得其好玩，哲学家则可以知道他是代表一种社会思想。"③ 其实难易是一个相对的概念，多年来一直难以确定。

阮真曾分析过难易程度确定这个难题，他说："按国文教材程度深浅之鉴别，无确定不移之标准可以根据。盖教材程度须针对学生程度而言，而此中关系，至为复杂。从国文教材言：文章辞句有浅深，艺术有浅深，内容有浅深，意境有浅深。而我国今日在中学国文教材方面，尚无公认之实验统计结果可以根据，则程度浅深之标准至为难定。从学生程度言：学力程度有高下，智力程度有高下，而根据心理发育之程度，则又有理解力欣赏力之高下；且各地各校教学成绩之优劣不同，学生程度亦有出入"④。另外，就选文的篇幅来说，长文不等于难文，短文不等于易文。就选文的语体来说，白话文的文字理解起来较易，但思想内容的难度确实不好把握，例如周作人的散文文字并不艰深，但是内容让中学生理解起来并不容易，"周作人的散文，在形式方面很可作为中学生范本，但在内容方面与青年人的生活是隔膜的。例如《喝茶》《幽默》等类文章非青年人所能体验得到"⑤。文言文，撇开思想内容不说，文字的难易就不好确定。历次语文教学大纲和课程标准都说教科书选的是"浅显的文言文"，但什么是"浅显"就是到今天也没有一个明确的标准。这种没有难易标准的编排也受当时人们的抨击，如"教材的(原文如此——引者)必须适合学生之理解程度，是基本原则，故无须赘述。至若材料本身的标准，

---

① 吴德明.《中学国文教学的刍议》,《江苏教育》1934年第三卷第五、六期，第58页。
② 薛无竞.《高中国文教学中几个问题》,《江苏教育》1934年第三卷第五、六期，第85页。
③ 龚启昌.《中文阅读心理研究之现阶段》,《教育杂志》1947年第三十二卷第三号，第36页。
④ 阮真.《初中国文教材程度的比较研究》,《岭南学报》1930年第一卷第二期，第101页。此文此前以《初中国文教材研究(二)》为名发表在《教育研究》1929年第十六期上。
⑤ 龚启昌.《中学国文教学问题之检讨》,《教育杂志》1948年第三十二卷第九号，第38页。

文学教材往往不及科学教材来得客观,见仁见智,全凭教师或教科书编辑先生的抉择"[1]"文艺的浅深繁简很不容易确定,每每依主观的直觉,而有'仁者见仁,智者见智'的流弊。"[2]为此,阮真曾试图采用科学的方法,从选文的辞句、内容、艺术、意境四大方面分为13条细目用统计法来统计分析,但最终他还是不无泄气地称,此实非科学方法所能为力者,究不能不有多少主观的成分[3]。

(二) 文体

同样是一篇《桃花源记》,编者们分别将其归入杂记、杂记(记事文或记地文)兼寓言、短篇小说、特殊的记叙文、特殊的游记和笔记体记事文等。之所以这样,主要有两点原因:

1. 文体名称及分类标准因时而变

文体名称及分类标准往往会随着时代的发展而发生变化。如称其为"记叙文",只可能在民国初年日本的文体分类法传入中国以后才会出现;称其为"短篇小说",也只有在"五四"前后文学革命时期提倡短篇小说创作时才会出现。

2. 一个文本往往兼具几种文体的特征

作者在创作文学作品时,往往会突破原有文体的范式而借鉴其他文体的作法,或添加一些自己独创的元素,所以一个文本往往兼具几种文体的特征。1936年,胡怀琛在谈文体分类的难题时说:"每一篇文纯然属于某一类的固然也有,但是不多。多数的文,同时兼有两类或三类的性质。这样,我们只好看他全篇中最重要的部分属于何类,就把他归入何类。也有时照此法不能决定,那只好算他属于某某两类或三类。"[4]《桃花源记》从其表述方式上看是叙述和描写,叙述的重点可以说是渔人的经历,也可以说是桃源,叙述时可以说是纯粹地写实,也可以说赋予了某种情感、理想的寄托。从文章基本要素来看,具备一般记叙文的六要素,其中有真实的时间(太元、刘嘉)和人物(刘子骥),也有虚构的情节、虚幻的景物。正因为它混合了多种文体的特征,而且是重要特征,所以很难将其归入某一类,最好的办法就像胡怀琛所说的,"只好算他属于某两类或三类"。

---

[1] 龚启昌.《中学国文教学问题之检讨》,《教育杂志》1948年第三十二卷第九号,第38页。
[2] 周予同.《对于普通中学国文课程与教材的建议》,《教育杂志》1922年第十四卷第一号,第11页。
[3] 阮真.《初中国文教材研究(二)》,《教育研究》1929年十六期,第939—983页。
[4] 胡怀琛著.《中学国文教学问题》,上海:商务印书馆1936年版,第28页。周奂于在《初中国文教学杂谈》(周奂于.《初中国文教学杂谈》,《江苏教育》1934年第三卷第五、六期,第139页)中称文白无绝对界限:"至如记叙、议论抒情等文体之分,更不可靠。《岳阳楼记》,名为记而全部议论;《项脊轩志》,名为志而实则抒情;诸如此类,不胜枚举,欲求一纯粹之文体,真绝无而仅有矣!"

(三) 主旨

孟子说："颂其诗，读其书，不知其人可乎？是以论其世也。"（《孟子·万章》）"知其人"即了解作者生平，"论其世"即熟悉写作的时代背景。1936年，夏丏尊在谈国文学习要多用参考书时就曾以《桃花源记》为例谈过这种知人论世、细读文本的读法，他说[①]：

> 诸君在国语教科书里读到一篇陶潜的《桃花源记》，如果有不曾明白的词儿，得翻辞典，这时辞典（假定是《辞源》）就成了参考书。这篇文章是晋朝人做的，如果诸君觉得和别时代人所写的情味有些两样，要想知道晋代文的情形，就会去翻中国文学史……这篇文章里所写的是一种乌托邦思想，诸君平日因了师友的指教，知道英国有一位名叫马列斯的社会思想家写过一本《理想乡消息》和陶潜所写的性质相近，拿来比较……这篇文章是属于记叙一类的，诸君如果想明白记叙文的格式，去翻看《记叙文作法》……还有，这篇文章的作者叫陶潜，诸君如果想知道他的为人，去翻《晋书·陶潜传》或《陶集》，这时《晋书》或《陶集》就成了诸君的参考书。

作为多套国文、国语教科书的编者夏丏尊要求学生采用研究性的读法去解读《桃花源记》，那么其他教科书的编者更会依此方法去研读该文。例如，不少教科书都有作者生平和作品创作背景的介绍。为什么关于该文主旨的解读会出现上述多种结果呢？原因可能有以下四点。

1. 文本"未定"多处

这篇文章采用了虚实结合的写法，那么，是批评现实？还是设计未来？表达的是个人独善其身的情趣，还是兼济天下的胸怀？这些都无法确定。就局部来说，

[①] 夏丏尊、叶圣陶著.《文章讲话大师教你读写文章》，上海：上海文艺出版社2001年版，第143—144页。1930年，夏丏尊在《关于国文的学习》，（夏丏尊.《关于国文的学习》，《中学生》，1930年第十一期第28—29页）中主张阅读教学"最好以选文为中心，多方学习，不要把学习的范围限在选文本身"，善于学习的人"受到一篇选文，对于其本身的形式与内容，原该首先理解，还须进而由此出发，作种种有关系的探究，以扩张其知识"。然用《桃花源记》为例来说明："教师今日选授陶潜的《桃花源记》，我以为学习的方面有下列种种：(1) 求了解文中未熟知的字与辞。(2) 求了解全文的趣意与各节各句的意义。(3) 文句之中如有不能用旧有的文法知识说明者，须求得其解释。(4) 依据了此文玩索记叙文的作法。(5) 藉此领略晋文风格的一斑。(6) 求知作者陶潜的事略，旁及其传记与别的诗文。最好乘此机会去一翻《陶集》。(7) 藉此领略所谓乌托邦思想。(8) 追求作者思想的时代的背景。一篇短短的《桃花源记》于供给文法字句上的新知识以外，还可藉以知道记叙文的体式，晋文的风格，乌托邦思想的一斑，陶潜的传略，晋代的状况等等。如以某篇文字为中心，就了有关系的各方面扩张了学去，有不能解决的事项，则翻书查字典或请求教师指导，那末读过一篇文字，不但收得其本身的效果，还可连带了习得种种的知识。较之胡乱读过就算者，真有天渊之差乎。知识不是可以孤立求得的，必须有所凭藉，就某一点分头扩张追讨，愈追讨联愈多，范围也愈多。好比雪球，愈滚愈会加大起来。"1933年，夏丏尊、叶圣陶在《文心》（夏丏尊、叶圣陶著.《文心》，北京：中国青年出版社1983年版，第47—49页）中同样以陶渊明及其诗为例来分析读"诗"要多项联系的方法。

如文中的"秦难"可以说是代表了战争,也可以说是代表了所有的残酷统治。又如太守寻访未得、刘子骥寻访病终,是赞扬刘子骥的归隐之志,暗示有可能找到呢?还是暗示桃花源并不存在,连隐士也无法得见呢?是赞扬入世的太守迷途知返,还是批评他因好奇故寻访未得呢?这些也都无法确定。

2. 作者性格多重

作者曾经积极入世,后归隐山林,入世情怀与出世之志交织在一起,所以其作品既有金刚怒目的一面("刑天舞干戚"),也有悠游自适的一面("悠然见南山")。前文提及,鲁迅说:"这'猛志固常在'和'悠然见南山'的是一个人,倘有取舍,即非全人,再加抑扬,更离真实……我每见近人的称引陶渊明,往往不禁为古人惋惜。"[①] 即便是《桃花源记》也可以说是体现了他性格的两面,可以说《桃花源记》表达的是对社会不满,也可以说是表达的是对个人归隐生活的满足。

3. 编者目的多种

为了让学生学会学习并取得事业的成功,编者认为这篇文章是阐释了只有常有好奇之心,学习才有独到的发现,只有不畏艰险之志,事业才能有不断的收获。为了提高学生的个人道德修养,编者认为这是表达其个人不纠缠于俗务的旨趣。为了培养学生改造社会的思想,编者认为作品表达了他对社会的不满,并提出了一个解决的路径。有些编者认为其出发点是消极逃避,有些编者认为是积极介入。而其对未来社会的设计,有些编者认为是最佳方案,有些编者认为是无谓的幻想。虽然结论各不相同,但又都是基于文本、结合作者及背景所得出的。

4. 教师读法各异

教师往往并不死守编者对课文所预设的判断,而且不同的教师在具体的教学过程中对其主旨的阐释往往也会各异,如1934年有人就以《桃花源记》为例来说明这个道理:"各种科学书籍,虽有客观的标准,有具体的体系,尚无尽善尽美之书,何况文学?且教科书为一死物,全在教育之活用,推陈出新,化腐朽为神奇之事,亦属可能之事。苟教者不能活用,自身绝无主张,则虽有尽善尽美之本,亦无济于事。例如同一《桃花源》也。甲教师授课之结果,使学生赞美太古之风,发出世避地之想,而成一隐逸人生观之老少年。乙教师授课之结果,可使学生认识古代文化之简陋,批判东方人隐逸不仕独善其身之思想,一反而为革命入世之新青年。此无他,教师本身主张之不同,教授方法与研究态度之有异耳。"[②]

---

① 鲁迅著.《鲁迅全集 编年版 第9卷 1935》,北京:人民文学出版社2014年版,第258—259页。
② 周勇于.《初中国文教学杂谈》,《江苏教育》1934年第三卷第五、六期,第138页。

鲁迅曾说:"我总以为倘要论文,最好是顾及全篇,并且顾及作者的全人,以及他所处的社会状态,这才较为确凿。要不然,是很容易近乎说梦的。"[①] 其实上述编者对《桃花源记》一文主旨的阐释,多数顾及了全篇("读其书"),也顾及了全人("知其人")及其所处社会("论其世"),但是因为文本有多处未定点、作者性格有多重、编者目的多种,所以即便是基于文本、结合作者及背景所得出的结论也会多种,我们很难说这些结论不准确,更不能简单地认为他们是在说梦。

总之,这篇《桃花源记》的难易、文体和主旨等像"桃花源"一样是一个谜。后世的读者(含编者)们永远会"不辨仙源何处寻"(王维《桃源行》),正因为是一个谜也引发了读者(含编者)们纷纷地猜读,而试图揭示其谜底。这个谜肯定会被永远猜下去,就如王安石在《桃源行》中所写的,"渔郎荡舟迷远近,花间相见因相问"!

选文一

桃 源 行

王 维

渔舟逐水爱山春,两岸桃花夹古津。
坐看红树不知远,行尽青溪不见人。
山口潜行始隈隩,山开旷望旋平陆。
遥看一处攒云树,近入千家散花竹。
樵客初传汉姓名,居人未改秦衣服。

居人共住武陵源,还从物外起田园。
月明松下房栊静,日出云中鸡犬喧。
惊闻俗客争来集,竞引还家问都邑。

[①] 鲁迅著.《鲁迅全集 编年版 第9卷 1935》,北京:人民文学出版社2014年版,第266页。

"平明闾巷扫花开,薄暮渔樵乘水入。
初因避地去人间,及至成仙遂不还。
峡里谁知有人事,世中遥望空云山!"

不疑灵境难闻见,尘心未尽思乡县。
出洞无论隔山水,辞家终拟长游衍。
自谓经过旧不迷,安知峰壑今来变!
当时只记入山深,青溪几曲到云林。
春来遍是桃花水,不辨仙源何处寻。

选自《基本教科书国文》1932年版第2册。

选文二

桃 源 行

王安石

望夷宫中鹿为马,秦人半死长城下。
避时不独商山翁,亦有桃源种桃者。
此来种桃经几春,采花食实枝为薪。
儿孙生长与世隔,虽有父子无君臣。
渔郎漾舟迷远近,花间相见因相问。
世上那知古有秦,山中岂料今为晋。
闻道长安吹战尘,春风回首一沾巾。
重华一去宁复得,天下纷纷经几秦!

选自《现代初中教科书国文》1924年版第1册。

第六章

《水浒传》与语文教育对古典小说的接受

昔人有言:"少不看《水浒》,老不看《三国》。"不过,和罗贯中的《三国演义》一样,施耐庵的《水浒传》的价值也是在近代才逐渐得到认可,直至今天被誉为"四大名著"之一。在其被确立为"经典"的过程中,"少年"们所阅读的中小学语文教科书起到了至关重要的作用。为什么直到20世纪20年代才有小学教科书节选《水浒传》,而且无一例外地节选了其中的《武松打虎》(或名《景阳冈》)或《李逵杀虎》?为什么直到20世纪30年代才有中学教科书将其选入,而抗战爆发后又使其退出了中小学教科书呢?本文将其接受分成新学制前后、新标准以及抗战内战三个时期,从教科书收录、影响因素、阐释情形与课外阅读四个层面,梳理其在民国语文教育(教科书)中的接受过程与阐释情形,并分析影响其接受与阐释的因素。

一、新学制前后(1917—1928)

1. 教科书收录

中国古代以文章为正宗,以小说等为小技,文章系经国之大业,而小说为街巷之谈资,所以小说的地位一直不高。这种认知自然也影响了教科书选文标准的确立。清末民初的小学国文教科书中的课文以介绍知识的说明文和训诫道德的议论文为主,很少有文学作品,更不要说小说了。中学国文教科书简直就是古文的汇编。

在此期间，一些改革者逐步认识到小说的重要价值。清末，梁启超甚至认为小说是建构新国民心理结构的重要凭借。他在《论小说与群治之关系》中说："欲新一国之民，不可不先新一国之小说"，并以读《水浒》的效应为例来说明小说在转移读者的心性中所起的作用："读《水浒》竟者，必有余快，有余怒。何也？浸之力使然也。"[①] 梁启超重视小说的价值，无疑提高了小说的地位。但是，小说，尤其是古典小说的正宗地位的确立，还是在"五四"前夕以胡适、陈独秀为首的文学革命者和以黎锦熙、钱玄同为首的国语运动者掀起的文学革命和国语运动之后。1917年，胡适发表了著名的《文学改良刍议》。他在文中指出，"今人犹有鄙夷白话小说为文学小道者，不知施耐庵曹雪芹吴研人皆文学正宗，而骈文律诗乃真小道耳"，并预言：以小说为主流的"白话文学将为中国文学之正宗"[②]。1918年，他又在《建设的文学革命论》中提出"建设新文学"的主张。他认为这"新文学"就是"国语的文学"，是用"活文字"（白话文）作的文学，而《水浒传》《西游记》等便是其中的代表。目前的"国语"并无一定的标准，"我们今日要想重新规定一种'标准国语'，还须先造无数国语的《水浒传》《西游记》《儒林外史》《红楼梦》。"无论是在"国语的文学"还是在"文学的国语"建设中，编写以国语文学为主体的教科书将起到至关重要的作用，他说："真正有功效有势力的国语教科书，便是国语的文学：便是国语的小说，诗文，戏本。国语的小说，诗文，戏本通行之日，便是中国国语成立之时。试问我们今日居然能拿起笔来作几篇白话文章，居然能写得出好几百个白话的字，可是从什么白话教科书上学来的吗？可不是从《水浒传》《西游记》《红楼梦》《儒林外史》……等书学来的吗？这些白话文学的势力，比什么字典教科书都还大几百倍。"[③]

1920年，教育部通过了胡适等人提交的将"国文"改为"国语"的议案，宣布小学采用白话文教科书，文言教科书被逐年废止。于是，小学出现了《新体国语教科书》，中学出现了《白话文范》等白话文教科书。在胡适的号召下一些从事初等、中等教育的教师提出应将《水浒传》选作教材，如《白话文范》的编者之一何仲英在《国语文底教材与小说》中就提到，"从《水浒传》一直到《老残游记》，其中经过有价值的白话小说，不下若干部……写情记事，实在有的比现在国语底散文描写得好，内容所含问题，实在有的比现在空洞的国语议论文见解得深；而且所用的白

---

① 梁启超.《论小说与群治之关系》,《新小说》1902年第一号,第1页。
② 胡适.《文学改良刍议》,《新青年》1917年第二卷第五期,第9、11页。
③ 胡适.《建设的文学革命论》,《新青年》1918年第四卷第四期,第294、293—294页。

话,有的非常纯粹简净,可以为模范。所以有的人认为白话小说,为统一国语底利器,也认为国语文唯一的教材……我以为中国著名的白话小说,虽抵不上西洋的所谓浪漫派、写实派底佳作,然而文意兼茂的尚多,即单就文学上描写的技能说,亦殊有可取。所以在现在的国语文底材料中,白话小说独居特殊的地位。"不仅课内如此,"就教材底课外适宜说,小说实在是比较的有兴趣,比较的能持久。再深一层说,与其读一部高等小学理科读本,不如看一部《上下古今谈》;与其读《徐霞客游记》,不如看一部《老残游记》;与其读尽乾嘉时文人底专集,不如看一部《儒林外史》;与其模仿这篇传,模仿那篇传,不如看一部《水浒传》;与其学诗、学词、学歌、学赋,不如看一部《红楼梦》和一部《镜花缘》。所以我敢说白话在现在,虽不能说是国语文底唯一教材,也当占国语文教材底大部份(分)。"①

何仲英还介绍了自己在天津南开学校教学《水浒传》中《武松打虎》的片段来讨论白话文教学内容确定的问题②:

《水浒传》的武松打虎一段,从"武松在路上行上几日"起,到"一步步捱下冈子来",分段写,用新式句读,然后考查《水浒传》的来历(见商务印书馆《小说丛考》),然后研究《水浒传》的内容(学生有看过的,谈起来津津有味),然后询问字义,"怎地""恁地"怎么讲?"端的好酒"的"端"字何以作"真"字解?"休得胡鸟说"的"鸟"字,何以就指"男子的生殖器"?不但要明其当然,还要明其所以然,那就不可不研究声音学了。全篇意思既然明白,段落也早分清楚,然后就要问怎样吃下十八碗酒?怎样拿哨棒做个线索?是组织上应当研究的;然后再问"原来那大虫拿人……""原来打急了……""原来使尽了气力……"那几句话,为甚么要用"原来"字眼?又有读庙门榜文后欲转身回来一段,风过虎来叫声"阿呀"翻下青石来一段,被惊出冷汗一段,……皆故作惊人之笔,如何样描写传神?如何样措词琢句?是修辞上应当研究的。我研究到这些问题,学生没有不欢喜推敲,没有不入神注意,我真敢相信学生有了这种研究的兴趣,将来有少数的人研究古文,定能"势如破竹"。

根据何仲英的记叙,这一时期有许多中学向学生推荐将《水浒传》当学习国语的教材来使用,如南京暨南学校的张国仁就让那些从南洋来的不大会说国语的学生读《水浒传》,"居然日有进益,现已文理粗通了";又如天津南开学校教员们常在国文课上教小说,学生因此在课外读了《儒林外史》《水浒传》《老残游记》等,

---

① 何仲英.《国语文底教材与小说》,《教育杂志》1920年第十二卷第十一期,第3—4、4—5页。
② 何仲英.《白话文教授问题》,《教育杂志》1920年第十二卷第二期,第12页。

"常常利用或模仿到文字上"①。

虽然《水浒传》完全符合胡适、何仲英所认为的选作教科书课文的标准,但是在正式出版的教科书中小学阶段只选择了其中的《武松打虎》或《李逵杀虎》(见下表);虽然胡适在《中学国文的教授》中明确指出,教学时"须用一件事的始末起结作一次的教材。如《水浒》劫'生辰纲'一件事作一次,闹江州又是一次"②,但是并无一种中学教科书对其进行节选,甚至连上述力主将其选作教材的何仲英在编写中学教材《白话文范》时也不选。什么原因?

小学国语、国文教科书

编　　者	教科书名称	课　题	册次	出 版 社	时间、版次
庄适、吴研因等	高小《新学制国语教科书》	《武松打虎》	第2册	商务印书馆	1924年1月初版
魏冰心、范祥善等	初小《新学制小学教科书初级国语读本》	《武松打虎》	第8册	世界书局	1924年12月12版
魏冰心、范祥善等	高小《新学制小学教科书高级国语文读本》	《李逵杀虎》	第4册	世界书局	1925年3月初版

2. 影响因素

虽然《水浒传》具备"活文学"的基本特征("国语"加"文学"),而新学制以后中小学国语、国文教科书也以白话文学为主,按理应该会被大量选入,但是并没有被大范围、多数量地选入中小学国语、国文教科书。这主要与中小学语文教科书的课文入选的基本条件有关,即其必须符合"文质兼美"的标准。"文"指语言文字,"质"指思想内容。

三套小学国语中有两套节选了其中的《武松打虎》,一套节选的是《李逵杀虎》。其原因有二:一是新学制时期小学国语教育宗旨由实用转向审美。以前小学国文课程文件强调国文教育的目的在于"启发智德",而1923年吴研因起草的《新学制课程标准纲要小学国语课程纲要》所规定的国语课程目的在于"练习运用通常的语言文字,引起读书趣味,养成发表能力,并涵养性情,启发想像力及思想力。"③ 很显然,因为儿童对动物很感兴趣,而且喜欢游戏,所以"武松打虎""李逵杀虎"很容易引起儿童的阅读兴趣,而且可培养其勇敢的品质,启发其想象的

---

① 何仲英.《国语文底教材与小说》,《教育杂志》1920年第十二卷第十一期,第9、10页。
② 胡适.《中学国文的教授》,《新青年》第八卷第一号,第4页。
③ 课程教材研究所编.《20世纪中国中小学课程标准·教学大纲汇编·语文卷》,北京:人民教育出版社2001年版,第13页。

能力。当然,也有论者在谈阅读移情时说:"我们读《水浒》见武松景阳岗打虎而恐怖。"① 二是这两个片段结构完整、叙述曲折、描写生动。何仲英在《白话文教授问题》一文中讨论哪些作品"能够做模范文"时首先就提到了《武松打虎》:"中国名家小说,虽多长篇,然而有高尚的思想,优美的结构,能自成段落,节录教授者,不妨酌选。如《水浒传》中'武松打虎'一段;《儒林外史》中叙述'王冕放牛画荷花孝亲'一段(第一回),荆元弹琴,季遐年写字两段(第五十九回);皆描写如生,可选。"②

这一时期的中学国文教科书为什么不选《水浒传》的片段呢?原因可能有二:一是有色情和暴力描写。何仲英在肯定从《水浒传》到《老残游记》等白话小说很有价值时,也指出了其中的不足。他说:"因为旧思想、旧形式所束缚,动辄一百回、八十回,抒写的技能,难免有缺憾,全体的结构,难免有拉拢杂凑,欠紧严的地方;或是冗长散漫,没有一定的人生观,随意嬉笑怒骂,无言外之意;或写到男女恋爱奸私,和武人强盗显他特殊势力的时候,作者往往自己动心,写上许多肉麻字句,以致意境不高,文情俗恶,难免有诲淫、诲盗的批评"③。《水浒传》中确实有多处涉及奸私的叙述,如潘金莲与西门庆私通等。同时,书中写的是一群落草为寇、打家劫舍的英雄,一些打斗的场面描写,充满血腥,有宣扬暴力的嫌疑。如有人就说:"若说是拿《红楼梦》《水浒传》教学生,学生不学贾宝玉、黑旋风,我不相信的。"④ 如周予同在《对于普通中学国文课程与教材的建议》中就指出,"凡违反人道或激起兽欲的文章,一概不录。"为此他明确反对中学生读《红楼梦》因为"中学第一二年级生正当感情强烈生理心理发生变动的时候,而中国对于性欲教育又太没有研究,能否绝对不发生恶果,确是一个大疑问。"⑤ 照此看来,学生读《水浒传》不也会发生恶果吗?后来就有人明确指出过,"《西游记》里的'盘丝洞',《水浒》里'潘金莲''潘巧云''阎婆惜',《老残游记》里的'妓女',《红楼梦》里的'贾宝玉初试云雨情'……都足以引起儿童的性的早熟,妨碍其身心发展。"⑥ 又如吴研因在谈小学国语、国文的教材选择时就指出,"传说不可多用成人生活方面的东西……如'鲁智深大闹五台山'一类粗暴的材料也不可用。"⑦

---

① 孙俍工.《从文艺的特质上解释国语文的价值》,《学生杂志》1924年第十一卷第七期,第37页。
② 何仲英.《白话文教授问题》,《教育杂志》1920年第十二卷第二号,第7页。
③ 何仲英.《国语文底教材与小说》,《教育杂志》1920年第十二卷第十一期,第4页。
④ 何仲英.《国语文底教材与小说》,《教育杂志》1920年第十二卷第十一期,第5页。
⑤ 周予同.《对于普通中学国文课程与教材的建议》,《教育杂志》1922年第十四卷第一期,第8、9页。
⑥ 迟受义.《儿童读物研究》,《师大月刊》1936年第二十四期,第53页。
⑦ 吴研因.《国语文教学法概要》,《新教育》1922年第五卷第四期,第761页。

二是充斥着方言。和《红楼梦》以北京方言记叙一样,《水浒传》以山东方言记叙为主,虽然是白话,体现了"言文一致"的思想,但是又与教育要推动"国语统一"的宗旨相违背。虽然当时并没有标准的、全国统一的国语,但是带有明显方言的作品不适宜被选作课文这一点也是无异议的。胡适在《建设的文学革命论》中主张读宋元白话语录,何仲英等和他一样且主张读古代白话小说。但是,周予同在《对于普通中学国文课程与教材的建议》中就明确表示反对,他不主张选用宋元人的语录,原因之一是"宋元人的语录虽是白话,但究竟是宋元人的白话,和现代稍微不同。在现在国语运动未成熟与南方学生未学好国语之前,是否对于学业成绩和国语统一前途上,不至发生障碍?""近人主张取为教材的两部小说——《水浒传》和《红楼梦》——我以为都有商榷的余地。我不主张看《水浒传》,和我不主张选语录的一部分理由是相同的;就是因为《水浒》杂了许多宋元时代山东一带的方言"①。有人就说:"以《水浒传》论,宋时山东的谚语,差不多章章都有,如遮奢啦,剪拂啦,火併啦,油水啦,现在若为他笺注,恐怕很难。"②

针对色情和暴力描写部分,胡适认为那种"说《红楼梦》《水浒传》等书有许多淫秽的地方,不宜用作课本"的观点是不正确的,一是因为这些书是禁不绝的,不让学生看,他会偷着看,与其让他偷着看,不如教员指导学生看,二是可把"淫秽的部分删节去,专作'学校用本'","如《水浒》的潘金莲一段尽可删改一点,便可作中学堂用本了。"③何仲英也赞成他提出的办法,他说:"至于其中叙说有淫秽过显露的地方,本是中国小说底污点,也难禁止学生不看。西洋人有一种'洗净了的版本'的办法,把一部书底内容,严加删节,作学校课本,这倒很好,不碍本书底价值,尽可照办。"④正因为如此,1923年胡适在其起草的《新学制课程标准纲要高级中学公共必修的国语课程纲要》中所开列的高中生必读的名著的第一本就是《水浒传》,不过他也明确指出,"都用已经明确整理过的名著,学生自己研究"⑤。之所以何仲英主张而且前述小学国语教科书也选了《武松打虎》,可能因为在他和一些编者看来,武松、李逵打杀的是吃了良民或亲人的凶恶的老虎而不是人类(不是武松杀嫂、

---

① 周予同.《对于普通中学国文课程与教材的建议》,《教育杂志》1922年第十四卷第一期,第8—9页。
② 何仲英.《国语文底教材与小说》,《教育杂志》1920年第十二卷第十一期,第6页。
③ 胡适.《中学国文的教授》,《新青年》1920年第八卷第二期,第3,4页。
④ 何仲英.《国语文底教材与小说》,《教育杂志》1920年第十二卷第十一期,第7—8页。
⑤ 课程教材研究所编.《20世纪中国中小学课程标准·教学大纲汇编·语文卷》,北京:人民教育出版社2001年版,第277页。

不是李逵砍人）所以不算暴力，反而是为民除害、为亲人复仇而值得嘉许。他说至于有些学生读了《武松打虎》"拆梢为勇"，"不能尽怪小说"，只要教师加以指导明示，学生这种不当的行为自然会绝迹①。

针对方言问题，何仲英说：对《水浒传》等古代白话作品应"删去那和现在不合式不通行的字眼，尽量用那现在能用的字眼"②。他又说："至于《水浒传》里底方言，是前代的方言，在言语学上，声音学上，很有研究的价值，想亦笺注不难；即不笺注，亦无碍于上下文底意义，妨害这一部书底价值。"③可能

高小《新学制国语教科书》（1924）

他觉得其中的方言太多而暂时不宜选其作教材，所以他在《白话文范》中并没有选《红楼梦》和《水浒传》这两部方言较多的古代白话小说，而是节选了《西游记》《老残游记》等方言较少的作品。而且，在《白话文范》出版之后，他还特意写了一篇《水浒释词》，来解释这部书中一些词语的含义④，因为"《水浒传》的词是不容易释的，因为这部书距离现在，至少也有四百年；语言既有变迁，词类那能一律"⑤。

3. 阐释情形

在小学国语教科书中，无论是《武松打虎》还是《李逵杀虎》，除了用来培养学生的基本语文能力（如识字、写字、阅读、写作、说话）外，就是把它当成提高阅读兴趣、发挥其想象力的凭借（为了便于儿童接受，初小《新学制小学教科书初级国语

---

① 何仲英.《国语文底教材与小说》，《教育杂志》1920年第十二卷第十一期，第14页。
② 何仲英.《白话文教授问题》，《教育杂志》1920年第十二卷第二号，第2页。
③ 何仲英.《国语文底教材与小说》，《教育杂志》1920年第十二卷第十一期，第8—9页。
④ 何仲英.《水浒传释词》，《教育杂志》1921年第十三卷第六、八、十期。
⑤ 何仲英.《水浒传释词》，《教育杂志》1921年第十三卷第六期，第2页。

读本》将一些动作、心理描写都略去,而且和高小《新学制国语教科书》一样都将原书中的方言"大虫"改成了"老虎"或"虎")。

为了规避此前小学国文教学侧重知识灌输和道德训诫的弊端,在阐释时几乎不涉及这两方面的内容。如《新学制小学教科书初级国语读本》(1924)的编辑大纲撮要称:"材料选择,处处顾到儿童生活,低年级供给儿童想像生活的材料……内容又多可以表演的以助儿童兴趣,并使他的观念确实。"在该书中,其前两课是《死诸葛吓走生仲达》和《李广射石》,后两课是《孙唐斗狮》(一、二),都是情节曲折生动、人物智勇兼具的故事,儿童读起来自然兴趣盎然。高小《新学制国语教科书》的编辑大要称:课文"以儿童文学为主",材料"注重传记、小说",形式"活泼有趣"。《武松打虎》写的是武松以勇力过景阳冈的故事,其后的《老子》写老子凭智慧过函谷关的故事。收入《李逵杀虎》的《新学制小学教科书高级国语文读本》的编者与《新学制小学教科书初级国语读本》的编者同是魏冰心和范祥善,其编辑旨趣应该是一致的。与之配套的教学用书《高级国语文读本教学法》设置的该课目的就是"欣赏《李逵杀虎》的小说,并藉以引起儿童阅读小说的兴趣"。为了增强这种兴趣,设置了吟诵和想象两个环节让学生"体味"文本,其中的想象就是让学生能做到设身处地、身临其境,如《李逵杀虎》(一)中的想象:"李逵怎样背着老娘,向乱山深处,僻静小路而走?沂岭的山脚山上,情形怎样?李逵怎样趁着星明月朗,一步一步捱上岭去?老娘共说三次话,各次的态度怎样?李逵为甚么把娘放在大青石上?为甚么把扑刀插在侧边?李逵从老娘坐的地方,走到溪边,大约有多少路?李逵自己怎样先喝了几口水?怎样东观西望?李逵怎样手掇石香炉?怎样性急起来?怎样把座子在石阶上一磕?怎样擎了香炉?怎样夹七夹八,走上岭来?到松树边不见了娘,李逵心里怎样?怎样叫娘喝水?叫了一声不应,李逵怎样心慌?怎样定眼四看?老娘究竟到了甚么地方去?"当然,从这些问题的设置也可以看出,编者还希望学生关注文本的用语,通过细读来体会其记叙描写的精妙之处。高小《新学制国语教授书》中的《武松打虎》除在教学内容中同样设置想象环节外,还在备考中称:"本教材是小说,旨趣在描写武松的勇猛。"

4. 课外阅读

因为课程标准的规定,《水浒传》成为中学生的爱读作品之一。1923年卢冀野进行过一项"中学生对于文艺的兴趣及读物之统计",结果发现,在三十二种学生比较喜欢的古今中外的小说中,"其中读者最多的只有《水浒》《红楼梦》两部书。"①1927年，就有中学生在作文中记叙读《水浒传》的事："提一把雪白帆布的靠几，置在清洁透明一点灰尘不染的玻璃窗下，绵软软的靠着。拿着一本布面洋装一厚册的《水浒传》，在那温暖可爱的太阳，从东方斜射来的光线底下，翻阅沉思。我的心神渗透了书中的意，迷醉了书中的情。这时候我的又幽静又醒豁的灵魂儿，只有紧紧黏定在这大厚册的书里，不晓得窗外甚么的景色了。像这样专心致志的读了一会，我猛然抬起头来……"虽然老师批评这种描写修饰有点"过度"，犹如"老妓傅粉"②，但是我们从中还是可以看出这位学生读《水浒》时的痴迷程度。

二、新标准时期（1929—1937.06）

1. 教科书收录

1929年，南京国民政府颁布了中小学课程暂行标准，在随后出版的大批教科书中大量出现了《水浒传》的节选（见下表），其中小学国语教科书有5套，节选的是"武松打虎"（又名"景阳冈"）片段。在中学，不仅首次出现了《水浒传》的选段，而且竟然有15套国文教科书，其中3套还选了2篇，共18篇。在这18篇中，有12篇是"武松打虎"（"景阳冈武松打虎""景阳冈"）片段，有3篇是"林教头风雪山神庙"（"林冲""山神庙""高太尉计害林冲"），有2篇是"智取生辰纲"，有1篇是"石碣村湖泊"。可以说，这是《水浒传》在中小学被接受的高潮期。

小学国语、国文教科书

编者	教科书名称	课题	册次	出版社	时间、版次
魏冰心、吕伯攸等	初小《新主义国语读本》	《武松打虎》	第8册	世界书局	1931年4月第72版
叶绍钧	初小《开明国语课本》	《景阳冈》	第7册	开明书店	1932年6月初版
丁毅英、赵欲仁	高小《复兴国语教科书》	《武松打虎》	第2册	商务印书馆	1933年7月初版
陈鹤琴、梁士杰	初小《分部互用儿童教科书儿童南部国语》	《武松打虎》	第7册	儿童书局	1934年7月20版
沈百英等	高小《复兴国语课本》	《武松打虎》	第2册	商务印书馆	1935年版

---

① 卢冀野.《中学生对于文艺的兴趣及读物之统计》,《教育与人生》1923年第九期, 第7页.
② 何振基.《关于初中国语教科书》,《新教育评论》1927年第三卷第十五期, 第12页.

中学国语、国文教科书

编者	教科书名称	课题	册次	出版社	时间、版次
赵景深	《初级中学混合国语教科书》	《林冲》	第2册	北新书局	1931年2月初版
		《景阳岗》	第4册		1932年6月再版
陈望道、傅东华	初级中学用《基本教科书国文》	《景阳冈》	第1册	商务印书馆	1931年12月初版
王伯祥	《初级中学学生用开明国文读本》	《智取生辰纲》	第1册	开明书店	1932年7月初版
		《景阳岗》	第1册		
张鸿来	《初中一年级国文读本》	《景阳冈武松打虎》	第2册	北平文化学社	1932年8月版
高远公、罗根泽	《初中国文选本》	《景阳岗武松打虎》	第1册	立达书局	1933年8月初版
傅东华	《复兴初级中学教科书国文》	《景阳岗》	第1册	商务印书馆	1933年9月30版
		《石碣村湖泊》	第2册		1934年6月55版
马厚文	《初中国文教科书》	《景阳冈》	第5册	光华书局	1933年版
徐蔚南	初级中学学生用《创造国文读本》	《武松打虎》	第6册	世界书局	1934年1月再版
张鸿来、卢怀琦	《初级中学国文读本》	《景阳冈武松打虎》	第1册	北平厂甸师大附中国文丛刊社	1934年8月再版
沈联璧、薛无兢、毕任庸、沈春晖	《高中当代国文》	《山神庙》	第3册	中学生书局	1934年8月初版
夏丏尊、叶圣陶、宋云彬、陈望道	《开明国文讲义》	《智取生辰纲》	第3册	开明书店	1934年11月初版
夏丏尊、叶绍钧	《国文百八课》	《景阳冈》	第1册	开明书店	1935年版
马厚文	《标准国文选》	《景阳冈》	第3卷	大光书局	1935年8月改版
宋文翰	《新编初中国文》	《景阳冈》	第3册	中华书局	1937年3月初版
宋文翰、张文治	《新编高中国文》	《高太尉计害林冲》	第5册	中华书局	1937年版

2. 影响因素

当时的教科书实行审定制,尤其在1932年日军轰炸了占据中国中小学教科书出版的半壁江山的商务印书馆后,其他出版社出于商业利益的考虑纷纷出版了多套中小学教科书,这在客观上增加了《水浒传》入选的几率。除此之外,还有其他

《高小国语教科书》(1933)

新的原因。

首先是民族主义教育思潮高涨。早在1927年，南京国民政府就开始推行"党化教育"。1929年，又确立"三民主义"为教育宗旨。尤其是1931年"九·一八"和1932年"一·二八"事变爆发以后，日本侵略加剧，"三民主义"中的民族主义日益受到重视，民族主义教育思潮开始高涨。一些人对此前中小学国语、国文教科书中绝大多数是纯美的文学作品、缺乏爱国主义的作品的普遍现象提出了批评，就像吴研因所说的："民十以后的小学教科书，例如《新学制》《新教育》《新教材》等，就几乎成了无目的、无宗旨的世界通用读本，很缺少民族精神和国家思想的表显，这确是当时教科书的最大缺点。"[1]为此，1932年颁布的中小学国语、国文课程标准都强调教科书选材标准的"党义"化。如1932年颁布的《小学课程标准国语》关于教材编选规定的第一条就是"依据本党主义，尽量使教材富有牺牲及互助精神。凡含有自私、自利、掠夺、斗争、消极、退缩、悲观、封建思想、贵族化、资本主义化等的教材，一律避免"[2]。不过，当时教科书中直接宣扬反抗外族入侵的课文并不多，大多采用"化装"的手法，如吴研因就指出，"我国的小学教科书，虽然有些'鸟言兽语'和民族思想并不冲突，例如羊拒狗、狗拒狼等，就隐寓弱者抵抗强暴的意识"[3]。既然如此，明确宣扬团结反抗、除暴安良的《水浒传》自然可以被选作教材。如在小学国语教科书中，"武松打虎"除了可以培养儿童阅读兴趣、训练其想象能力外（如1936年有人在《儿童读物研究》中称："旧小说故事里，亦有合于儿童心理者。如：《西游记》里的《孙悟空大战杨二郎》，《水浒》里的《武松打虎》，

---

[1] 吴研因.《清末以来我国小学教科书概观》，《中华教育界》1936年第二十三卷第十一期，第104页.
[2] 课程教材研究所编.《20世纪中国中小学课程标准·教学大纲汇编·语文卷》，北京：人民教育出版社2001年版，第26页.
[3] 吴研因.《清末以来我国小学教科书概观》，《中华教育界》1936年第二十三卷第十一期，第104—105页.

《儒林外史》里的《王冕放牛》……等；摘录出来，加以改编，供儿童阅读，未始不可"[1]），武松打虎本身就隐喻了为民除害的牺牲精神。下文将会分析，这种意图在《分部互用儿童教科书南部国语》等教科书中体现得十分明显。林冲一忍再忍、忍无可忍之后奋起反抗，更值得青年人在反抗外族入侵时效仿。（当然，大概因为1932年颁布的《小学课程标准国语》强调"凡带有恐怖性的，应尽量避免"[2]，所以删除了"李逵杀虎"片段，因为儿童阅读李母在山岗被老虎吞噬的情节时必然会产生恐怖的情绪或不适的心理。）

其次是国语标准变得相对宽松。改"国文"为"国语"的初期，人们过多地强调国语统一而反对带有明显方言色彩的《水浒传》《红楼梦》等以古代白话为主的作品。但是随后人们就认识到，国语的标准难以统一，"国语的文学"与"文学的国语"难以相伴而行，只有先创作出"国语（白话）的文学"，然后才能最后形成"文学的国语（标准语）"，所以古代方言文学被视为创造标准国语的重要资源。另外，一些人对作家运用欧化技法、语言不满，而主张借鉴传统白话小说的技法和语言。如俞平伯在《中国小说谈》一文中就对此进行了猛烈地抨击，他说："我们实在无所见，我们能够讲什么？不能在学生心目中打倒（恕我用这样时髦的名词）《水浒》《红楼梦》的地位，我们还好意思谈什么创作小说！为什么如此倒霉，我们正好借上述的悬谈来解释。现在创作小说的唯一靠山，就是摹拟西洋，所谓'欧化'"。所以应该从《水浒传》《红楼梦》等传统作品中去借鉴写法和语言，来限制作家创作的欧化倾向[3]。1933年，《国语周刊》就将此前黎锦熙著的《新著国语文法》中提及的"武松打虎"片段作为典型的语料来讨论白话中形容词的使用问题[4]。

最后是中学文学史教育受到重视。清末民初的中学国文课本一般是按文学史逆溯的方式排列课文（从清末至先秦）。"国文"改为"国语"之后，随着古代作品的功能由写作的模范而变为学习文言或白话词语的凭借，其编排方式也发生了根本的变化，不再按时代编排，一般是按照体裁或主题来编排，往往会把不同时代、语体的作品放置在一起，这样就导致学生的"文学史"观念的缺失。这既不利于学生对作品的深入真切理解，也不利于继承传统文化。上表所列节选《水浒传》的一些中学教科书的编者已经认为要通过选择不同时代的经典作品来建构学生的文学

---

[1] 迟受义.《儿童读物研究》,《师大月刊》1936年第24期, 第53页。
[2] 课程教材研究所编.《20世纪中国中小学课程标准·教学大纲汇编·语文卷》, 北京: 人民教育出版社2001年版, 第27页。
[3] 朱剑芒编、徐蔚南校订.《高中国文（第3册）》, 上海: 世界书局1930年版, 第76—77页。
[4] 老谈.《国语漫谈（三十五）："打老虎的武松"与"上炕的老妈儿"》,《国语周刊》1933年第五卷第一〇五期。

史观念了。如1929年世界书局出版、朱剑芒编的《高中国文》的第1—3册就已分别按"文学研究""文学史"和"文学概论"的方式来编排选文。1931年，宋文翰在《一个改良中学国文教科书的意见》中就重新设计了高中三学年教材的编排："高一注重文字的技能，用以完成前三年之所学，作一个总结束""高二注重文学的流变，用以诏示各种文学作品的产生，构成流变及其价值，并藉此引起学生研究，欣赏及增进写读的能力""高三注重中国学术思想的流变，用以诏示各种学术思想的产生，影响，流变及其价值，并藉此引起学生研究，批评及增进写读的能力"。① 政府颁布的课程标准也吸纳了一些编者的研究成果，如1932年颁布的《高级中学国文课程标准》就提出针对古代的作品，第一学年以体制(体裁)为纲，第二学年以文学源流为纲，第三学年以学术思想为纲，"各授以代表作品"②。这应该是《水浒传》入选中学国文教科书的最主要的原因。

3. 阐释情形

虽然每篇从《水浒传》中节选的课文都会综合承担语文知识传授、能力培养以及审美、思想教育的任务，但是编者对中小学不同的学段中所选录的《水浒传》的片段所赋予的教学功能各有侧重和不同。

(1) 小学教科书中的阐释

首先是作为提高阅读兴趣的凭借。在魏冰心等编写的《新主义国语读本》(1931) 中，和他编写的《新学制小学教科书初级国语读本》(1924) 一样是将《武松打虎》与《孙唐斗狮》放置在一起的，其旨意也与《新学制小学教科书初级国语读本》(1924) 一样，是为了提高儿童的阅读兴趣。叶圣陶编写、丰子恺绘图的《开明初小国语》(1932) 的主要目的就是提高儿童的阅读兴趣，其编辑要旨称："与社会、自然、艺术等科企图作充分的联络，但本身仍然是文学的。……本书图画与文字为有机的配合，图画不单是文字的说明，且可拓展儿童的想象，涵养儿童的美感。"叶圣陶后来回忆说，自己花了一整年的时间编写了初小6册、高小4册的《开明小学国语课本》，书中400多篇课文"大约有一半可以说是创作，另外一半是有所依据的再创作，总之没有一篇是现成的，是抄来的"，之所以花这么大力气自己编写课文，是因为在他看来："给孩子们编写语文课本，当然要着眼于培养他们的阅读能力和写作能力，因而教材必须符合语文训练的规律和程序。但是这还不够。小学生

---

① 宋文翰.《一个改良中学国文教科书的意见》,《中华教育界》1931年第十九卷第四期, 第196页。
② 课程教材研究所编.《20世纪中国中小学课程标准·教学大纲汇编·语文卷》, 北京：人民教育出版社2001年版, 第294页。

既是儿童,他们的语文课本必得是儿童文学,才能引起他们的兴趣,使他们乐于阅读,从而发展他们多方面的智慧。"①确实如此,为了提高儿童的阅读兴趣,他对全文进行了改写,使其更符合儿童的语言实际,如原文告示内容为"近日景阳冈有虎伤人,如有过往客商,可巳、午、未三个时辰,结伙成队过冈,请勿自娱",而在叶圣陶编写的《景阳冈》中则为"说冈上有虎,常把人命伤,过往客商须得结伴走,傍晚的时候不要过冈",通俗而有趣。

其次是作为思想教育的材料。无论是高小《复兴国语教科书》(1933)还是《复兴国语课本》(1935),都是商务印书馆在遭日军轰炸后编写出版的,"复兴"既指中华民族复兴,又指商务印书馆复兴。后者是在前者基础上编写的,两书的主旨相同,篇目变化不大,甚至均有的《武松打虎》一课的练习、插图完全相同。两书的主旨就是加强民族主义教育,如前者的编辑大意中罗列的三条选材标准是"1. 指导儿童学习平易的语体文,并欣赏儿童文学,以培养其阅读的能力和兴趣。2. 注重体格、德性、经济、政治的训练,以养成健全公民。3. 灌输党义,提倡科学。"在两书中《武松打虎》之前的课文有写对祖国忠贞不渝的《苏武牧羊》,之后有表扬"一弹使奸雄破胆""一弹把帝制推翻"的烈士牺牲精神的《四烈士冢上没字碑歌》。将其作为思想教育的材料,在初小《分部互用儿童教科书儿童南部国语》(1934)中体现得更为明显,因为在《武松打虎》之后还编有一篇课文《小武松》:

张先生讲过景阳冈的故事,又教我们唱《小武松歌》:

世界像座景阳冈;帝国主义像大虫。我是一个小武松,提起哨棒向前冲。冲!冲!冲!冲过全世界,打得帝国主义没影踪。国家像座景阳冈,贪官污吏像

初级中学学生用《创造国文读本》(1934)

---

① 叶圣陶等著.《我和儿童文学》,上海:少年儿童出版社1980年版,第5页。

《分部互用儿童教科书儿童南部国语》(1934)

大虫。我是一个小武松,提起哨棒向前冲。冲!冲!冲!冲过全国家,打得贪官污吏没影踪。社会像座景阳冈,土豪劣绅像大虫。我是一个小武松,提起哨棒向前冲。冲!冲!冲!冲过全社会,打得土豪劣绅没影踪。

这首歌,我们和张先生大家唱了三遍。张先生对我们说:"现在,我不唱这首歌了,你们自己去唱罢!我年纪比你们大得多了,你们唱'我是一个小武松',我得唱'我是一个大武松'哩!"我们听了,都笑得嘴像裂皮石榴般合不拢来。

显然,编者虚拟了一个师生合唱的情景,来教育孩子们要和大人一道争做现代的武松,像打虎一样,要把压制人民的帝国主义、贪官污吏、土豪劣绅统统打倒!

(2) 中学教科书中的阐释

首先是作为印证文法、语法规则的语料。20世纪20年代末30年代初,出现了大批"知识+选文"型的中学国文教科书。在这些教科书中,选文成为印证文法、语法规则的语料。选入《水浒传》片段的《初级中学混合国语教科书》(1931、1932)、初级中学用《基本教科书国文》(1931)、《复兴初级中学教科书国文》(1933、1934)、《开明国文讲义》(1934)、《国文百八课》(1935)等均是这类教科书。如《复兴初级中学教科书国文》的编辑大意称:"本书习作各课,依新标准实施方法关于习作各项之规定,供给语法文法及文章作法之教学及练习材料,以两者更互穿插,并依精读教材之程度及性质排列之。其所引举之例解,在可能范围尽量由已读教材中搜取"。书中《景阳岗》被当作解说"记叙文的方法"知识的例证,《石碣村湖泊》被当作解说"叙述文的流动"知识的例证。又如《国文百八课》的编辑大意称:"本书每课为一单元,有一定的目标,内含文话、文选、文法或修辞、习问四项,各项打成一片。文话以一般文章理法为题材,按程配置;次选列古今文章两篇为范例；再次列文法或修辞，就文选中取例，一方面仍求保持其固有的系统；最后附列习问，根据着文选，对于本课的文话、文法或修辞提举复习考验的事项。"第十七课的文话是《过去的现在化》，用施耐庵叙写"武松打虎"的片段来说明"现在的说法"的写作方法："作者所叙述的明明是几年前几十年前几百年前的事，而所用的却是现在的说法，作者和所叙述的事件，仿佛在同一时代似的。"文选《景阳冈》和《愚公移山》，则是来印证文话中所介绍的写作方法。文法《单句的分解》则用"武松走了一程……"等来说明主语的省略、虚缺及成分的倒错等语法知识。在习问中结合文话和文选设置有关写作方法和语法的练习题目。

其次是作为用以形成文学史观念的作品。前文在分析《水浒传》出现接受高潮时已提及这一时期的高中第二学年的国文教科书普遍是以文学源流为纲。如收录《水浒传》中"林教头风雪山神庙"片段的《高中当代国文》(1934)、《新编高中国文》(1937)均是如此，《新编高中国文》的编辑大意就称："本书选材……顺文学史发展之次第，由古代以至现代，选取各时代中主要作家之代表作品，使学生对于文学源流及其发展得一有系统之概念。"很显然，编者是将《水浒传》作为明代通俗小说的经典来看待的，并选入在艺术成就上较高的这个片段来向学生展示。

4. 课外阅读

这一时期，除教科书节选《水浒传》外，一些教科书还将全书作为课外阅读书目来推荐，如初级中学用《国文教科书》(孙俍工编，神州国光社出版，1932年版)中初一第二学期推荐阅读书目的第一本就是亚东图书馆出版的《水浒》；《朱氏初中文》(朱剑芒编辑，世界书局，1934年版)第四册推荐的本学期"中国旧小说"略读书目中第二种就是《水浒》。1930年，阮真在推荐课外读物时将《水浒传》列为初一的可读书目，并指出"可略读全书并精读一部分"[①]。1935年，开明书店出版了分别由茅盾、宋云彬和周振甫订定的"洁本小说"《红楼梦》《水浒》和《三国演义》，作为中学生的课外读物。1936年2月，叶圣陶在三书的出版广告中说明了出版这种"洁本"的理由和原则："作为中等学生国文科课外读物的文艺书籍，不但要估量它的文艺价值，同时还要估量它的教育价值。有许多好书，因为有一些不适宜于青年的部分，从教育的观点看来，是应该排斥到学校的门外头去的。然而青年不看这种好书，究竟是一种精神上的损失"，所以要出版这种"洁本"并"把其中不适宜于青年的部分逐一删去，使它成为并不缺乏教育价值的东西"[②]。其中的《水浒》由开明书

---

① 阮真.《中学生国文课外阅读书籍选目及研究计划》，《教育月刊》1930年第四卷第三期，第10页。
② 叶圣陶著.《叶圣陶集》，南京：江苏教育出版社1994年版，第18卷第283页。

店编辑宋云彬在金圣叹删节的71回本的基础上删节而成41回本。把原书中一些"不洁"的带有负面影响的部分删除,如宋江得"天书"、"洪泰尉误走妖魔"等涉及神怪的内容以及"原来天理昭然,护佑善人义士,因这场大雪,救了林冲性命"之类宣扬迷信的内容,还有"王婆贪贿说风情"之类的色情描写,"究竟没有什么教育意义,删去了也无损于原书的完整性",有些如破腹挖心之类"过分残酷"的暴力情节和场面也被删除了①。1936年,上海一女子中学的国文教员要求一百名女生每周写一篇读书报告,"并且限定她们不准用旧小说做(只有水浒传等几本旧小说例外)报告,并且鼓励她们看前进的书籍杂志"②。如果说《水浒传》尚不属于进步的书刊,那么最起码它要比老师所反对阅读的《啼笑因缘》《红楼梦》等要进步。

1930年的一项调查显示,中学生喜欢读的"旧的文学"的前三位是《红楼梦》《水浒》和《儒林外史》③。1936年的一项小学生课外阅读调查显示,在喜欢阅读的旧小说中,《水浒》排在《西游记》和《三国演义》之后,共有168名学生喜欢阅读,二、三、四、五年级喜欢阅读此书的男女生分别为11/2、9/4、45/22、49/26④。可见,越到高年级学生越喜欢阅读此书,而且男生明显比女生喜欢。同年,浙江省图书馆儿童阅览室举办的一项"你最爱读什么书"征文比赛,共收到386人的征文,结果排在前十位的是《水浒》《三国演义》《岳传》《爱的教育》《中山故事》《苦儿努力记》《西游记》《稻草人》《老残游记》和《今古奇观》。可见,儿童喜欢《水浒》的程度之高。编者认为这是因为儿童喜欢"爱国侠烈"的书⑤。

三、抗战、内战时期(1937.07—1949)

1. 教科书收录

1937年7月7日,日本侵华战争全面爆发。"抗战第一"成为各民族人民统一的心声。中国教育界和其他各界一道奋起反抗侵略,宣传救国思想。其中国文、社会等科承担了重要的任务,而国文教科书中选文的收录成了重中之重。在这之后,《水浒传》片段仍出现在中小学国语、国文教科书中,但数量明显减少。1937年,国民政府教育部准备实施教科书国定制,但是一时又来不及编订出版官编教科书,所以就通过购买版权的形式从书局手中购买一些较好的教科书的版权,然

---

① 《洁本小说水浒》,重庆:新华出版社1981年版,第1—9页。
② 姜平.《女学生的课外读物问题》,《妇女生活》1936年第五卷第六期,第11页。
③ 陈表.《中学生读书问题之实际探讨》,《中华教育界》1930年第十八卷第十一期,第81页。
④ 迟受义.《儿童读物研究》,《师大月刊》1936年第二十四期,第79页。
⑤ 李絜非.《儿童读物研究:三点重要统计二点重要意见》,《进修半月刊》1936年第5卷第10期,第4页。

后改换一下教科书的名称和出版者,有时稍微调整一两篇课文,就使之以官编教科书的面目出版发行。如收入《武松打虎》的《初小国语教科书》(1940)和《修正高小国语教科书》(1939)分别购买的是前述初小《开明国语课本》(1932)和高小《复兴国语课本》(1935)的版权。真正的国定本小学国语教科书是国立编译馆编、七家联合处1946年出版的《初级小学国语常识课本》和1947年出版的《高级小学国语》,而这两套书中根本就没有出现《水浒传》的选段。中学国文分别购买的是宋文翰等编写、中华书局1937年3月出版的《新编初中国文》和《新编高中国文》的版权,所以下表中收入《高太尉计害林冲》的《高中国文》其实就是《新编高中国文》的翻版。而真正的国定本中学国文教科书是由教育部教科书编辑委员会编辑、七家联合处1946年出版的《初级中学国文甲编》。可见,真正的国定本中学国文教科书并没有收录《水浒传》的片段。所以,这一时期新编的教科书中收录《水浒传》片段的,只有《开明新编高级国文读本》一套。可见,这是《水浒传》在教科书中接受的低潮期。

小学国语、国文教科书

编　者	教科书名称	课　题	册次	出版社	时间、版次
教育部编审会	《修正高小国语教科书》	《武松打虎》	第3册	新民印书馆股份有限公司	1939年12月3版
教育总署编审会	《初小国语教科书》	《武松打虎》	第7册	编者自刊	1940年8月版

中学国语、国文教科书

编　者	教科书名称	课　题	册次	出版社	时间、版次
教育总署编审会	《高中国文》	《高太尉计害林冲》	第5册	著者自刊	1939年8月版
朱自清、吕叔湘、叶圣陶	《开明新编高级国文读本》	《生辰纲》	第1册	开明书店	1948年8月初版

2. 影响因素

教科书不选《水浒传》的片段,主要原因有二。

一是政府实施教科书国定制,降低了《水浒传》的入选几率。国定制禁止民间书局私自编写教科书,而是由官方编写,让民间翻印。这样,教科书出版的数量就骤减,也就是说,1937年之后只有几套以官方名义出版的教科书,《水浒传》入选的几率自然也就骤降。更何况随后抗战爆发,经济萧条、物资紧张,连印刷教科书的纸张都匮缺,即使政府允许编写,一些民间出版机构也无力新编、出版教科书。

二是教科书宣传的是当代的英雄,《水浒传》的内容不合时宜。如果说在购买版权的中小学国语、国文教科书中还保留了原书中的《水浒传》的片段是不得已而为之的话,那么在真正的国定本国语、国文教科书中肯定是不会选择其中的片段的。如前述国立编译馆主编的《高级小学国语》的编辑大意称:"本书选材根据《国父遗教》《总裁言论》及中央政策。本书指导儿童学习平易的语体文,并欣赏儿童文学,以培养其阅读能力和兴趣。本书选材标准,系遵照总裁手著《中国之命运》第五章所指示之心理建设、伦理建设、社会建设、政治建设与经济建设五项建国基本工作,故特别注重小学教师、军人、飞行员、乡社自治员、边疆屯垦员及工程师之培养,选取最新材料,以供儿童精读之用。"而教育部教科书编辑委员会编辑的《初级中学国文甲编》(1946)"收进了的,却是自主席、院长,以及某部某会的首长,以至于张治中、张发奎、翁照垣诸将军的文札、公告和某种纪念节日的讲演词或纪念论文之类","很多在现代文坛上极有声誉的作家,其作品全都未被收进"[1],所以不选入《水浒传》也就理所当然了。更何况,《水浒传》既有反政府的倾向(官逼民反,先是被官府逼上梁山,然后聚众反对朝廷),又有投降主义思想(接受招安),又有宣扬共产的嫌疑(杀富济贫,如劫取生辰纲之类)。前两点不合抗战时期抗日的需要,后一点不合内战时期剿共的需要。

3. 阐释情形

国定本中小学国语、国文教科书不收录《水浒传》的片段,其行为本身就是对其做了一种无言的阐释,即上文所说的,其内容不合社会、政治形势的需要。虽然国定本教科书受到广泛的批评,但是政府并没有将此废除,所以开明书店以教学参考书或者学生读本的形式重印或新编了一批教科书,《开明新编高级国文读本》就属新编的一种。既然民编教科书受到压制,那么为了生存,民编教科书自然不能违背政府的政治主张,或者说要尽量维护政府的统治行为,大概正是出于这种考虑,编者在"揭示本篇的体裁和宗旨,并叙作者略历和他的风格"的"篇题"中将其主旨阐释为符合统治阶级所需要的"忠义":"《水浒传演义》是演述山东梁山泊好汉宋江等一百零八人的故事的。宋江等三十六个强盗,横行南北,后来受了招安,见于《宋史》。但是他们的故事渐渐扩大、变化,人数也加到一百零八个。这故事是草泽英雄的传奇,背景是'官逼民反'目标是'忠义'。对君忠,对民义,所以要除暴安

---

[1] 邓恭三.《荒谬绝伦的国定本教科书》,《时代文摘》1947年第一卷第七期,第23页。

良,劫富济贫。对朋友也忠也义,所以有福同享,有祸同当。一般人民恨贪官、糊涂官,想望英雄出世,所以这故事一直流行到现在,差不多有了九百年。"因为就如有人此前所提出的,"非常时期的国文教学目标"之一就是"养成廉正忠义为国服务的志愿"[①]。

4. 课外阅读

除此之外,《水浒传》还可能被当成了课外学习文言的基础。王季思在1939年谈文言文学习时就指出采取循序渐进的三个步骤,第一步读一些文言语体夹杂的文字,第二步是看浅近的文言读物,第三步是看较深的文言读物。其中文言语体夹杂的文字主要是《三国演义》《水浒》《水浒后传》《西游记》《镜花缘》等旧小说[②]。

1940年,心理学家龚启昌进行过一项"我国中学生的一般阅读兴趣"的调查,他调查了重庆、成都和贵阳三地初高中807名学生的课外阅读倾向,发现《水浒传》均排在学生爱读的书的前列:在初一年级中列第四位,218人(男166、女52)中,喜欢阅读的有41人(男38、女3);在初二年级中列第三位,147人(男93、女54)中,喜欢阅读的有35人(男31、女4);在初三年级中列第五位,70人(男40、女30)中,喜欢阅读的有19人(男15、女4);在高一年级中列第一位,173人(男110、女63)中,喜欢阅读的有50人(男39、女11);在高二年级中仍列第一位,134人(男110、女24)中,喜欢阅读的有39人(男32、女7);在高三年级中列第三

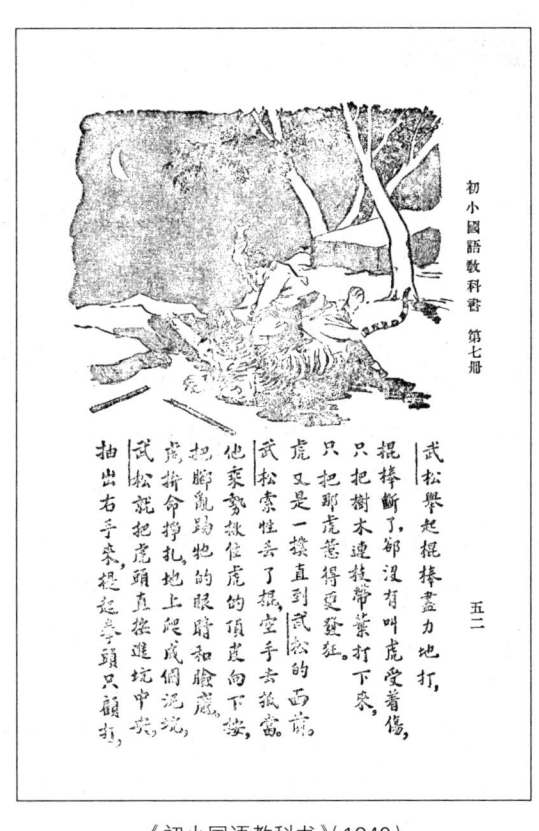

《初小国语教科书》(1940)

---

① 戴景曦.《非常时期的中学国文教学》,《福建教育》1937年第三卷第一、二期,第148页。
② 季思.《怎样学习阅读文言文:谈谈初中学生的课外文言读物》,《战时中学生》1939年第一卷第三期,第78—80页。

位，27人（男20、女7）中，喜欢阅读的有5人（男3、女2）。从这些数字也可以看出，《水浒传》也是各年级最流行的"读物[1]，甚至在高一、高二位列第一，且男生更爱读《水浒传》。1947年的一项初、高中学生课外阅读统计显示，初中生喜欢《水浒》的共11人，占总人数的5.85%；高中5人，占总人数的2.82%。初高中共16人，占总人数的5.02%。《水浒》在学生喜欢的读物中位列第九[2]。1948年的一项课外阅读调查也显示，初中男生最喜欢阅读《三国演义》和《水浒传》[3]。同年，一位教师对高一、高二年级课外阅读进行统计，发现高二学生最喜欢阅读的是《水浒》和《西游记》[4]。

选文一

武 松 打 虎

武松走到景阳冈相近的酒店里，吃了十八碗酒。算去酒钱，提着哨棒，出门就走。酒家赶来叫道："客官！景阳冈上，现有白额大虎，夜来伤人，已经被害了二三十条性命；不如明天等着许多人，一同走罢。"武松道："我是清河县人，这条景阳冈，至少走过一二十遭，没有见过老虎，你休来吓我！"酒家道："我是好意劝你，如果不信，任你去罢。"说罢，就走进里面去了。武松只管一步一步的走上冈子，并不害怕。走到半冈，忽见阳谷县出有告示，不许单身客人过冈，武松才信果有大虎伤人，心想我若回到酒店，岂不羞愧。不如姑且上冈，看他怎样。那时太阳西坠，飞鸟回巢，时候已经不早。武松走了许多路，酒力发作，跟跄的奔过林子，看见有一块很光滑的青石。武松便把毡笠抛下，哨棒倚在一边，翻身欲睡。

武松正要睡在青石上的时候，只听得一阵狂风，乱树背后，扑的一声响，跳出一只吊睛白额大虎来。武松叫声啊呀！从青石上翻将下来；便把哨棒，拿在手里，躲在石

---

[1] 龚启昌．《中学生的阅读兴趣》，《教育通讯》1940年11月30日第三卷第四十六期，第6—7页。
[2] 李之朴．《中学生课外阅读的分析》，《中华教育界》1947年复刊一卷第十一期，第19页。
[3] 陈志君．《中学生课外阅读兴趣的研究》，《教育半月刊》1948年复刊第七期，第19页。
[4] 张存拙．《中学国文教材的改进和社会本位文化》，《国文月刊》1948年第七十四期，第4页。

旁。看见老虎扑来,连忙闪在他的背后,举起哨棒,用尽平生气力,辟将过去,却打在枯树上,哨棒折成两段。武松见老虎又扑过来,只一跳,却退了十余步远。那虎两爪,正在武松面前;武松却把半截哨棒丢下,两手乘势把老虎的顶花皮揪住;用力捺住,老虎不能挣扎,把身下爬开两块黄泥,做了一个土坑。武松一面用脚乱踢着老虎的眼睛;一面把老虎的嘴,直按到黄泥坑里去。偷出右手,提起拳头,尽力乱打。打到五六十拳,那老虎的眼里、口里、鼻子里、耳朵里,都迸出鲜血来,只剩一丝微气,不再动弹,武松才放了手。寻着断哨棒,怕老虎还没有死,再打了一回。眼见气都没有了,方才罢休。

选自初小《新学制小学教科书初级国语读本》1924年版第8册。

选文二

武 松 打 虎

　　武松在酒家喝醉了酒,提了哨棒,大着步,向景阳冈走来。约行了四五十里路,来到冈子下,看见一棵大树,刮去了皮,一片白上写着两行大字。武松也颇识几个字,抬头看时,上面写道:"近日景阳冈有虎伤人,如有过往客商,可于巳、午、未三个时辰,结伙成队过冈,请勿自误。"武松看了,并不在意,横拖着哨棒,走上冈子来。那时已有申牌时分,一轮红日奄奄的相傍下山。走不到半里多路,见一个败落的山神庙。行到庙前,见这庙门上贴着一张印纸榜文。武松住了脚读时,上面写道:"阳谷县示:为景阳冈上新有一虎,伤害人命。现今杖限各乡里正,并猎户人等,行捕未获。如有过往客商人等,可于巳、午、未三个时辰,结伴过冈;其余时分及单身客人,不许过冈,恐被伤害性命。各宜知悉。政和年、月、日。"

　　武松读了印纸榜文,方知真的有虎;存想了一回,说道:"怕甚麼!且上去看看怎的!"武松正走,觉得酒涌上来;便把毡笠儿掀在脊梁上,将哨棒绾在肋下,一步步上那冈子来。回头看那日色渐渐的落下去了。此时正是十月间天气,日短夜长,容易得晚。武松自言自语道:"那里有甚麼虎!他们自相惊扰罢了。"武松走了一程,酒力发作,焦热起来。一只手提着哨棒,一只手把胸膛前袒开;踉踉跄跄,直奔过乱树林来。见一块光挞挞的大青石,他就把哨棒倚在一边,放翻身体,待要睡去。只见发起一阵狂风。那一阵风过了,又听得乱树背后扑地一声响,跳出一只吊睛白额虎来。武松见了,叫声"阿呀"!从青石上翻将下来,便拿那条哨棒在手里,闪在青石边。那虎又饥又渴,把两只脚爪在地下略按一按,和身望上一扑,从半空里撺将下来。武松被那虎一惊,酒都做冷汗出了。

武松见那虎扑来,只一闪,闪在他的背后。老虎背后看人最难,便把前爪搭在地下,把腰胯一掀,掀将起来。武松又一闪,闪在一边。那虎见掀他不着,吼一声,却似半天里起个霹雳,振得那山冈也动,把铁棒似的虎尾,倒竖起来一剪。武松却又闪在一边。原来那虎拿人,只是一扑,一掀,一剪;三般捉不着时,气性就没了一半。那虎见剪不着,再吼了一声,一兜兜将回来。武松见他翻身回来,双手轮起哨棒,尽平生气力,只一棒,从半空劈下去。只听得一声响,簌簌的一棵树连枝带叶劈脸打将下来。定睛看时,一棒劈不着老虎,原来打急了,正打在枯树上;把那条哨棒折做两截,只拿得一半在手里。那虎咆哮性发,翻身又只一扑,扑将过来。武松又只一跳,却退了十步远。那虎恰好把两只前爪搭在武松面前。武松将半截棒丢在一边,两只手趁势把那虎的顶花皮一把揪住,一按按将下来。那虎急要挣扎,被武松尽力气捺定,那里肯放半点儿松宽?

武松把只脚望虎面门上、眼睛里只顾乱踢。那虎咆哮起来,身底下爬起两堆黄泥,做了一个土坑。武松把那虎的嘴直按下黄泥坑里去。那虎给武松奈何得没了些气力。武松把左手紧紧地揪住顶花皮,偷出右手来,提起铁锤般大小的拳头,尽着平生之力只顾打。打到五六十拳,那虎眼里,口里,鼻子里,耳朵里,都迸出鲜血来;就动掸不得,只剩口里吁吁的气喘。武松放了手,到松树边寻那打折的哨棒,拿在手里;只怕那虎不死,把棒橛又打了一回。眼见气都没了,方才丢了棒,寻思道:"我就拖这死老虎下冈子去?"就双手从血泊里去提,那里提得动?原来使尽了气力,手足都酥软了。武松再来青石上坐了半歇,寻思道:"天色看看黑了,倘或又跳出一只老虎来,却怎的斗得过他?且挣扎下冈子去,明早再来理会。"就在石头边寻了毡笠儿,转过乱树林边,一步步捱下冈子来。

选自高小《新学制国语教科书》1924年版第2册。

第七章

《愚公移山》与寓言地位、神话功能、思想教育和文白之争

《愚公移山》出自约春秋战国时期的《列子·汤问》,至今已有几千年的历史。其在中小学语文教科书中的接受史,也近百年。从整体上看,这是一篇寓言。文末出现了二神背二山的情节,又使其兼具神话的色彩。该文篇幅不长,照录如下:

太行王屋二山,方七百里,高万仞。本在冀州之南,河阳之北。北山愚公者,年且九十,面山而居。惩山北之塞,出入之迂也。聚室而谋曰:"吾与汝毕力平险,指通豫南,达于汉阴,可乎?"杂然相许。其妻献疑曰:"以君之力,曾不能损魁父之丘,如太行、王屋何?且焉置土石?"杂曰:"投诸渤海之尾,隐士之北。"遂率子孙荷,担者三夫,叩石垦壤,箕畚运于渤海之尾。邻人京城氏之孀妻有遗男,始龀,跳往助之。寒暑易节,始一返焉。

河曲智叟笑而止之曰:"甚矣,汝之不惠。以残年余力,曾不能毁山之一毛,其如土石何?"北山愚公长息曰:"汝心之固,固不可彻,曾不若孀妻弱子。虽我之死,有子存焉;子又生孙,孙又生子;子又有子,子又有孙;子子孙孙无穷匮也,而山不加增,何苦而不平?"河曲智叟亡以应。

操蛇之神闻之,惧其不已也,告之于帝。帝感其诚,命夸娥氏二子负二山,一厝朔东,一厝雍南。自此,冀之南,汉之阴,无陇断焉。

民国期间,收录此文的语文教科书,小学至少有18套,中学至少有17套。其在近代语文教科书中的接受史,可以分成清末民初(1902、1904—1922)、新学制时期(1923—1927)、新标准前后(1928—1937)和抗战、内战时期(1937—1949)四个

阶段。其在教科书中的接受，又可分成小学和中学两个不同的学段。其在每个时期教科书中出现的数量不同，反映出寓言式儿童文学在教科书中地位的变化。其作为寓言，是"以故事映写教训或真理之法"，因为"寓者，寄也。以己所欲言者讬诸他事他人，使读者览故事于文中，悟本意于言外也"[①]。随着时代的发展，教科书编者对该寓言的本义作过不同的阐发，并赋予其不同的教育意义，这反映出语文学科中思想教育内容的变化。其文末的神话情节，或被删除，或得以保留，这又反映出人们对神话功能的不同认识及其变化过程。其在每个时期教科书中所呈现的语体、文体等并不相同，尤其是其语体的变化，反映出近代中小学文白变化的轨迹。所以，本文从上述四个时段、两个学段和四个主要方面来梳理其接受史，进而以此展现以上的种种变化。

一、清末民初（1902、1904—1922）

编者	教科书名称	出版社	时间、版次	学段/册次	语体	改编或删节
庄俞等	《最新初等小学国文教科书》	商务印书馆	1905年	初小/第5册	文言	改写/删节（删除二神背山）下同
沈颐等	《新制中华国文教科书》	中华书局	1913年版	高小/第9册	文言	改写/删节
范源廉等	《新编中华国文教科书》	中华书局	1914年版	初小/第6册	文言	改写/删节
刘宗向	《国文读本》	宏文图书社	1914年版	中等学校/第1册	文言	原文/删节
李步青、沈颐	《新式国民学校国文教科书》	中华书局	1916年版	初小/第6册	文言	改写/删节

（一）数量多少与寓言地位

清末（1902、1904—1911）出版的新编蒙学、国文教科书，小学至少有35套，中学至少有14套，不过，目前竟然没有发现其中任何一套选入了《愚公移山》。民初（1912—1922）出版的国文、国语教科书，小学至少有64套，中学至少有14套，但可能只有以上5套教科书选入该文。这与儿童文学，尤其是其中的寓言在中小学语文教科书中的地位直接相关。

---

① 张鸿来、卢怀琦、汪震、王述达选注．《初级中学国文读本》，北平：师大附中国文丛刊社1934年8月再版第3册，第133页。

1. 小学教科书

1897年左右，传统蒙学遭遇了现代变革，人们逐渐抛弃了传统的"三、百、千"和"四书""五经"等蒙学教材，因为它们被认为所含的都是古人而非今人的经验；而且其内容都空疏玄虚而远离现实生活需要。所以，清末的小学国文教科书主要以介绍各科知识为主，除了通过平实的叙述、说明来呈现这些知识外，还以父子问答或师生谈话的形式来告知学生。而且，思想教育主要是放在修身科内完成的。所以，小学国文教科书中的儿童文学作品很少，寓言入选的机会就更小了。1904年底商务印书馆出版了我国第一套国文教科书《最新初等小学国文教科书》，其第2册的"编辑缘起"也提到了"故事"和"寓言"，但其所说的"故事"是真正发生过的事，即"故去之事"而非虚构假托之事。如在其第2册中就有《孔融》和《司马温公》等历史名人儿时的故事，但其主要目的是为了介绍知识，如借孔融让梨、司马光剥胡桃的故事来介绍梨和胡桃的知识，同时兼有为儿童树立榜样而起到教化思想的目的。也有用来教化思想的"寓言"，但并非古代的寓言。其"编辑缘起"又称："本编间仿古人寓言之例，假设事故，以为劝戒之用，惟既非实事，故不用姓名（如祖孙、父子、兄弟、姊妹等），或有姓无名（如某君、某生、某儿等），以别异于故事。"可见，此处的"寓言"的功能和手法和古代的寓言都一样，功能是劝诫，手法是虚构。不过，二者虚构的对象不同，古代寓言中的人物和故事都是虚构的，而此处的"寓言"中的人物是虚构的而内容是真实的；古代寓言的表现形式是叙述故事，而此处的"寓言"是人物对话；古代寓言是将道理暗含在虚构的故事之中，而此处的"寓言"是将道理直接用虚构的人物的问答等形式直露地表达出来。所以，此处的"寓言"并非真正意义的"寓言"。当时，随着西方寓言故事被翻译过来，一些译者也开始编写"寓言"，如1909年孙毓修在《童话序》中称："鸟兽草木之奇，风雨水火之用，亦假伊索之体，以为稗官之料，此科学之用也"[1]，即用西方"寓言"的方式，假托动植物的话语来表达，但所介绍的是现代科学知识，并非揭示某种道理或其讽喻某种现实。所以，属于真正意义上的古代"寓言"篇数并不多，第5册第41课《愚公移山》和第42课《曲突徙薪》被放置在一起，大概是提醒师生这是两篇寓言，即以故事来寄寓道理。

民国初期，因为黄炎培提倡"实用主义教育"，所以在国文科中进行实用知识

---

[1] 孙毓修.《童话序》，《教育杂志》第一年（1909）第二期"杂纂"，第10页。

教育的做法仍然盛行。同时，袁世凯指示将修身科等并入国文科，所以国文科中的道德教育被加强。这种国文教育思想一直延续到1922年新学制实行。如1912年颁布的《小学校教则及课程表》规定，"国文要旨，在使儿童学习普通语言文字，养成发表思想之能力，兼以启发其智德。"[①] 又如1917年出版的第7册《共和国教科书新国文教案》在介绍课文"内容"时特别标明："(1) 旨趣：以儿童出校后必需之知识为主，籍立将来独立营生之基础。至《世界大势》《我国疆域》《清季外交失败》等课，皆国民教育精神之所在，他日儿童出而问世，其关系尤深，不可忽视也。(2) 类别：本册教材属于人事界者，分道德方面、职业方面、常识方面、美育方面四种；属于自然界者，分物体方面、现象方面两种。道德方面有国家、个人二类；职业方面有工业一类；常识方面有公民、历史、交际、生理、卫生、物品、游戏、其他七类；物体方面有动物、其他二类；现象方面有天文、地文、物理三类。"可见，国文教育的目的就是为了灌输儿童出校以后适用成人日常生活所必要的知识和国民道德。正因为如此，所以民国初年《愚公移山》开始出现在中华书局出版的这三套小学国文教科书中。如在《新式国民学校国文教科书》(1916) 的第6册中，《愚公移山》的前四课是《铜与铁 (二) 》《货币》《衡器》和《冰》四篇说明文，之后四课"附课"是《燕与蜜蜂》《酒害》《求学》和《小学生的学问》四篇说理文。编者将《愚公移山》选作课文、配置其中可能就是将该文当成关于山之构成及论移山之志的材料看待的。

虽然1920年周作人提出小学国语课文要以儿童文学为主，但当时所出版的国语教科书如《新体国语教科书》等只不过是将过去的国文教科书作简单地翻译改编然后将其作为训练国语的材料罢了。整个民国初期，小学国文仍以灌输实用知识为主，教科书课文的文体仍以文章为主。就如吴研因所说的，虽然"民国十年(1921年——引者) 以前的教科书，中间也有些童话寓言一类的故事，例如《鹬蚌相争》《愚公移山》《永某氏之鼠》《黔驴之技》等，但是分量很少。那时的初小国文，包括一切常识，大半是说明文，高小各种教科书更多数是说明文"[②]。就是在这很少的儿童文学中，与上述寓言相比，《愚公移山》入选的机会也就更小，因为在这则寓言故事中，除了习见的山、海外，只有人物，很难像其他以动物为主角的课文那样，既可用来灌输教化，又可用来介绍知识。

[①] 课程教材研究所编.《20世纪中国中小学课程标准·教学大纲汇编·语文卷》，北京：人民教育出版社2001年版，第11页。
[②] 吴研因.《清末以来我国小学教科书概观》，《中华教育界》1936年第二十三卷第十一期，第104页。

2. 中学教科书

清末（1902、1904—1911），中学国文教科书主要是古体散文的汇编，编者按桐城派所确立的"义法"观念来选择课文，强调"文道结合"。"四书""五经"因为被认为应整本学习，所以不录；其他诸子百家之作，被目为玄虚、怪诞，所以也不录。《列子》和《庄子》因不仅在多用寓言、神话等表达形式等方面相同，而且其超然、无为等思想也相同，故同被列入"道家"著作。这样，《愚公移山》就不可能出现在清末的中学国文教科书中。民国初年，中学国文教科书仍主要是古体散文的汇编，但已有"四书""五经"的节选和其他诸子百家散文的全篇。《愚公移山》被收入1914年4月初版的《国文读本》的第1册"甲集三古代文"中，该书"叙例"称："中学初年，科目较简，幸足专力治文，急宜传以古泽。惟繁复之篇，在所避忌。本书甲集三卷，博取经传语策，诸子百家，上自隆古，下逮魏晋，皆记述短篇。既兴趣浓深，领解甚易，又于古代群籍，有尝鼎一脔之乐。"可见，选入《愚公移山》首先是因为其篇幅不长、用语平易，其次是能代表道家作品的某些特色。不过在当时中学教科书所录的诸子百家散文中，道家的作品很少。其原因大概是其思想不合儒家正统观念，如1915年北洋政府国定图书编纂处制订的《中学国文教授要目草案》就强调，"谈说玄理之文不可选（如《庄子》之类）"[①]。既然《庄子》都不可选，那么出自同属于道家的《列子》中的《愚公移山》也就不可能出现在此后的中学国文教科书中了。

（二）寓言本义与教育意义

1. 寓言本义

目前没有见到相关的《最新初等小学国文教授书》和《新式国民学校国文教授书》，所以暂根据《新制中华国文教授书》和《新编中华国文教授书》来讨论编者所阐释的寓言本义及所赋予的教育意义。

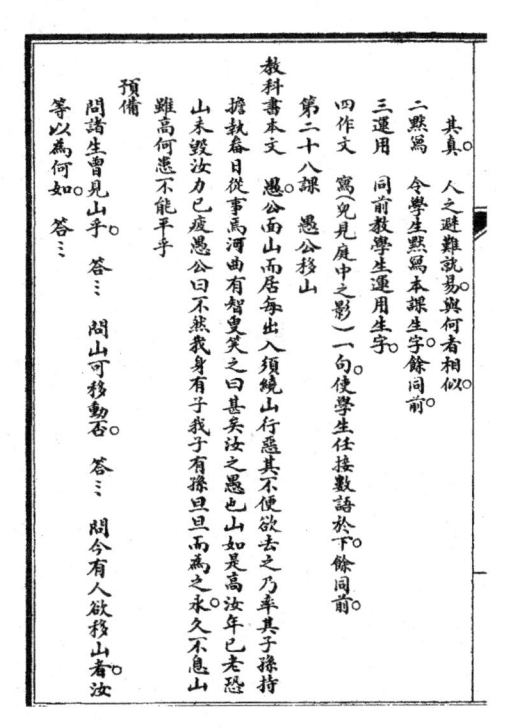

《新制中华国文教授书》(1913)

---

① 《中学国文教授要目草案》，《教育研究》1915年第二十四期，第42页。

(1) 歌颂愚公不屈之志，批评看客嘲讽之举。《新制中华国文教授书》称："山最难移，而愚公明知其难，曾不少退，可见其立志之坚卓"，"天下惟有志者事竟成。己虽力疲，尚有子；子虽力疲，尚有孙。代代相继，旦旦为之。山虽高，何患其不能平。愚公之言，自有至理，非妄言妄为之比也。"而智叟嘲笑愚公"以九十岁之老人，欲移天然之高山"必然失败，这代表了多数嫉妒有志者的人的言行——"世人见有志者，往往如是"。

(2) 歌颂愚公不屈之志与教育有方，赞赏智叟不为事理所蔽。《新编中华国文教授书》虽是在《新制中华国文教授书》的基础上改写的，但在对《愚公移山》寓意的解读上二者并不相同。《新编中华国文教授书》的编者认为，虽然寓言歌颂了愚公的不屈之志，阐释了"惟有志者事竟成"之理，但是不只如此，因为他还"以有恒之意示子孙"，这说明愚公教育有方。智叟同样是值得赞赏的，因为九十岁的老人不可能移去天然的高山，"此事人皆知之。人知之而叟亦知之，是不为事理所蔽也。故谓之智"。也就是说，称其为"智叟"并无讽喻之意，况且其不仅有常人之智，因更有常人所无之勇而敢于说出自己的真实想法。

编者还将智愚、难易与成败之间的关系作了一番辩证地分析："事之成否，无所谓难易也，亦无所谓智愚也。明知其难而愈难愈奋，人皆以为愚矣。然事无不成者也。深知其难，而因难而退，人皆以为智矣。然事无能成者也。"虽愚，但愈难愈奋，终会事业有成；虽智，但知难而退，终将一事无成。

2. 教育意义

《新制中华国文教授书》设置了三点思想教育目的，即以其不屈之志来培养学生努力求学和从业的品格。

(1) 激发学生努力学习的动机。《教授书》称："愚公移山，为一家计耳。立志不坚，虽少于山者不能平。学生为学，当令效愚公也。"[①]

(2) 培养学生为地方、国家除弊兴利的品格。《教授书》称："为地方除害，为国家造福者，亦当如是。勿谓一己之财力不及。只须立志不懈，何事不可为？"

(3) 从其移山之行与九十之龄中引申出劳苦可强身健体的道理，从而培养学生爱劳动的品格。如《教授书》称："常人每喜逸而畏劳。岂知劳苦之人，常少病而身强；安逸之人，常多病而身弱。汝等当已知之矣。"

[①] 1914年，黄炎培在《川沙市暑期儿童讲谈会四周间之实况》(黄炎培.川沙市暑期儿童讲谈会四周间之实况》，《教育杂志》1914年第六卷第八号，第46页) 中提到"修身德目"的"引证事实"时指出，"手足引弱女救兄记。孝亲引崇明老人事略。有恒引愚公移山。公德引郭有道。勤学引岳飞少年学射情形……"可见，在思想教育课中，《愚公移山》是被作为赞颂持之以恒的精神来使用的。

《新编中华国文教授书》也设置了这三方面的思想教育目的,但因为其对该文寓意解读与前者稍有不同,所以关于前两种品格的培养,更多从恒心在难易与成败之间所起的作用入手,如称:"诸生之求学,一愚公之移山也。愿诸生不为智叟之知难而退,而为愚公之愈难愈奋也。且不独求学也,即推之为地方兴利,为国家造福者,亦当如是……"关于第三个目的,二书的观点则完全相同。

(三) 情节处理与神话功能

以上两套小学教科书都除去了二神负二山的情节,这主要与当时人们对神话的价值判断有关。清末孙毓修在《童话序》中就曾说:"神话幽怪之谈,易启人疑,今皆不录。"[1] 这种认识和做法主要受了"子不语乱力怪神"的儒家教育思想影响。民初,袁世凯推行复古教育,提倡尊孔,恢复读经,所以在这样的氛围里,这节神话被删除就是必然的了。同时,从全文来看,这节神话还可能含因果报应的封建迷信思想。更何况,学习这篇寓言主要为了让学生接受思想教育,而非让儿童在想象中获得审美愉悦,所以改编后的课文连太行、王屋等地名以及儿童相助、智叟不应等情节都省略了,也就更没必要留下这段奇幻的神话了。

中学教科书也删除了二神负二山的情节。《国文读本》(1914) 的"叙例"称:"删节点窜,达者所讥,惟学校读本,异于垂世行远之作。甲集所收,或史志长篇,未克全诵;或名家论著,持义可取,而词句未净,刺取更定,间所不免。"可见,删节主要也是因为其作为教学文本和文学文本功能的不同:名篇因"言之有文"而"行之久远",但是作为教材必须考虑其"质"的适宜性。虽然《愚公移山》中二神负二山的情节体现了构思的高超,但并不符合正统的儒家教育思想。

《国文读本》(1914)

---

[1] 孙毓修.《童话序》,《教育杂志》第一年 (1909) 第二期"杂纂",第10页。

(四) 语体形式与文白地位

从清末开始,"言文一致"和"国语统一"就成为文字、语言改革者所追求的目标,要做到这些首先就要改文言为白话,不过这项改革一直受到多方阻挠。考虑到儿童的实际语言水平,清末的小学课文一直用浅易文言编写。只是为了推行官话,商务印书馆才于1909年出版了林万里等编辑的4册白话《国语教科书》。民初因为袁世凯推行复古教育,文字、语言改革运动者陷入停滞状态。袁世凯复辟失败后,语言、文字改革运动得以加速。1916年,"国语研究会"在北京成立,中华书局出版的《新式国文教科书》每册最后出现了四篇白话课文("附课")[①]。1919年,刘半农等人在国语统一筹备会第一次大会提出了《国语统一进行方法的议案》。这份提案在大会上通过,并函请教育部批准。1920年1月12日,教育部接受此项建议,并训令全国国民学校(初等小学)一二年级先改国文为语体文。所以,这两篇出现在民初小学国文教科书中的《愚公移山》仍然用的是简易文言,《新制中华国文教科书》《新编中华国文教科书》和《新式国民学校国文教科书》中的《愚公移山》文本呈现,均如下所列:

> 愚公面山而居,每出入须绕山行。恶其不便,欲去之。乃率其子孙,持担执畚,日从事焉。河曲有智叟,笑之曰:"甚矣!汝之愚也。山如是高,汝年已老,恐山未毁,汝力已疲。"愚公曰:"不然。我身有子,我子有孙,旦旦而为之,永久不息。山虽高,何患不能平乎?"

可见,编者是在用浅易的文言转述故事,甚至还在文中用了"我"等白话中常用的词语。

中学则仍是教学文言读写,所以《国文读本》中的《愚公移山》的语体仍然是文言原文。

二、新学制时期(1923—1927)

1924年第12期《德文月刊》刊登过《愚公移山》的原文和译文。收录此文的国语、国文教科书至少有以下几种[②]。

[①] 教育部审定此书的批文为"该书最新颖处,在每册后各加附课四课,其附课系用官话演成,间有与本册各课相对者。将来学校添设国语科,此可为其先导、开通风气,于教育前途殊有裨益,在最近教科书中,洵推善本。"位于《中华教育界》1916年第五卷第三期广告插页。

[②] 目前,因无法借阅一些含"愚公移山"故事的教科书原书,所以本文没有对其进行研究介绍:(1)北京师范大学附属小学校教科书编纂会编、北京平民书局1925年10月第12版《实验国语教科书》第6册第3课为《愚公移山的故事》。(2)胡怀琛、沈圻、庄适编,商务印书馆1927年版初小《新撰国文教科书》第5册第10课为《愚公移山》。(3)胡贞惠编纂、商务印书馆1927年版《新时代国语教科书》第4册第16课为《愚公移山的故事》。(4)沈百英编辑,商务印书馆1931年版初小《基本教科书国语》第8册第15课为《愚公移山》。

编　　者	教科书名称	出版社	时间、版次	学段/册次	语体	改编或删节
秦同培、陈和祥	《新学制小学教科书高级国文读本》	世界书局	1925年7月6版	高小/第4册	文言	原文/删节
魏冰心	《新学制小学教科书初级国语读本》	世界书局	1926年12月44版	初小/第5册	白话	改写/删节
黎锦晖等	《新中华国语读本》	新国民图书社	1927初版	初小/第7册	白话	改写/删节

（一）数量多少与寓言地位

1923—1927年间所出版的国文、国语教科书，小学至少有19套，中学至少有18套，但目前所见只以上3套小学教科书选入该文，中学则没有选。

1. 小学教科书

1919—1921年，杜威来华演讲宣传儿童本位教育；五四运动期间，启蒙者主张关注儿童。所以，成人本位教育遭到质疑，而儿童本位教育得以提倡。1919—1922年，蔡元培撰写了10余篇关于美学与美育的文章，重提他在民国初年所提倡的美育，所以此时实用主义教育遭受抵制而审美主义教育得以勃兴。要反对实用主义教育，就须进行审美主义教育，而文学是实行审美主义教育的一个重要凭借。要反对成人本位的教育，必须实行儿童本位的教育，而实施儿童本位的教育，其教材必须是符合儿童生活经验的儿童文学。总之，"要利用儿童已具有的动作和经验，做教学的出发点。儿童的动作倾向在那一方，教师就把那一种教材去教他。例如相信狐狸能说话，木石有思想的时候，就选这一类的教材给他；他有研究狐狸木石究竟是甚么的时候，教师就把动植矿的名称和意义教他。这样，所选的教材，恰和儿童的经验成一交点；所用的教法也和儿童的学习成一交点：才显得活泼而有价值。"[①] 1920年10月26日，周作人受绍兴同乡、提倡美育的蔡元培的邀请在孔德学校发表了题为《儿童的文学》的演讲。他在演讲中提倡在小学实行儿童文学教育。此后，"儿童文学的高潮就大涨起来"[②]。1923年《新学制国语课程纲要》颁布后，"新学制的小学国语课程就把'儿童的文学'做了中心，各书坊的国语教科书，例如商务的《新学制》，中华的《新教材》《新教育》，世界的《新学制》……就也拿儿童文学做标榜，采入了物话、寓言、笑话、自然故事、生活故事、传说、历史故事、儿歌、民歌等等"[③]。随着儿童文学

---

① 沈圻编纂，吴研因、朱经农校订．小学高级用《新学制国语教授书（第1册）》，上海：商务印书馆1924年版，第2页．
② 吴研因．《清末以来我国小学教科书概观》，《中华教育界》1936年第二十三卷第十一期，第104页．
③ 吴研因．《清末以来我国小学教科书概观》，《中华教育界》1936年第二十三卷第十一期，第104页．

教育成为国语课程纲要的中心、儿童文学作品成为国语教科书的主体,"'儿童文学'这一股潮流……达到最高点"①。那么,作为古代儿童文学一个代表的《愚公移山》为什么在小学教科书中出现的次数如此之少呢?

《新学制课程标准纲要小学国语课程纲要》所规定的课程"目的"为"练习运用通常的语言文字,引起读书趣味,养成发表能力,并涵养性情,启发想像力及思想力"。以"涵养性情"取代了以前课程"目的"中的"启发智德"。之所以去除"德"的目标,可能有三个原因:一是有恢复读经的嫌疑。因为1915年7月颁布的《国民学校令》、11月颁布《预备学校令》把清末废除的"读经"科又重新恢复了,袁世凯垮台以后"读经"科随即废除,如果课程目标中再次出现"德"字,则有恢复读经的嫌疑。二是社会科已独立。不必将社会科足以承担的道德教育任务再强行纳入国语、国文科中去完成。三是不合儿童阅读心理。课文首先要符合儿童的阅读心理,而儿童一般不喜欢道德教育,所以不能因为教训而"束缚儿童的审美意识",况且"文艺作品中含的事件及思想感情,总以适合儿童心理的为最要;换句话说,就是要儿童的心理容易理解,能够感受他精神的,方才合式。那些童话之类,和单纯的诗歌等,儿童何以很欢迎他?就是因为他适合少年心理程度及嗜好的原故"②。周作人、胡适等文学革命者都认为,进行纯美的儿童文学教育是"无用之用",所以要让儿童读一些"无意思之意思"的儿童文学作品。这样一来,以"映写教训或真理"为目的如《愚公移山》之类的寓言自然就不应被多选了。

2. 中学教科书

1918年,胡适在《论短篇小说》中说:"中国最早的短篇小说,自然要数先秦诸子的寓言了。《庄子》《列子》《韩非子》《吕览》诸书所载的'寓言',往往有用心结构可当'短篇小说'之称的。"为此,他以《愚公移山》和《庄子·徐无鬼篇》来说明。关于前者,他说③:

这篇大有小说风味。第一,因为他要说"至诚可感动天地",却平空假造一段太行、王屋两山的历史。第二,这段历史之中处处用人名地名,用直接会话,写细事小物,即写天神也用"操蛇之神""夸娥氏二子"等私名,所以写来好像真有此事。这两层都是小说家的家数。现在的人一开口便是"某生""某甲",真是不曾懂得做小说的ABC。

胡适赞扬的是其技法高超。这些文学革命者都希望能从传统文学中借鉴短篇

---

① 黎锦熙著.《国语运动史纲(上)》,上海:商务印书馆1934年,第121页。
② 太玄.《艺术教育上的各问题》,《教育杂志》1921年第十三卷第一号,第3页。
③ 胡适.《论短篇小说》,《新青年》1918年第四卷第五号,第398、399页。又见姜亮夫、赵景深选注.《初级中学北新文选》,上海:北新书局1931年7月3版,第5、6页。

小说的技法,那么中学教科书作为文学建设的一个重要工具就应该选入《愚公移山》让学生学习。吴研因认为:"儿童期内,前期后期,七八岁和十一二岁的学生,他们的智情意,也有许多不同之点。课程要定得和他们的发展期不相背驰,而且吻合,那才可使学生有兴趣,能承受,愿努力活动而不厌哩……小学校用的小说,最好不涉社会问题,初中用的小说就不妨涉及社会问题了。"[①]从阅读心理来看,中学也可以选择像《愚公移山》这样的寓言。为什么没选呢? 1923年,由叶圣陶、胡适分别所拟的初中、高中国语课程标准颁布,但其课程目的根本就不提及思想教育问题,而主要强调要培养学生的白话、文言读写能力以及欣赏、研究文学作品的兴趣。虽然《庄子》和《列子》等反映道家思想的作品不再被中学国语、国文教科书的排斥,但是选者的眼光已发生了变化,就文言作品来说,就像黎锦熙所说的,1919年之后"新文学"逐渐成为教科书的主体,"即选古文者,亦渐具文艺的眼光与整理国故之新头脑"[②]。虽然《庄子》和《列子》在文学史上常被并称,但后者的文学成就显然不如前者高,其哲学思想显然不如前者深刻,所以其在文学史和学术史上的地位显然低于前者。当时中学教科书选入了《秋水篇》和《庖丁解牛》等,大概编者认为《庄子》中的选文足以代表道家文学的风格,而不必再选《愚公移山》了。

(二)寓言本义与教育意义

1. 寓言本义

歌颂寓公不屈之志,以寓"智巧"不如"愚专"之理。前文提到,胡适认为这篇寓言主要表达"至诚可感动天地"的旨意。但这种"新说"并没有影响教科书编者的解读。如《新学制小学教科书高级国文读本》(1925)中,该文"篇法"称:"是文以坚忍不挠为主旨。人果存坚决成事之心,一时不就,累代倾心为之,无不就者。文不明言,只借移山一事,以愚公答智叟语表之,而智巧不如愚专之意,自跃然呈露。此最寓言法之笔妙。"

2. 教育意义

目前并没有见到收录此文的教授书,不过从教科书选录此文来看,与之配套的教师用书可能会像以前那样将其和学习、生活等联系起来。因为这一时期的教授书所设计的教学环节中都有"内容深究"一项,而这个环节的主要任务是分析、推理课文所含的思想或寄予的道理,所以必然会分析其教育意义。

(三)情节的处理与神话价值

新学制时期,儿童文学界和教育界多数人持"复演论",认为个人的儿童期和人

---

① 吴研因.《小学校和初级中校的课程草案》,《教育杂志》1922年第十四卷号外(学制课程研究号),第3页。
② 黎锦熙.《三十年来中等学校国文选本书目提要》,《师大月刊》1933年第二期,第4页。

类的原始期相似,儿童和原人的思维、情感一致,原人相信万物有灵,儿童也相信猫狗会说话,而且六七岁儿童特别喜欢听动物故事和神话故事,所以儿童适合也应该学习神话、物语故事。如有人认为,"四五岁至七八岁的儿童,想像发达最盛,神话故事,最为合宜"①。神话故事可以激发儿童崇善求美之心。如有人认为"神话,仙人故事等,当具积极之价值(如描写仙人生活之高尚美丽),引导儿童直趋光明之域"②。所以,新学制时期教科书中的课文,除了"鸟言兽语"之外,还出现了神仙故事。1922年新学制刚开始实行时,吴研因对民初教科书删除《愚公移山》中二神背二山的神话情节的做法颇有微词,他说:"寓言大概都含有道德上的教训。但是在儿童文学上,所发生的价值在乎兴趣,譬如愚公移山的故事,以前的教科书中间,拿原文的操蛇之神一节删去。这是偏重道德的实质方面,而删除神话的材料。其实中间的兴趣,就大大减少,不像是儿童的文学了。"③但是,以上3套教科书对这个情节都作了删除,这可能与当时出现的反对滥用神话的声音有关。如1924年桂承荣就认为,"编辑小学教科,宜采用古今事实,不得多用假托,以免生儿童不信仰之心"④。

(四) 语体形式与文白地位

1919年,第五次全国教育联合会上所通过议决议案《推行国语以期言文一致案》。《议案》提议,"国民学校国文教科书,应即改为国语,高等小学国文教科书,应言文互用"⑤。所采取的是一种渐进式的改革策略,同时也是为了便于中小学的衔接,因为如果中学仍然教学文言,那么小学必需加入一些文言来作铺垫和过渡。

---

① 祝其乐.《儿童阅读的指导》,《中华教育界》1921年第十一卷第六期,第1页。
② 章松龄.《关于儿童用书之原理》,《中华教育界》1921年第十一卷第六期,第5页。
③ 吴研因.《国语文教学法概要》,《新教育》1922年第五卷第四期,第757页。
④ 《中华教育改进社第三届年会报告总目录·初等教育组》,《新教育》1924年第九卷第三期,第512页。
⑤ 《第五次全国教育会联合会议决案·推行国语以期言文一致案》,《中华教育界》1919年第八卷第六期,第11页。

另外,无论是从文言文本身在保存文化方面所具有的价值、对现代汉语发展产生有利的影响,还是从当时的公文、书札、报纸和刊物等多用文言来表达来看,文言不可能一下子完全被消除,更何况升学考试还有不少中学用文言命题、要求用文言写作。所以,1925年左右,一些小学主张恢复文言教学,一些出版社又出版了文言教科书。正因为如此,《愚公移山》在初小和高小所呈现的语体不同,如在《新学制小学教科书初级国语读本》和《新中华国语读本》中是白话,而在《新学制小学教科书高级国文读本》中却是文言,不过为了降低阅读文言的难度以及便于比较文、白表达的不同,该书在《愚公移山》之后还附录了一篇"今译"(白话直译)。

三、新标准前后(1928—1936)

1935年,苹等在《从〈愚公移山〉到〈歧路亡羊〉》一文中批评当时国文科重思想教育时说:"凡视为有益于世道人心的古今文章,都可以作德育教材,所以在旧制初级小学三年级,就要读《愚公移山》,以陶冶精神;在新制中学又读《歧路亡羊》,晓得当心跑路。"[①] 可见,新标准前后教科书编者喜欢将古代寓言故事选作课文,《愚公移山》开始集中涌现在中小学教科书中。

小学国语教科书

编者	教科书名称	出版社	时间、版次	学段/册次	语体	改编或删节
沈百英	《基本教科书国语》	商务印书馆	1931年初版	初小/第8册	白话	改写/删节
朱文叔	《小学国语读本》	中华书局	1933年5月10版	高小/第2册	白话	改写/删节
叶绍钧	《开明国语课本》	开明书店	1933年6月11版(1932年6月初版)	初小/第7册	白话	改写/删节
吴研因	《国语新读本》	世界书局	1933年9月29版	初小/第7册	白话	改写/剧本/全文
沈百英、沈秉廉	《复兴国语教科书》	商务印书馆	1933年7月初版	初小/第8册	白话	改写/诗歌/删节
朱文叔、吕伯攸	《小学国语读本》	中华书局	1934年11月再版	高小/第2册	白话	改写/删节
中国教科书研究会	《大众教科书国语》	大众书局	1935年8月3版	初小/第8册	白话	基本翻译/删节

---

① 苹等.《从〈愚公移山〉到〈歧路亡羊〉》,《人间世》1935年第三十五期,第3页。

(续表)

编者	教科书名称	出版社	时间、版次	学段/册次	语体	改编或删节
于卫廉、刘瑞冰等	《高小国语汇选》	国立北平师范大学附属第一小学出版委员会	1936年2月版	高小/第2册	白话	改写/删节
吕伯攸、徐亚倩	《新编高小国语读本》	中华书局	1937年2月初版	高小/第2册	白话	基本翻译、删节

中学国文教科书

编者	教科书名称	出版社	时间、版次	学段/册次	语体	改编或删节
朱文叔	《新中华教科书国语与国文》	中华书局	1928年8月初版	初中第1册	文言	原文/删节（删除二神背山）下同
孙俍工	《国文教科书》	神州国光社	1932年3月出版	高中第1册	文言	原文/删节
北师大附中	《初中国文读本》	文化学社	1932年6月出版	初中第3册	文言	原文/全文
王伯祥	《开明国文读本》	开明书店	1932年7月初版	初中第1册	文言	原文/全文
庄适	《现代初中教科书国文》	商务印书馆	1932年12月国难后5版	初中第1册	文言	原文/全文
张弓	《初中国文教本》	大东书局	1933年1月5版	初中第2册	文言	原文/删节
石泉	《初中师范教科书初中国文》	文化学社	1933年2月再版	初中第2册	文言	原文/全文
杜天縻	《国语与国文》	大华书局	1933年11月初版	初中师范第2册	文言	原文/删节
张鸿来、卢怀琦、汪震、王述达	《初级中学国文读本》	师大附中国文丛刊社	1934年8月再版	初中第3册	文言	原文/全文
傅东华	《复兴初级中学教科书国文》	商务印书馆	1934年6月55版	初中第2册	文言	原文/全文
沈荣龄	《试验初中国文读本》	大华书局	1934年5月出版	初中第2册	文言	原文/全文
江苏省教育厅修订中学国文科教学进度表委员会	《初中标准国文》	中学生书局	1934年8月出版	初中第1册	文言	原文/删节
夏丏尊、叶绍钧	《国文百八课》	开明书店	1935年	初中第1册	文言	原文/全文

(一) 数量多少与寓言地位

从选入《愚公移山》的教科书的数量来看,小学国语有9套,中学国文有13套。可见,这是《愚公移山》接受的高峰期。该文之所以如此集中地在中小学教科书中出现,既与政局变化有关,也与中小学文学教育思想有关。从政局发展来看,1927年南京国民政府成立后,思想教育开始加强。1928年,国民政府通告全国:"中国国民党,以三民主义建国,应以三民主义施教。"[1] 1929年3月25日,《确定教育宗旨及其实施方针案》在国民党第三次全国代表大会上被通过,议案所确立的"教育宗旨"为"中华民国之教育根据三民主义,以充实人民生活,扶植社会生存,发展国民生计,延续民族生命为目的,务期民族独立,民权普遍,民生发展,以促进世界于大同"[2]。"三民主义"包括"民族主义""民权主义"和"民生主义"。1931年,"九·一八事变"爆发,日本侵占东北。1932年,"一·二八事变"爆发,日本企图占领上海。从这个背景来看,1928—1936年出版的教科书选文必须符合思想积极的标准,因为这样才有利于建设国家和抗击外敌。正如1936年9月1日第二卷第三期《教与学》杂志首页登载的《励志歌》(鲁荡平编)的歌词中所写的:"天可补,山可移,海可填,人生作事志当坚。站住脚跟,撑起铁肩,排除万难,一往无前。精神一到,金石穿。好男儿,当勉旃。及时不努力,转瞬青春又暮年,后悔亦徒然。"作为励志之作,《愚公移山》完全符合条件。除此之外,民生主义的核心是改善民众生活,而生活中衣食住行的资源主要来自于大自然。《愚公移山》中愚公为改善出行而带领全家移山的做法,就成为当下解决民生问题的一个典范。

1. 小学教科书

1927年,韦悫起草的《国民政府教育方针草案》宣称:"对于各学校所用的教育书,应赶速审查和编著,使与党义及教育宗旨适合。"[3] 同年,大学院(教育部)公布的《教科书审查规程》的第四条规定:"审定图书,以不背党义而适合教授目的、教育程度、教育体裁者为合格。"[4] 其颁布的《教科书审查标准》规定,小学"教材实质"应符合"革命化""社会化"和"心理化"等三个标准[5]。1932年12月21日召开的第四届中央执行委员会第三次全体会议通过了一个决议。决议认为,国民教育"尤注重训练儿童合群生活之习惯,刻苦强毅之精神,及灌输儿童中华民族过去

---

[1] 杜佐周.《中国教育的改造和建设》,《教育杂志》1929年第二十一卷第二号,第8页。
[2] 《确定教育宗旨及其实施方针案》,《中华教育界》1930年第十八卷第五期"附录"栏,第1页。
[3] 《"党化教育"之意义及其方案》,《教育杂志》1927年第十九卷第八号"教育界消息"栏,第3页。
[4] 《教科书审查规程》,《教育杂志》1927年第十九卷第十号"教育界消息"栏,第5页。
[5] 《教育杂志》,1927年第十九卷第十号"教育界消息"第5—6页。

伟大之事迹及伟大人物之言行，以坚定其自信力及爱国家爱民族之观念"①。

除此之外，人们对教科书中寓言功能的认识也发生了转变。新学制时期，一些学者一味地强调儿童文学的趣味性而反对含有"教训"的成分，如认为"涵养德性，启发思想各项，那是要与其他各科共同负责完成，非国文科所能包办"②。但是，既然是"共同负责"，那么就不能完全不负责。1925年左右，"国家主义"教育思潮兴起，人们纷纷对新学制时期的儿童文学教育提出批评。如罗廷光认为，语言

《国语新读本》（1933）

文字寄寓着国民性和民族精神，国语教育的宗旨在于"'鼓铸国民性'和'发扬民族精神'"，而新学制国语课程纲要不仅使国语教育失去了这个功效，而且宣扬了"国语是为个人'享乐'用的"的错误观点③。还有人甚至认为，"儿童需要好的教训，所以儿童的读物应多寓训迪的意义，及含道德的色彩"④。1931年以后，为了抗击日本的侵略，教科书中反映中华民族不屈精神的课文增多了，但有时竟写成了标语口号。如吴研因编写的《国语标准读本》（1932）的第6册中的《济南血》的末段为："好呀好呀！报仇报仇！打倒帝国主义；打倒万恶的帝国主义！"有人对此提出了批评，认为"此种叫嚣之口号，实际能养成儿童深切之爱国心与否，至属疑问"⑤。所以，当时的国语教科书，一方面编写了一些如羊反抗狗、狗抵抗狼这类本

---

① 《三中全会关于改革教育之决议案》，《中华教育界》1933年第二十卷第八期，第138页。
② 宋文翰.《一个改良中学国文教科书的意见》，《中华教育界》1931年十九卷第四期，第190页。
③ 罗廷光.《国家主义与中国小学课程问题》，《中华教育界》1926年第十六卷第一期，第13页。又"前此教育部所颁学校系统改革标准，一句不谈及爱国，早已受人评论。"潘之赓.《国家主义教育释疑》，《中华教育界》1926年第十六卷第四期，第3页。
④ 高君珊.《影响于儿童阅读兴趣的因素》，《教与学》1938年第三卷第九期，第13页。
⑤ 孙百刚著.《各国教育制度及概况》，新中国建设学会出版社1934年版，附录第158、160页。

身就"隐寓弱者抵抗强暴的意识"的虚构故事[①],一方面直接选用以故事来讽喻和训诫的寓言。苹等在《从〈愚公移山〉到〈歧路亡羊〉》中就提到,当时有人认为愚公移山与爱国抗敌之间存在着对应关系:"今年大正月偶尔看见某君在一著名日报的副刊上,把'愚公移山'赞为中国人的最高精神,我恍然大悟:原来中国人的最高精神是在这个古代兼乌有的愚公身上!某君接着说要救国便要学愚公的伟大精神,只要大家负责苦干,勿图小慧急功,因为'子子孙孙,无穷匮也',终会强国的。"[②]虽然他对此持批评的态度,但是那时一般人确实都常将愚公的挖山不止与国民的不屈抗敌联系在了一起。正因为如此,《愚公移山》才大量出现在小学国语教科书中。

2. 中学教科书

1929年颁布的《初级中学国文暂行课程标准》的六条选用教材的标准中就有一条为"含有改进社会现状的意味的"[③]。正如黎锦熙所说的:"殆民十六(一九二七),以党建国,'训政开始',教科书之面目又一变"[④] 所以,中学教科书中就集中涌现了含有教育意义的文本。以前只有小学教科书选《愚公移山》,而这一时段中学教科书也开始选,甚至选入此文的中学教科书比小学教科书还多。

(二) 寓言本义与教育意义

1. 小学教科书

(1) 寓言本义

第一,合作战胜困难,诚心感动天帝。在《国语新读本》(1933)中,该文课后"想"的思考题中设置了两个问题:"(1) 做这故事的把孤儿寡妇也做在里面,是何用意? (2) 做这故事的把山神大力神也做在里面,是何用意?"可见,编者认为这篇寓言本义是合作战胜困难、诚心感动天帝。与《小学国语读本》(1933) 相配套的高级小学用《小学国语读本教学法》也称本文教学目的之一是"使儿童知道凡事不要怕难,只要通力合作,又能持以毅力,总会成功的"。

第二,有必胜的信心和不懈的行动才能成功,歌颂愚公老当益壮。与初级小学《国语新读本》(1933)相配套的《初小国语教学法》称:其"全篇大意"为"愚公坚决的意志,竟能成功移山的事情"。小学初级用《复兴国语教科书》(1933)在

[①] 吴研因.《清末以来我国小学教科书概观》,《中华教育界》1936年第二十三卷第十一期,第105页.
[②] 苹等.《从〈愚公移山〉到〈歧路亡羊〉》,《人间世》1935年第三十五期,第3页.
[③] 课程教材研究所编.《20世纪中国中小学课程标准·教学大纲汇编·语文卷》,北京:人民教育出版社2001年版,第282页.
[④] 黎锦熙.《三十年来中等学校国文选本书目提要》,《师大月刊》1933年第二期,第4页.

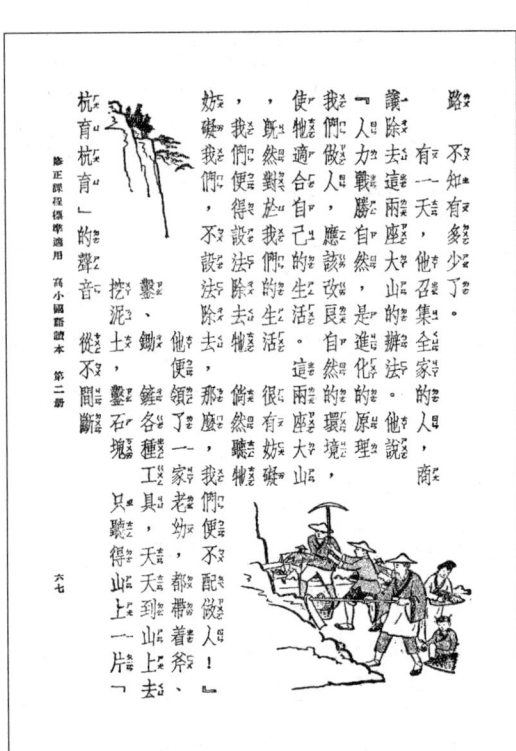

改编后的诗歌《愚公移山》前所加的"自古道：'只要功夫深，铁杵也能磨成针'。看了愚公移山事，便觉得此言并不是欺人"，就直接点明了寓言的本义。小学初级用《复兴国语教学法》称：本文"要旨：说明能不畏艰难，必致事到功成。"《教学法》还专门结合全诗以师生问答的形式对此作了阐释："教师发问(1)铁杵怎能磨成针呢？（铁杵磨成针，本不容易，但是工夫深了，终有磨成的一日。）(2)愚公移山和铁杵磨针两件事，都是短时期内做成的事吗？（不但短时期内做不成，便是终身也做不成的）(3)一个人

《新编高小国语读本》（1937）

凡是年老了，志气便怎样？（志气和身体同时衰减了。）(4)愚公为甚么能老来志气更坚定？（他的精神，他的毅力，和常人不同，年纪越老，越加坚定）……阖家大小怎么肯听从他的话呢（他们的志气，和愚公一样坚定。）……愚公怎么说他的心还是像儿童呢？（因为儿童时代，是像春草初生，来日正多，对于一切事情，都是立志要继续不断的做成的。(13)愚公为甚么不知道已经年老，还要效法儿童呢？（他以为在世一日，应做工一日，不应以年老而志气也老。"《大众教科书国语》（1935）借智叟的行为和心理点明了该课的题旨："智叟听了，不住地点着头。他非常钦佩愚公的决心和毅力。"

第三，人定胜天，靠合作与毅力。《小学国语读本》（1934）在改编课文时，借愚公之口，说出了这种教育意义——"他说：人力战胜自然，是进化的原理。我们做人应该改良自然的环境，使它适合自己的生活。这两座大山，既然对于我们的生活，很有妨碍，我们便得设法除去它；倘然听它妨碍我们，不设法除去，那么，我们便不配做人！"即人一定能战胜自然。不过战胜自然又需要合作与毅力。如《小学国语读本教学法》指出，"凡事不要怕难，只要通力合作，又能持以毅力，总会成功的"。《新编高小国语读本》（1937）的课后的"问答"也有将课文主旨解读为人定胜天及

意志坚强等:"1. 愚公移山的理由是甚么？ 2. 人力怎样能够战胜自然？ 3. 倘使愚公听了智叟的话，就此歇手不做，你们想结果怎样？ 3. 愚公做事的精神和办法，是否值得模仿？为甚么？"

(2) 教育意义

第一，只有人，只有合作，才能战胜困难，而无法寄托于天意。《国语新读本》(1933)的编者并不认同诚心感动天帝的本义。虽然与教科书配套的《初小国语教学法》为课后问题"做这故事的把山神大力神也做在里面，是何用意"所提供的答案是"应验'诚能格天'的老话"[①]，但并不认为人真能格天，如其中《愚公移山》之后的一课就是讽刺迷信上天《至死不悟》。《至死不悟》写一个老农相信天意，天旱了不给庄稼浇水只是拜神求雨，蝗灾了不去捕捉蝗虫而说自有天意，生病了不吃药称有佛祖保佑，因为至死不悟而一命呜呼。老王死后，孤儿寡母仍想靠天吃饭，但张老师叫老王的儿子好好读书，"慢慢地破除他的迷信"。《至死不悟》课后练习中的"想"为："人不靠天靠谁呢？"显然编者是希望让学生知道要战胜困难须靠人，靠人的合作。《初小国语教学法》提供的答案是"靠自己的力量"。还专门针对迷信做了分析："迷信是亡国破家毁身的事情，而在我国乡僻之处，仍是非常盛行，因此本篇是说迷信的危险，使儿童知道迷信是一种不好的事，来培养儿童破除迷信的观念；并使儿童知道，要破除迷信，须从研究科学入手。"我们再看其所设定的《愚公移山》的教育意义。《初小国语教学法》在分析《愚公移山》时称："正文是寓言的歌剧，实质有关于公民教训。"并指出其教学目的之一在"使儿童知道有志者事竟成的一回事，来激发儿童做事的一种毅力"，而本文要旨为"'有志者，事竟成'这一句话是说我们做事，只要有决心，总有成功的一日。本篇借愚公移山

[①] 另一问题"做这故事的把孤儿寡妇也做在里面，是何用意"的答案是"用寡妇孤儿，以表'得道多助'，并且衬托智叟的立志不牢。"

的事,来证实'有志者,事竟成'的一句话,激励儿童做事,须有毅力。"

第二,只有战胜自然,才符合人类进化的原理,同时要注意团体协作。与《小学国语读本》(1933)相配套的高级小学用《小学国语读本教学法》则在《愚公移山》一课教学设计中列举了架桥、开渠等"人力战胜自然"的例子,并说自然往往限制人类的进化,而"人力战胜自然是进化的原理",所以《愚公移山》就是说明人类不仅应该战胜自然,而且可以战胜自然。一味地顺应自然、享受自然的恩惠,一到自然稍有妨碍就束手无策,"只知逃避,一听自然支配,这个人就冤枉做人,就不配做人;因为人非但能享用自然,还要利用自然,并且要去战胜自然,去改造自然。愚公这个办法,我以为是十分对的,因为无论甚么事,都要用这种精神去做,不能因循敷衍下去"。《高小国语汇选》(1936)则直接在课文中借愚公解释移山的缘由来阐明本课的教育意义:"他说:'人力战胜自然,是进化的原理。我们做人,应该改良自然的环境,使他们适合自己的生活。这两座大山,既然对于我们的生活,很有妨碍,我们便得设法除去它;倘然听它妨碍我们,不设法除去,那么我们便不配做人!'"紧随其后的课文是《团体生活》,写"苔虫"如何和水草共生,进一步阐释了《愚公移山》中合力移山的精神。

第三,只有努力工作,同舟共济,才能打败侵略者,复兴中华民族。1932年1月28日,"一·二八"事变爆发。次日上午,商务印书馆的总管理处、编译所、四个印刷厂、仓库、尚公小学等皆被日军投下的炸弹焚毁。《复兴国语教科书》(1933)取名"复兴",寄托了希望复兴国家和商务印书馆的双重含义。书中《愚公移山》之前的课文为《鸦片痛史》《国耻》《痛心二十一条(一)(二)》《热血歌》和《一个兵士的信》等之后的课文为《船长》和《同舟》。编者如此处理,是暗喻只有不忘国耻,努力工作,同舟共济,才能打败日本侵略者,取得民族的复兴。

第四,只有努力学习,相互帮助,才能打败侵略者,复兴中华民族。《小学国语读本》(1934)将《世界最大民族(上、下)》《我们的时代》《愚公移山》和《波兰的复兴者》《好聪明的朝鲜孩子》《两兄弟》和《一千多人做成的糕》放置在一起,以喻只有通力合作,才能取得民族的复兴,如《波兰的复兴者》的教学目的之一就是"引起儿童的抵御外敌,恢复国土的精神"。就学生来说,报国主要就是要努力学习,《小学国语读本教学法》在以山挡住日常去路的导语导入课文后,接着问:"倘然你们在功课上遇到很难解决的问题,你们心中有怎样的难过?你们也肯想法去解决吗?倘然仍就不能解决,你们应当再用怎样的办法?"在探究内容的过程中也设问:"你们对于不熟的功课,应有怎样的决心?"这显然是用合作的办法。

不管怎样,上述第二、三种解读,均是将《愚公移山》当成了"足以淬厉坚强意志鼓舞革命的精神的"①课文。

2. 中学教科书

(1) 寓言本义

第一,合作战胜困难。《新中华教科书国语与国文》(1928)、《现代初中教科书国文》(1932)和《复兴初级中学教科书国文》(1934) 等均作如此解读。如在《复兴初级中学教科书国文》中,《愚公移山》之后的课文是蚂蚁们合作吃掉蚕的小说《蚕儿和蚂蚁 (一) (二)》(叶绍钧),而且《愚公移山》的课后练习特意问道:"为什么中间插进邻家孩子往助一件事?"(前述与初级小学《国语新读本》(1933) 相配套的《初小国语教学法》称加入幼儿寡妇是说明"得道多助"。)

《国语新读本》(1933)

第二,坚持才能成功。《开明国文读本参考书》(1932) 在介绍完该文的层次及层意之后,专门就"虽我之死,有子存焉……"之后评论道:"试想,这是何等的精神! 你能说他是不自量力的妄动么? 你能说他是盲目的徒劳么?"惟其有锲而不舍的毅力,才能最终成功,感动天地云云,只是寓言而已②。用反问的方式解说,显然是说并非妄动和徒劳,而且可以凭借毅力取得成功。在《初中师范教科书初中国文》(1934) 中,《愚公移山》之前一课就是梁启超的《毅力》。在《国语与国文》(1933) 中,《愚公移山》之前一课为《祝你奋斗到底》(谢婉莹),之后一课为《毅力》(梁启超)。编者还在《愚公移山》的课题下写了一句题记:"人生的要素第一——毅力。"

第三,有志者事竟成。1936年,一教师问:"愚公移山一件故事,究竟有否? 是

---

① 王国栋.《非常时期国文教材研究》,《师大月刊》1936年第二十九期,第242页。
② 王伯祥编.《开明国文读本参考书》,上海:开明书店1932年版第1册,第116页。

否属于迷信?"编者答曰:"这是一则寓言。勉人努力工作,终有成功的一日。"[1]上述不少教科书也对其寓意作如是解读。在《现代初中教科书国文》(1932)中,《愚公移山》前一课是《亚美利亚幼童》。课文写一群小学生看到俄国巨大的军舰,于是提议老师号召全国八百万小学生每人捐一点糖果钱,合作来造大军舰。除了谈及合作外,课文还借老师之口说:"汝等勿慑!有志者竟成。"在《初级中学国文读本》(1934)中,该文的"题解"称:"此文所述者为愚公移山,而要旨则至诚感天,有志者事竟成也。"《试验初中国文读本》将《志未酬》(梁启超)、《我是少年》(郑振铎)、《立志》(高一涵)、《愚公移山》《上山》(胡适)、《最苦与最乐》(梁启超)和《享福与吃苦》一起归入"个己修养"单元,也是认为这篇寓言的本义是谈立志。在《初中标准国文》(1934)中,《愚公移山》的"题解"则直接称:"本篇言立志当坚强。"

第四,将远大志向和实际行动结合才能成功。《初中国文教本》(1933)将《愚公移山》归入"平凡里的伟大的认识"这一"组",其"组序"称其寓意是"一人学行,着眼要在远大处,而着手却应在近小处"。

(2) 教育意义

第一,团结合作,建设国家。在《新中华教科书国语与国文》(1928)的编辑大意中所列的五条选材标准之一就是"合于社会现实的生活,能提倡劳动及互助合作,感发同情与利他心"。其第1册的第1课是《建设杂志发刊辞》(孙中山),第2课是《愚公移山》。前者写道:"鼓吹建设之思潮,阐明建设之原理,冀广传吾党建设之主义,成为国民之常识,使人人知建设为今日之需要,使人人知建设为易行之功,由是万众一心以赴之,而建设一世界最富强最快乐之国家……建设成功!中华民国之建设迅速成功!"可见,编者是希望学生能通过学习这篇课文而能团结合作,以建设中华民国。《现代初中教科书国文》将其和《亚美利亚幼童》放置在一起,显然也是号召学生团结合作,建设国家。

第二,坚持不懈,打倒旧社会。《国语与国文》(1933)将《祝你奋斗到底》《愚公移山》和《毅力》放置在一起。其中《祝你奋斗到底》的题记为"和恶社会积极奋斗的精神",《毅力》的题记为"做事的成败关乎毅力的强弱"。显然,让学生学习《愚公移山》的目的是希望他们能以愚公那样的毅力来改造旧社会。

第三,坚持不懈,努力求学,改造环境。《初级中学国文读本》(1934)将《毅力》

---

[1] 赵怀人等(问)、彬(答).《阅书问答》,《进修半月刊》1936年第五卷第十二期,第31页。

《愚公移山》、《呆气》(心水)、《适应环境与改造环境》(陈衡哲)和《绝对靠得住的是谁》(心水)放置在一起,其用意十分明显,即要像愚公那样有毅力,靠自己,去努力学习(《呆气》),去改造环境。

其实,1931年之后所出版的教科书选入《愚公移山》一文,多寄寓着以发扬愚公移山的精神来打倒日本侵略者的旨意,不过都不指明而已。如1935年9月1日高焕垒在《教与学》杂志发表的《国防中心的中学课程和教学》一文中一面批判了日本在我国东北地区所实行的奴化教育,一面认为我国教育应以国防为中心,从而达到战胜日寇、复兴民族的目的,他指出编纂中学国文教科书的三个基本原则之一就是选用那些"足以淬厉坚强意志,鼓舞革命精神的,如:《愚公移山》《自由祖国之祖》……"[①] 作为课文。可见,他认为《愚公移山》是一篇符合形势需要的好教材。1936年4月1日,面对日本侵略的日益加剧,曾将《愚公移山》收入其所编的《国文百八课》(1935)的编者之一的叶圣陶,在《一个总目标》一文中认为此时教育只有一个"争取民族解放"总目标:"凡是中国人,以争求民族解放为他的人生观,就从目前开始,不嫌其早。同时抱着'愚公移山'那个故事似的坚强意志,准备子子孙孙继续下去,不嫌其愚。"[②] 他希望移去的山,显然是日本帝国主义。

(三)情节的处理与神话价值

1. 小学教科书

以上9套小学国语教科书中的《愚公移山》,只有吴研因编写的《国语新读本》保留了二神背二山的情节,其他8套均将此删除。

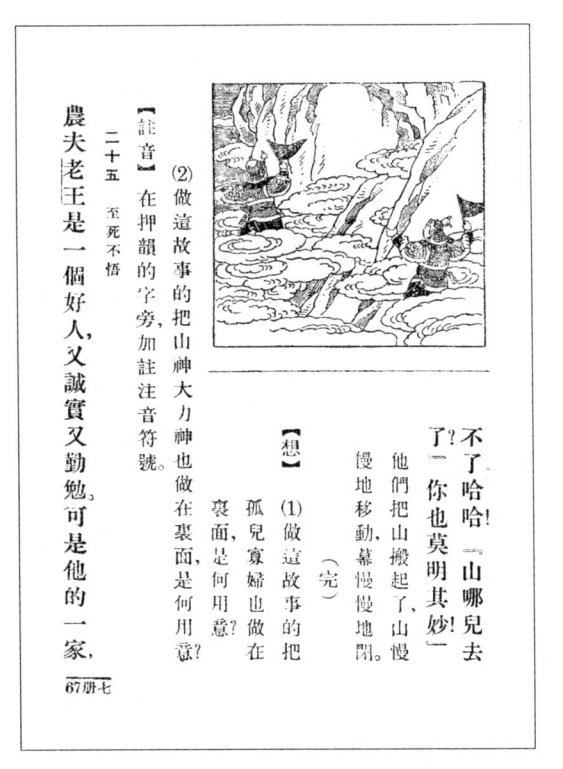

《国语新读本》(1933)

---

① 高焕垒.《国防中心的中学课程和教学》,《教与学》1935年第一卷第三期,第154页。
② 刘国正主编.《叶圣陶教育文集(第2卷)》,北京:人民教育出版社1994年版,第214页。

(1) 保留的原因

第一,体现儿童文学文本应有的特征,提高儿童的阅读兴趣。1934年,有人批评小学国语教材"设境不自然",也就是设定的情境不合逻辑,吴研因在《关于"小学国语教材的批评"的检讨》一文中就以《愚公移山》中"二神负二山"的情节为例进行反驳,他说提出批评的人所持"是'道学家'和'科学家'……的成人见解","小学的国语是以儿童的文学为骨干的,并不是纯讲道德等的公民教材,或叙述科学的自然课本,本不必拘乎现实","要是他们有些文学见地的话,我便要问他们'不过说明至诚可以格天',但何必造出愚公,智叟,操蛇之神,李娥氏二子等许多假人怪物来?"小学课文中之所以用"猫大哥"而不用"张大哥"、用"小兔说"不用"小王说",是因为"儿童文学的定律:'把平常的事实,用奇异的方法去支配穿插,以便引起儿童的兴趣',否则家常便饭,老生常谈,连成人也不愿意去观去听的"[①]。很显然,在他看来,保留这个情节,显然是把该文当文学看,而此情节、人物均是文学使用虚构手法而创造出来的,所以有必要保留《愚公移山》作为文学文本的本来面目,体现其作为儿童文学所具有的基本特征,更是为了提高儿童的阅读兴趣。

第二,可以培养儿童的想象力。前文已介绍了吴研因在反对删除时所作的这种说明。当时,也有人表示赞同,如认为"神话和魔怪的故事,在儿童心理是占一个很重要的地位"[②]。《国语新读本》(1933)中的剧本就将高高在上的山神完全世俗化了,而且还用了戏谑的口吻来调侃他们的威严:

山神在山凹里听了,一交跌倒。

…………

众人去了,山神慌忙跳出来,像一个妖怪。

山神:哎呀!不得了!那老头儿,子子孙孙,天天来吵闹,如何是好?不如上天去,向上帝报告。

山神去了,里面有丝竹声。一会儿,一声雷响,跳出两个金甲大力神来。

大力神:好愚公,立志坚牢!感动了上帝的心,派我们下凡来,把这两山抱跑。呵!愚公,到了明朝,你不见高山,只见大道,可使你吃惊不小,欢喜不了。哈哈!"山哪儿去了?"你也莫明其妙!

学生读着这种充满想象力的文字,只会快乐,不会迷信。

[①] 吴研因.《关于"小学国语教材的批评"的检讨》,《江苏教育》1934年第三卷第十期,第55、58页。
[②] 钟鲁斋、黄诰.《小学儿童兴趣的调查与研究》,《教育杂志》1936年第二十六卷第十号,第58页。

第三，作为批评迷信思想的对象。从其后《至死不悟》一课来看，编者保留这个情节还有作为批评迷信思想的对象来使用的想法。正如吴研因在反驳他人批评国语教材时所说的："须知儿童是有生命，有脑子的社会分子，对于很不合乎科学或所谓道德的教材，也会抉择取去。(编者——引者注)用不着这么小心谨慎，怕杨树叶掉下来打破他们的头的。"[①]

(2) 删除的原因

第一，助长了儿童逃避现实的思想，不利于儿童对自然、社会形成真实的认识心理。1931年，由何键呈给国民政府教育部一份咨文引发了尚仲衣和吴研因二位初等教育家关于"鸟言兽语"与神仙故事的论争。尚仲衣认为，"鸟言兽语"就是"神仙"，神仙是违背自然、超乎现实的，而"教育者的责任在使儿童对于自然势力及社会现象，有真实的了解和深刻的认识"，那些"以为神仙物语以及其他违反自然现象的材料足以唤起儿童的兴味"的观点是错误的，"未始不是教育中的倒行逆施"[②]。苹等在《从〈愚公移山〉到〈歧路亡羊〉》中就认为，既然移山不可能，那么设置二神负山的情节，实际上是满足人们在无可奈何的情况下产生的"倚赖神仙的侥幸心理"；"假定没有神仙，这移山案就写不成，人们也无可欣赏。人们心理上得到满足，便忘却事实问题；神仙替愚公解围，人们便忘却他的困难与愚笨。蔽于得而不知行，已是苟安。何况获得虚幻的成功而满足，不思实际上究应怎样解决困难，只有倚赖神仙。"[③]《小学国语读本》(1933)和《高小国语汇选》(1936)均删除二神负二山的情节，均是告诉学生改善民生只能靠自己的双手而非神灵相助。

第二，助长了封建迷信思想，不利于社会文明的进步。如曾对神话故事作过专门研究的黄翼说："神怪报应之最大弊病，尤在乎行为的性质与它的结果间，没有合理的关系。真正的人生，在常态之下，因果之间是有密切相称的关系的"，"神异的报应，总是赏罚过当。偶当做一点好事，往往有一本万利的结果。儿童受这种引诱时，容易发生侥幸希冀之心，有着奢大非分的贪欲。这也是不道德的暗示。"如一个小女孩帮妈妈到河里去提水，发现一条不小心跳到河岸上下不去的小白鱼。小白鱼被小女孩放到水里后得救了。为了报答小女孩的救命之恩，它让小女孩每说一句话嘴里就掉下一粒珍珠。其实小白鱼是龙王的小女儿。这样含有因果报应

---

① 吴研因.《关于"小学国语教材的批评"的检讨》,《江苏教育》1934年第三卷第十期,第58页。
② 尚仲衣.《为儿童选择读物》,《民众教育季刊》1931年第一卷第4号。
③ 苹等.《从〈愚公移山〉到〈歧路亡羊〉》,《人间世》1935年第三十五期,第3—4页。

思想的故事,就不应该出现在国语教科书中①。

第三,削弱了愚公的不屈的斗志,有损愚公高大的形象。如《开明国语读本教学法》(1932)称:该寓言"末后有神感愚公之诚,便将山搬开去的节目。这样,差不多把愚公的精神根本否定了,所以本课把这节目删去"。

2. 中学教科书

在以上13套中学国文教科书中,对于这个情节进行删节的有6套,保留的有7套,删留差不多各占一半。删除可能也因以上三方面的原因,尤其是第三方面的原因。保留不大可能是为了增强中学生阅读兴趣或培养其想象力,而可能的原因也有三方面。

第一,中学生具备了对其真假性的判断能力。在批评神话故事不利于儿童对自然、社会的真实认识心理形成时,当时一些人就提出过反对意见,如称:"就是六七岁的儿童都十分明白月里并没有嫦娥,山中也没有怪物,麻雀同青蛙谈天,桌子同椅子说话,他们也知道是不会有的事。至于读神仙故事着了迷,以至于瞒了父母入山访仙,那不过是特殊的例子。如果儿童消遣的方法多,不限于读书,读书的种类有变化,不是专读仙怪的故事,同时父母兄长对于儿童的态度有正当的暗示,就断断不至于着迷。我们又何必作杞人之忧呢?"②既然六七岁的儿童对此都有判断能力,那么中学生就更不应说了。

第二,保留原文风格。当时一些教科书编者认为,不能仅因为迁就教学,而对原文任意删改,因为这样一来学生就不易了解原

小学《复兴国语教科书》(1933)

---

① 黄翼.《时下流行画报的几种毛病》,《教师之友》1937年第三卷第三期,第404、403—404页。
② 高君珊.《影响于儿童阅读兴趣的因素》,《教与学》1938年第三卷第九期,第15页。

文固有的特色。如在高级中学用《国文教科书》(1932)中,编者就在《愚公移山》课文后要求学生在课后阅读商务印书馆出版的"学生国学丛书"中的《列子》,如果作了删节而使之成为一篇纯粹的寓言,也就难以引发学生进一步阅读的兴趣。

第三,凸显"精诚所至,金石为开"的思想。虽然愚公不可能移去大山,甚至其子孙移去大山也遥遥无期,但为人处世只要有诚心,就会像愚公感动天帝一样感动别人而获得帮助。如果删除了这个情节,也就很难凸显这层寓意。

(四)语体形式与文白地位

1. 小学教科书

为了推行国语教育,反对可能出现的文言复辟思潮,1922年吴研因就曾主张高小也用白话。他说:"试想小学校儿童在小学的时期,不过从六周岁起到十二周岁。在这幼稚的时期,假使要用两种文字——语体文言——那还能够胜任吗?与其兼用文言,而夺了语体文的一席地,使语体文的成绩,受他牵制,不如竟用一种,倒觉直捷了当。"① 但是,文言复辟的现象还是在1925年左右出现了。为此,南京国民政府在1928年5月召开的第一次全国教育会议上通过了《小学不授文言文,初中入学考试不考文言文案》。提案"请大学院明令规定小学校一律用语体文教育,中等以上学校参用语体文教育"②。1932年颁布的《小学课程总纲》也明确规定,"文字的教材,应一律用语体文叙述,不得用文言文"③。所以,在以上6套小学教

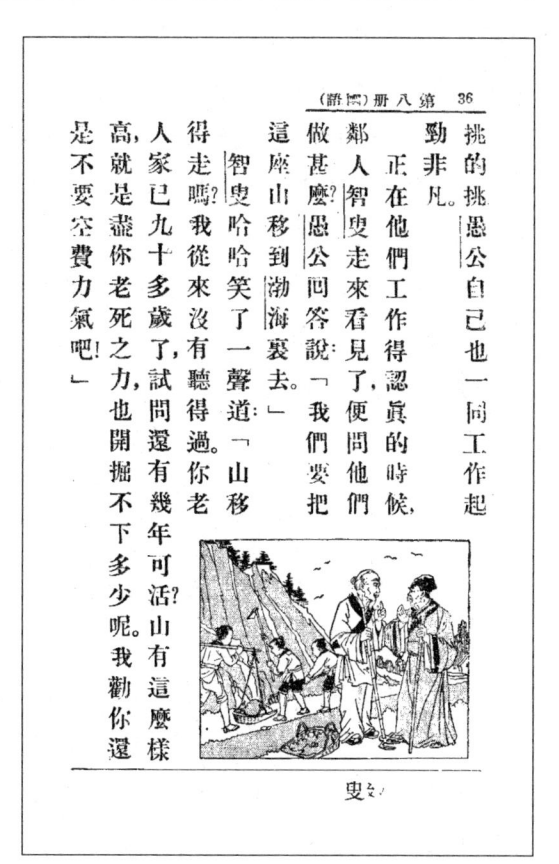

《大众教科书国语》(1935)

---

① 吴研因.《新学制建设中小学儿童用书的编辑问题》,《新教育》1922年第五卷第一、二期合刊号,第8—9页。
② 《国民政府下之第一次全国教育会议》,《教育杂志》1928年第二十卷第六号"教育界消息",第8页。
③ 课程教材研究所编.《20世纪中国中小学课程标准·教学大纲汇编·课程(教学)计划卷》,北京:人民教育出版社2001年版,第125页。

科书中,无论初小,还是高小,其中的《愚公移山》全是白话。

其中的两套教科书中《愚公移山》的文体形式值得一提:一是吴研因编著的《国语新读本》(1933)。该书将此文改编成了白话剧本,这与新学制后盛行的设计教学法有关,因为设计教学法重视欣赏和表演,《教学法》一般会要求师生将叙事性的课文改编成剧本,为了便于教学编者干脆直接用剧本作为课文。二是沈百英、沈秉廉编写的《复兴国语教科书》(1933)。该书将此文改编成了白话诗歌:

　　自古道:"只要功夫深,铁杵也能磨成针。"看了愚公移山事,便觉得此言并不是欺人。

　　愚公年已九十零,老来志气更坚定。只因太行王屋门前挡,他要通行不便行。要想把两座高山七百里,一力专工去铲平。带了他老妻和少子,阖家大小共经营;挑的挑来舂的舂,一天到晚忙不停。这时候,奇闻传到村中去,村中男女笑相评。都说愚公行径异,要想移山未免欠聪明。河东智叟亲来看,要把愚公早唤醒。他说道:"先生这样老年龄,就是山上毛草怕也难除净。如今妄想把高山移,岂不是自寻烦恼将老命拼。"那愚公听了满脸堆笑容,向着智叟称老兄。他说道:"兄看我一衰翁,那知道我心还是像儿童。多谢你一片好心来劝告,只可惜区区意见不相同。要知道我便死了有儿子,儿子继续能做工;儿子生孙孙有子,子孙代代把山攻。山不见增只见削,子孙工作却无穷,只要志坚功夫深,那怕移山不成功!"智叟听,心气平,不敢再把愚公来看轻。

改编成白话诗歌(如快板),使儿童读起来琅琅上口,既增加其学习兴趣,又便于其传唱。

2. 中学教科书

1925年10月30日,教育部召开部务会议。会议的第一个议题就是"国文"与"国语"的名称问题,第二个议题是中小学读经。黎锦熙和教育总长章士钊、次长陈任中展开了一场辩论。黎锦熙主张可以国语包国文,章士钊认为不如以国文包国语,陈任中发言调停主张改为为国语与国文。总长、次长真实意图都是反对白话文进中学[①]。虽然,这次会议并无结果,但中学教科书中的文言课文不应被废除,则成为共识。上表所列《新中华教科书国语与国文》(1928)中同时出现"国文"和"国语"的名称,就是中学文白之争所留下的痕迹。不过,自此之后,中学教科书一般都以"国文"称之,正如1931年徐蔚南所说,"迨至国民革命成功,初中国文教

---

① "教育界消息"栏,《教育当局复古思想之实现》,《教育杂志》1925年第十七卷第十二期,第1—3页。

科书,乃又踏前一步:第一,已知国语教科书名称之不当,而恢复国文教科书之名称"[①]。所以,以上12套中学教科书中的《愚公移山》全是文言。

四、抗战、内战时期(1937—1949)

抗战爆发以后,新编国语、国文教科书数量骤减,但《愚公移山》却出现在不同政治势力实体所出版的教科书中。

小学教科书

编者	教科书名称	出版社	时间、版次	学段/册次	语体	改编或删节
伪满洲政府	《初级小学校国文教科书》[②]	伪满洲政府	1937年6月	初小/第4册)	文言	原文/删节
教育部编审会	《修正初小国语教科书》	编者自刊	1939年12月初版	初小/第8册	白话	改写/诗歌/删节
东北政委会编审委员会	《高小国语》	东北光明书店	1947年出版	高小/第4册	白话	翻译/全文/增加
刘松涛等	《新编高级小学国语课本》	华北联合出版社	1949年8月6版	高小第3册	白话	翻译/全文/删节、增加

中学教科书

编者	教科书名称	出版社	时间、版次	学段/册次	语体	改编或删节
宋文翰	《新编初中国文》	中华书局	1937年7月初版	初中第2册	文言	原文/全文
中等教育研究会	《初中国文》	华北书局	1938年版	初中第2册	文言	原文/全文
教育总署编审会	《初中国文》	著者自刊	1939年12月出版	初中第2册	文言	原文/全文

(一) 数量多少与寓言地位

1937—1949年,因为战争对经济的破坏,又因为国民政府试图实行教科书国定制,所以民编教科书很少。小学国语、国文教科书,国民政府所编的只有4套左右,人民政府所编的至少有4套,日满伪政府也编写了1套。中学国文教科书,国民政府所编的只有4套左右,人民政府可能只有1套,日满伪政府则没有。虽然新出的中小学教科书骤减,但在不同政府所编的中小学国语、国文教科书中都出现了《愚公移山》,这说明各方势力均认为这是一篇好的选文。

---

① 徐蔚南编辑.初级中学学生用《创造国文读本》,上海:世界书局1931年版,第1页。
② 伪满洲政府教科书——作者注。

1. 国民政府教科书

面对日本的侵略，国民政府除进行军事抵抗外，还希望通过教育来激发民族主义精神。如1936年颁布的《小学国语课程标准》的课程目标就规定，应"指导儿童从阅读有关国家民族等的文艺中，激发其爱国求生存的意识和情绪"。在中学国文课程标准的目标中也有"唤起民族意识并发扬民族精神"的规定[①]。抗战爆发后，中日之间开展了全面的斗争。为了配合形势需要，1938年教育部还发布了《编辑儿童读物纲要》。此纲要从体裁类别、选文标准和选材范围三方面对教科书的选文作了规定。关于体裁，低、中、高年级都提到了应含"寓言"；关于选文标准，规定其能"发挥牺牲、团结、奋发、抗敌、图强等民族精神"；关于选材范围，提到了应含"超自然的假设及物语等童话故事"[②]。1939年，有人在谈中学国文教科书的选材时指出，"于诗文之中可以养成伟大壮阔的胸襟，而同时不至于流于荒唐诞的，则更应多选"[③]。这样，作为能体现不屈精神的《愚公移山》自然会被国民政府所编的中小学教科书采用[④]。

2. 日满伪政府教科书

日本除了继续发动对华战争来侵占领土外，还试图在中国寻找代言人，以维持其在中国的统治并掩盖吞并中国的野心。1932—1934年，日本在我国东北建立伪"满洲国"，并扶植已退位的溥仪作为傀儡代理伪"满洲国"执政。为了消磨中国人的民族反抗意志，日本又在这些地区实行奴化教育，除删改沦陷区的国语教科书外，还编写日满伪政府的国文教科书。1937年，由日本在名义上辅佐、在实质上控制的"满洲国文教部"编写，且由日本人石川正作发行、印刷的一套《初级小学校国文教科书》正式出版。日满伪政府在教科书中，希望通过选文来建立满族认同、消解异族反抗以及宣扬日本亲善。同时，这套教科书还竭力宣传努力建设伪"满洲国"，且要坚决与国民政府进行持续的斗争等思想。《愚公移山》出现在这样的教科书中，也就不令人感到奇怪了。除了初小第4册收入《愚公移山》外，高小应该也收入此文。据目前发现的"满洲国文教部"于所谓"康德"四年(1937)

[①] 课程教材研究所编.《20世纪中国中小学课程标准·教学大纲汇编·语文卷》，北京：人民教育出版社2001年版，第30、296页。
[②] 《编辑儿童读物》，《教育通讯》1938年6月11日第十二期"教育消息"栏，第8、9页，(原文序号标识不统一，标点多处误植，此处根据现在习惯用法标注——引者)
[③] 索太.《选择高中国文教材标准的理论》(上)，《教育通讯》1939年6月3日第二卷第二十二期，第15页。
[④] 当时，不仅是基础教育者将《愚公移山》收入教科书，其他文艺创作者也希望全体国民能发扬愚公移山的精神以抵抗日本的侵略和奴役，如在1936年丰子恺创作的漫画《愚公》(丰子恺.《愚公》，《经理月刊》1936年第二卷第一期，第9页)中，上山插了一个木牌，上书"国耻山"三字。又如徐悲鸿就在1940年抗战争艰难时刻创作了一幅震撼人心的油画《愚公移山》。

三月印刷的《高级小学校国文教科书第二册教授书》来看,其第33课是《愚公移山》。也就是说《高级小学校国文教科书》中收录了这篇寓言。

3. 人民政府教科书

1945年6月11日,毛泽东在中国共产党第七次全国代表大会上致闭幕词。后来,这篇闭幕词以《愚公移山》为题发表。他在致辞中说:当前要做的第一件事就是放手发动群众,壮大人民力量,打败日本侵略者,解放全国人民,建立新中国,所以会议结束后,要自己下定决心,不怕牺牲,排除万难,去争取胜利,还要发动全国人民一起战斗。接着他将《愚公移山》的故事讲了一遍。最后他说:"这件事感动了上帝,他就派了两个神仙下凡,把两座山背走了。现在也有两座压在中国人民头上的大山,一座叫做帝国主义,一座叫做封建主义。中国共产党早就下了决心,要挖掉这两座山。我们一定要坚持下去,一定要不断地工作,我们也会感动上帝的。这个上帝不是别人,就是全中国的人民大众。全国人民大众一齐起来和我们一道挖这两座山,有什么挖不平呢?"1945年,日本投降以后,国民政府和人民政府间的矛盾上升为当时的主要矛盾。蒋介石政府及其扶植者美国政府被视为必须要移除的"两座大山"。所以,从抗战到内战,人民政府一直号召广大军民要发扬愚公移山的精神。这样,《愚公移山》进入人民政府所编的教科书中也就理所当然了。

《修正初小国语教科书》(1939)

(二)寓言本意与教育意义

1. 寓言本义

(1) 国民政府

《修正初小国语教科书》(1939) 中的《愚公移山》完全照搬了1933年出版的初小《复兴国语教科书》中的课文,所以从该诗开头"古语道:'只要功夫深,铁杵也能磨成针'。看了愚公移山事，便觉得此言并不欺人"之句可以看出，编者认为该寓言的本义是"有志者事竟成"，更何况其后一课《一根大铁链》的情节和《愚公移山》很相似。《一根大铁链》写一个铁匠试图一锤一锤地打、一圈一圈地造一根大铁链，别人却嘲笑他说："你太傻了，打一根铁链能够得多少钱，那值得化这许多功夫呢？"可是他全然不顾，只是夜以继日地打造。一年后铁链打造成功。有天晚上，海里风浪大作，几个水手反复抛锚固定轮船都没成功，因为系锚的铁链太细而被风浪打断。最后用这位铁匠打造的铁链，才将轮船固定住，保住了水手们的生命和财产。

《新编初中国文》(1937)出版后，因为国民政府准备实行教科书国定制，所以中华书局又将其版权卖给中等教育研究会，中等教育会又将其版权转让给教育总署编审会，并相继均以《初中国文》为名出版，实际上这3套教科书没有实质区别，往往是后者在前者的基础上，对前者每册的课文作一、二篇增删而已。所以，我们以《新编初中国文》为样本来分析。该书《愚公移山》课后的"题解"称：这是"一个暗示'有志竟成'的寓言"。其课后习题中还突然出现了一个本不应成为问题的问题："山果可移否？"显然是说山本不可移，但意志很重要。

(2) 日满伪政府

在日满伪政府所编的《初级小学校国文教科书》(1937)中，《愚公移山》之后一课是《我国建国》，大概编者认为《愚公移山》这篇寓言的本义是"有志者事竟成"。《高级小学校国文教科书第二册教授书》称："此课寓意，凡事勤勉不息者，任何大事，皆可成就，以养成不挠不屈之精神为主旨。"

(3) 人民政府

人民政府所编的教科书对其本意的解读随形势的转变而不同。下文将提及，从1947年人民政府出版的《高小国语》(1947)中《愚公移山》前后的课文编排以及的编者在原文后添加的阐释文字来看，我们可以推知，编者认为其本义，一方面是歌颂愚公不畏艰难、持之以恒以及家人、邻里团结互助的精神，一方面是揭示精诚所至、金石为开的道理，如其课文就添加了"上帝被愚公的精诚所感动"之句，其课后说明也指出，"这篇是寓言体，藉着愚公移山的神话，说明只要不懈努力，坚持到底，无论什么难事，都能办到"。从1949年出版的《新编高级小学国语课本》中《愚公移山》之前的课文编排，以及编者在原文后添加的阐释文字来看，我们可以推知，编者认为其本义是歌颂愚公不畏艰难、持之以恒的精神。

2. 教育意义

(1) 国民政府

第一，只有忍耐和细心，才能拯救中华民族。在《修正初小国语教科书》(1939) 中，和《愚公移山》情节相似的课文《一根大铁链》写道："大铁链的功劳太大了！因此我们也可以知道忍耐和细心的价值了。假使老铁匠在当时随便打成那根链子，可不是要和其他的链子同样地被风浪拉断？这时全船的生命财产还得挽救吗？"因为从1938年10月到1939年秋，抗日战争向战略相持阶段过渡，所以编者认为，只有"忍耐和细心"地学习、工作和斗争，才能拯救这个民族。当时还有杂志刊登了"警联"一副："须效愚公移山，莫再五分热度。共学后羿射日，不可一盘散沙。"① 这也是在提醒国人要团结一致、持久抗战！

第二，只有中小学生也成为抗战建国的协助者，才能取得最终胜利。《新编初中国文》(1937) 认为该寓言本义是"有志竟成"。同时，其课后习题问道："愚公移山，何以老人多加劝阻，而小儿反而高兴去助他？"抗日战争爆发时，就有人提出"抗战建国的目的及最高原则，为一般抗战行动与建国工作的准绳，凡属国民，都应深切了解。小学儿童既为国民之一，亦应澈底明瞭，使其尽忠政府，并在最高领袖领导之下，就其力之所及，一致负起抗战建国的责任，尽其小国民的天职"②。在抗战面前，中小学生不再是一个独立的个体，而是"小国民"，其所需要的不应是审美愉悦，而是救助、建设国家所需要的知识和意志。如朱文叔编、中华书局1937年8月版《新编初小国语读本》第5册第5单元由《孝顺的孩子》《聪明的孩子》《好学的孩子》《有志气的孩子》《不屈服的孩子》《不畏强暴的孩子》和《侠义的孩子》7篇课文组成，就是没有"快乐的孩子""顽皮的孩子"之类体现儿童独立个体特征的课题。《新编初中国文》问"小儿反而高兴去助他"，就是希望借此提示中小学生要去协助抗战建国，因为只有这样才能移去日本帝国主义这座大山。

(2) 日满伪政府

对满洲"建国"充满敬意。在《初级小学校国文教科书》(1937) 中，《愚公移山》之后的课文是《我国建国》。课文历数自1931年"九·一八"爆发至1934年"大满洲帝国"建立期间，如何抵抗奉军的还击，"日满"如何发起"满洲建国运动"，最后"满洲帝国至此时，遂堂堂正正独立于世界之上矣。"可见，编者是以"愚公移山"来比喻满洲"建国"，从而达到让所属地儿童对日满伪政府的行为充满敬

---

① 《警联》，《兴华》1937年第三十四卷第八期，第6页。
② 黄竞白.《小学抗战建国教育实施法》，《教与学》1938年第三卷第六期，第28页。

意的目的。

(3) 人民政府

第一，以精诚感动百姓，团结合作，才能打倒国民政府和美国政府分别所代表的封建主义和帝国主义。在人民政府出版的《高小国语》(1947) 中，《愚公移山》之前的课文是《组织起来》，之后的两篇课文是《十八勇士》和《过雪山》。《组织起来》写延安地区成立合作社的事，课文最后写道："毛主席说：我们有了人民群众这些合作社，又有了军队、机关、学校集体生产的合作社，我们就可以把全部劳动力组织起来，成为一支劳动大军，我们就可以翻身，就可以从贫穷到富裕，就可以打倒我们的敌人。"《十八勇士》写的是强渡大渡河的事。课后设置的讨论题问道："(一) 红军长征是为了什么？他们这样英勇，这样艰苦，都是为了什么目的？(二) 国民党为什么不让红军北上抗日？……"《过雪山》写了红军过雪山的经过。课后设置的讨论题问道："(一) 红军为什么能够过了无人敢走的大雪山？他们是被一种什么力量支配着的？(二) 他们能够那样克服困难，还有办不成的事吗？(三) 我们应该向他们学习什么呢？……" 在这三篇课文中间放置《愚公移山》，其用意不言而喻，即号召学生向这些英雄人物学习，只要团结合作，不畏艰难险阻，就一定能够打败阻碍红军前进的"国民党"。可能是这套教科书没有配套的教师用书，编者为了能凸显编选这篇《愚公移山》的用意，还在原文后添加了一节文字：

今天我们中国民族，也被两座大山压迫着，他堵住我们前进的道路，阻碍我们进步。这两座大山，一座叫帝国主义，一座叫封建势力。帝国主义在中国最凶恶的，以前主要是日本，现在主要是美国；封建势力就是蒋家那些反动派，以及大买办大地主。他们互助勾结起来，压迫中国人民，不把他们除掉，中国是无法进步的。中国共产党领导人民革命，就是要平掉这两座大山，为中华民族打开前进大道。他们用愚公移山的精诚，艰苦卓绝，英勇奋斗数十年。毛主席说："我们的革命精诚，必能像北山愚公一样，感动上帝，来帮助我们把这两座大山削平。不过我们的上帝不是迷信神话里的神仙，而是中国的老百姓。人民的力量比任何大力士都要伟大过不知几万倍，只要我们感动得人民起来了，就一定能把帝国主义封建势力一齐粉碎！"

其课后说明称："后面的一段是另外加上去的，引伸这个寓言的意义，比拟中国今天的革命。"编者将日本和美国等帝国主义势力和以"蒋家那些反动派，以及大买办大地主"为代表的封建主义势力比喻成两座"大山"，而这两座大山阻碍了民族解放的道路，所以共产党人首先要"用愚公移山的精诚"感动"中国的老百姓",并团结合作,艰苦卓绝,英勇奋斗数十年最终移去大山求得民族的解放。其课后讨论题更明显地揭示出这种考量:"(一)人作一件大事情,想要得到成功,必须怎样?愚公是靠了什么成功的?(二)中国共产党革命是为了什么?(三)中国革命是一件最大最难的事,但是共产党艰苦奋斗,已经得到很多的成功了。我们来把这些事实举一举。(四)为什么毛主席说,要感动得老百姓起来才能把两座大山铲平?(五)我们全国人民应该怎样?"之所以这样处理,是因为这套教科书出版于1947年,内战刚刚爆发,到底到什么时候才能取得胜利难以预料,所以当务之急是要取得广大百姓的支持,何况只有通过军民通力合作,才能增强战斗的力量。

第二,只有依靠人民军队的力量,继承先烈的遗志,进行不懈的军事斗争,才能打倒敌人,建设新中国。《新编高级小学国语课本》出版于1949年8月。此时战局已与内战爆发初期明显不同:人民政府的军队节节胜利,而国民政府的军队则屡屡败退。人民政府胜利在望,而国民政府大势已去。所以,此时应发扬的是"宜将剩勇追穷寇"的不懈精神,因为这样才能取得最后的胜利。该书中《愚公移山》之前一课是《一张名片》。课文写国共合作抗日时,一个从前方回到延安的国民党少将拜访毛泽东,当他递给毛泽东印有"国民革命军第八路军少将"的名片时,毛泽东问他前线伤亡了多少共产党员,他竟然回答不出来。文章接着写道:

毛主席很诚恳地对他说:"同志,你要知道,每个共产党员都是我们的亲兄弟,不,比亲兄弟还要亲呢!爱护他们要像爱护自己一样。你当了旅长,连你这一旅牺牲过多少党员竟答不出来,这证明你了解情况太差,对同志的关心太不够了。"

毛主席又拿起那张名片来,指着那行小字对他说:"你在名片上印上你的少将头衔。国民党的少将有什么值得夸耀的,你偏要把它印在上面,可见你有虚荣心。我们虽然改编为国民革命军,可是,还得保存我们红军的优良传统。我们不要学国民党的那一套,拿官衔来夸耀自己,吓唬别人。我劝你收回这张名片吧!"

从这一课所歌颂对象的与此前的不同可以看出人民政府所依靠力量已经发生了转化,即不再是普通百姓而是人民军队。而且毛泽东的拒绝接受名片的情节,也预示着人民政府会拒绝国民政府的求和。所以,在1949年出版的《新编高级小学国语课本》里,《愚公移山》中"上帝被愚公的精诚所感动"之句以及二神背二山的情节均被删除,到"子子孙孙一代一代的挖下去,还怕铲不平吗"结束寓言。编者接着又添加了一段文字阐释:

粗看起来,这位愚公实在糊涂得很,人怎么能够铲掉两座大山?可是仔细一想,我们无论做什么事情,只要有坚持到底不达目的不止的精神,就能够克服任何困难。在我们面前也有两座大山,就是帝国主义和封建势力,它们挡住了我们向新中国前进的道路。我们好多年来就挖这两座山,到现在快要挖掉了。好多先烈流了光荣的血,我们继承他们的遗志,坚持到底,一定能把这两座反革命的大山挖掉。同时,我们凭着坚强的劳动精神,努力生产,努力建设,一定能把新中国很快的建立起来。

从这段阐释文字来看,编者是想通过这篇《愚公移山》的学习,让学生懂得一个契合现实需要的道理:只有依靠人民军队的力量,继承先烈的遗志,进行不懈的军事斗争,才能打倒敌人,建设新中国。

(三) 情节的处理与神话价值

(1) 国民政府

因为要突出愚公的坚持精神,所以《修正初小国语教科书》(1939)在诗歌中并没有再补足二神背二山的情节,否则就会降低这种精神的高度。山表所列《新编初中国文》(1937)等3套中学教科书均保留了这个情节,一方面是编者为了证明其寓意为"有志竟成",想告诉读者即便靠自己的努力不能马上成功,但还可能感动神仙,不至于让成功变得遥不可及;另一方面是因为这个"超自然的假设"的本身可以让读者在想象中具有超越现实的力量,而这种"革命浪漫主义"精神在当时也是十分必要的。

(2) 日满伪政府

日满伪政府制定的《学制纲要》称,其教育方针"尤致意于忠孝之大义"[①]。为了消解其他民族对伪"满洲国"和日本的反抗,这套教科书采取的策略是宣传传统的礼教,试图以人们对传统文化的尊崇来转移人们对当下遭受压迫、奴役的不满。如在选入《愚公移山》的第4册中就有宣传孔孟事迹的《孔子》和《孟子》以及宣传儒家忠孝仁义礼让勤俭等思想的《义犬》和《不拾遗》等课文,甚至将《三字经》中的孟母三迁和《二十四孝》中的王祥卧冰孝亲等故事重新演绎为课文《孟母》和《王祥性孝亲》,其意图就是希望儿童能遵从父母之言,勤勉于学而"卒成大贤",或有孝顺父母之心,以求能感天动地而为"乡里惊叹"。既然如此竭力地宣扬孔教,那么自然会尊崇"子不语怪力乱神"的宗旨而删除《愚公移山》中的二神背二山的情节。

(3) 人民政府

人民政府出版的《高小国语》(1947)不仅没有删除二神背二山的情节,还添

[①] 武强主编.《东北沦陷十四年教育史料(第一辑)》,长春:吉林教育出版社1989年版,第451页。

加了前引文字。共产党人应该是无神论者,保留这节"超自然的假设"显然与国民政府教科书的用意不同,其目的不是激发人去用超越现实的幻想而获得无穷的力量,而是将靠山神移山与靠百姓移山进行对比,以此来表达共产党人的自信,即人民政府完全可以通过自力更生、艰苦奋斗,依靠"中国的老百姓"而不是外力的帮助,就可将帝国主义和封建势力这"两座大山"削平,并最终取得革命的胜利!前面说过,因为后来战争形势发生了变化,所以《新编高级小学国语课本》中二神背二山的情节被删除。

(四) 语体形式与文白地位

(1) 国民政府

《修正初小国语教科书》(1939)之所以直接采用《复兴国语教科书》(1933)中将《愚公移山》改编而成的白话诗歌,是因为诗歌便于传唱。如当在时所编的抗战国语补充教材中就有如《汉奸四季歌》和《从军歌》等诗歌。

《新编初中国文》(1937)等3套教科书中的《愚公移山》均仍采用文言,这除了适合初中生阅读的原因之外,还与文言是民族文化的象征及承载工具有关。文言在1937年之后受到重视,所以1936年及其后颁布的中学国文课程标准,都在目标中特别强调要使学生从本国语言文字上了解固有文化,唤起其民族意识。所以,这3套教科书也都用文言,和这之前的教科书中的《愚公移山》用文言的出发点并不太相同。

(2) 日满伪政府

《初级小学校国文教科书》(1937)用的是文言,还用了传统的点逗之法,《愚公移山》也不例外。其复古做法,显然是为了在文字形式上重温"大清帝国"的旧梦。

(3) 人民政府

人民政府出版的《高小国语》(1947)和《新编高级小学国语课本》(1949)中的《愚公移山》均是白话,不是书面化的白话,而是完全口语化的白话。我们先看前者所选的《愚公移山》中的几段:

儿孙们一起嚷着说:"好!"他的老婆子却提出疑问说:"看你那点气力,连个土堆子也铲不动,怎么能平得了太行、王屋两座大山呢?而且这么多的石头土块,又放到那里去呀?"

大家说:"撂到渤海里去。"

于是愚公率领子孙,动起手来,分派三个人,挑担搬运,其余的人打石掘土,伐树平沟,簸箕抬筐装满土石,运到渤海里去……

我们再看后者所选的《愚公移山》中的几段:

有一天愚公集合全家的人开会,提议铲平这两座大山。他的妻子问:"挖下来的石头往哪里倒呢?"他回答说:"倒到海里去。"全家的人都同意了。

第二天,全家的人就拿了铁锹,担了箩筐,一起去挖山。往后不管刮风下雨,也不管天冷天热,天天不歇的挖……

这两处文字表述用的都是农民的口语,写了如同边区大生产运动的场面。之所以这样,是因为在文白之争的过程中,人们往往不仅将文言与白话和难与易相对应,也和雅与俗相对应。而雅往往代表着统治阶级,俗则代表普通民众。所以语言改革运动往往和政治运动联系在一起。20世纪30年代初,共产党领导人瞿秋白和左翼作家聂绀弩等人发起、参与的"大众语"运动,就主张书面语言要大众化、口语化①。从目前所见的人民政府所编的中小学教科书来看,没有见到文言文,这不仅是因为白话简易的问题,更因为白话代表了大众。因为如果说小学教科书全用白话仅是为了容易阅读的话,那么中学就应采用一些文言了,但人民政府编的中学教科书也全是白话,如北师大图书馆还藏有两套人民政府辖区内学校或地方政府编写的中学国文教科书:晋察冀边区第七中学编的《初中国文》(油印本,出版时间不详)和合江省政府教育厅编审委员会编审的两辑《高中文选》(东北书店出版,1946)均为白话。可见,不能简单地说采用白话只是难易问题。

要补充说明的是,1949年第1期《少年文艺》上刊登了一篇中央大学心理学系主任潘菽教授写的《谈愚公移山》。在这篇文章中他没有将《愚公移山》和任何政治问题联系在一起而只谈论其中蕴含的道理。他认为愚公移山的故事告诉我们做事要有不怕艰难的一股傻劲,不过这显然还不够,正因为愚公只知道凭着一个人的气力埋头苦干,所以难免被称作"傻瓜",所以苦干之外,"更重要的,是要用适当而有效的方法"②。

总之,以上从《愚公移山》在每个时期教科书中出现的数量多少、教科书编者对其本义的阐发及赋予的教育意义的不同、神话情节的删留和语体的文白变化等四方面,分析了其在清末民国中小学语文教育的接受史,以探寻寓言式儿童文学在教科书中地位、语文学科思想教育内容、神话功能和文白之争等变化的轨迹。

---

① 倪海曙编.《中国语文的新生——拉丁化中国字运动二十年论文集》,上海:时代出版社1949年版,第81页。聂绀弩著.《语言·文字·思想》,大风书店1937年版,第109页。
② 潘菽.《谈愚公移山》,《少年文艺》1949年第一期,第37—38页。

1949年至今,《愚公移山》一直作为经典篇目被多种版本的中小学语文教科书选作课文。每个时代人们所遇之"山"各不相同,但愚公之"志"却在编者的解读中历久弥新,真可谓"千年愚公之志,百年移山不已"!

愚公移山(剧本)

【时间】 古代

【地点】 山西南部,黄河北岸。

【人物】 愚公、愚婆、愚子、愚媳、愚孙、寡妇、孤儿、智叟、山神、大力神二。

【布景】 山林。有太行、王屋两座高山。

【幕开】 愚公、愚婆、愚子、愚媳、愚孙在山下谈话。

愚公 你们瞧这山儿多么高,它在门前,当(挡)住我们的通行道!我待要往南跑,免不了东环西绕。唉!可恼我恨不得将它一拳打倒。

愚子 啊!父亲,你别烦恼。这两座山儿虽很高,我们的能力也不小,快拿钉耙、铁锤来把土爬石块儿敲……

愚媳 畚的畚,挑的挑,只要功夫深,哪怕山高搬不了!

愚孙 我年纪虽然小,搬些小石块儿也会很好。我们大家全来动手,别分男女老和小!

愚婆 哈哈,你们真胡闹!这样的大山,土石也不少,搬到甚么地方去的好?

愚公 不消愁,无须恼!渤海大而深,土石尽你倒!我们快搬山,别再多言,空言岂能收实效?

众人七手八脚,爬土搬石,嘴里唱起山歌来。

众人 哼唷呵!哼唷呵!全家男女不辞劳,土块石头爬又挑,只要同心同用力,门前哪怕两座山儿高?哼唷呵!哼唷呵!……

寡妇 我的儿,你快瞧!他们一家老和小,兴趣多么好。哼唷呵,哼唷呵!要把高山铲成通行道。

孤儿 妈呀!不用你扶,不用你抱,我自己会跑也会跳,我得帮助他们去把山搬了。

寡妇 难得你志气高,能做工,不怕辛劳。可惜你爸爸,死得太早。你做时,可就没有人来领导!

愚公 大嫂,你别烦恼!小世兄,有我照料。他来得正好,小孙儿得了个同伴,我们也得了个小同道。

孤儿加入做工,寡妇也来动手。大家再唱山歌如前。河曲智叟跑来,拉住了愚公的手。

智叟 哈哈,老头儿,你真疯了,这样可笑!山头儿那么高你年纪这么老,用尽你的老力,也毁不了山上的一根毛。我劝你停手罢,别再痴头怪脑!

愚公 呵!老哥,你错了!你的心,太不牢,不如这孤儿,也不如那大嫂!你该知道,我年老心不老。我就死了,也有子孙。子子孙孙传不了。子孙无穷,山不加高,哪怕它铲不平,搬不了!

山神在山凹里听了,一交(跤)跌倒。

智叟 好!你的心,比铁还牢,说得我,无言可答忙陪笑。只得拱拱手,转身而跑。

众人仍旧做工唱山歌。

愚公 时候已不早,我们回家睡觉。待到明天天晓,听见雄鸡一叫,便再来把这山石儿敲!

众人去了,山神慌忙跳出来,像一个妖怪。

山神 哎呀!不得了!那老头儿,子子孙孙,天天来吵闹,如何是好?不如上天去,向上帝报告。

山神去了,里面有丝竹声。一会儿,一声雷响,跳出来两个金甲大力神来。

大力神 好愚公,立志坚牢!感动了上帝的心,派我们下凡来,把这两座山抱跑。呵!愚公,到了明朝,你不见高山,只见大道,可使你吃惊不小,欢喜不了。哈哈!"山哪儿去了?"你也莫明(名)其妙!

选自《国语新读本》1933年版第7册。

第八章
《故乡》与评论界对教育界
接受经典的影响

鲁迅的《故乡》写于1921年1月,发表于5月1日第9卷第1号《新青年》,被收入1923年出版的短篇小说集《呐喊》。这篇小说发表后好评如潮,并被作过多种解读。发表后不久,就被收入多套中学国文、国语教材,甚至直至今天仍是众多语文教科书中的固定篇目。其在日本也被多套"国语"教科书收录,甚至被视为"国民文学"。郑国民先生等著的《当代语文教育论争》对其1949年之后在我国语文教育中的接受史进行了研究。该书主要通过不同时期的语文教科书中《故乡》课后所设置的练习来分析各时期解读此文的"话语"演变[1]。日本藤井省三著的《鲁迅〈故乡〉阅读史——近代中国的文学空间》分析了其1921—1987年间在中国的阅读史。该书主要从传播学的角度探讨了此文的传播与文学观念、政治思想等之间的关系。其中第二章《教科书中的〈故乡〉——中华民国时期(下)》探讨了此文1949年之前在中学语文教科书中的收录情况以及1949年之后一些人对此文教学的回忆[2]。但关于收录此文的教科书,可惜作者只提到了其所见的3套;关于教学,作者所采用的只是回忆资料。笔者在检录民国语文教育文献时发现,1949年之前收录此文的中学语文教科书至少有13套[3],而且1924年就有学生研读此文

---

[1] 郑国民等著.《当代语文教育论争》,广州:广东教育出版社2006年版,第1—62页。
[2] 藤井省三著,董炳月译.《鲁迅〈故乡〉阅读史——近代中国的文学空间》,北京:新世界出版社2002年版,第40—86页。
[3] 陈根生在《〈故乡〉发表以后》一文中提到:"有人发现过一本《北京孔德学校初中国文选读·第七册》铅印线装,内中选鲁迅作品七篇,其一便是《故乡》。"(陈根生.《〈故乡〉发表以后》,《镇江师专学报(社会科学版)》,1985年版,第1期第93页)孔德学校自编的初中国文教材,北京师范大学图书馆仅藏其1926年出版的第9册。如果其第7册中有《故乡》,那么民国期间的收录此文的中学语文教材就至少有14套。

的笔记发表。本文除呈现1949年之前教科书编者及广大师生对此文的解读情况，同时分析评论界的解读对教育界解读的影响及其之间的差异。从教科书编者的解读来看，又可以1929年为界划分为两个阶段。所以，本文从教育学将《故乡》的接受史分为1921—1928年和1929—1949年两个阶段。

一、1921—1928年的解读

（一）评论界的解读

《呐喊》出版以后，1923年在日本留学的郭沫若托泰东书局寄送来一本供自己阅读，因为同在日本的郁达夫曾向他推荐其中的《故乡》和《阿Q正传》，且说前者写得不坏，后者值得一读。但是，他只读到《呐喊》的三分之一就没有再读下去。有研究者认为，《故乡》被编排在《呐喊》的中间，所以郭沫若没有读到[①]。其实，既然郁达夫特意向他推荐了《故乡》，那么即使他挑出来先读，也不会根本不读的。所以，可能他读过《故乡》，然后将《呐喊》的前三分之一也读了，结果因为对该书不满意而未读下去。不过，当时多数人对《故乡》的评价较高，但对其解读又不太相同。

1. 对主旨的解读

(1) 揭示人与人之间的隔膜，而隔膜是由阶级地位造成的

对《故乡》作出最早评论的人是茅盾，1921年8月他在《小说月报》上发表了《评四五六月的创作》一文。文中提到，《故乡》是以农村为题材的作品，作者的本意在于反映人与人之间隔膜的现实，不过仍然对于这种现实在未来能得以改变充满了希望。再细读作品后发现，这种隔膜是人与人所处的阶级地位的差异所造成的，他说[②]：

> 我觉得这篇《故乡》的中心思想是悲哀那人与人中间的不了解，隔膜。造成这不了解的原因是历史遗传的阶级观念。《故乡》中的"豆腐西施"对于"迅哥儿"的态度，似乎与"闰土"一定要称"老爷"的态度，相差很远；而实则同有那一样的阶级观念在脑子里。[略] 但著者本意却是在表出"人生来是一气的，后来却隔离了"这一个根本观念；[尽管失望于现在] 作者对于将来却不曾绝望：[略] 我很盼望这"新生活"的理想也因为"走的人多了，也便成了路"。

[①] 藤井省三著，董炳月译.《鲁迅〈故乡〉阅读史——近代中国的文学空间》，北京：新世界出版社2002年版，第36、37页.

[②] 藤井省三著，董炳月译.《鲁迅〈故乡〉阅读史——近代中国的文学空间》，北京：新世界出版社2002年版，第30页.

最后，他对作家们发出呼吁："我对于现今创作坛的条陈是'到民间去'；到民间去经验了，先造出中国的自然主义文学来。"即鼓励中国作家从事乡土文学的创作，创造出与法国相似的中国式的自然主义作品。

(2) 揭示农民的性格，而性格是与生活环境相关的

和郭沫若不同的是，同属创造社的成仿吾在《〈呐喊〉评论》中一面竭力地批评《呐喊》，一面又大加赞赏其中的《故乡》等特色鲜明，他说[①]：

> 惟《风波》与《故乡》实不可多得的作品。这几篇中还有一种特色，那便是它们所显现的村人的性格。作者所取的几个典型，多是乡村或小镇上的人物，在这一点，作者可谓独开生面了（描写乡村生活的文字很不少，然多庸俗之流）。我们现在在都市过活的人，看乡村的人好象永远隔着在彼岸，文学家能够在这中间造出一条桥梁，使我们知道他们，也使他们自觉，这是再好不过的事情，此中也正有无穷的材料。

可见，成仿吾也认为这篇作品关注了农村，写出了"村人的性格"。不过，和茅盾相反，他认为作者的缺点在于没有揭示出这些人物性格产生的原因，他说："我们如果要表现他们的时候，我们最要注意环境与国民性，我们的作者可惜没有注意到这些地方……这也许是他所学过的医学害了他的地方，是自然主义害了他的地方，也是我所最为作者遗恨的。"可见，成仿吾认为鲁迅只是在客观地描写人物，并未对人物性格作深层次的开掘。

2. 对人物的评价

对作品中人物的评价主要是围绕闰土展开的，《1923年小说年鉴》认为闰土是"一个驯良的安分的乡人"，诗人朱湘却依据杨二嫂告诉母亲闰土在灰堆里藏了碗碟的情节而认为作者在暗示闰土是小偷[②]。

3. 对结尾的评价

1924年，鲁迅翻译了的厨川白村的《苦闷的象征》。厨川白村在书中认为，文艺有两个使命，"其一是那时代和社会的诚实的反映，别一面是对于那未来的豫言底使命"，"文艺只要能够对于那时代那社会尽量地极深地穿掘进去，描写出来，连潜伏在时代意识社会意识的底的底里的无意识心理都把握住，则这里自然会暗示着对于未来的要求和欲望……如果能够描写现在，深深的彻到核仁，达了常人凡俗

[①] 藤井省三著，董炳月译.《鲁迅〈故乡〉阅读史——近代中国的文学空间》，北京：新世界出版社2002年版，第69—70页。

[②] 藤井省三著，董炳月译.《鲁迅〈故乡〉阅读史——近代中国的文学空间》，北京：新世界出版社2002年版，第69、70—71页。

的目所不及的深处,这同时也就是对于未来的大的启示的豫言"①。可见,在厨川白村看来,只要在情节和人物中寄寓了"时代意识社会意识",这本身就是在暗示。所以他反对小说写作只是为了图解某种概念,或者采用拙劣的象征手法,他说:"象征的外形稍为复杂的东西,便是讽喻(allegory)、寓言(fable)、比喻(parable)之类,这些都是将真理或教训,照样极浅显地嵌在动物谭或人物故事上而表现的。但是,如果那外形成为更加复杂的事象,而备了强的情绪底效果,带着刺激底性质的时候,那便成为很出色的文艺上的作品。"②可见,他认为象征手法的运用不能简单化,而要从整体上赋予其某种情感,否则,如简单地采用比喻等手法,就成了让人感觉是直露地表达某种真理和教训,这就不能算是出色的作品。然而,《故乡》的结尾是一段关于希望的论述、一段月下海边景色的描写和一段含有比喻的议论文字——"我想:希望是本无所谓有,无所谓无的。这正如地上的路;其实地上本没有路,走得人多了,也便成了路。"鲁迅在《呐喊·自序》中说,因为要"听将令"的缘故而在情节上用"曲笔",《故乡》的结尾并没有在情节构筑方面用"曲笔",却用了一个比喻来表达某种"希望"。采用这种笔法可能仍然与主将们要求用小说改造社会有关。这也可能是鲁迅喜欢《孔乙己》胜过《故乡》的地方,因为在《孔乙己》的结尾处只有"他大约的确死了"几个字,并没有明确表示自己的判断,而是让读者根据人物性格的描写和情节的构筑去猜测。

正是结尾处用了这样的文字,诗人朱湘在从整体上高度评价《故乡》的同时,又指出了此处的不足,他说③:

《故乡》是我意思中的《呐喊》的压卷……我所惟一不满于这篇结构的地方便是最后三段不该赘入。小说家是来解释人生,而不是来解释他的对于人生的解释的;作者就是怕人看不出,也可以另作一文以加注解,不可在文本中添上蛇足;更何况这三段文章中所解释的两层是读者很容易于发现的呢?[略]这处的蛇足或者是杂感体的小说的一种弱点的表现。

可见,朱湘的观点和鲁迅所认同的厨川白村的观点是一致的,出色的现实主义小说只需通过描写、叙述来暗示作者对人生、社会的解释,而不是用直露的文字来说教。正因为作者违背了这种创作原则,所以其在结尾处"添加"的这段文字就成了"蛇足",削弱了作品固有的价值。

---

① 厨川白村著,鲁迅译.《苦闷的象征》,南京:江苏文艺出版社2008年版,第60页。
② 厨川白村著,鲁迅译.《苦闷的象征》,南京:江苏文艺出版社2008年版,第23页。
③ 藤井省三著,董炳月译.《鲁迅〈故乡〉阅读史——近代中国的文学空间》,北京:新世界出版社2002年版,第70页。

(二) 教育界的解读

《故乡》在《新青年》上发表后，一些在中学、师范任教的青年教师就以此为教材让学生学习。1920年9月至1921年冬天，在湖南第一师范学校担任"主事"（校长）的毛泽东在为学校高小部所办的成人补习班上课时，就嘱咐学生"熟读并抄录鲁迅的一篇小说《故乡》和一篇杂文《我们现在怎样做父亲》，他说，抄下来便于记住"①。鲁迅的《我们怎样做父亲》发表于1919年11月《新青年》月刊第六卷第六号。毛泽东在这时能接触到《故乡》又可能与孙俍工有关。1921年，孙俍工从北京高师（北京师范大学前身）毕业，并到湖南第一师范任教，成为毛泽东的同事。北京大学、北京高师的学生对《故乡》的传播起到巨大的作用并非偶然，因为他们在北京学习，而当时的北京是一个各种新思想交汇地，又是著名杂志《新青年》的出版地。如1924、1925年之后，陈小航（罗稷南）、杨瑞庵、刘嘉镕等北京大学、北京高师毕业生就或在课外向学生介绍《呐喊》，或拿鲁迅的作品当授课讲义②。

1922年，孙俍工转任上海吴淞中学中学国文教员。当年10月，该校试行道尔顿制。孙俍工和沈仲九自编了白话教材，即后于1923—1926年由民智书局出版的6编（册）《初级中学国语文读本》。其第3册就收入了《故乡》一文。这可能是《故乡》第一次正式进入中学教科书。1923年初，虽然《呐喊》尚未出版，但是叶圣陶就在其起草的《新学制课程标准纲要初级中学国语课程纲要》中将其列入初中生的课外略读书目——"小说集。(尚未出版)(鲁迅)"③。当年，《故乡》被收入商务

初级中学用《新学制国语教科书》（1923）

---

① 陈根生.《〈故乡〉发表以后》，《镇江师专学报（社会科学版）》1985年版第1期，第93页。
② 藤井省三著，董炳月译.《鲁迅〈故乡〉阅读史——近代中国的文学空间》，北京：新世界出版社2002年版，第36—37页。
③ 课程教材研究所编.《20世纪中国中小学课程标准·教学大纲汇编·语文卷》，北京：人民教育出版社2001年版，第276页。

印书馆出版的初级中学用《新学制国语教科书》的第5册中,这一册由叶圣陶和顾颉刚负责编写。1924年8月,《故乡》又被收入沈星一编写、中华书局出版的《新中学教科书初级国语读本》的第1册中。这些教科书的编者和广大师生对《故乡》作了自己的解读,有些解读受评论界的影响,有些却是独创。

1. 教科书编者的解读

1923—1928年,收入《故乡》一文的主要有以下3套。

编　者	教科书名称	册次	出版社	时间、版次
孙俍工、沈仲九	《初级中学国语文读本》	第3册	民智书局	1926年10月3版(1923年初版)
叶绍钧、顾颉刚	初级中学用《新学制国语教科书》	第5册	商务印书馆	1923年8月初版
沈星一	《新中学教科书初级国语读本》	第1册	中华书局	1929年7月11版(1924年8月初版)

(1) 对主旨的解读

第一,揭示知识分子与农民隔膜的现实,暗示知识界的使命。

这一时期的新青年爱谈"问题"和"主义",认为这些比单纯地学习国语更为重要。《初级中学国语文读本》编者之一的沈仲九就持这种观点,而孙俍工则曾于1917年在北京高师创办《工读杂志》,宣传知识分子应和工农结合的观点。《初级中学国语文读本》中虽然收入了大量的文学作品,但多数被当成讨论某种"问题"和"主义"的凭借。收入《故乡》的第3册第一课是俄国盲诗人爱罗先珂在中国的一次演讲《智识阶级的使命》。爱罗先珂在演讲的开头就说:据说中国没有新文学,现在的中国没有大诗人,没有大著作家,这是令人悲痛的。究其原因是创作文学的知识分子和民众之间存在隔膜,而民众离开了文学就要变得迷信、愚蠢、自私自利,智识阶级隔离了民众就退化成书呆子,退化为孔雀、鹦鹉。解放民众思想的责任,就完全落到国内智识阶级的肩膀上,落到文学家、教员和学生身上。在该书中,《故乡》的前一课是爱罗先珂著、鲁迅译的寓言体小说《狭的笼》:一只老虎招呼困在庭院里的羊冲破围墙,但羊们却躲到墙角、挤成一团,老虎以为从羊看来,似乎没有比自由的世界更可怕的事物了;后来冲出围墙的老虎招呼金丝雀飞出来,但金丝雀却躲到笼的最远的角落里;他想带小金鱼到更广阔的大海里,可小金鱼却溜走了;这些动物都愿意做奴隶,不愿意获得自由。编者如此安排这几篇选文,大概是认为《故乡》所写是知识分子与民众的隔膜,以及知识分子的使命——知识分子应该像《狭的笼》中的老虎解救这些关在笼中的奴隶一样,通过文学创作等方式打破盘桓在普通民众头上的精神枷锁,让他们获得自由。

《新学制国语教科书》的编者也作如此解读。在该书中,《故乡》之后的课文是选自东汉王充的《论衡》中的《别通篇》。《别通篇》开头写了一墙之隔的富人之宅与穷人之宅之间的巨大差别,认为如果能打通墙壁,那么穷人就会像富人一样享受富人的生活,否则仍是穷人("夫通人犹富人,不通人犹贫人也")。之所以如此安排,大概是编者试图以此喻指《故乡》中知识分子"我"和闰土等之间的隔膜,希望能打通知识分子和贫苦民众之间的隔膜。《别通篇》结尾写道:"人之游也,必欲入都,都多奇观也。入都必欲见世,市多异货也。百家之言,古今行事,其为奇异,非徒都邑大市也,游于都邑者心厌,观于大市者意饱,况游于道艺之际哉!"进而以此喻指知识分子不能沉湎于都市上流社会的描写,应该通过自己的创作来对普通民众进行思想启蒙。

第二,表达了一种对故乡失望的情绪及对未来的期盼。

《新中学教科书初级国语读本》的编辑大意称:"本书所载各文,除从旧说部采录一部分外,概是今人的作品",这些作品要求文质兼美——"一、内容务求适切于现实的人生,二、文章务求富有艺术的价值",其中"第一册都是今人浅显的作品,以期和小学衔接"。《故乡》就在其第1册中,其前两课为《一个扫雪人》(周作人,新诗)和《迎春》(冰心,新诗),后两课为《去国》(冰心,小说)和《为甚么要爱国》(潘力山,评论)。《一个扫雪人》和《迎春》所写的季节,与《故乡》所写的深冬一致。《去国》写一个叫英士的人年少时因闹革命而被迫流亡美国。后来,他回到故乡,发现故乡变了,故乡的亲人也已经认不出他了。在和亲人相聚后,他想留在国内,便设法谋一份公职,希望能制造机器、报效祖国。不过,在他看到官场的黑暗、同学的堕落后又十分失望,最后只好辞职。这时他的妹妹芳士决定去美国留学,在上船前,妹妹说希望能像哥哥一样学成回国,"这时英士却拿着悲凉恳切的目光看着芳士说:'妹妹!我盼望等到你回去时候的那个中国,不是我现在所遇见的这个中国,那就好了。"小说中英士思念故国,回来后又很失望,在失望中又寄托希望,和《故乡》所写的"我"的经历及感觉相同,那么《故乡》就是要表达一种对故乡失望的情绪及对未来的期盼。从编辑大意和选文编排来看,编者作这种解读,可能认为如果将这篇课文解读为知识分子与普通民众的隔膜以及知识分子的使命,那么初一学生并不见得能够理解。

可见,有些教科书的编者接受了评论界的主旨"隔膜·使命"说,有些教科书编者则根据学生的接受心理而创造了"回乡·失落"说。

(2) 对结尾处理

这一时期收录《故乡》的3套教科书,将全文照录,并未删除受评论家所诟病的结尾。

2. 广大师生的解读

(1) 阅读教学中解读

1923年左右,孙俍工又转入东大附中,和穆济波、廖世承等人继续开展道尔顿制实验①。穆济波所用教材即为孙俍工、沈仲九合编的《初级中学国语文读本》。他还将自己的学生马培义研读《故乡》的笔记发表了出来②。道尔顿制主要让学生自学研究,而班级授课制主要是由教师讲解。马培义是非道尔顿制班的学生,可见,这篇笔记是马培义在听穆济波讲解分析之后整理出来的,其中有教师的观点,也有学生的心得。

《初级中学国语文读本》之前附有一个《初级中学国文教授大纲》。《大纲》指出,"对于艺术文当注意作者底情调生活和他底时代的社会生活文艺思潮"。这正切合穆济波的语文教育思想。1924年,穆济波因不满教育联合会颁布的新学制初级和高级中学国语课程纲要而重订了一个《初级高级中学必修国文课程纲要草案》。他认为,"本科教学唯一之目的养成有思想,有作为,有修养,在中等教育范围以内,有充分使用本国语文技能的新中国少年"。所以,他拟定了如下5条"初级中学必修国文科"课程目的③:

1. 在人生教育上,须使明瞭人生现实之可贵,及社会的共存,与个人应有之责任。2. 在国家教育上,须使明瞭国民资格之修养,职业的联合,及今日国际的侵略,与压迫的危险,起谋自卫。3. 在民族教育上,须使明瞭民族之特有精神,及现世的堕落现象,与其补救的方法。4. 注意社会现象的观察,奖掖青年能力可能以内的救济。5. 注意青年团体的团结,与共同生活应有的知识与修养。

他所拟定的初中国文课程目的都是有关人生、国家、民族、社会和青年问题的内容,没有一条涉及"语文"本体问题,就像他自己说的,他"反对专以本科知识与技能为主的教学"。

他的这种国文课程目的观主要受"国家主义"教育思潮的影响。1924年第

---

① 孙俍工《新文艺建设发端》前有"编者识":"俍工先生北高毕业曾任长沙一师吴淞中学等校教员现在东大南高附中教授国文。"孙俍工.《新文艺建设发端》,中国中等教育协进社编《中等教育》1923年第二卷第二期,第1页。
② 中国中等教育协进社编.《中等教育》1924年第二卷第五期,第1—20页。
③ 中国中等教育协进社编.《中等教育》1924年第二卷第五期,第10—11页。

十四卷第六期《中华教育界》之"国家主义的教育研究号征文启事"预拟了28个论题,其中有"十四　国家主义与中国中学宗旨问题""十五　国家主义与中国中学课程问题"和"廿五　国家主义与中小学国文教学问题"。杂志社在1925年第十四卷第九期《中华教育界》上刊登的《教育问题征求意见表》列出了10个问题,其中有"1. 今后中国教育宗旨应否含有国家主义的精神？""4. 今后中国中学以上学校应否酌量实施军事教育？"穆济波显然是响应了国家主义者的号召,其在应征文章《国家主义与中学国文教学问题》及其他文章中再次认为,"'语文的本身绝不是教育的目的所在',语文只是人类生存必有之一种工具"[①]。他的这种语文教育思想必然影响了他对《故乡》的解读,他的解读也必然会影响学生的解读。同时,《初级中学国文教授大纲》规定,学习时除了精读课文,还要阅读近年新出版的国语书报和以前的国语文学作品,学生须各因嗜好、程度和时间而自由阅读,但每学期须由教员规定至少须看多少种。这和穆济波的主张也是一致的,因为他在教学前也要求学生阅读评论文章,独立研究作品。研究的内容包括"作法的研究"和"就作品中对于作者的观察"两部分,前者包括体裁、观点、题材、布局、描写、背景、铺叙和用语等八项,后者包括作者的个性、"意向"、生活、思想、情感、修养和"艺术工夫"等七项。可见,书报上所刊的评论界对《故乡》所作的各项评价也必然会进入师生的视野。下面我们看学生马培义的解读。

第一,对主旨的解读。

这篇笔记的开篇就是一段充满感情的"题语":

隔膜之墙,人相互间恶魔似的隔膜之墙,

你牛筋般的坚韧,

铜铁般的巩固,

人间亲爱的天真被你摧残了,

人生的幸福被你毁坏了,

你,人类的仇敌呵!

你究竟能快意到几时?

从这段"题语"中我们不难发现,马培义认为作品写因为隔膜而毁灭了人生的幸福。那么,这隔膜是怎样造成的呢？他又写道:"作者的着眼处——他与闰土之间,为阶级思想及习惯所隔离的痛苦。"可见,造成这种隔膜的原因,不仅有茅

[①] 穆济波.《中学校国文教学问题》,中国中等教育协进社编《中等教育》1924年第二卷第五期,第7页。穆济波.《国家主义与中学国文教学问题》,《中华教育界》1925年第十五卷第二期,第1—12页。

盾所说的"历史遗传的阶级观念",还有成仿吾所说的"村人的性格"。就全篇来说,其"所透视的意义——人生的悲哀,寂寞,冷酷,烦闷,都由于人相互间之不了解,天真的亲爱为阶级思想及习惯所隔离,所以我们大家必须合力的去打倒这隔膜之墙"。

第二,对人物的评价。

马培义认为杨二嫂是"乱拿别人东西""贪小便宜"的人。少年闰土是可爱的,而成年闰土是可怜的。他认为小说中的"我"就是鲁迅,所以在分析"作者的修养"时说:"他对待闰土的态度:若是普通的人,必早已把闰土忘记了,许多亲近的人的心里还不记念,何况一个佣工的穷孩子呢?就假使他还记得,谁肯舍得再把给他许多东西呢?如果他给了他些东西,他心里必定很是快活,并且他必是觉得自己是非常的大量与慈善了,而作者如何呢?他却仍是烦闷,悲哀——烦闷,悲哀!"

第三,对结尾的解读。

马培义写道:"象征——结论中写出他的希望;但却不实实的说出,用'我在朦胧中……一轮黄金的圆月'影出,格外的耐人玩味。"可见,他认为这段景物描写用的是象征手法,耐人寻味。而文末关于"希望"的论述,则更好地表达了他的思想——"他痛恶极了人间的隔膜——这种冷酷无情的人生,而他的希望,以为将来必有那种怡怡和和,充满了亲爱之情的融融境界。"[①]

(2) 自然阅读中的解读

自然阅读,一般是消遣性阅读。这种阅读,一般与读者的"前结构"(生活、知识、思想、兴趣)有关,因为是没有教师指导的阅读,所以往往又是一种真实的阅读。作家李霁野曾回忆他在中学时代(1921)读过《故乡》,不过没有很深的印象,他说:"在当中学生的时代一知半解地看过他的《呐喊》和几篇《彷徨》,对他的印象还很浅。"[②] 大概既因为小说没有给他以深刻的哲理启发,又因为其中所写的景物与他所在的学校阜阳第三师范(中等师范学校,位于安徽北部)的景物差异较大而让他产生了陌生感的缘故。翻译家戈宝权也回忆过20世纪20年代初读《故乡》时的印象,他说[③]:

记得当我在家乡的母里师范学校读书时,最初从一个行商书贩那里买到北新书局出版的鲁迅先生的两本小说集《呐喊》和《彷徨》。那是两本毛边的书……其

---

① 穆济波.《初级中学国语文教学研究》,中国中等教育协进社编《中等教育》1924年第二卷第五期,第26—29页。
② 藤井省三著,董炳月译.《鲁迅〈故乡〉阅读史——近代中国的文学空间》,北京:新世界出版社2002年版,第56页。
③ 鲁迅博物馆鲁迅研究室编.《鲁迅诞辰百年纪念集》,长沙:湖南人民出版社1981年版,第37—38页。

中的《风波》《故乡》《阿Q正传》和《祝福》等小说,都在我的心里留下了难以磨灭的印象。因为它们所描写的,也很象我的家乡的情景。虽然我的家乡在江苏省苏北的东台县,但是城镇和农村的景色,人物和风俗习惯,还有阿Q和祥林嫂等一类人物的生活和命运,则都是一样的。

可见,他喜欢的是其中的景物和人物的生活、命运,因为小说写出了南方城镇的景物和真实普通人物的生活、命运,不过并非其中揭示了某种哲理。

作家沙汀当年的阅读又是另一方情形,他说:"五四运动后不久,我在成都省立师范读书。一天,在普益阅报社,读了鲁迅的《故乡》。我一下就被那弥漫全篇的抒情笔调吸引住了,被小说结尾那诗一样的哲理性的警句征服了。从此,我就爱上了鲁迅的著作。"[1]

二、1929—1949年的解读

藤井省三认为,1930年之后《故乡》再次成为评论界和教育界谈论的话题,与1930年"左联"的成立、其所倡导的关心工农命运的文艺政策以及运用阶级分析作品的方式有关[2]。但从教育的角度来说,原因并不如此简单。1927年南京国民政府成立,1928年北伐成功、张学良通电拥蒋,中国长达十余年的分裂局面得以结束,国家实现了形式上的统一。1927年,南京国民政府开始推行党化教育,并颁布《教科书审查规程》和《教科书审查标准》等以加强对教科书的审查。1929年3月25日,《确定教育宗旨及其实施方针案》在国民党第三次全国代表大会上通过,议案所确立的"教育宗旨"为:"中华民国之教育根据三民主义,以充实人民生活,扶植社会生存,发展国民生计,延续民族生命为目的,务期民族独立,民权普遍,民生发展,以促进世界于大同。"[3] "三民主义"包括"民族主义""民权主义"和"民生主义"。从教育的角度来说,《故乡》被多套教科书选入,与国民党所提倡的"民生主义"直接相关。

(一) 评论界解读

(1) 对主旨的解读

1930年2月,作家阿英在"左联"创办的《拓荒者》上发表《现代中国文学论》一文。他认为,《故乡》《在酒楼上》和《孤独者》等是写"在封建制度开始崩溃期的知识分子的没落与伤感情绪,与必然崩溃的预言","而《故乡》一篇,是更进一

---

[1] 陈根生.《〈故乡〉发表以后》,《镇江师专学报(社会科学版)》1985年版第1期,第92—93页。
[2] 藤井省三著,董炳月译.《鲁迅〈故乡〉阅读史——近代中国的文学空间》,北京:新世界出版社2002年版,第85页。
[3] 《确定教育宗旨及其实施方针案》,《中华教育界》1930年第十八卷第五期"附录"栏,第1页。

步的说明了在资本主义侵入了农村之后,不仅封建制度根本上动摇了,就是农村经济也必然的陷于破产,封建制度因着资本主义制度的发展而崩溃,在此是给予了一个强有力的证明"。此后,大量评论《故乡》的文章均认为这篇小说反映了因为资本主义入侵农村而造成闰土的生计都成了问题的现实①。总之,这一时期评论界对其主旨的解读,总体上倾向于认为作品表达了知识分子对资本主义侵入农村造成农村经济破产的感伤,并预言了封建制度的崩溃的趋势。

(2) 对人物的评价

1936年,李长之在《鲁迅批判》中认为,作者在文中写杨二嫂的言行,写出了农民的本来面目——"这是真的农民!农民最关心张家长、李家短,最好数算别人的兴衰、出入,[略]愤愤之心常是有的,顺便拿东西,更是常事,所有这些地方,都是农民的真面目",因为是真面目,所以,"我"不是侮辱,反而有对农民的怜悯,以及自己由此感到的虚无、伤感②。

(3) 对结尾的处理

这一时期的评论界更看重作品的思想性而非艺术性,所以此前被有些人视为"蛇足"的小说结尾反而在此时受到赞赏。1942年,欧阳凡海就提出,小说结束处"这样哲理似的思想上的结论,不是轻易可以得到的。这需要对现实的深刻的观察与分析。他原来已经知道,希望是需要用斗争来实现的,这正如地上的路,若能号召大多数人来走,路便有了"③。

(二) 教育界解读

1. 教科书编者的解读

1929年颁布的《初级中学国文暂行课程标准》中确定的教材的标准共有6条:"(1) 包含党的主义及策略,或不违背党义的。(2) 合于现实生活的;乐于社会生活的。(3) 含有改进社会现状的意味的。(4) 合于学生身心发育的程序的。(5) 叙事明晰,说理透辟,描写真实。(6) 造句自然,音节和谐,能耐讽诵的。"④《故乡》完全符合这6条标准,尤其是其内容、主旨方面与 (2) (3) 两条标准完全一致,所以从1929年之后,《故乡》便集中出现在中学语文教科书中,编者也对其进行了多种解读。

---

① 藤井省三著,董炳月译.《鲁迅〈故乡〉阅读史——近代中国的文学空间》,北京:新世界出版社2002年版,第74—75页。
② 藤井省三著,董炳月译.《鲁迅〈故乡〉阅读史——近代中国的文学空间》,北京:新世界出版社2002年版,第80—81页。
③ 藤井省三著,董炳月译.《鲁迅〈故乡〉阅读史——近代中国的文学空间》,北京:新世界出版社2002年版,第82页。
④ 课程教材研究所编.《20世纪中国中小学课程标准·教学大纲汇编·语文卷》,北京:人民教育出版社2001年版,第283页。

编　者	教科书名称	册次	出版社	时间、版次
陈彬龢等	初级中学用《新时代国语教科书》	第5册	商务印书馆	1929年6月初版
南开中学	《南开中学初三国文教本》	上册	编者自刊	1931年出版
孙俍工	初级中学用《国文教科书》	第1册	神州国光社	1932年3月版
朱剑芒	初级中学生用《初中国文》	第5册	世界书局	1932年9月7版
戴叔清	《初级中学国语教科书》	第3册	文艺书局	1933年1月出版
史本直	中学适用《国文研究读本》	第1册	大众书局	1933年6月初版
罗根泽、高远公	《初中国文选本》	第3册	立达书局	1933年8月初版
张鸿来、卢怀琦、汪震、王述达	《初级中学国文读本》	第5册	师大附中国文丛刊社	1934年8月再版
马厚文	《标准国文选》	第3卷	大光书局	1935年8月改版
夏丏尊、叶绍钧	《初中国文教本》	第2册	开明书店	1937年6月版
教育总署编会著	《初中国文》	第4册	新民印书馆股份有限公司发行	1939年12月出版
叶绍钧等	初级中学使用《开明新编国文读本：注释本甲种》	第6册	开明书店	1947年版

(1) 对主旨的解读

这一时期，纯粹将《故乡》当成训练小说技法而不顾及其深刻思想的教科书很少，如1931年南开中学编辑出版的《南开中学初三国文教本》的上册第3单元选录的是几篇有关短篇小说作法的论文，《故乡》和《项链》等则被收录在第4单元作为印证这些作法知识的例文来使用的。可能编者觉得这样处理很不恰当，因为尤其是"九·一八""一·二八"事变爆发以后，"民族"比"民生"问题更值得关注，所以1935年该书再版时就将《故乡》和《项链》等选文删除而换成《郑弦高犒秦

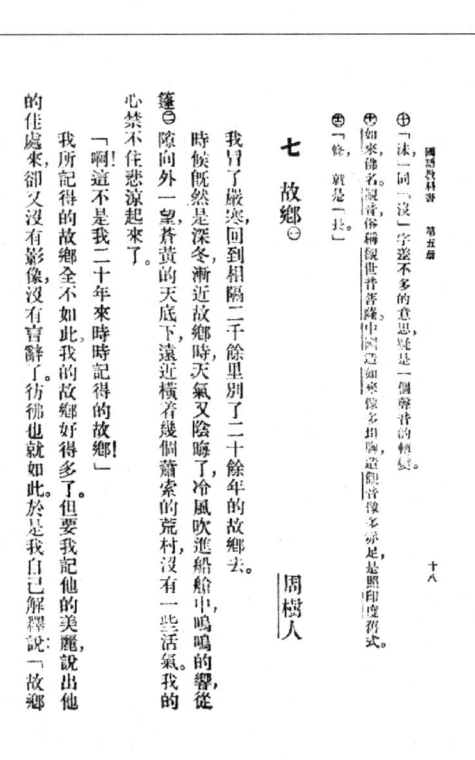

《新时代国语教科书》(1929)

师》和《文天祥》等反映战争或体现民族主义精神的选文。可见,多数教科书编者会考虑其主旨问题,并作出相应的解读。

第一,要关注农民的疾苦,且只有靠实践才能创造新生活。

《新时代国语教科书》(1929)的编辑大意称:"本书的编辑,完全根据三民主义教育的精神,和大学院教科图书审查会国文国语组所定的审查标准","本书所选教材,纯为积极的",其选择标准为"甲、灌输中国国民党党义的;乙、鼓励革命精神的;丙、导入政治轨道的;丁、确立科学观念的;戊、改善学生生活的;己、引起文学兴趣的;庚、训练作文技能的。"那么其第5册选入《故乡》一文的目的是什么呢?该文之前选的是蔡元培的科学论文《建筑》和《雕刻》,之后选的是胡怀琛的哲学论文《知行合一新解》。后一篇称:王阳明的"知行合一"是就"能够亲知"范围内的事情而言的,"其所言'知行合一'皆治己,待人之事,无不能实践之者,非泛言一切之'知'"。从编辑旨趣来看,编者显然把《故乡》当成一篇讨论民生问题的现实主义小说(文后的注释称这是"作者自己描写回到故乡时的一篇短篇小说"),并认为要改变民生必须去农村进行实践。

《初级中学国语教科书》(1933)将鲁迅的《风波》和《故乡》放置在一起。编者显然是在关注农村问题。《故乡》课后设置了三个问题——"(一)这一篇创作里面,说明了封建社会的农村实际状况;它所展开的中国农村,究竟到了怎样的阶段?(二)人物——闰土这一个人物,你了解他是怎样的一个人,怎样的一种典型?他老年和幼年不同的原因何在?水生宏儿又是说明着什么?(三)具有抒情诗气分(氛)的这一篇小说,你从这里面所了解的作者的思想的批判。"说明编者认为封建农村已经到了使农民接近破产的阶段,而闰土的转变就说明了这一点,未来的希望只有寄托在宏儿和水生这一代人的身上。

教育总署编会著的《初中国文》(1939)将《故乡》和茅盾的小说《年关》放置在一起。《故乡》的课后习题为:"(一)就闰土的话看,那时农村的情况怎样?(二)本篇的结束,表示什么意思?"《年关》课后习题为"(一)近年来市面萧条,原因何在?(二)商业因农村破产而衰落,农村又由什么而破产呢?"可见,编者认为这两篇小说分别写了农村破产和城市衰落,而且需要探求其中的原因。

在《开明新编国文读本:注释本甲种》(1947)的第6册中,《孔乙己》和《故乡》被放置在一起。前文被认为是在批判封建教育制度的弊端,而后文被认为是在探讨农村生活的疾苦和农民的出路。在该书出版前的1941年,编者叶绍钧和朱自清出版了《略读指导举隅》。在《举隅》中,他们指出,"《故乡》一篇,叙鲁迅先生自己还乡搬家,觉得故乡不如记忆中的故乡那么好了,而全篇中心则放在一个幼年时一起玩得很熟的乡间小朋友闰土的转变上;藉此表达出生活的重担压在各人肩上,会把人转变得与前绝不相同的题旨"[1]。在《开明新编国文读本:注释本甲种》中,该文课后的提示也作如此解读,认为小说上半篇写少年闰土及其和自己的亲密关系,下半篇写成年闰土及其和自己疏远的现实,而这种转变是"一个受压迫的乡民"的受生活重压而导致的。如果要改变这种现实必须寄托于未来,寄托于下一代,并靠实践去努力解决——"作者和闰土在少年时代是一气的,现在可远离了。宏儿和水生现在是一气的,到将来又怎样呢?从这里作者引起了希望:希望他们永远一气,希望他们有新的生活。"[2]"末了两句话什么意思?"编者在后附"注释"中认为,这两句关于路的比喻是指"实践"和探索——走路比喻实践,单存希望,不去实践,就是走了不成路。存在着希望又去实践,结果如愿达到了,就是走了便成了路。

第二,阶级差异和习惯的不同造成隔膜,知识分子的使命在于破除隔膜、改变习惯。

这种解读方式,是在延续1922年《初级中学国语文读本》的和1924年穆济波指导学生马培义时的解读方式。其中最典型的是《国文研究读本》(1933),该书不仅全盘照抄《初级中学国语文读本》的课文(第2—4课为《一件美术品》《二草原》《狭的笼》和《故乡》),还将马培义的研读笔记完整抄录于后。《初级中学国文读本》(1934)的编者也持这种看法,如在《故乡》课后的"题解"中称:"本篇描写人情之炎凉,人与人心心不相印如中隔厚壁。自己当老爷,而未做闰土,所见尤明,所感尤深。鲁迅先生于中国下层阶级之经济压迫、人生苦痛特别注意揭出。"

第三,抒发对故乡的依恋之情,或表达对都市生活的厌恶。

在《国文教科书》(1932)中,《故乡》之后的课文是日本作家加藤武雄的《乡愁》。《乡愁》写一个少年芳姑觉得在城里住不惯,和横街的两个小伙伴玩耍时也闷闷不乐,于是她不辞而别到乡下外婆家去了。"我"后来得到芳姑得了肺炎病死的消息,而和她在一起玩耍的小伙伴仍然快乐地玩耍。小说最后写道:"二人都知道芳姑儿是'死了',但是'死'这件事里所含的意味,他们是不知道的。""我"只想念着催逼着说:"回家去罢!"感觉到了芳姑"小小魂灵的乡愁",觉得她终于回到

---

[1] 叶绍钧、朱自清著.《略读指导举隅》,重庆:四川省教育厅出版1941年版,第223页。
[2] 初级中学生用《初中国文》的课后练习问:"叙述宏儿留念着水生,是甚么用意?"设置这个问题的用意,可能就是叶圣陶等在此处所解说的。

什么地方的家里去了。将这两篇小说放置在一起,主要是认为二者都在表达一种乡愁。在《初中国文》(1932)中,该课的练习也提问道:"作者对于二十年不归的故乡,有甚么留念?"到底是在依恋什么样的家乡呢?

《初中国文选本》(1933)也是将《故乡》和加藤武雄的《乡愁》放置在一起,编者还节录了一则鲁迅所写的《杂感二十五》附在《故乡》之后作为"补白":

我一直从前曾见严又陵在一本什么书上发过议论,书名和原文都忘记了。大意是:"在北京道上,看见许多孩子,辗转于车轮马足之间,很怕把他们碰死了,又想起他们将来怎样得了,很是害怕。"其实,别的地方,也都如此,不过车马多少不同罢了。现在到了北京,这情形还未改变,我也时时发起这样的忧虑:一面又佩服严又陵究竟是"做"过赫胥黎《天演论》的,的确与众不同:是一个十九世纪末年中国感觉敏锐的人。

可见,编者认为,《故乡》所表达的是一种对如北京这样的现代大都市生活的不满,而怀念故乡乡间生活的主旨。

另外,《标准国文选》(1935)的编辑大意称,其所选文章"对于奋发民族精神,灌输爱国思想,发扬固有文化,无不尽情发挥"。该书第三卷第13"组"由《呐喊・自序》《孔乙己》和《故乡》等三篇选文构成。可见,在编者看来,《故乡》是鲁迅短篇小说的代表作,而且它应该是批判了什么。不过,该书对课文没有任何辅助阅读的文字,所以难以判断编者认为到底是批判了什么。

(2) 对人物的评价

因为这一时期多数教科书的编者认为这篇小说是反映民生疾苦的,所以其所关注的主要人物是闰土,而且多认为闰土是值得同情的受害者,而对杨二嫂关注得不多。提到杨二嫂时也多强调作者对其所用的描写方法等,如在《初中国文》(1939)中,该文的课后练习问:"杨二嫂在初见的时候,是怎样一种态度?"在《开明新编国文读本:注释本甲种》中,该文的提示就写道:"描写杨二嫂,从她的声音、外貌、对话下手,都非常具体;所以能使读者如见其人,并且如见其心",但并没指出其"心"如何。

(3) 对结尾的处理

这一时期的教科书对其结尾都予以了保留。其基本考量,首先如《初级中学国语教科书》(1933)的编辑大意所说的,"为适宜教学起见,有的采用原作全文,有的从长篇中节出,但决不损害原作的精神"。不过,更可能的是,在一般编者看来,这是一篇讨论问题的小说,其最后象征性的结尾表达了作者的某种观点,所以一般都会以问题的形式让学生思考其中的寓意。如在《初中国文》(1939)中该文课后练习问:"叙述宏儿留念水生,是甚么用意?"如在《开明新编国文读本:注释本甲种》(1947)中该文的"提示"就设问:"末了两句话什么意思?"对此书后的注释中的回答为:"走路比喻实践。单存希望,不去实践,就是不走不成路。存着希望,又去实践,结果如愿达到了,就是走了便成路。"

2. 广大师生的解读

(1) 政治性解读

1931年之后日本加快了对中国的进攻,1937年又发动了全面的侵略,1946年之后中国又进入国共内战时期。1931—1949年,中国经济崩溃、民生凋敝,呈现的是一派"严冬"之象。而且,在国民党所提倡的"三民主义"中也有"民生主义"。在上述收录《故乡》的教科书中,多数教科书的编者就认为该文反映的是"民生"问题。广大师生,因面对是与小说所写的相近的社会现实,又受教科书编者解读方式的影响,所以多数必然会将其作"问题"小说来解读。1946年,傅庚生在《读〈呐喊〉》中分析《故乡》时认为,"人为的社会习惯,造成了人世的阶级",使得闰土将儿时的伙伴的"我"当成了"老爷"和"偶像",于是"我"希望下一代能开辟出一条新路,能有"新的生活"[1]。1947年12月,孙起孟在面向中学生阅读的《读书与出版》上撰写的《国文班(第四回):〈故乡〉》中就作如此解读:"这篇文章的主旨是写什么? 就在写艰涩的世道和凄苦的人情。这样的世道和人情正反映出一个经济濒于崩溃的农业社会……作者在那个时候(一九二一年)固然还觉得'愿望茫远',但他的深邃的观察已使他看定怎样实现希望的道路。"他认为,鲁迅在文中并非沉湎于"叹息"和"牢骚",而是通过自己"有见解并非教条"式的叙述来"引导他们到为我们所未经生活过的生活理想中去"[2]。

(2) 审美性解读

前文提到,有几套教科书的编者认为,《故乡》是抒发对故乡的依恋之情,或表达对都市生活的厌恶之感。也就是说,这篇作品只是表达某种个人的"感情",并非有某种伟大的"思想"。为使这种情感富有诗意,作者安排还乡、失落和离乡这些情节,因为其中具有浓浓的眷念和淡淡的哀愁之情就使其显得富有诗意。正是出于审美性阅读的考虑,所以1929年一位署名"A. B"的人,以中学国文教师的身份讨论了《故乡》,并对其结尾颇有微词,他说:"最后二段带哲理臭味的文章,我看

---

[1] 傅庚生.《读〈呐喊〉》,《中学生》1946年第一八一期,第42页。
[2] 孙起孟.《国文班(第四回):〈故乡〉》,《读书与出版》1947年第十二期,第8页。

还是删除了更好,不知作者以为如何?"①可见,这种叙述、议论不仅破坏了整个作品眷念、哀怨的氛围,而且显得直露而违背了诗歌含蓄的原则。

　　除了情节的安排体现诗意外,还有其中多处运用了带有浓浓的诗意的描写,例如文章开头的故乡景色描写,结尾处月下沙地的景色描写,等等。在《初中国文》中,该文课后练习就设置了"本篇的描写法,最精采的那一段"的问题,《初级中学国语教科书》更称该文具有"抒情诗气分(氛)"②。1923年孙俍工在《初级中学国语文读本》中将其作"问题"小说来解读,而1932年当他编写《初级中学用国文教科书》时又将其作艺术小说来解读,他在该书所附的"教学指要"中指出,收入《故乡》的第1册课文的学习内容主要是看其中所写的"风景""天象节气""人物""社会风俗"及"抒情的想像的"等手法。作品中有多处富含诗意的景物描写,而教科书的编者又通过课文安排和练习等文字暗示其诗意的存在,那么一些教师也必然会对此作审美性的解读。1984年,于漪回忆自己在20世纪40年代学习《故乡》时说③:

　　至今我还清晰地记得几位语文老师给我们上课的情景。我永远忘不了年青的黄老师教《故乡》一文时的眼神。他穿着长衫,戴着金丝边眼镜,文质彬彬。讲到少年闰土出现在月下瓜田美景之中时,他眼睛睁得大大的,放出异样的光彩。"深蓝的天空,金黄的圆月,碧绿的一望无际的瓜田,少年闰土奋力向猹刺去,手中的钢叉和颈上的银项圈明晃晃的,交相辉映……"他描述得那么生动,那么富于感情,我被深深地吸引住了,犹如身历其境,品尝着其中的欢乐。

　　从这段充满愉悦、激动的情感的回忆中我们可以发现,教师通过自己充满感情的描述,学生通过自由的想象,均进入了作品所描写的情景,最终师生与作品产生了共鸣。这应该是审美性解读的最高境界,所以虽然40年过去了,于漪仍然难忘当年的这个教学场面和自己的感受,回忆起来犹在昨天。

　　以上对《故乡》在民国语文教育中的接受史进行了梳理。从中可见,评论家的解读往往会影响教科书的编者和广大师生的解读,但是教科书的编者和广大师生因为受不同的政治因素的影响、对选文功能的不同认定以及运用了不同的阅读方式等,而作出了与评论家诸多不同的解读。

---

① 藤井省三著,董炳月译.《鲁迅〈故乡〉阅读史——近代中国的文学空间》,北京:新世界出版社2002年版,第71页。
② 日本一作家看到增田涉翻译的《鲁迅选集》中的《故乡》后说:《故乡》是东方产生的最美的抒情诗。陈根生.《〈故乡〉发表以后》,《镇江师专学报(社会科学版)》1985年版第1期,第93页。
③ 刘国正主编.《我和语文教学》,北京:人民教育出版社1984年版,第17—18页。

《故乡》读书笔记

马培义

题　语

隔膜之墙,人相互间恶魔似的隔膜之墙,

你牛筋般的坚韧,

铜铁般的巩固,

人间亲爱的天真被你摧残了,

人生的幸福被你毁坏了,

你,人类的仇敌呵!

你究竟能快意到几时?

作法的研究

1. 写实小说。

2. 作者的着眼处——他与闰土之间,为阶级思想及习惯所隔离的痛苦。

3. 材料的采取——

A. 事实——他从别处回到他久别的故乡里,去搬取家眷及离别故乡时的情形。他与闰土的再见,就是在这个时候,所以他遂取了这段事实。

B. 事实的剪裁——他所取的材料是三段:

(ㄅ) 去时的途中……这段最短,因为它与此篇着要处关系很多,这段的作用,不过把天气,时节,及他故乡的略况固定一下。

(ㄆ) 在故乡里……这段最长,与此篇着要处关系最密切,他与闰土的再见,就是在这个时候。在这十几天里面,他又抽出三节:到家的情形;见闰土的情形;及离别起行时的情形。到家时的情形,指出了见闰土的引线。并加写那贪便宜的杨二嫂那段有趣的故事——添加的描写,也是重要的,它能把全篇衬得很生动。——见闰土时情形的重要,不须说了,离别起程时的情形,在动作的形式上也很重要,所以他取了这三节事实。但最要注意的是他回想幼时的一段事。因为越写得那时两人间的快活,幸福,越显出在两人间的烦闷,痛苦,所以他必须把它倒插在这里。

(ㄇ) 别故乡后的途中……这里托写出他心中的悲哀,烦闷,使他能余言缭绕的盘环于你的脑际;且表现出了他的希望,所以也很重要。

4. 布局——这篇是以情绪的感发,为布局的线索。

A. 起首——以事实的略叙起首。

B. 转折——

第一折:从起首直到"这时候……"折入他与闰土的关系。

第二折:到"我似乎打了一个寒噤……"一折,使情绪更显有深一层的深叠。

第三折:"宏儿和我靠着船舱……"这一折情绪也更显深叠悬邈。

C. 焦点——从上面的三折,转入了"老屋离我更远了……又使我非常之悲哀。"到此达到了情绪抑郁的极点,全篇的最高峰。

D. 解决——"我躺着……"写出他解决的方法——希望。

E. 结论——"我这朦胧中……也便成了路",弦外之音,萦绕脑际。

5. 描写——全篇用第一身的述法。

A. 暗示——篇首,及写他与闰土幼时的情事,都是暗示的作用,篇首那种凄凉的情景,已将后边的情况微微的露出。他与闰土幼时的事,更与篇中的主意以反面很强烈的暗示。

B. 逼真——

(ㄅ) 他写杨二嫂的那一段,那种贪小便宜的状态,与那半讽半刺的话锋,你想那是怎样的维妙维肖呢?

(ㄆ) 他与闰土的幼时的那一段,他写从前一切只由"这时候,我的脑里忽然闪出一幅神异的图画来"一句叙起。插入得非常警动,非常自然。其中"他是能装弶捉小鸟雀的"突然的加入,及"我于是又很盼望下雪"等句,把小孩儿的心理轻轻的带出。两小儿的对话,又都非常的毕肖而有趣,"……你听,啦啦的响了,猹在咬瓜了,你便拿了胡叉,轻轻地走去……"呵,我也忽然在那月光下海边的瓜园里了;这是怎样的描写手腕呵!

(ㄇ) "我接着便有许多话,想要连珠一般涌出;角鸡,跳鱼儿,贝壳。"你试想想当他的见面的时候,他陡然起的是什么意想呢?他能把那一刻时间微渺恍惚的意想,巧妙的捉住。

C. 象征——结论中写出他的希望;但却不实实的说出,用"我在朦胧中……一轮黄金的圆月"影出,格外的耐人玩味。

6. 全篇的衬影。全篇一偏僻的乡村生活为背景。

7. 所暗示的意义。生的悲哀，寂寞，冷酷，烦闷，都由于人相互间之不了解，天真的亲爱为阶级的思想及习惯所隔离，所以我们大家必须合力的打倒这隔膜之墙。

就本篇观察见作品中所显示的

1. 作者的个性——作者感情非常的丰富，触觉非常的敏锐。感情，看了全篇自会知道；触觉，只看那细微正确的描写，试问能是触觉迟钝者之所能成功吗？有的说："作者意志薄弱，不然，他自己为什么不把那隔膜之墙打倒呢？"我看这是观察的错误。他们问：(ㄅ) 他与闰土见面时，闰土叫他"老爷"，他为什么没有一点表示呢？不知作者必已劝阻过，闰土不要那样称呼——他说："我也说不出话"，那不过写他当时陡然警急时的情景罢了；并不是当时简直就没有说一句话。试想他那么情感丰富的人，受了那种强烈的激刺，他能不响一声吗？不过没有写出来罢了。(ㄆ) 他为什么没有写出打破的方法呢？这不用多辨！譬如你要是病了，你能抓住旁人的药方去吃吗？各人有各人的特别情形，他不说出，更是他谨慎的地方，你有病了，自会去寻方子去医治的，而且这更不能道破；如有《红楼梦》非得有《续红楼》，有《西厢》非得有《西厢后记》才好吗？那末未免太可笑了！惟其他没有道破，所以才能引起你的悲哀！更引起你的愤气来想法子解决。

2. 作者的思想——他痛恨极了人间的隔膜——这种冷酷无情的人生，而他的希望，以为将来必有那种融融和和，充满了亲爱之情的境界。

3. 作者的家庭生活——作者早年即远游他乡，所以并没有享得家庭间的乐趣，幸福。

4. 作者的社会生活——当时作者的生活，大概也不很好，你看他说："……那时我的父亲，还在世，家景也好……"可见当时不如从前了。他见杨二嫂一段，"我愈加愕然了"，"那有这事……我……""我知道无话可说，便闭了口，默默的站着"，可见他是拙于辞令，不善于作虚应酬的人。

5. 作者的修养——杨二嫂及其他的人，乱拿东西，他一句话都没有，可见他平常对人的态度。而最特出的地方，要算他对待闰土的态度！若是普通的人，必早已把闰土忘记了，许多亲近的人心里，还不记念，何况一个佣工的穷孩子呢？就假使他还记得，谁肯舍得再把给他许多东西呢？如果他给了他些东西，他心里必定很是快活，并且他必是觉得自己非常的大量与慈善了，而作者如何呢？他却仍是烦闷，悲哀——烦闷，悲哀！

批评

人们现在觉得生活苦闷极了,干燥极了,为什么呢?他们闻得人与人以赤心相见,太……太显明了!于是各自在自己的面前筑起一道隔膜之墙,又张起一层冷淡之幕,后来他们渐渐觉到了凄凉,寂寞;因而更生出了烦闷与悲苦,他们呻吟了,叫喊了,但仅仅的呻吟,叫喊罢了;谁肯打倒那隔膜之墙,撕破那冷淡之幕呢?他们虽说一面呻吟叫喊;却一面把那墙一寸一寸的高上去,幕一摺一摺的展开来,以至于无限……他们各自把自己拖到那苍苍茫茫的荒野里,四面森森无际的孤岛,却又在那里嘶声的叫喊。哈哈,可笑极了,可笑的人类——将终于可笑的人类呵!

选自《国文研究读本》1933年版第1册。

第九章

《孔乙己》与作者和编者的不同解读

鲁迅的《孔乙己》于1919年发表在《新青年》第6卷第3号上,后被收入短篇小说集《呐喊》。小说以鲁镇咸亨酒店里的小伙计"我"的口吻叙述了一个叫"孔乙己"的读书人的故事:孔乙己读过书,但连秀才也没考上,又不会营生,只是偶尔帮人抄书来糊口。他喜欢喝酒,却是酒店唯一穿长衫站着喝酒的人。虽然很穷,却很少赊欠酒钱。当周围的人问他是否识字时,他不屑置辩;当别人嘲笑他连半个秀才也捞不到时,他显得颓唐不安,所以他的到来常引起大人们的哄笑。不过,他给小孩们带来的常常是快乐,如告诉小孩"回"字有五种写法,给小孩茴香豆吃,看到孩子们很贪婪,他又摇头说:"不多不多!多乎哉?不多也。"孩子们常在笑声中散去。据说,孔乙己以前因为没钱而在抄书时偷人家的纸砚。这年,过了中秋再到年关,孔乙己一直没再来酒店喝酒,据说是因为偷过丁举人家的东西而被打折了腿。人们很怅然,因为每次孔乙己来到酒店都会带来快乐的气氛。酒店的老板也很失落,因为孔乙己还欠他十九文酒钱。小说最后写道:孔乙己"大约的确已经死了"!

作者在这篇小说发表时说,写得并不好,也无深意,但私下里说自己很喜欢。《孔乙己》发表后不久就被一些中学作为国文教材,后又被收入多种中学国文教科书。不过,编者们对其热衷的原因可能和作者并不相同,关于他们所作的种种解读作者创作时也未必就认识到了，甚至未必同意这些解读①。就像鲁迅自己所说的："选本所显示的，往往并非作者的特色，倒是选者的眼光。"② 1925年，鲁迅在谈《阿Q正传》出版后的情形时说："我的小说出版之后，首先收到的是一个青年批评家的谴责；后来，也有以为是病的，也有以为滑稽的，也有以为讽刺的；或者还以为冷嘲，至于使我自己也要疑心自己的心里藏着可怕的冰块。然而我又想，看人生是因作者而不同，看作品又因读者而不同。"③ 一个文学文本产生之后，作者也就失去了对其阐释的控制力，作者自己的阐释也只能是众多阐释中的一种；然而，读者(含编者)则被赋予了更大的阐释权利，并通过多种阐释赋予作品以新的内涵。

一、作者：艺术很拙、别无深意/具有大家的作风、讽刺社会的冷淡

《孔乙己》发表时，鲁迅在文末附了一段说明文字：

这一篇很拙的小说，还是去年冬天做成的。那时的意思，单在描写社会上的或一种生活，请读者看看，并没有别的深意。但用活字排印了发表，却已在这时候——便是忽然有人用了小说盛行人身攻击的时候。大抵著者走入暗路，每每能引读者的思想跟他堕落；以为小说是一种泼污水的器具，里面糟蹋的是谁。这实在是一件极可叹可怜的事。所以我在此声明，免得发生猜度，害了读者的人格。

一九一九年三月廿六日记

1919年，胡适在《短篇小说》一书的"译者自序"中说："近一两年来国内渐渐有人能赏识短篇小说的好处，渐渐有人能自己著作颇有文学价值的短篇小说。"④ 鲁迅的《孔乙己》应该可归入他所说的"颇有文学价值的短篇小说"，不过鲁迅却说"这是一篇很拙的小说"。说"很拙"，自然是自谦之词，否则就没有必要拿到《新青年》上发表。鲁迅自发表《狂人日记》以来，其小说一直被视为揭露痼疾或针砭时弊的现实主义作品，而鲁迅却特意声明《孔乙己》只是在描绘一种社会情形或生活方式而"没有别的深意"，大概是因为《狂人日记》发表以后而有人对号入座式地认为鲁迅是在讽刺当时某个具体的人的缘故吧。

---

① 王晓东的硕士论文《〈孔乙己〉阅读史》（福建师范大学，2008年）分析了1920—1949年知识分子对《孔乙己》的解读以及1923—1949年《孔乙己》的课堂教学，并没有分析鲁迅对《孔乙己》解读的矛盾之处，只提及5套教科书收录此文。本文主要探寻鲁迅对其所作的解读以及14套教科书编者（包括其他论者）对其所作解读的情况及作者与编者之间的解读的差异。
② 鲁迅著.《且介亭杂文二集》，北京：人民文学出版社2006年版，第217页。
③ 龙协涛编.《鉴赏文存》，北京：人民文学出版社1984年版，第4—5页。
④ 胡适.《短篇小说·译者自序》，上海：亚东图书馆1919年版，第2页。

鲁迅之所以这么说，可能还与不尽合当时文学革命的主将们所提倡的写实主义文艺思想有关。《呐喊》共收14篇小说，其中多篇的写法就像他在《呐喊·自序》中所说的，"既然是呐喊，则当然须听将令的了，所以我往往不恤用了曲笔，在《药》的瑜儿的坟上，平空添上一个花环，在《明天》里也不叙单四嫂子竟没有做到看见儿子的梦，因为那时的主张是不主张消极的，至于自己，却也并不愿将自以为苦的寂寞，再传染给也如我那年青时候似的正在做着好梦的青年。这样说来，我的小说和艺术的距离之远，也就可想而知了"。创办《新青年》的陈独秀曾在《文学革命论》中将"写实主义"作为文学革命的三大主义之一①。主张写实主义的厨川白村在《苦闷的象征》中说，写实主义的旨趣"就如名医诊察了人体，真确地看破了病源，知道了病苦的所在，则对于病的疗法和病人的要求，也就自然明白了。说是不知道为病人的未来设计的疗法者，毕竟也还是对于病人现在的病状，错了诊断的庸医的缘故"。可见，写实主义的作品必须明确指出其病因及疗法，否则写实就无意义。鉴于此，其写法也应该像鲁迅所说的用"曲笔"，如厨川白村说："我想，倘说单写现实，然而不尽他对于未来的豫言底使命的作品，毕竟是证明这作为艺术品是并不伟大的，也未必是过分的话。"②可见，在这些标举现实主义的前驱者看来，如实地揭示人生、社会之病并明确指示其疗法的作品才是写实主义的作品，才是伟大的作品。为什么鲁迅要写作篇末附记，而且强调写于1918年冬天而发表于1919年4月呢？是说明积压这么久才发表的原因是不合"主将"们的旨趣及其所确定的写实主义的标准吗？可能正是这个原因，所以他才按前述写实主义的标准说《孔乙己》笔法"很拙"、思想上也"没有别的深意"。

1924年，《呐喊》结集出版一年后，有人说："我曾问过鲁迅先生，其中那一篇最好，他说他最喜欢《孔乙己》，所以已经译了外国文。"③这大概是因为《孔乙己》和《呐喊》中的其他作品不太一样的缘故吧。上引《呐喊·自序》就表达了他对其所列举的这几篇收入《呐喊》中小说的不满，因为要"听将令"所以用了曲笔、表达一种"积极"的思想，并非完全按自己的意愿来写，而按这些主将的意见来写又使得所写的这些小说与"思想"近而与"艺术"远。可能因为《孔乙己》正是作者按自己所确定的标准而写成的，所以他自己特别喜欢《孔乙己》——《孔乙己》只是从一个少年的视角来写一个有趣的人和一群人的故事，里面既没有写"吃人""人血

---

① 陈独秀.《文学革命论》，《新青年》1917年第2卷第6号，第1—4页。
② 厨川白村著、鲁迅译.《苦闷的象征》，南京：江苏文艺出版社2008年版，第61页。
③ 曾秋士.《关于鲁迅先生》，《晨报副刊》1924年1月12日。

《初级中学国语文读本》(1926)

馒头"所引发的"苦的寂寞",也没有用平添"花环"之类的曲笔,完全按照自己的意愿来选择作品题材和运用艺术手法。当别人问鲁迅为什么最喜欢《孔乙己》时,他说因为这篇小说的好处在"能于寥寥数页之中,将社会对于苦人的冷淡,不慌不忙的描写出来,讽刺又不很显露,有大家的作风"[①]。

鲁迅对这篇可能不受"主将"们认可的、并非"呐喊"式的小说《孔乙己》的喜爱及其对喜爱原因的阐发,又可能与其受到了广大文学青年们的欢迎及他们对作品所作的积极解读有关。当时,一般人只知道有个教育部的官员、在北师大讲"中国小说史"课程的"周树人",而不知道他是写作《孔乙己》的"鲁迅"。1921年8月,一位名叫宫竹心的文学青年写信给鲁迅,称:"纵观世界文坛,俄法两国短篇小说居鳌首。俄之契可夫,法之莫泊桑,短篇之精,立意之深,构思之巧,实是天才杰作,世界之珍。阅中国文坛,能与之较高下者寥寥。前在《新青年》中,曾看过两篇小说,一名《药》,一名《孔乙己》,署名鲁迅。这两篇小说构思奇绝,言简意深,堪于契可夫、莫泊桑二君媲美。不知鲁迅是何许人也,先生认识其否?若能见鲁迅面,请代我致以敬意。"[②]"构思奇绝,言简意深"是对《孔乙己》艺术与思想成就的高度评价,更何况信中将鲁迅与世界两大小说家并称。《孔乙己》受到文学青年们的欢迎并被给予了高度评价,这无疑会影响鲁迅对自己的这篇作品的评价。

二、编者:思想深刻、艺术高超

1923年初,虽然《呐喊》尚未出版,但是叶圣陶就已在其起草的《新学制课程标准纲要初级中学国语课程纲要》中将其列入了初中生课外略读书目——"小说

[①] 曾秋士.《关于鲁迅先生》,《晨报副刊》1924年1月12日。
[②] 陈根生.《〈孔乙己〉发表以后》,《语文月刊》1984年第7期,第31—32页。

集。(尚未出版)(鲁迅)"[①]。此前,1922年10月,上海吴淞中学教员孙俍工和沈仲九在该校率先试行国文科道尔顿制教学时就曾将《孔乙己》作为教材使用,该教材以《初级中学国语文读本》为名于1923年初由民智书局出版,《孔乙己》被收入其第2册中。从此,《孔乙己》成为诸多教科书和教学指导书的选目。

编者	教科书名称	册次	出版社	时间、版次
孙俍工、沈仲九	《初级中学国语文读本》	第2册	民智书局	1926年9月4版(初版于1923年)
沈星一	《新中学教科书初级国语读本》	第2册	中华书局	1925年3月初版
朱剑芒	初级中学学生用《初中国文》	第1册	世界书局	1929年初版
王伯祥	初级中学学生用《开明国文读本》	第1册	开明书店	1932年7月初版
周予同、叶绍钧、顾颉刚	《新学制初级中学教科书国语》	第4册	商务印书馆	1932年10月国难后第9版
石泉	初中师范教科书《初中国文》	第3册	文化学社	1932年12月初版
傅东华、陈望道	初级中学用《基本教科国文》	第4册	商务印书馆	1933年2月初版
史本直	中学适用《国文研究读本》	第1册	大众书局	1933年6月初版
夏丏尊等	《开明国文讲义》	第1册	开明书店	1934年11月初版
夏丏尊、叶绍钧	《国文百八课》	第3册	开明书店	1935年版
马厚文	《标准国文选》	第3卷	大光书店	1935年8月改版
教育总署编会	《初中国文》	第1册	新民印书馆股份有限公司	1938年8月版
叶绍钧、朱自清	《略读指导举隅》		四川省教育厅	1941年版
叶圣陶等	初级中学使用《开明新编国文读本:注释本甲种》	第5册	开明书店	1947年版

虽然鲁迅后来又出版了短篇小说集《彷徨》和《故事新编》,但是正如叶圣陶、朱自清所说的,"各家书局所出的国文教科书,往往采选《呐喊》中的短篇小说,统计起来,也有七八篇"[②]。可见,编者在鲁迅的三本小说集中更喜欢《呐喊》,而在《呐喊》所收的14篇小说中则更喜欢《孔乙己》。因为在编者的眼里,《孔乙己》除了适合中学生学习程度及阅读兴趣等因素外,作品本身的思想就很深刻,艺术也很高超。孙起孟曾说:《孔乙己》"容易看可不容易懂。容易看是因为作者表现的技

---

① 课程教材研究所编.《20世纪中国中小学课程标准·教学大纲汇编·语文卷》,北京:人民教育出版社2001年版,第276页。
② 叶绍钧、朱自清编.《略读指导举隅》,上海:商务印书馆1943年版,第193页。

术非常高明,让我们看了如同真正看见了一个可怜的孔乙己一样。不容易懂是因为我们不容易把握到作者的题旨,也就是,作者用孔乙己这一段故事是要说出个什么意思呢。"① 下面,就从思想与艺术两方面来梳理编者们的阐述。

(一) 深刻的思想

鲁迅在《孔乙己》篇末附记中说此文"单在描写社会上的或一种生活",在向别人解释自己喜欢此文的一个原因是它"讽刺"了"社会对于苦人的冷淡"。可见,鲁迅自己认为,这篇小说只是描写孔乙己及周围人的一种生活,批评众人的冷漠、同情孔乙己的遭遇。不过,教科书的编者却不这么认为。下面,我们看他们所解读出的"深意"。

1. 揭露传统儒教的毒害,批判孔乙己的"祖宗崇拜"

"五四"时期,在解放思想的过程中,儒家礼教成为评判的对象,"打倒孔家店"是一句时髦的口号。陈独秀在《新青年》中发表过多篇批判儒教的文章。他在文中批评了"二千年来吃人的礼教制度",认为"孔子之道不合现代生活"②。1918年,《新青年》第五卷第六号就发表过《文学改良与孔教》一文。该文作者认为文学必须抛弃、打倒孔教。胡适在《吴虞文录序》中,更是竭力地"向各位中国少年"推荐被他称为清扫"孔渣、孔渣的尘土"的"清道夫"、"四川省'只手打孔家店'的老英雄"吴虞,希望青年们阅读吴虞批评儒家礼教的文章③。当时国文科内谈论新思潮成为时尚。如《初级中学国语文读本》的编者之一沈仲九于1919年在浙江第一师范学校率先编写白话"中等学校国文教材"时认为:"国文研究的材料,以和人生最有关系的各种问题为纲,以新出版各种杂志中,关于各问题的文章为目。这种问题和文章,要适合学生的心理,现代的思潮,实际的生活,社会的需要,世界的大势,而且要有兴味。"④ 后来他又说:"就轻重缓急论,要做一现代的人,不懂《庄子》《墨子》等的学说,却不要紧;不懂国语文提倡的理由,不懂女子解放问题、贞操问题、婚姻问题、礼教问题、劳动问题等,却是要做一时代的落伍者。"⑤ 他

---

① 孙起孟.《〈孔乙己〉及其他》,《读书与出版》1948年复刊第三卷第六期,第26页。
② 孙俍工、沈仲九编.《初级中学国语文读本(第2册)》,上海:民智书局1926年版,第53、51页。
③ 孙俍工、沈仲九编.《初级中学国语文读本(第2册)》,上海:民智书局1926年版,第53页。沈仲九的"学生",1915—1921年在杭州一师读书的曹聚仁回忆当时青年学生所受《新青年》的影响,他说:"我们最赞成吴虞只手打孔家店的主张,所谓四书五经,真的一脚踢掉,让它们到茅坑里去睡觉了。"曹聚仁著.《我与我的世界》,北京:人民文学出版社1983年版,第116页。
④ 仲九.《对于中等学校国文教授的意见》,《教育潮》1919年第一卷第五期,第45—46页。
⑤ 沈仲九.《中学国文教授的一个问题》,《教育杂志》1924年第十六卷第五号,第10页。孙俍工在《新文艺建设发端》开头就写道:不成问题的问题——中国自五四运动以后,因为思想解放道德解放的结果,社会上许多从历史上流传下来不成问题的东西都成为问题了。礼教成了问题,贞操成了问题,劳动成了问题,思潮波荡所及,社会几乎动摇起来;社会上所有缺陷几乎完全暴露了;这实在是一种文化运动进步的表征,不能不说是一桩极可喜的事情呵。孙俍工.《新文艺建设发端》,中国中等教育协进社编《中等教育》1923年第二卷第二期,第1页。

和孙俍工编写的从1923年开始出版的《初级中学国语文读本》就非常关注"问题"和"主义",如收入《孔乙己》的第2册的第1、2课就分别是胡适的《问题》和托尔斯泰的《三问题》。《孔乙己》到底反映什么问题呢?编者将《孔乙己》和胡适的《吴虞文录序》、仲密的《祖先崇拜》放置在一起。很显然,是认为发表于《新青年》的《孔乙己》也是一篇讨论儒教问题的小说。那么是不是批评孔乙己受儒教毒害而对祖先所创造的"回"字的五种写法崇拜、对《论语》中"多乎哉,不多也"及"君子固穷"之类的引述呢?不得而知,因为课后没

> 三六 孔乙己　鲁迅
>
> 鲁镇的酒店的格局,是和别处不同的;都是当街一个曲尺形的大柜台,柜里面预备着热水,可以随时温酒。做工的人,傍午傍晚散了工,每每花四文铜钱买一碗酒,——这是二十多年前的事,现在每碗要涨到十文,——靠柜外站着热热的喝了休息;倘肯多花一文,便可以买一碟盐煮笋,或者茴香豆,做下酒物了,如果出到十几文,那就能买一样荤菜,但这些顾客,多是短衣帮,大抵没有这样阔绰。只有穿长衫的,才踱进店面隔壁的房子里,要酒要菜,慢慢地坐喝。
>
> 我从十二岁起,便在镇口的咸亨酒店里当伙计,掌柜说,样子太傻,怕侍候不了长衫主顾,就在外面做点事罢。外面的短衣主顾,虽然容易说话,但唠唠叨叨缠夹不清的也很不少。他们往往要亲眼看着黄酒从罈子里舀出,看过壸子底里有水没有,又亲看将壸子放在热水里,然后放心:在这严重监督下,羼水也很为难。所以过了几天,掌柜又说我干不了这事。幸亏荐头的情面大,辞退不得,便改为专管温酒的一种无聊职务了。

《新学制初级中学教科书国语》(1932)

有练习,也没有注释,我们也只能说这种可能性比较大。更何况,当年就曾有人作出过这种解读。如1923年第59期《北京周报》发表了"昏迷生"的《周树人氏》一文,作者认为:鲁迅"作为创作家同时又是社会改革家,他在其作品里浓厚地表现出这种色彩,《孔乙己》等就是其中之一例。因为他非难了许多中国人对于过去旧中国的留念,而把这种留念贬得一文不值"[①]。

2. 揭示正当职业的重要,批评孔乙己好喝懒做

朱剑芒编的《初中国文》在《孔乙己》之后所设置的问题为"孔乙己的堕落,是谁把他耽误的?他的好喝懒做,又是怎样养成的?在黑暗社会中,那一种人的势力最大?"朱剑芒在与《初中国文》配套的《初中国文指导书》中称:《孔乙己》的"要旨在使人明白人无正当职业,便会读书写字,也不免有堕落的可虞"。他说:"在描写他底状态动作中间,处处表显出好喝懒做而又自命为斯文的一种个性。"[②]关于《初中国文》课后的3个问题的答案分别是"(一)孔乙己虽然读过书,又写得

[①] 刘献彪、林治广编.《鲁迅与中日文化交流》,长沙:湖南人民出版社1981年版,第63页。
[②] 朱剑芒、陈霩龒编辑,范祥善校订.《初中国文指导书(第1册)》,上海:世界书局1931年版,第53页。

好字,但是有好喝懒做的坏脾气,所以要穷到做小窃了。(二)孔乙己不承认偷窃,又怕人家证实他偷窃被打的事,这就是一种尚知羞耻的心理。(三)无论何人,但能努力工作而又知有所节俭,决不会到穷困的地步;所以好喝懒做,实是造成贫困最大的一种原因"①。可见,朱剑芒认为,孔乙己的不幸是由其好喝懒做所造成的,而鲁迅写作此文的目的就是揭示正当职业对于一个人来说十分重要的道理。

3. 揭示旧式文人必将没落的命运,批评孔乙己的诸多弱点以及当时社会冷酷

刘岘《孔乙己》(木刻),《读书生活》,1935年第12期

《开明国文读本参考书》(1932)在该文之后的"敷演"中称:"这样一个平常的堕落的酒徒,给作者这么一描写,遂使人深深觉到我国社会的冷酷和长衫帮的日即没落。"②在《国文研究读本》中,该文课后"批评"认为:"孔乙己读书无成,颓唐到偷人家的东西,还替自己辩护,说什么'君子固穷';对于自己的知书识字,兀自矜夸;在给人打折了腿之后,依然沉浸于黄酒的享乐,同时,尚自欺欺人地说'跌断,跌,跌……'在这里,便蕴蓄着深浓的人生之味——社会的冷酷和长衫朋友的日即没落。"夏丏尊等所编的《开明国文讲义》对该文主旨的看法,除文字表述与以上相同外,还指出该文有"可怜这被侮辱的人"的意思。可见,这些编者认为,孔乙己的悲剧是自身颓唐、矜夸、享乐、自欺欺人所造成的,这种存在诸多性格弱点的旧式文人必然会被新社会所抛弃③。当然,孔乙己的悲剧与当时社会的冷酷也存在着一定的关系。

---

① 朱剑芒、陈霭麓编辑,范祥善校订.《初中国文指导书(第1册)》,上海:世界书局1931年版,第56页。
② 王伯祥编.《开明国文读本参考书(第1册)》,上海:开明书店1932年版,第159页。
③ 倪贺蕾在《〈孔乙己〉:读鲁迅作品研究》(倪贺蕾.《〈孔乙己〉:读鲁迅作品研究》,《读书生活》1948年第二卷第四期,第46、47页)中认为这篇小说"采取了客观的主题——旧社会堕落文人","鲁迅先生当判定旧社会文人的堕落,没有前途"。

4. 探寻旧式文人的出路,同情孔乙己的遭遇

在《初级中学用基本教科书国文》中,该文课后的"注释与说明"称,这篇小说写的是个悲剧,而"悲剧的效力常比喜剧大些;因为喜剧的结局常要把它一路来给你的印象抹掉,悲剧的结局却要把印象加深,唯其能把印象加深,所以比较容易唤起问题。你读了前一课①未必就会想起怎样去补救那些乡民的愚蠢,读了这一课,便不得不引起同情的悲哀,因而便想到要替孔乙己一类的人寻点办法"。不过,编者并没有指出悲剧是因何而造成的。

5. 揭露封建教育制度的毒害,同情孔乙己的遭遇

教育总署编会编的《初中国文》将《孔乙己》和《马二先生》(《儒林外史》)放置在一起,意指二人均是封建科举制度下的牺牲品。不过,编者认为两篇小说的作者对各自作品中的主人公的态度并不相同。如编者在《马二先生》课后所设置的习题为"(一)作者描写马二先生,有那几处是有讽刺意味,试举一二例。(二)试举出马二先生迂腐的地方来"。在《孔乙己》课后所设置的习题为"(一)此篇与《马二先生》同是描写以前潦倒的读书人,看去觉得那一种人更可同情?(二)在新教育制度下,也会有这种失败的人,如曾经遇见过,可以写出一个来"。可见,编者认为同是封建科举制度的受害者,吴敬梓是在讽刺马二先生,而鲁迅是在同情孔乙己。《略读指导举隅》是作为教师教学参考和学生课外阅读之用的。其中的《〈呐喊〉指导大要》称:鲁迅创作小说的动机就是"改良社会""改良这人生"和"改变他们的精神"②。孔乙己虽然读过书,但没考上秀才,不会营生,故偶尔偷窃,结果被打折了腿,"死在不知什么地方,在人们的记忆里也就消失,好像他并没有生到世上来似的",所以《呐喊》中的《孔乙己》所"暴露的是从前教育制度的病根。从前教育制度绝不注重在教育成能思想能实干的人;那只是利禄之途,谁贪那利禄谁就往这一途碰去,碰而不得如愿的当然是大多数,他们固然不一定像孔乙己似的作贼或陈士诚似的发病,但潦倒终身,虚此一生,却和孔乙己陈士诚并无二致"③。可见,编者认为鲁迅是在批判封建教育制度培养了一些没有思想、不能实干的人,而这种人的存在如同不存在,对社会毫无作用。不过,这种人又是值得同情的,所以编者在《开明新编国文读本:注释本甲种》中该文的"提示"里就问道:"试想'使人快活'的孔乙己,他本身快活吗?"后附的"注释"所给出的答案是孔乙己使人

---

① 指鲁迅的《风波》。
② 叶绍钧、朱自清编.《略读指导举隅》,上海:商务印书馆1943年版,第211页。
③ 叶绍钧、朱自清编.《略读指导举隅》,上海:商务印书馆1943年版,第215页。

快活的时候,便是自己被人当作取笑材料的时候,他自己当然不快乐。

当然,有时同一教科书的编者还会对《孔乙己》的主题作出多重解读,如《开明国文讲义》《国文百八课》和《略读指导举隅》的主要编者叶圣陶在1942年发表的《〈孔乙己〉中的一句话》中说:"其中表现出旧式教育的不易发展人的才能,潦倒的读书人的意识和姿态。以及社会对于不幸的人的冷淡——除了随便的当作取笑的材料以外,再没有其他的关心。"① 他在此处的解读就涉及了上述多个侧面②。

另外,1947年,有人在分析这篇小说时曾明确地指出其主旨是揭露封建教育制度的毒害并对孔乙己的遭遇表示同情:"这篇东西的主旨,是写被八股枷锁束缚住了的封建智识分子没落的悲哀","孔乙己,这可爱又可怜的小东西,他一心一意想捞个秀才,过去的一段时光,自然是专从八股文中讨生活,因此,他的血肉,他的灵魂,于不知不觉中,已由于中毒而枯萎,结果弄成'好喝懒做','不会营生'"。不过我们从其给小孩茴香豆吃,可以看出,"在这个潦倒的书生身上,还有'人性'存在",他反驳别人关于他偷窃的指责,也让人"感到他的善良与自爱"③。1948年,孙起孟认为,作者在批评以孔乙己为代表的知识分子时"选取了不肯劳动,好喝懒做,迷恋寄生的社会生活,有阶级的优越感这样两点",但是,"在批评中他又提到了中国知识分子的好处,他所选取的中心是某些生活方面的正直和爱小孩子这两点"④。

(二) 高超的艺术

在1925年出版的《新中学教科书初级国语读本》的第2册中,《孔乙己》之前的课文为玄庐的诗歌《十五娘》和叶绍钧的小说《母》,之后的课文为周作人的书信体游记《山中杂信之一》、小说《西山小品》和诗歌《山居杂诗》等3篇以及朱自清的新诗《静》、刘大白的新诗《自然底微笑》《桃花几瓣》等。该书的编辑大意称:"本书所载各文,除从旧说部采录一部分外,概是今人的作品",这些作品要求文质兼美——"一、内容务求适切于现实的人生,二、文章务求富有艺术的价值",其体裁以文学作品为主——"以记叙文、抒情文为主,参用议论文、说明文"。该册

---

① 叶至善、叶至美、叶至诚编.《叶圣陶集 第10卷》,南京:江苏教育出版社2004年版,第26页。
② 傅庚生在《读〈呐喊〉》(傅庚生.《读〈呐喊〉》,《中学生》1946年第一八一期,第41页) 中也称:《孔乙己》"这一篇是写过去科举的流毒的……想一想科举的网罗是何等的恶毒,然后寄予孔乙己身上的同情心,便会增强一二分了。"
③ 刘洋溪.《中学语体文教学举隅——鲁迅〈孔乙己〉讲解》,《国文月刊》1947年第五十一期,第41、43页。
④ 孙起孟.《〈孔乙己〉及其他》,《读书与出版》1948年复刊第三卷第六期,第27页。

第一篇课文是胡适谈国语文学建设的论文——《国语的文学——文学的国语》。可见，虽然编者没有指出《孔乙己》的文学艺术高超在何处，但是无疑视其为能代表国语文学建设成就的作品。全套教科书所选鲁迅的小说，除此之外，还有一篇是《故乡》。可见，编者认为《孔乙己》是鲁迅的代表作之一，也是最能代表鲁迅建设新文学所取得的成就之一。《标准国文选》的第3卷第12"组"由鲁迅的《〈呐喊〉自序》《孔乙己》和《故乡》等3篇选文构成，其考量应该也是如此。

《标准国文选》（1935）

虽然1923年叶圣陶将鲁迅尚未出版的《呐喊》写进课程纲要所推荐的阅读书目中，但是在当年出版并由其参与编写的初级中学使用《新学制国语教科书》中并没有收录《孔乙己》。1932年，商务印书馆出版并由他和周予同、顾颉刚编写的《新学制初级中学教科书国语》的第4册中收录了《孔乙己》。《新学制初级中学教科书国语》只是在《新学制国语教科书》的基础上稍作改动编写而成的，当时因为商务印书馆刚被日军轰炸焚毁，无力立即根据新颁布的课程标准来新编教科书，所以无奈之中就将此前出版的教科书改头换面出版以应急。二书的第4册均共40课，只有第36课不同，《新学制国语教科书》的第36课是《复仇》(法国巴比塞)，《新学制初级中学教科书国语》第36课是《孔乙己》。可见，后者只是用《孔乙己》替换了前者中的《复仇》，而对前者的编辑大意、其他选文一概未作调整，甚至《新学制初级中学教科书国语》的编辑大意仍宣称该书是按照1923年颁布的《新学制课程标准纲要初级中学国语课程纲要》而编写的。在《新学制课程标准纲要初级中学国语课程纲要》课程目的中，就有"引起学生研究中国文学的兴趣"一条规定。所以，选入此文仍是因为其艺术成就。之所以要删除《复仇》一课，大概是因为此文反抗外敌入侵奴役的主旨太明确了，而在这之前，日本轰炸上海时特意炸毁了商务印书馆，以至于此后商务出版的中小学《复兴国语教科书》都很少收录直接表达反抗主旨的作品,那么思想"直露"的《复仇》自然也就不会再选。又因为《新学制初级中学教科书国语》仍以培养学生研究文学兴趣为旨趣,所以自然要用优秀的文学作品来替代。然而编者在众多优秀的文学作品中唯独选中了《孔乙己》,这说明编者认为这是一篇艺术水准相当高的短篇小说。

1932年出版的初中师范教科书《初中国文》将《孔乙己》与周作人的新诗《画家》放置在一起,这种做法也是出于肯定周氏兄弟作品的艺术成就的考量。

1. 纯熟的写实主义手法

在教育总署编会编的《初中国文》中,《孔乙己》之后的题解认为,"写《孔乙己》的人物,无事件,亦无甚背景,只是一家酒店,不注重于地方色彩的描写"。鲁迅在《孔乙己》最初发表时就已让他人不要猜度其是否影射某人,就像他自己所说的,小说创作往往是一个"杂取种种,合成一个"典型化的过程。不过,小说创作一般也会有原型。孙伏园在《鲁迅先生二三事·孔乙己》中说:"《孔乙己》的主角孔乙己,据鲁迅先生自己告我,也实有此人,此人姓孟,常在咸亨酒店喝酒,人们都叫他'孟夫子',其行径与《孔乙己》中所描写的差不多"[1]。1933年,一个木刻作者为《呐喊》雕刻插图,寄给鲁迅的画稿是以北方为背景的,结果鲁迅并不认可,他在回信中说[2]:

……孔乙己的图,我看是好的,尤其是许多颜面的表情,刻得不坏,和本文略有出入,也不成问题。不过这孔乙己是北方的孔乙己,例如骡车,我们那里就没有,但这也只能如此,而且使我们知道,假如孔乙己生在北方,也应该是这样一个环境。

因为小说采取了写实主义的手法,所以有些编者认为鲁迅所写实有其人、其事、其地。如《初中国文指导书》称:"本篇所记的孔乙己,当是个实有的人物。""本篇所叙孔乙己底事迹,当然也是实有的。""鲁镇是实有的地名,但是个偏僻的乡镇而不是著名的。"[3]《开明国文讲义》的编者在《孔乙己》等几课之后的"文话"中认为,一些读者之所以产生实有其人、其事、其地的误解,就是由"写实主义"这个名词而引起的,而"其实写实主义并非照录故事,作成一些叙述文的意思,乃是把所以寄托意义的事情和人物写得如同真实的一般,使人家不起'不切实际'的感觉"。

《国文研究读本》的编者认为,《孔乙己》中所写的人、事、地都是虚构的,如其

---

[1] 本书编委会编.《回忆鲁迅资料辑录》,上海:上海教育出版社1980年版,第90页。
[2] 鲁迅博物馆鲁迅研究室编.《鲁迅诞辰百年纪念集》,长沙:湖南人民出版社1981年版,第134页。
[3] 朱剑芒、陈霭麓编辑,范祥善校订.《初中国文指导书(第1册)》,上海:世界书局1931年版,第53、54页。

"题解"称:"孔乙己是作者想像中假设的人物,并非实有其人。从前私塾里小学生习字,用的是'上古大人,孔氏乙己'等二十余字的红印本,小学生依样描画的。这篇小说的主人姓孔,人家因为他说起话来,满口之乎者也,教人半懂不懂,便把'孔乙己'三字,替他取个绰号。鲁镇和咸亨酒店,也是作者假设的,并非一个实有的所在,不过概写南方江浙一带的酒店情形而已。"《开明国文讲义》的编者在该文的注释中也持与《国文研究读本》的编者相同的看法。

2. 独特的叙述视角

《初中国文指导书》的编者认为,作者选取的观察点独特,其"观察点始终居于旁观者一边,而绝无变动的"。其观察视角独特,小说以从小伙计所见、借其口叙述,孔乙己的"状貌"(身材高大、青白皱纹中夹些伤痕、乱蓬蓬花白色的胡子)、"衣服"(又脏又破的长衫)、"说话"(喜用之乎者也)和"行为"(从不拖欠酒钱)[①]。关于孔乙己的"出身"(读过书)、"生活"(非常穷困)、"才能"(写得好字)和"脾气"(好喝懒做)等并不由作者直接叙述,而是"都借旁人谈论中叙出"[②]。《略读指导举隅》也指出了这一点——"又像那篇《孔乙己》,描写孔乙己那个人物,全从酒店小伙计的观点出发,篇中的'我'便是酒店的小伙计:这些方式,更是向来所没有。短篇小说所以要运用这些方式,为的是'经济',也是受的西方文学的影响。"[③]编者在《开明新编国文读本:注释本甲种》中对此作了细致的分析,他还说:"这一篇写孔乙己,以'我'(酒店小伙计)的所见所闻为限。用这种写法的时候,'我'不在场的事情不能写,人家藏在心里的思想感情不能写。另外一种写法,作者不参加在里头,文中没有作者自称的'我',那就什么都可以写,没有限制了。"

3. 精当的材料选择、加工方法

在《开明国文讲义》中,《孔乙己》等课文之后所附的文话区分了小说和传记在材料取舍方面的不同:传记中的材料必须是现实中所有的,而"小说的材料却是悉凭作者取舍的"。之所以不同,是因为传记的目的是记录其人其事,故必须"传真求信",而"小说的目的却在表达出作者所见于人生的、社会的某种意义;故任何材料得以自由驱遣"。如果用绘画来比方,"传记犹之写生法,务求妙肖,小说犹之写意法,意在笔外"。所以"叙述文里含着作者所见于人生的、社会的某种意(主要在'含着',明白说出与否倒没有关系),方才是小说。至于材料,真实

[①] 朱剑芒、陈霭麓编辑,范祥善校订.《初中国文指导书(第1册)》,上海:世界书局1931年版,第55、56页。
[②] 朱剑芒、陈霭麓编辑,范祥善校订.《初中国文指导书(第1册)》,上海:世界书局1931年版,第55页。
[③] 叶绍钧、朱自清著.《略读指导举隅》,北京:商务印书馆1943年版,第203页。

的故事也好,虚构的故事也好,只消表达出那所谓某种意义——这里,真实的故事并不特别可贵"。另外,小说材料的选择有演绎法和归纳法两种:前者因为设定了某种主题,然后创造材料、虚构人物来表达这个主题,后者是"作者先从现实里去看出意义来,然后,或者就把现实的事情、人物记录下来,使人家看了,也看出作者所看出的那点意义,或者另造事情、人物,作为材料,使那点意义格外明显。《孔乙己》就是此种"。《国文百八课》的第3册第1"课"的文话为"记叙文与小说"。文话主要分析了一般记叙文和小说在材料的选择和加工方面的差异。其文选为《卖汽水的人》和《孔乙己》。文选用来印证文话中所解说的写作知识。其后的习问为"1. 文选一和文选二,哪一篇像记叙文,哪一篇像小说?为什么?""2. 文选二的作者所想写的是哪一点?"意在说明在材料选择、加工方面,《孔乙己》是一个经典的案例。

综上可见,鲁迅对《孔乙己》的说法虽然是矛盾的,但实际上他也认可自己的这篇小说。虽然以上编者作出的各种阐释可能不尽合他的原意,但这些阐释也不无道理,正所谓"作者未必然,编者未必不然"。

《孔乙己》教案

[作品研究]

内容方面

要旨 在使人明白人无正当的职业,便会读书写字,也不免有堕落的可虞。

概要 鲁镇酒店中,杂在短衣主顾内而又自命为斯文的,只有个孔乙己。孔乙己最喜通文,最引人发笑。虽很穷困,却从不拖欠;不过常要偷窃。人家说他偷窃,他却总不承认。后来偷了举人家底东西,竟被打折了腿。他已成了残废,还用两手走着,到鲁镇店中喝酒。人家笑他被打,依旧不肯承认。最后就终于不见,料来已死了。

【人物】 本篇所记的孔乙己,当是个实有的人物。在描写他底状态动作中间,处处表显出好喝懒做而又自命为斯文的一种个性。

事迹　本篇所述孔乙己底事迹,当然也是实有的;不过他底出身,以及偷窃被打,都是借旁人谈论中叙出,并非是直接所见到的。

　　场所　鲁镇是实有的地名,但是个偏僻的乡镇而不是著名的。

　　【时间】　本篇在开始就说明四文钱买一碗酒是二十多年前的事,所以后文所叙,都系追记的方法,完全是过去的时间。

　　表现方法　本篇用旁观口吻记述一穷困无聊的酒徒底经历与结局。不过在表现方法上,作者始终将自己隐藏,而另借一酒店中的伙计居于旁观者的地位;因之全篇中的第一身称,系代酒店中的伙计自称而不是作者底自称。

外形方面

　　体裁　本篇为纯粹的记叙文,它那观察点始终居于旁观者一边而绝无变动的。

　　布局　本篇以孔乙己为人最能使人快活作为全篇布局的线索,起首写鲁镇酒店底格局,以及咸亨酒店里当伙计的职务单调,引起下文孔乙己的使人快活。接着便叙孔乙己形态举动,与人家所谈论孔乙己底出身、人品。结处叙孔乙己底偷窃被打,致成残废,以至终于不见,说出他一种不堪的结局。

　　难字难句　"阔绰",就是奢豪。"傻",音(略),无知识而不懂事体的人,俗都叫"傻子"。"唠唠叨叨",多话的形容词。"舀",音(略),用器皿酌取液体叫舀。"羼",音(略),把别种东西杂入其中叫羼。"脏",音(略),就是不清洁。"绰号",就是人的外号。"绽",音(略),因饱满而突起的意思。"进学",前清科举时代小试录取入府县学肄业的叫进学,亦叫入学。"秀才",明清时称入县学的生员叫秀才。"颓唐",是精神衰废的样子。"回字四样写法",按普通习见者,止有"回""囘""囬"三种写法。"蘸",音(略),浸潮的意思。"惋惜",骇恨可惜的样子。"举人",科举时代乡试中式的叫举人。"年关",商店中每逢年底结账,所以叫年关。

　　段落分析　本篇分为十三小段,其实可并为八段:(一)是第一小段,在说明鲁镇酒店底格局,和两种顾客吃喝底不同。(二)是二三两小段,在叙述自己在咸亨酒店当伙计的情形。(三)是第四小段,在叙述孔乙己底状貌与命名的缘由,以及孔乙己不认偷窃与人争辩的情形。(四)是第五小段,记述人家所谈论孔乙己底出身、脾气,以及在酒店中从不拖欠的一种品行。(五)是六至九各小段,在叙述孔乙己常受众人嘲笑,因专喜和孩子说话。(六)是第十小段,从喝酒人的口中叙出孔乙己因偷窃被打,已成残废。(七)是第十一小段,叙述已打成残废的孔乙己又来店中喝酒。(八)是十二十三两小段,叙述从此再不见孔乙己,料他的确已死。

整理

```
                    ┌─ 身材——高大
              ┌─ 状貌 ─┼─ 脸色——青白皱纹中杂些伤痕
              │       └─ 胡子——乱蓬蓬花白色
   ┌─ 伙计目中所见 ─┤
   │          │    ┌─ 衣服——又脏又破的长衫
   │          │    ├─ 说话——喜用之乎者也 ─┐
   │          └────┤                      ├─ 使店内外充满快活
   │               └─ 行为——从不拖欠酒钱 ─┘
孔乙己 ┤
   │               ┌─ 出身——读过书
   │               ├─ 生活——非常穷困 ─┐
   ├─ 他人口中所述 ─┤                   ├─ 偶然做些偷窃
   │               ├─ 才能——写得好字 ─┘
   │               └─ 脾气——好喝懒做
   │
   └─ 结果——因偷窃被打成残废而死
```

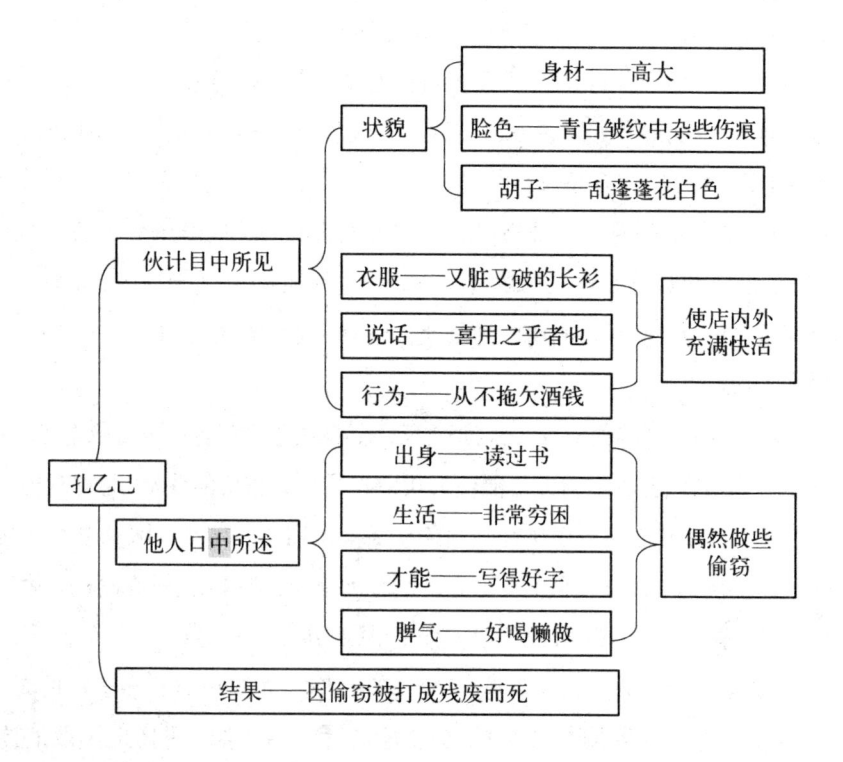

【答案】

(一)孔乙己虽然读过书,又写得好字,但是有好喝懒做的坏脾气,所以要穷到做小窃了。(二)孔乙己不承认偷窃,又怕人家证实他偷窃被打的事,这就是一种尚知羞耻的心理。(三)无论何人,但能努力工作而又知所节俭,决不会到穷困的地步;所以好喝懒做,实是造成贫困最大的一种原因。

选自《初中国文指导书》1931年版第1册。

参考文献

著作

1. 王森然编.中学国文教学概要.上海：商务印书馆,1929
2. 阮真著.中学国文校外阅读研究.上海：民智书局,1929
3. 阮真著.中学国文各学程教学研究.上海：民智书局,1930
4. 江苏省立上海中学校教务处编.中学国文教材.出版地不详,1931
5. 权伯华著.初中国文实验教学法.上海：中华书局,1932
6. 夏丏尊编.中学各科学习法.上海：开明书店,1932
7. 胡怀琛著.中学国文教学问题.上海：商务印书馆,1936
8. 阮真编著.中学国文教学法.南京：正中书局,1936
9. 张文治编.中学国文教师手册.上海：中华书局,1940
10. 阮真著.中学读文教学研究.南京：正中书局,1940
11. 蒋伯潜著.中学国文教学法.昆明：中华书局,1941
12. 叶绍钧、朱自清著.精读指导举隅.重庆：四川省政府教育厅,1941
13. 叶绍钧、朱自清著.略读指导举隅.上海：商务印书馆,1946
14. 龚启昌著.中学普通教学法.上海：商务印书馆,1946
15. 廖世承著.中学教育.上海：商务印书馆,1947
16. 阮真编.中学国文教学法.南京：正中书局,1947
17. 沈荣龄编.小学国语科教学法.上海：中华书局,1931

18. 孙钰编著.小学教材研究.北平：北平文化学社，1932
19. 赵廷为著.新课程标准与新教学法.上海：开明书店，1932
20. 吴研因、吴增芥编.新中华小学教学法.上海：中华书局，1932
21. 顾子言著.小学国语教学法.上海：大华书局，1933
22. 赵廷为编.小学教学法通论.上海：商务印书馆，1933
23. 朱翊新编著.小学教材研究.上海：世界书局，1933
24. 林琼新编.新小学国语指导.上海：儿童书局，1934
25. 赵欲仁著.小学国语科教学法.上海：商务印书馆，1934
26. 俞焕斗编著.高级小学国语科教学法.上海：世界书局，1934
27. 阴景曙编，刘百川校.小学说话教学法.上海：大华书局，1934
28. 胡适译.短篇小说.上海：亚东图书馆，1919
29. 莫泊桑著，李青崖译.莫泊桑短篇小说集（三）.上海：商务印书馆，1924
30. 胡适著.国语文学史讲义.北平：文化学社，1927
31. 胡适译.短篇小说集二·译者自序.上海：亚东图书馆，1933
32. 鲁迅博物馆鲁迅研究室编.鲁迅诞辰百年纪念集.长沙：湖南人民出版社，1981
33. 穆木天著.穆木天诗文集.长春：时代文艺出版社，1985
34. 张树年主编.张元济年谱.北京：商务印书馆，1991
35. 胡适著.白话文学史.北京：团结出版社，2006
36. 郑振铎著.中国俗文学史.北京：中国文联出版社，2009
37. 厨川白村著，鲁迅译.苦闷的象征.南京：江苏文艺出版社，2008
38. 黎泽渝、马啸风、李乐毅编.黎锦熙语文教育论著选.北京：人民教育出版社，1996
39. 中央教育科学研究所编.叶圣陶语文教育论集（上册）.北京：教育科学出版社，1980
40. 刘国正主编.叶圣陶教育文集.北京：人民教育出版社，1994
41. 夏丏尊、叶绍钧著.文章讲话.上海：上海文艺出版社，2001
42. 刘国正主编.我和语文教学.北京：人民教育出版社，1984
43. 课程教材研究所编.20世纪中国中小学课程标准·教学大纲汇编（语文卷）.北京：人民教育出版社，2001
44. 藤井省三著，董炳月译.鲁迅《故乡》阅读史——近代中国的文学空间.北京：新世界出版社，2002

45. 郑国民等著.当代语文教育论争.广州：广东教育出版社,2006
46. 闫苹编著.中学语文名篇的时代解读.广州：广东教育出版社,2007
47. 童庆炳、陶东风主编.文学经典的建构、解构和重构.北京大学出版社,2007
48. H·R·姚斯、R·C·霍拉勃著,周宁、金元浦译.接受美学与接受理论,辽宁人民出版社,1987
49. 沃尔夫冈·伊瑟尔著,金元浦、周宁译.阅读活动——审美反应理论,中国社会科学出版社,1991
50. 斯坦利·费什著,文楚安译.读者反应批评：理论与实践.中国社会科学出版社,1998
51. 金元浦著.接受反应文论.济南：山东教育出版社,1998
52. 丁宁著.接受之维.南昌：百花文艺出版社,1990
53. 王岳川著.现象学与解释学文论.济南：山东教育出版社,1999
54. 蒋济永著.现象学美学阅读理论.南宁：广西师范大学出版社,2001
55. 陈文忠著.中国古典诗歌接受史研究.合肥：安徽大学出版社,1998
56. 张心科著.接受美学与中学语文教育.合肥：合肥工业大学出版社,2005

教材

1. 涵子校注.新订蒙学课本(1901).长沙：岳麓书社,2006
2. 蒋维乔、庄俞编纂,张元济、高梦旦校订.最新初等小学国文教科书(第1—2册).上海：商务印书馆,1904
3. 学部编译图书局编辑.初等小学国文教科书(第1册).天津：教育图书局,1910
4. 庄俞、沈颐编纂,高凤谦、张元济校.共和国教科书新国文(初等小学春季始业学生用,第1—8册).上海：商务印书馆,1912
5. 樊炳清、庄俞编纂,高凤谦、张元济校订.共和国教科书新国文(高等小学校秋季始业,第1—6册).上海：商务印书馆,1913—1921
6. 沈颐等编.新制中华国文教科书(第1—12册).上海：中华书局,1913—1915
7. 庄适、郑朝熙编纂,陈宝泉等校订.单级国文教科书(第1—12册).上海：商务印书馆,1913—1914
8. 范源廉、沈颐等编.新编中华国文教科书(初等小学用,第1—8册).上海：中华书局,1914—1915
9. 沈颐、杨喆编,范源廉阅.新编中华国文教科书(高等小学校用,第1—6册).上

海：中华书局，1915

10. 陆费逵、李步青等编.新式国民学校国文教科书(第1册).上海：中华书局，1915

11. 北京教育图书社编纂，邓庆澜等校订.实用国文教科书(高级小学用，第2—6册).上海：商务印书馆，1915

12. 庄适编纂、黎锦熙等校订.新体国语教科书(国民学校学生用，第1—7册).上海：商务印书馆，1919

13. 庄适等编纂，高凤谦、庄俞校订.新法国语教科书(高等小学学生用，第1—6册).上海：商务印书馆，1921

14. 沈圻编纂、庄俞校订.新法国语教科书(新学制小学后期用，第2—4册).上海：商务印书馆，1923

15. 吴研因等编纂，高梦旦等校订.新学制国语教科书(小学初级用，第1—8册).上海：商务印书馆，1923

16. 吴研因等编纂，高梦旦等校订.新学制国语教科书(小学高级用，第1—4册).上海：商务印书馆，1924—1926

17. 黎锦晖、陆费逵编辑，戴克敦等校阅.新小学教科书国语读本(小学初级，第1—8册).上海：中华书局，1923

18. 锦晖等编，戴克敦等校.新小学教科书国语读本(高级小学用，第1—4册).上海：中华书局，1926

19. 魏冰心编辑、胡仁源等参订.新学制小学教科书初级国语读本(第1—3、5—8册).上海：世界书局，1925—1927

20. 胡怀琛、沈圻编纂，朱经农、王岫庐校订.新撰国文教科书(新学制小学初级用，第1—8册).上海：商务印书馆，1926—1927

21. 缪天绶编纂，朱经农校订.新撰国文教科书(新学制小学高级用，第1—4册).上海：商务印书馆，1924—1927

22. 魏冰心等编、范祥善校订.新主义国语读本(前期小学用，第1—8册).上海：世界书局，1930—1931

23. 魏冰心、吕伯攸编辑，范祥善校订.新主义国语读本(小学高级学生用，第1—4册).上海：世界书局，1930—1931

24. 沈百英编辑、蔡元培、吴研因校订.基本教科书国语(小学校初级用，第1—8册).上海：商务印书馆，1930

25. 戴洪恒编纂，吴敬恒、吴研因校订.基本教科书国语(高级小学用，第1—4

册).上海:商务印书馆,1931—1932

26. 吴研因编著.国语新读本(初小一至四年级用,第1—8册).上海:世界书局,1933

27. 沈百英、沈秉廉编著,王云五、何炳松校订.复兴国语教科书(小学校初级用,第2—8册).上海:商务印书馆,1933—1935

28. 丁毅音、赵欲仁编著,王云五、何炳松校订.复兴国语教科书(小学校高级用,第2—8册).上海:商务印书馆,1933

29. 朱文叔、吕伯攸编,孙世庆等校.小学国语读本(新课程标准初级适用,第1—8册).上海:中华书局,1934—1935

30. 朱文叔、吕伯攸编,尚仲衣等分撰,孙世庆等校订.小学国语读本(小学高级春季始业用,第1—4册).上海:中华书局,1933

31. 叶绍钧编.开明国语课本(小学初级学生用,第1—8册).上海:开明书店,1932—1933

32. 叶绍钧编.开明国语课本(小学高级学生用,第1—4册).上海:开明书店,1934

33. 陈鹤琴、陈剑恒主编,刘德瑞等助编.分部互用儿童教科书儿童北部国语(第1、2、5、6册).上海:儿童书局,1934

34. 陈鹤琴编著.分部互用儿童教科书儿童中部国语(第1、3—8册).上海:儿童书局,1934

35. 陈鹤琴、梁士杰主编,徐晋助编.分部互用儿童教科书儿童南部国语(第1—8册).上海:儿童书局,1934

36. 任熔等编辑.新教育教科书国文读本(高等小学用,第1—6册).上海:中华书局,1921—1922

37. 教育部编审会编印.修正初小国语教科书(第3—8册).北京:编者自刊,1938—1939

38. 国立编译馆编辑.国语读本(小学初级用,第1—2册).上海:商务印书馆,1936—1937

39. "文教部编".初级小学校国文教科书(第4、7册).长春:满洲图书株式会社,1937

40. 吕伯攸编,朱文叔校.新编初小国语读本(第1—8册).上海:中华书局,1937

41. 教育部编审会著.初小国语教科书(第1—8册).北京:著者自刊,1938—1941

42. 战时儿童保育会主编,白桃等编.抗战建国读本(初级小学用,第1—8册).上海:生活书店,1939—1940

43. 教育总署编审会编. 初小国语教科书 (第1、2、7册). 北京：新民印书馆股份有限公司,1940—1942

44. "教育部教科用书编辑委员会编辑". 初小国语·常识课本 (第1—8册). 国定中小学教科书七家联合供应处,1943

45. 晋察冀边区行政委员会教育处审定. 国语课本 (高级小学适用,第2册). 张家口：新华书店晋察冀分店,1946

46. 国立编译馆主编. 初小国语常识课本 (第1—8册). 上海：国定中小学教科书七家联合供应处,1946—1947

47. 叶圣陶撰. 少年国语读本 (高级小学用,第3、4册). 上海：开明书店,1947—1949

48. 东北政委会编审委员会编. 初小国语 (第2册). 沈阳：东北书店,1948

49. 叶圣陶撰. 儿童国语读本 (第4册). 上海：开明书店,1948

50. 德俯等编辑. 国语课本 (初级小学适用,第2、3、5册). 北平：新华书店,1948—1949

51. 东方明等编. 国语课本 (小学校初级用,第1—3册). 晋绥：新华书店,1948

52. 秦同培编纂,庄俞、樊炳清校订. 共和国教科书新国文教授法 (初等小学教员春季始业用第4、6—8册). 上海：商务印书馆,1912—1914

53. 刘传厚、庄适编. 初等小学新国文教授书 (第1册). 上海：中国图书公司,1913

54. 谭廉编纂,高凤谦、庄俞校订. 共和国教科书新国文教授法 (高等小学校秋季始业教员用,第1—3、5、6册). 上海：商务印书馆,1913

55. 刘传厚、杨喆编,沈颐阅. 新编中华国文教授书 (初等小学用,第1—8册). 上海：中华书局,1914—1915

56. 杨喆编,徐俊、沈颐阅. 新编中华国文教授书 (春季始业高等学校用,第1—6册). 上海：中华书局,1915

57. 北京教育图书社编纂,陈宝泉等校订. 实用国文教授书 (国民学校春季始业教员用,第4、5册). 上海：商务印书馆,1915

58. 杨宝森等编,吴研因等校阅. 新式国文教授书 (国民学校秋季始业用,第2—7册). 上海：中华书局,1919—1920

59. 周世勋等编校. 新式国文教授书 (高等小学用,第1—6册). 上海：中华书局,1917—1920

60. 屠元礼编,沈颐、戴克敦等阅. 新制中华国文教授书 (第1—12册). 上海：中华书局,1918

61. 周靖等编校.新教育教科书国文教案(高等小学用,第1—6册).上海:中华书局,1921—1922

62. 周尚志、王芝九等编纂,庄适等编订.儿童文学读本教学法(第1、3册).上海:商务印书馆,1922—1923

63. 王国元等编纂.新法国语教授书(高等小学教员用,第1—6册).上海:商务印书馆,1920—1922

64. 许志中编纂,朱经农、周予同校订.新法国语教授书(新学制小学后期用,第1—6册).上海:商务印书馆,1923

65. 沈圻编纂,朱经农、吴研因校订.新学制国语教授书(小学校初级用,第1—8册).上海:商务印书馆,1923

66. 沈圻、计志中编纂,朱经农、吴研因校订.新学制国语教授书(小学校高级用,第1—4册).上海:商务印书馆,1924—1925

67. 沈圻、计志中编纂,王岫庐、朱经农校订.新撰国文教授书(学制小学校初级用,第1、2、7册).上海:商务印书馆,1925—1926

68. 刘完如、缪天绶等编纂.新撰国文教授书(小学校高级用,第3、4册).上海:商务印书馆,1926

69. 沈百英等编.基本教科书初小国语教学法(第1—5册).上海:商务印书馆,1931—1932

70. 戴洪恒编辑.基本教科书高小国语教学法(第1—4册).上海:商务印书馆,1931—1933

71. 李少峰等编.北新国语教本教授书(后期小学用,第1—4册).上海:北新书局,1932—1933

72. 韦息予等编.开明国语课本教学法(小学初级教师用,第1—8册).上海:开明书店,1932—1933

73. 卢芷芬编著.开明国语课本教学法(小学高级教师用,第1—4册).上海:开明书店,1934—1935

74. 金润青等编辑,施仁夫等校订.初小国语教学法(第1—8册).上海:世界书局,1933—1934

75. 魏冰心编辑.初小国语教学法(第1—8册).上海:世界书局,1933—1934

76. 顾志贤编著、沈百英校订.复兴国语教学法(小学校初级用,第1—8册).上海:商务印书馆,1933—1934

77. 吕伯攸、杨复耀编,朱文叔校.小学国语读本教学法(新课程标准初级用,第1—8册).上海:中华书局,1933—1936

78. 喻守真等编,朱文叔等校.小学国语读本教学法(小学高级春季始业用,第1—4册).上海:中华书局,1935

79. 周刚甫编著.分部互用儿童教科书儿童北部国语教学法(第1—7册).上海:儿童书局,1934

80. 梁士杰著.分部互用儿童教科书儿童南部国语教学法(第1册).上海:儿童书局,1934

81. 刘师培著.刘师培全集(第4册).北京:中共中央党校出版社,1997

82. 刘师培著.刘师培全集(第4册).北京:中共中央党校出版社,1997

83. 章士钊编纂.中学校师范学校用中等国文典.上海:商务印书馆,1925

84. 林纾评选,许国英重订.中学国文读本(第1—8册).上海:商务印书馆,1913—1915

85. 吴曾祺评选.中学国文教科书二集.上海:商务印书馆,1908

86. 吴曾祺评选,许国英重订.中学国文教科书(第1—4册).上海:商务印书馆,1913—1914

87. 戴克敦编纂.师范讲习社师范讲义国文典.上海:商务印书馆,1912

88. 刘法曾、姚汉章评辑.中华中学国文教科书(第1—3册).上海:中化书局,1912

89. 许国英编纂,张元济等校订.中学校用共和国教科书国文读本(第1—4册).上海:商务印书馆,1913

90. 潘武评辑,戴克敦等译.讲习适用国文教科书(第1、2册).上海:中华书局,1914

91. 许国英评注,蒋维乔校订.中学校用共和国教科书国文读本评注(第1—4册).上海:商务印书馆,1915—1921

92. 谢蒙(无量)编,范源廉、姚汉章阅.中学校适用新制国文教本(第1—4册).上海:中华书局,1914

93. 张之纯、庄庆祥编纂,蒋维乔校订.中学校用共和国教科书文字源流.上海:商务印书馆,1914

94. 庄庆祥编纂,蒋维乔校订.中学校用共和国教科书文法要略(上、下编).上海:商务印书馆,1915

95. 师范讲习社俞明谦编纂,陈宝泉、庄俞校订.师范学校用新体国文典讲义.上海:商务印书馆,1918

96. 洪北平、何仲英编纂.中等学校用白话文范(第1—4册).上海:商务印书馆,

1920—1921

97. 朱毓魁(文叔)编.国语文类选(第1—4册).上海：中华书局,1920

98. 朱蓋忱编辑.师范中学适用国语发音学概论.实进社,1922

99. 沈星一编,黎锦熙等校.初级中学用新中学古文读本(第1—3册).上海：中华书局,1923

100. 方宾观、章寿栋编纂,刘儒校订.供中学、师范学校讲习所国语或短期国语讲习会之用国音新教本.上海：商务印书馆,1923

101. 孙俍工编.中学校及师范学校适用中国语法讲义.上海：亚东图书馆,1923

102. 秦同培编.辑初级中学用言文对照国文读本(第1—3册).上海：世界书局,1933(初版1923年)

103. 秦同培选辑.教科自修适用中学国语文读本(第1—4册).上海：世界书局,1923

104. 沈星一编,黎锦熙、沈颐校.新中学教科书初级国语读本(第1—3册).上海：中华书局,1924

105. 庄适编纂,朱经农等校订.现代初中教科书国文(第1—6册).上海：商务印书馆,1924

106. 孙俍工、沈仲九编辑.初级中学国语文读本(第2册).上海：民智书局,1926

107. 范祥善、吴研因、周予同、顾颉刚、叶绍钧编辑,王岫庐、胡适、朱经农校订.初级中学用新学制国语教科书(第1—6册).上海：商务印书馆,1923

108. 吴遁生、郑次川编辑,王岫庐、朱经农校订.新学制高级中学国语读本近人白话文选(上、下册).上海：商务印书馆,1924

109. 吴遁生、郑次川编辑,王岫庐、朱经农校订.新学制高级中学国语读本古白话文选(上、下册).上海：商务印书馆,1924

110. 穆济波编,戴克敦、张相校.高级中学用新中学古文读本(第1—3册).上海：中华书局,1931—1932

111. 孙俍工著.中学及师范学校适用戏剧作法讲义.上海：亚东图书馆,1925

112. 北京孔德学校编.初中国文选读(第9册).北京：编者自刊,1926年8月编印

113. 朱文叔编,陈棠校.初级中学用新中华教科书国语与国文(第1—6册).上海：新国民图书社(中华书局发行),1928—1929

114. 陈彬龢等编辑、蔡元培等校订.初级中学用新时代国语教科书(第1—6册).上海：商务印书馆,1929

115. 凌独见编纂.中等学校用新著国语文学史.上海：商务印书馆,1923

116. 钱基博编.高级中学用新中学教科书国学必读（上、下册）.上海：中华书局,1924—1932

117. 黎锦熙编.中学校用新著国语文法.上海：商务印书馆,1925

118. 何仲英编.中等学校用新著中国文字学大纲.上海：商务印书馆,1926

119. 董鲁安著.高级中学、旧制中学、师范学校选科之用修辞学讲义（上卷）.北平：文化学社,1926

120. 王易著.新学制高级中学参考书修辞学.上海：商务印书馆,1932

121. 胡适选注.新学制高级中学国语科用词选.上海：商务印书馆,1927

122. 张振镛编.新师范讲习科用书国文参考书.上海：中华书局,1927

123. 张须编纂,庄适校订.中等学校适用应用文.上海：商务印书馆,1927

124. 江恒源编辑.新学制高级中学教科书国文读本（第1册上、下）.上海：商务印书馆,1928

125. 江恒源编辑.高级中学国文读本分周教学法纲要（第1—2册）.上海：商务印书馆,1928

126. 朱剑芒编辑,魏冰心校订.初级中学学生用初中国文（第1—6册）.上海：世界书局,1929

127. 张九如编纂,蒋维乔、庄适校订.初中记事文教学本.上海：商务印书馆,1929

128. 钱基博编,顾倬校.新师范讲习科用书国文（上下卷）.上海：中华书局,1929

129. 汪震著.中等学校用中等国文法.北平：文化学社,1931

130. 朱剑芒、陈霭麓编辑,范祥善校订.初级中学教师及学生用初中国文指导书（第1—3册）.上海：世界书局,1931—1932

131. 赵景深编.初级中学混合国语教科书（第1—6册）.上海：北新书局,1930—1931

132. 傅东华、陈望道编辑.初级中学用基本教科书国文（第1—6册）.上海：商务印书馆,1931—1933

133. 王侃如等注,江苏省扬州中学国文分科会议编辑,江苏省中学国文学科会议联合会校.新学制中学国文教科书初中国文（第1—6册）.南京：南京书店,1931—1932

134. 北师大附中选订.初中国文读本（第3—6册）.北平：文化学社,1931

135. 南开中学编辑.南开中学初三国文教本（上、下册）.天津：编者自刊,1930—1931

136. 朱剑芒编,徐蔚南校订.高中国文（第1—3册）.上海：世界书局,1930

137. 沈颐编著,喻璞等注高级中学用.新中华国文(第1—3册).上海:新国民图书社,1930—1934

138. 徐公美等编注,江苏省立扬州中学国文科会议主编,江苏省立中学国文学科会议联合会校订.新学制中学国文教科书高中国文(第1—6册).南京:南京书店,1931—1933

139. 孙俍工编辑.高级中学用国文教科书(第1—6册).上海:神州国光社,1932

140. 徐蔚南编辑.初级中学学生用创造国文读本(第1—6册).上海:世界书局,1931

141. 孙俍工编辑.初级中学用国文教科书(第2、3、4册).上海:神州国光社,1932

142. 陈椿年编纂.新亚教本初中国文(第1—3册).上海:新亚书店,1932—1933

143. 石泉编著.初中师范教科书初中国文(第1—6册).北平:文化学社,1932—1934

144. 张鸿来、卢怀琦选注.初级中学国文读本(第1册).北平:北平师大附中国文丛刊社,1932—1935

145. 王伯祥编.初级中学学生用开明国文读本(第1—6册).上海:开明书店,1932—1933

146. 贺凯著.高中文科及师范用课本中国文字学概要.北平:文化学社,1932

147. 林轶西编辑.中等学校适用应用文教本.上海:汉文正楷印书局,1933

148. 戴叔清编.初级中学国语教科书(第1—6册).上海:文艺书局,1933

149. 史本直选辑,朱宇苍校.中学适用国文研究读本(第1—4册).上海:大众书局,1933

150. 王云五主编,傅东华编著.复兴初级中学教科书国文(第1—6册).上海:商务印书馆,1933—1935

151. 罗根泽、高远公编著,黎锦熙校订.初中国文选本(第1—6册).北平:立达书局,1933

152. 崔新民等编.初中国文选本注解(第1册).北平:立达书局,1933

153. 张弓编著,蔡元培、江恒源校订.初中国文教本(第1—6册).上海:大东书局,1933

154. 杜天縻编著.师范学校、师范科、乡村师范、简易师范用国语与国文(第1、2册).上海:大华书局,1933

155. 马厚文编著,柳亚子、吕思勉校.初中国文教科书(第1、3册).上海:光华书局,1933

156. 朱文叔编,舒新城、陆费逵校.初中国文读本(第1—6册).上海:中华书局,1933—1934

157. 张文治等编,朱文叔校.初中国文读本参考书(第1—6册).上海:中华书局,1933—1937

158. 孙俍工编.中学国文特种读本(第1、2册).上海:国立编译馆,1933

159. 胡怀琛编.初中应用文教本.上海:大华书局,1934

160. 史本直选辑,李英侯校.中学适用国文研究读本(第2辑).上海:大众书局,1934

161. 沈荣龄等编选,汪懋祖等审校.试验初中国文读本(第1—5册).上海:大华书局,1934—1935

162. 施蛰存等注释,柳亚子等校订.初中当代国文(第1—6册).上海:中学生书局,1934

163. 孙怒潮编.初级中学国文教科书(第1—5册).上海:中华书局,1934—1935

164. 江苏省教育厅修订,中学国文科教学进度表委员会编订,王德林等释注.初中标准国文(第1—6册).上海:中学生书局,1934—1935

165. 朱剑芒编辑,韩霭麓、韩慰农注释.朱氏初中国文(第1—6册).上海:世界书局,1934

166. 叶楚伧主编,汪懋祖编校,孟宪承校订,汪定奕选注.初级中学教科书国文(第1、3、5册).南京:正中书局,1934

167. 众教学会编辑.初级中学教科书国文(第2、4册).北平:崇慈女子中学校,1934

168. 夏丏尊等编.开明国文讲义(第1—3册).上海:开明书店,1934

169. 张鸿来、卢怀琦、汪震、王述达,选注.初级中学国文读本(第1—6册).北平:师大附中国文丛刊社,1934—1936

170. 张石樵编.开明中学讲义.开明实用文讲义.上海:开明函授学校,1935

171. 朱文叔、宋文翰编,张文治等注,舒新城、陆费逵校.初中国文读本.上海:中华书局,1935—1936

172. 颜友松编辑.初中国文教科书(第1—4册).上海:大华书局,1935

173. 正中初中国文教科书编辑委员会编辑.初级中学教科书国文(第2、4、6册).南京:正中书局,1935

174. 胡怀琛编著.高中大学适用.最新应用文.上海:世界书局,1932

175. 河北省省立北平高级中学编.国文读本(第2册下、第3册上下).北平:编者自刊,1934

176. 南开中学编.南开中学初中国文教本(初一上册、初二上册、初三上册).天津:编者自刊,1935

177. 马厚文编,柳亚子、吕思勉校.标准国文选(第1—3卷).上海：大光书局,1935

178. 志成中学国文学科编辑委员会编.国文读本(第2—6册).北平：震东印书馆,1933—1935

179. 江苏省立镇江中学国文学科编辑.高级中学用书民族文选.上海：民智书局,1933

180. 杜天縻、韩楚原编辑.高级中学学生用杜韩两氏高中国文.上海：世界书局,1933—1934

181. 薛无兢等注释,柳亚子等校订.高中当代国文(第1—6册).上海：中学生书局,1934

182. 刘劲秋、朱文叔编,张文治注.高中国文读本(第1册).上海：中华书局,1934

183. 南开中学编.天津南开中学高一国文教本(上册).天津：南开中学编印1934

184. 姜亮夫选注.高中国文选(第1—3册).上海：北新书局,1934

185. 傅东华编著.复兴高级中学教科书国文(第1—6册).上海：商务印书馆,1934—1947

186. 江苏省教育厅修订,中学国文科教学进度表委员会编订,王德林等释注.高中标准国文(第1—5册).上海：中学生书局,1934—1935

187. 何炳松、孙俍工编著.复兴高级中学国文课本(第1—6册).上海：商务印书馆,1935

188. 沈维钧等编著.实验高中国文(第1册).上海：大华书局,1935

189. 赵景深编.高中混合国文(第1—3册).上海：北新书局,1935—1936

190. 叶楚伧主编,汪懋祖、叶溯中校订,许梦因选注.高级中学国文(第1—6册).南京：正中书局,1935—1936

191. 郑业建编纂,孙俍工校订.高中国文补充读本.上海：商务印书馆,1935

192. 刘国正主编.叶圣陶教育文集(第4卷).北京：人民教育出版社,1994

193. 陈介白编.初中国文教本.北平：贝满女子中学校,1936年8月

194. 朱剑芒编辑.初中新国文(第1—6册).上海：世界书局,1936—1937

195. 宋文翰编,朱文叔校.新编初中国文(第1—5册).上海：中华书局,1937

196. 朱剑芒编著.初中新国文指导书(第1、2册).上海：世界书局,1937

197. 宋文翰、张文治编.新编高中国文(第1—6册).上海：中华书局,1937—1946

198. 蒋伯潜编辑.蒋氏高中新国文(第1、2册).上海：世界书局,1937

199. 中等教育研究会编纂.初中国文(第2、6册).天津：华北书局,1938

200. 中等教育研究会编纂.高中国文(第4、6册).天津：华北书局,1938

201. 教育总署编审会著.初中国文(第1—6册).北京：著者自刊,1938—1941

202. 教育总署编审会著.高中国文(第1—6册).北京：著者自刊,1939—1941

203. 叶圣陶等合编.开明新编国文读本注释本甲种.上海：开明书店,1947—1948

204. 余再新编选,陈伯吹校订.初级中学高级小学补习学校国语科用补充读本国语新选(第1—4册).上海：儿童书局,1945—1946

205. 教育部教科书编辑委员会编辑,国立编译馆校订.初级中学国文甲编(第3、4、6册).重庆：国定中小学教科书七家联合供应处,1946

206. 国立编译馆主编,徐世璜编辑,金兆梓等校.初级中学国文甲编(第2、3、4册).上海：中华书局,1947

207. 朱自清等编.开明新编高级国文读本(第1册).上海：开明书店,1948

208. 晋察冀边区第七中学编.初中国文(第1册).出版地不详,出版年不详

209. 合江省政府教育厅编审委员会编审.高中文选(第1、2辑).合江：东北书店,1946

杂志

1. 《教育杂志》,商务印书馆,1909—1948

2. 《中华教育界》,中华书局,1912—1950

3. 《新青年》,上海群益书社,1915—1922

4. 《教育丛刊》,北京高师,1919—1924

5. 《国语月刊》,中华民国国语研究会,1922—1925

6. 《初等教育》,初等教育季刊社,1923—1924

7. 《初等教育界》,集美初等教育研究会,1931—1934

8. 《教与学》,正中书局,1935—1940

9. 《新教育》,山西大学教育学会,1936

10. 《教育通讯》,教育通讯社,1938—1948

11. 《国文月刊》,国立西南联大,1940—1949

12. 《国文杂志》,国文杂志社,1944

后　记

　　关于这本书的写作动机、目的及主要方法、大致过程等,我在前言中已作了说明,这里再补充几句。

　　2009年9月初,在动笔写《清末民国中学文学教育研究》之前,我曾设想在书中呈现一两篇课文的接受史,以做到宏观叙述与微观分析相互结合。当时选择了《项脊轩志》和《最后一课》这两篇课文作为样本。在开始对这两篇课文研究之前,我特地请教了对课文的接受研究很感兴趣且也有过研究的硕士师妹王轩蕊。她说没有发现有人写过这两篇课文的接受史,而且轩蕊说我们的导师郑国民先生曾说他在读博期间有过写《最后一课》的接受史的打算。这一下子激发了我研究的欲望,于是我花了三整天时间一口气将《最后一课》的接受史的初稿写完了。随后,我进入了《清末民国中学文学教育研究》的写作,在这本书中有意地呈现了《项脊轩志》和《最后一课》的接受史。在该书的写作过程中,我一边搜集其他课文的接受史的资料,一边思考每篇课文的研究思路。在《清末民国中学文学教育研究》完成后,我便集中精力,从2009年11月中旬至2010年元月中旬完成了其他篇目接受史初稿的写作。2010年元月一个雪后初晴的下午,我带着本书的初稿去见郑老师。记得当时我很自豪又有点自负地将自己的研究思路和方法与藤井省三和国人的不同之处向郑老师作了汇报。老师听了很高兴,还建议我抽出其中的《故乡》《孔乙己》等课文的接受史投给一些刊物。后来我又分别于2010年2月、8月、12月及2012年3月、5月共五次集中时间对其进行了材料补充和文字修改。

这项研究的价值大致有四点：一是呈现了不同时代不同接受者的多种接受方式和各异的接受结果。二是以选作课文的经典文学作品为凭借，从不同的侧面探讨了清末民国语文教育的发展历程及影响因素。三是更为真实、具体地分析、呈现了清末民国文学与教育的互动关系，考察了文学与教育这两个启蒙与救亡的工具在现代国家形成的过程中所担负的责任。四是提供了一种新的研究方式，从文学、教育、历史、政治、文化等多学科的视角来审视，结合教科书、教授书、其他论著等多种阐释资源来考察，从材料中梳理、归纳出相应的观点，而不是人为地预设某种观点而演绎一种虚假的历史。总之，希望能为当下的文学研究开拓新的领域，提供新的思路，为新世纪语文课程改革中文学教育政策的制定、语文教科书编写等提供参考，为教师解读课文、学生进行研究性学习提供历史的参照。

本书在材料选择和语言表述时并不怕可能会被人诟病为"獭祭"。我现在还常回想起1992年读大学时读到顾颉刚等人著的《孟姜女故事研究集》时的激动心情，因为从那之后我知道了从事学术研究什么才是胡适所说的"拿证据来"的真精神，怎样才是傅斯年所提倡的"上穷碧落下黄泉，动手动脚找东西"的真功夫。然而，这些年我所见的不少论著在自说自话、凌空蹈虚，这些论者以为这才是"创造"，甚至不屑于港台学者的论著每隔几句便有引用、即便是大白话也要加注的做法，把别人言必有据的严谨当成呆笨，把自己天马行空地玄想的空疏当成创新。其实，独创新说与言必有据并不矛盾，而自闭双眼地自我言说往往恰恰可以与不自觉地拾人牙慧划上等号，这个道理自不必多说。

最后，要感谢责任编辑刘佳的精心工作。感谢我的妻子元枝对家庭的付出。

2016.11.16

图书在版编目（CIP）数据

近代文学与语文教育互动/张心科著.—上海：华东师范大学出版社，2019
（接受美学与中小学文学教育）
ISBN 978-7-5675-8672-7

Ⅰ.①近… Ⅱ.①张… Ⅲ.①语文课－教学研究－中小学 Ⅳ.①G633.302

中国版本图书馆CIP数据核字（2019）第040745号

接受美学与中小学文学教育

近代文学与语文教育互动

著　　者　张心科
责任编辑　刘　佳
特约审读　王　奕
责任校对　罗　丹
装帧设计　高　山

出版发行　华东师范大学出版社
社　　址　上海市中山北路3663号　邮编200062
网　　址　www.ecnupress.com.cn
电　　话　021-60821666　行政传真021-62572105
客服电话　021-62865537　门市（邮购）电话021-62869887
地　　址　上海市中山北路3663号华东师范大学校内先锋路口
网　　店　http://hdsdcbs.tmall.com

印刷者　常熟高专印刷有限公司
开　　本　787×1092　16开
印　　张　19.5
字　　数　344千字
版　　次　2019年4月第1版
印　　次　2019年4月第1次
书　　号　ISBN 978-7-5675-8672-7/G·11741
定　　价　62.00元

出版人　王　焰

（如发现本版图书有印订质量问题，请寄回本社客服中心调换或电话021-62865537联系）